贵州民族大学学术著作出版基金资助
GUIZHOU MINZUDAXUE XUESHUZHUZUO CHUBANJIJIN ZIZHU

本书为2012年度教育部人文社会科学青年基金项目的研究成果（项目批准号12YJC740105）

敦煌写本医籍语言研究

DUN HUANG XIE BEN YI JI YU YAN YAN JIU

王亚丽 著

中央民族大学出版社
China Minzu University Press

图书在版编目（CIP）数据

敦煌写本医籍语言研究／王亚丽著．—北京：中央民族大学出版社，2017．8

ISBN 978-7-5660-1399-6

Ⅰ．①敦…　Ⅱ．①王…　Ⅲ．①敦煌学—中医典籍—语言学—研究　Ⅳ．①K870．6 ②R2—5

中国版本图书馆 CIP 数据核字（2017）第 163168 号

敦煌写本医籍语言研究

作　　者　王亚丽
责任编辑　舒　松
责任校对　赵　静
封面设计　符　蓉
出 版 者　中央民族大学出版社
　　　　　北京市海淀区中关村南大街 27 号　邮编：100081
　　　　　电　话：68472815（发行部）　传真：68932751（发行部）
　　　　　68932218（总编室）　68932447（办公室）
发 行 者　全国各地新华书店
印 刷 厂　北京盛华达印刷有限公司
开　　本　787×1092（毫米）　1/16　印张：25．25
字　　数　420 千字
版　　次　2017 年 8 月第 1 版　2017 年 8 月第 1 次印刷
书　　号　ISBN 978-7-5660-1399-6
定　　价　98．00 元

凡　例

一、文中所引敦煌文献，一般依据《英藏敦煌文献》《法藏敦煌西域文献》《俄藏敦煌文献》《敦煌宝藏》等。藏于英国国家图书馆的敦煌文献，用 M. A. Stein 之名编号的，简称 S。藏于法国国家图书馆的敦煌文献，用 P. Pelliot 之名编号的，简称 P。《俄藏敦煌文献》以对之进行整理编目研究的学者 K. k. 弗鲁格名字的缩写字母 ф 或以敦煌两字译音的缩写字母 Дх 作为编目代号。文中涉及敦煌文献编号均用其简称。

二、为便于称引和醒目，除《俄藏敦煌文献》外，均在编号之前加了该卷标题，原卷有标题的使用原卷标题，原卷无标题的，为方便使用和照顾习见等原因，未重新拟题，多参照使用丛春雨《敦煌中医药全书》中的标题。

三、引录敦煌文献时，缺字或模糊不清用“口”表示，缺字或难以辨识有几字用几个“口”，不能确定具体字数的均用“〼”表示，缺字根据上下文、文意、异本补出或假借字、错讹字在其后标出本字、正字等均用“（　）”注明。

四、文中引用敦煌文献标明卷号，引用其他文献用脚注形式标注在征引文献中的具体页码。不便标注具体页码的，在脚注或文后征引文献中列出版本来源。

五、引录文献原文时，除特殊需求，诸如解说该俗体、繁体，或者没有对应的简化字等保留原形体外，其余均改作相应简化字。

六、为求行文简洁，文中引用前贤时修之说，皆直书其名，不赘先生等字样，敬慕未减。

凡 例

内容摘要

敦煌写本的语料价值中一直备受关注的是口语性强的文献，事实上，敦煌文献因未经传世窜改，每类敦煌文献都有着独特的不可替代的研究价值。敦煌写本医卷总计有 100 余种，其中不乏传世史籍缺载或已佚的史料，又因医籍的特殊性，其中不乏其他文献鲜见的语言文化现象。

本书从文本用字、词汇、语法、文化方面对敦煌写本医籍进行研究。用字方面探讨了敦煌写本医籍用字现象及特点，并提供字典未见之字例和书证。词汇方面主要选取其中最为繁复又具特色的药名作为重点研究对象，穷尽性统计得到 1730 个药名，其中《中华药海》词条及别名、异名、处方名等均未收录的药名有 1020 个，占总药名的 59%。此外，《中医大辞典》词条未收达 69%，《汉语大词典》词条未收达 61%，不仅提供大量失收药名，部分药名还具有补充或提前已收词条书证的语料作用。语法方面选取量词的使用作为重点考察对象，为宋代以前的量词使用提供大量翔实可考的材料，部分量词的使用修正了旧说，确立了新说。语言与文化的密切联系已是共识，文化部分主要探讨医籍用语尤其是药名中蕴含的文化信息，挖掘其他文献罕见的文化现象，为传统文化研究提供新的史料。

目　录

第一章　概论

第一节　敦煌写本医籍简介及其语言研究概述

一、敦煌写本医籍简介

敦煌写本医籍是指发现于敦煌莫高窟石室中的中医药古文献，包括专门医药文献及内容与医药相关的卷子。是我国已知出土医学卷子中为数最丰富的古医籍，先秦到宋代的医籍均有，大多为南北朝以后隋唐时代所著，计100多种。抄写年代为南北朝至宋，尤以唐代写本为最。

国外收藏的敦煌写卷有英国藏为斯坦因所获的万余种卷子，用M. A. Stein之名编号，简称S或斯。其中医药相关卷子有51种，分别为：《食疗本草》（S. 76），《疗胸痹心痛医方残卷》（S. 79），《脉诊法残卷》（S. 181），《伤寒论·辨脉法》（S. 202），《〈伍子胥变文〉中的药名诗》（S. 328），《茶酒论》（S. 406，S. 5774），《治病药名文书第一种》（S. 1467V），《治病药名文书第二种》（S. 1467），《〈阴阳书〉中有关病症与药名摘录》（S. 1468），《〈佚类书·医卜〉医家董奉郭玉传》（S. 2072），《绝谷仙方》（S. 2438），《杂证方书第一种》（S. 3347），《简便医方方书》（S. 3395），《〈救诸众生苦难经〉中的十种死病一》（S. 3417），《美容方书》（S. 4329），《求子方书》（S. 4433），《新修本草·果部、菜部、米部等》（S. 4534），《〈百一物本〉中的医用药品》（S. 4636），《〈佛说疗痔病经〉中的病名》（S. 5379），《杂证方书第二种》（S. 5435），《佛家神妙补心丸》（S. 5598），《张仲景〈五脏论〉一卷》（S. 5614），《〈平脉略例〉一卷》（S. 5614，S. 6245），《五脏脉候阴阳相乘法》（S. 5614，S. 6245），

《占五脏声色源候》（S.5614，S.6245），《〈类书〉上残存的医学术语》（S.5725），《灸经明堂》（S.5737），《残辟谷方》（S.5795），《残本草》（S.5968），《某僧向大德乞药状》（S.5901），《陵阳禁方残卷》（S.6030），《服食养生方书》（S.6052），《无名方书目录》（S.6084），《佛家香浴方》（S.6107），《灸法图》（S.6168，S.6262），《妇科单药方书》（S.6177），《病症残卷》（S.8289），《王叔和脉经残卷》（S.8289），《病症和病名残卷》（S.9431），《〈新修本草·果部〉残卷》（S.9434），《病症残卷》（S.9443），《五石药方残卷》（S.9936，S.11363），《药方残卷》（S.9987），《备急单验药方残卷》（S.9987B_2V），《脉诊症候残卷》（S.10527）。

法国所藏为伯希和所获万余种卷子，用P. Pelliot之名编号，简称P或伯。其中医药相关卷有51种，分别为：《张仲景〈五脏论〉一卷》（P.2115，P.2378，P.2755），《〈平脉略例〉一卷》（P.2115），《治病所须》（P.2215），《抛暗号》（P.2305），《天地阴阳交欢大乐赋》（P.2539），《杂证方书第三种》（P.2565），《王宗无忌单方》（P.2635），《佛家辟谷方》（P.2637，P.2703），《杂证方书第四种》（P.2662），《杂证方书第五种》（P.2662V），《佛家医方》（P.2665），《单药方》（P.2666），《新集备急灸经》（P.2675），《茶酒论》（P.2718，P.2875），《〈伍子胥变文〉中的药名诗》（P.2794），《杂证方书第六种》（P.2882），《〈劝善经〉中有关的七种死病一》（P.3036），《服气休粮及妙香丸子方》（P.3043），《道家合和金丹法》（P.3093），《杂证方书第七种》（P.3144），《脚气、疟病方书》（P.3201），《佛家香浴方》（P.3230），《佛家养生方》（P.3244），《人神日忌》（P.3247），《素问·三部九候论》（P.3287），《伤寒论·伤寒例》（P.3287），《不知名氏辨脉法》之一（P.3287），《伤寒论·辨脉法》（P.3287），《不知名氏辨脉法》之二（P.3287），《杂疗病药方》（P.3378），《〈玄感脉经〉一卷》（P.3477），《灵枢·邪气脏腑病形》（P.3481），《杂证方书第八种》（P.3596），《明堂五脏论》（P.3655），《七表八里三部脉》（P.3655），《青乌子脉诀》（P.3655），《新修本草·草部》（P.3714），《杂证方书第九种》（P.3731），《佛家语喻医方》（P.3777），《呼吸静功妙诀》（P.3810），

《〈新修本草·菜部〉残卷》（P. 3822），《杂证方书第十种》（P. 3885），《佛家疗病催产方》（P. 3916），《头、目、产病方书》（P. 3930），《黑帝要略方》（P. 3960），《道家养生方》（P. 4038），《医方残片》（P. 5549）。

俄罗斯所藏为奥登堡所获近2万卷，以对之进行整理编目研究的学者兼收藏家K. K. 弗鲁格名字的缩写字母ф或以敦煌两字译音的缩写字母Дх作为编目代号。其中与医药相关卷子有46种，较英藏、法藏残损更多，内容总量不及英藏、法藏，分别为：《服药咒》（ф281），《钟乳散方》（ф356），《除咳逆短气方及专中丸方》（ф356V），《〈针灸甲乙经〉节选充实残本一》（Дх00235），《〈针灸甲乙经〉节选充实残本二》（Дх00239），《驱祟方》（Дх00506V），《〈黄帝内经〉〈难经〉摘录注本》（Дх00613），《妇科秘方》（Дх00924），《天宰鬼镜图并推得病日法》（Дх01258），《妇科医方残片》（Дх01295），《张仲景〈五脏论〉》（Дх01325），《黄帝内经残卷一》（Дх02683），《医卜书一》（Дх02800），《蒙学字书》（Дх02822），《脉经残卷》（Дх02869A），《医方残片一》（Дх02999），《医方残片二》（Дх03058），《〈针灸甲乙经〉节选充实残本三》（Дх03070），《医卜书二》（Дх03183），《推得病日法残片》（Дх04253），《妇科医方残片》（Дх04437），《〈救诸众生苦难经〉中的十种死病二（Дх04537V），《残存阿胶等药物医方》（Дх04679），《习字残片中的身体部位及病名》（Дх04907），《〈劝善经〉中有关的七种死病二》（Дх04942），《妇人产后病医方》（Дх04996），《喉咽疾病残片》（Дх05457），《道家丹方》（Дх06057），《〈脉经〉节选》（Дх08644），《鬼疰心痛方》（Дх09170），《三种枉死及服药时间》（Дх09178），《阴阳五行学说残片》（Дх09882），《本草经集注·序录上残片》（Дх09882V），《八术》（Дх09888，Дх09888V），《五败十绝》（Дх09935，Дх09936，Дх10092），《治上气咳嗽等病医方》（Дх10298），《黄帝内经残卷二》（Дх11074），《五气不足》（Дх12495R，Дх12495V），《黄帝内经素问》（Дх17453），《医书杂抄》（Дх18165R，Дх18165V），《佛家医书》（Дх18173）。

日本保存和医药相关的敦煌文献藏于龙谷大学和天理大学等图书馆，同时个别私人也有所收藏。龙谷大学藏有《本草经集注·序录》（龙530），天理大学藏有残卷一片；羽田亨藏有《新修本草·序》《换须发方》

《药方》《占病书断》等。

国内收藏敦煌文献最多的是国家图书馆，甘肃、上海、天津等地也有若干卷子收藏，台湾也有部分收藏，总计30多家单位收藏有敦煌文献，另有私人保存若干篇。就目前已公布的来看，医药相关文献只有不多的几篇，有罗振玉收藏的《疗服石方》及《搜神记》（罗氏017），另有张偓南家藏《辅行诀脏腑用药法要》等。

敦煌写本医籍或为书目未见史籍载述，内容散见于传世各书；或为书目及内容均未见史籍载述；或为史籍载其目、内容为传世医籍征引，但原书已佚。敦煌写本中还有藏文和于阗文写本的珍贵医药学著作。出土文献具有传世文献不可比拟的文献真实性和研究价值，为古医籍的校勘和辑佚提供了重要资料，也为语言文化研究提供了宝贵资料。敦煌写本医籍简要叙录如下。

（一）英藏医药相关卷子51种

1.《食疗本草》（S. 76）。

此写本首尾残缺，存文137行，每行20字。无书名及撰者，内容与散见于《医心方》等中的《食疗本草》佚文相合，因称《食疗本草》。

2.《疗胸痹心痛医方残卷》（S. 79）。

此写本首尾、上下均残，存文7行。内容为疗胸痹心痛医方。马继兴等《敦煌医药文献辑校》[①] 比照其内容，认为该写本是张仲景《伤寒杂病论》佚文的刻印本。

3.《脉诊法残卷》（S. 181）。

此写本首尾、上下均残，存文4行。内容为诊脉之法。

4.《伤寒论·辨脉法》（S. 202）。

此写本首尾均残，存文103行。内容与宋本《伤寒论·辨脉法第一》基本相同。

5.《〈伍子胥变文〉中的药名诗》（S. 328）。

《伍子胥变文》有4种残卷：S. 328，S. 6331，P. 2794，P. 3213。其中

① 马继兴等：《敦煌医药文献辑校》，南京：江苏古籍出版社，1998年，第43-44页。

一段夫妻对话为用药名串成的诗，虽非医药著作，但涉及药名，故此参用。P. 3213 首全尾缺，S. 6331 首尾均残，仅存极少部分，以上两卷均无药名部分；S. 328，P. 2794 虽首尾均有残脱，但药名诗一段保存完整。

6.《茶酒论》(S. 406，S. 5774)。

《茶酒论》有 4 种残卷：S. 406，S. 5774，P. 2718，P. 2875。P. 2718 全文完整，其余 3 种均有残脱。内容虽论茶、酒，但于医史亦有价值，故此参用。

7.《治病药名文书第一种》(S. 1467V)、《治病药名文书第二种》(S. 1467)。

S. 1467 首尾均残，正背两面书写，背面为《治病药名文书第一种》，正面为《治病药名文书第二种》，共存医方 28 首。

8.《〈阴阳书〉中有关病症与药名摘录》(S. 1468)。

此写本首尾均残，存文 78 行。虽多为迷信内容，但涉及病症及药名，故此参用。

9.《〈佚类书·医卜〉医家董奉郭玉传》(S. 2072)。

此写本首尾均残，记载各行业历史人物故事，其中涉及东汉医家董奉、郭玉，故此参用。

10.《绝谷仙方》(S. 2438)。

此写本首尾均残，前 69 行文字为辟谷服食诸方，第 70 行后为道经。此处参用前 69 行辟谷服食诸方内容。

11.《杂证方书第一种》(S. 3347)。

此写本首尾均残，存文 129 行，医方 79 首。

12.《简便医方方书》(S. 3395)。

此写本首尾均残，上部文字亦残，可考文字 32 行，医方 34 首。

13.《〈救诸众生苦难经〉中的十种死病一》(S. 3417)。

S. 3417 为佛经《救诸众生苦难经》，宣扬弃恶从善之内容，其中涉及当时流行的 10 种疾病名称，故此参用。《〈救诸众生苦难经〉中的十种死病二》(Дx04537V) 与此 10 种死病内容基本相同。

14.《美容方书》(S. 4329)。

此写本首尾均残，存文 48 行。内容主要为日用、美容类药方。

15.《求子方书》（S. 4433）。

S. 4433 首尾均残，正背两面书写，正面为佛经，背面即此医方。医方存文 48 行，内容除药物总论等之外，存以房中补益为主的医方 27 首。

16.《新修本草·果部、菜部、米部等》（S. 4534）。

S. 4534 为不相连续的 2 个残片，残损严重，多处文字难辨。其中一片正背两面书写，背面为《宅经》，正面为《新修本草》残文，首尾均残，存文 10 行，第 7—10 行下部亦残，可辨栗、樱桃、梅实等，为果部内容。另一片首尾均残，但较前一片完整，存文更多，为菜部和米部内容。敦煌发现的《新修本草》写本有 5 种，此为其一，另 4 种为 S. 9434，P. 3714，P. 3822 及羽田亨藏《新修本草·序》。

17.《〈百一物本〉中的医用药品》（S. 4636）。

S. 4636 正背两面书写，正面为《供养经》，背面即此《百一物本》。《百一物本》内容为开列僧侣所需各种物品之清册，其中包括医用物品，故此参用。

18.《〈佛说疗痔病经〉中的病名》（S. 5379）。

此写本首尾均全，存文 23 行。内容为印度梵文汉译，所记痔病 10 余种。

19.《杂证方书第二种》（S. 5435）。

此写本为册叶装，首尾均残，存 19 叶，每叶 7 行，每行 12 字。内容为杂病医方。

20.《佛家神妙补心丸》（S. 5598）。

S. 5598 首尾均残，存文 38 行，前 24 行为佛经，第 25—38 行为一首医方，即神妙补心丸方，此处参用该医方。

21.《张仲景〈五脏论〉一卷》（S. 5614）。

S. 5614 首全尾残，存文 195 行，前后连续抄录四书，依次为张仲景《五脏论》《平脉略例》《五脏脉候阴阳相乘法》《占五脏声色源候》。第 1—83 行即此《张仲景〈五脏论〉一卷》，因卷首题为"《五脏论》一卷，张仲景撰"，故据此拟题。

敦煌出土的《张仲景〈五脏论〉》另有 P. 2115，P. 2378，P. 2755，Дх01325 等写本。

22.《〈平脉略例〉一卷》（S. 5614，S. 6245）。

S. 5614 第 83—164 行即此《〈平脉略例〉一卷》，文首题为“平脉略例一卷”。

S. 6245 正背两面书写，正面为道经，背面为医学内容，首尾、上下均残，存文 39 行，依次抄录三书：《五脏脉候阴阳相乘法》《占五脏声色源候》《平脉略例》。第 34—39 行为《平脉略例》，与 S. 5614《〈平脉略例〉一卷》中部分内容同。另 P. 2115 亦有《平脉略例》。

23.《五脏脉候阴阳相乘法》（S. 5614，S. 6245）。

S. 5614 第 165—191 行为《五脏脉候阴阳相乘法》，原文题为“五脏脉候阴阳相乘法”。

S. 6245 第 1—30 行为《五脏脉候阴阳相乘法》，原文无题名，内容与 S. 5614《五脏脉候阴阳相乘法》相同。

24.《占五脏声色源候》（S. 5614，S. 6245）。

S. 5614 第 192—195 行为《占五脏声色源候》，“占五脏声色源候”为原题，内容为五脏与五官、情志、五色的配属关系，论述五脏病症。

S. 6245 第 31—33 行为《占五脏声色源候》，内容与 S. 5614《占五脏声色源候》相同。

25.《〈类书〉上残存的医学术语》（S. 5725）。

此写本首尾、上下均残，卷内亦有脱落，内容有东王父、西王母等神话人物，具体书名不考，因其中涉及病疮致死的医案，故此参用。

26.《灸经明堂》（S. 5737）。

此写本首全尾残，存文 22 行。原题为“灸经明堂”，内容为一月三十日人身禁灸部位等。其中部分内容亦见于别的敦煌写本，如《新集备急灸经》等。

27.《残辟谷方》（S. 5795）。

此写本首尾及下半截均残，存文 12 行，医方 6 首，主要为辟谷方。

28.《残本草》（S. 5968）。

此写本首尾及上半截均残，存文 24 行。内容为本草序例类。

29.《某僧向大德乞药状》（S. 5901）。

此写本首尾完整，存文 5 行，为某僧向施主乞求布施药物的名单，涉及药物名称，故此参用。

30.《陵阳禁方残卷》（S. 6030）。

此写本首尾均残，存文19行，第1—8行为一首禁方的后半部分，后为祈禳之文及七步足迹图，与医药不涉，此处参用前8行。

31.《服食养生方书》（S. 6052）。

此写本首尾均残，存文33行，载养生服食方等13首。

32.《无名方书目录》（S. 6084）。

此写本首尾均残，存文9行。内容为某一方书的目录部分，可辨识其中十数条方名。

33.《佛家香浴方》（S. 6107）。

此写本为S. 6107佛经《金光明最胜王经·大辨才天女品第十五》中抽取出来的香浴方，无方名，涉及32味香药，每药名后附记梵文译音。还有另一敦煌出土的写本P. 3230与之内容相同。

34.《灸法图》（S. 6168，S. 6262）。

《灸法图》原写本断为数段，仅存6段，各段前后不相连接。其中的2段编号为S. 6168，另4段编号为S. 6262。内容先写主病之文，再绘用穴之图。

35.《妇科单药方书》（S. 6177）。

S. 6177正背两面书写，正面为《孝经》，背面即此《妇科单药方书》。《妇科单药方书》首尾均残，存文10行，载妇科医方等9首。

36.《病症残卷》（S. 8289）。

S. 8289首尾及上半部均残，存文46行，第1—17行即此《病症残卷》，第18—46行为《王叔和脉经残卷》。《病症残卷》杂记内科各种病症，但无治疗医方。

37.《王叔和脉经残卷》（S. 8289）。

S. 8289第18—46行即此《王叔和脉经残卷》。内容与传世本王叔和《脉经》序及首篇内容相同。

38.《病症和病名残卷》（S. 9431）。

此写本首尾及上半部均残，存文6行。内容为病症和病名，无治疗医方。

39.《〈新修本草·果部〉残卷》（S. 9434）。

S. 9434 正背两面书写，正面为道经，背面即此《〈新修本草·果部〉残卷》。《〈新修本草·果部〉残卷》首尾均残，存文 5 行，内容为《新修本草》果部梅实及枇杷叶部分。

40.《病症残卷》（S. 9443）。

此写本首尾及上半部均残，文字可辨的存有 6 行，内容为病症，无治疗医方。

41.《五石药方残卷》（S. 9936，S. 11363）。

S. 9936 首尾、上下均残，存残文 3 行。S. 11363 首尾、上下亦均残，存残文 2 行。两卷为同一书的不同写本，内容为五石配五谷的药方。

42.《药方残卷》（S. 9987）。

S. 9987 包括 4 种残卷：《药方残卷》《裁衣吉日残卷》《备急单验药方残卷》《相书残卷》。《药方残卷》首尾均残，存文 44 行。内容为治痢及霍乱等的药方。

43.《备急单验药方残卷》（S. 9987B_2V）。

S. 9987 包括 4 种残卷：《药方残卷》《裁衣吉日残卷》《备急单验药方残卷》《相书残卷》。《备急单验药方残卷》首尾均残，存文 9 行，原题为“备急单验药方”，仅存卷首序文。从序文中知原书收有单验方 108 首，医方已不存。

44.《脉诊症候残卷》（S. 10527）。

此写本首尾、上下均残，存文 2 行。内容仅存脉诊症候，无方药内容。

（二）法藏医药相关卷子 51 种

1.《张仲景〈五脏论〉一卷》（P. 2115，P. 2378，P. 2755）。

P. 2115 正背两面书写，正面为《穷诈辩惑论》卷下部分，背面连续抄录医药相关二书：《张仲景〈五脏论〉一卷》《〈平脉略例〉一卷》。存文 174 行，第 1—108 行为《张仲景〈五脏论〉一卷》，第 109—174 行为《〈平脉略例〉一卷》。《张仲景〈五脏论〉一卷》首尾完整，是敦煌出土的《张仲景〈五脏论〉》的写本中存字最多的一种。卷首原题为“《五脏论》一卷，张仲景撰”，据此拟题。

P. 2378 正背两面书写，正面为道经，背面即《张仲景〈五脏论〉一卷》末段，首残尾全，卷末题“五脏论一卷”，存文 46 行。

P. 2755 首尾均残，正背两面书写，正面为道书《太上妙法本相经》，背面为《张仲景〈五脏论〉一卷》部分内容，存文 54 行。第 1—31 行内容见于敦煌写本《张仲景〈五脏论〉一卷》，第 32—54 行不见于敦煌写本《张仲景〈五脏论〉一卷》，但见于《医方类聚·五脏论》。

敦煌出土的《张仲景〈五脏论〉》，除上述 3 种写本，还有 S. 5614、Дх01325。

2.《〈平脉略例〉一卷》（P. 2115）。

P. 2115 中第 109—174 行为此《〈平脉略例〉一卷》，首全尾残。S. 5614、S. 6245 亦有《〈平脉略例〉一卷》之内容。

3.《治病所须》（P. 2215）。

此写本首残尾全，为佛书《四分律删繁补缺行事钞》中的内容，记有医术、诸方、对病等 3 条“治病所须”，此处摘录出来参用。

4.《抛暗号》（P. 2305）。

P. 2305 首残尾全，正背两面书写，内容主要为宣扬佛教的变文，因其背面部分内容涉及生老病死的医学术语，故此摘录参用。

5.《天地阴阳交欢大乐赋》（P. 2539）。

此写本首全尾残，存文 62 行，全文基本完整。内容涉及医理及房中之道，原题为“天地阴阳交欢大乐赋”。

6.《杂证方书第三种》（P. 2565）。

此写本首尾均残，存文 104 行，载医方 21 首。内容杂记未分类的临床医方。与《杂证方书第四种》（P. 2662）、《杂证方书第九种》（P. 3731）字体、款式、体例均相同，均为引录医方，同有武周新字，考证为同一书的不同残段。《杂证方书第四种》（P. 2662）内容接续《杂证方书第三种》（P. 2565）之后。

7.《王宗无忌单方》（P. 2635）。

此写本首全尾残，文字可辨的存有 9 行。原题为“王宗无忌单方”，内容为杂记各类单方及时日行吉之事。

8.《佛家辟谷方》(P. 2637, P. 2703)。

P. 2637 首尾均残，存文 76 行，载辟谷方 8 首。P. 2703 首尾均残，与 P. 2637 为同一内容的不同写本，也存方 8 首，仅个别字词有出入。

9.《杂证方书第四种》(P. 2662),《杂证方书第五种》(P. 2662V)。

P. 2662 首尾均残，正背两面书写，正面即此《杂证方书第四种》(P. 2662)，存文 83 行，载医方 27 首。与《杂证方书第三种》(P. 2565)、《杂证方书第九种》(P. 3731) 为同一写本的不同残段。

背面即《杂证方书第五种》(P. 2662V)，首尾均残，存文 111 行。杂录医方及灸法 62 首（条）。从字体笔迹等看，与正面非同一人抄录。

10.《佛家医方》(P. 2665)。

P. 2665 首尾均残，正背两面书写，正面为道经，背面为佛家医方、愿文等。此处参用背面收录的目病、耳病等佛家医方。

11.《单药方》(P. 2666)。

P. 2666 正背两面书写，正面为道经，背面即此《单药方》。《单药方》首残尾全，存文 89 行。

12.《新集备急灸经》(P. 2675)。

P. 2675 正背两面书写，正面为《新集备急灸经》的开始部分，背面为《新集备急灸经》的结尾部分，缺中间部分。据字体笔迹等看，正背两面非同一人抄录。卷首题“新集备急灸经”，内容为诸家灸法。

13.《茶酒论》(P. 2718, P. 2875)。

P. 2718 首尾完整，P. 2875 首全尾残，与 S. 406、S. 5774 为《茶酒论》同一内容的不同写本，S. 406、S. 5774 也多有残脱。

14.《〈伍子胥变文〉中的药名诗》(P. 2794)。

P. 2794 与 S. 328、S. 6331、P. 3213 为《伍子胥变文》的不同写本，S. 6331、P. 3213 无药名诗部分，S. 328，P. 2794 虽首尾均有残脱，但药名诗一段完整，故参用此两写本。

15.《杂证方书第六种》(P. 2882)。

P. 2882 正背两面书写，正面为道经，背面即此《杂证方书第六种》。《杂证方书第六种》首尾均残，存文 153 行，内容为杂记各类病症医方。

16.《〈劝善经〉中有关的七种死病一》（P. 3036）。

P. 3036正背两面书写，正面为佛家《劝善经》，首尾俱全，背面有藏文2行及末题“佛说劝善经一卷”。《劝善经》中提到当时流行的7种疾病名称，故此参用。《〈劝善经〉中有关的七种死病二》（Дх04942）与此基本相同，但残损较多。

17.《服气休粮及妙香丸子方》（P. 3043）。

此写本首尾均残，存文20行，内容为服气法、六字吐音法、休粮方及妙香丸子方等。

18.《道家合和金丹法》（P. 3093）。

P. 3093正背两面书写，正面为《佛说观弥勒菩萨上生兜率陀天经讲经文》，背面即此《道家合和金丹法》。《道家合和金丹法》首尾均残，存文102行。前面部分为杂方7首，主要是六一泥法、长生涌泉汞法、钗子法、白朱砂法等炼制金石药方以及疾风方、地黄丸方等。后面部分为《定风波》词3首，内容为阴毒伤寒、夹食伤寒、风湿伤寒的病症。

19.《杂证方书第七种》（P. 3144）。

P. 3144正背两面书写，正面为道经，背面即此《杂证方书第七种》。《杂证方书第七种》首尾均残，存文32行，载医方14首。内容为眼赤方、时气天行方、鬼疰方、积年多冷方、大小便不通方及牛疫方等。

20.《脚气、疟病方书》（P. 3201）。

P. 3201正背两面书写，正面即此《脚气、疟病方书》，背面为《王锡上吐蕃赞普书》。《脚气、疟病方书》首尾均残，存文60行，载医方19首。内容为杂记半夏汤方、麻黄汤方、脚气方、心痛方、脚弱方、疟病方等医方。

21.《佛家香浴方》（P. 3230）。

此写本与S. 6107为同一内容的不同写本，两种写本首尾均有残缺。

22.《佛家养生方》（P. 3244）。

此写本首尾均残，其文与P. 3777中的一部分内容“五辛文书一卷”同。两写本可互参。内容为佛教修身养性、延年益寿之方。

23.《人神日忌》（P. 3247）。

P. 3247正背两面书写，正面为《四分律羯磨》卷下，背面为《大唐同光四年具历》一卷及此《人神日忌》。其内容主要为每月 30 日人神所在的身体部位。《人神日忌》多被转录于针灸书、方术书、历书等之中。敦煌写本《新集备急灸经》中也见此内容，只是不及此处完整。

24.《素问·三部九候论》(P. 3287)。

P. 3287 首尾均残，存文 149 行（前 7 行、后 6 行有残缺），连续抄录 5 种医学相关内容，依次为：《素问·三部九候论》、《伤寒论·伤寒例》、《不知名氏辨脉法》之一、《伤寒论·辨脉法》、《不知名氏辨脉法》之二。第 1—31 行为此《素问·三部九候论》，首残尾全，内容基本同于传世本《素问·三部九候论第二十》，文字稍有出入。

25.《伤寒论·伤寒例》(P. 3287)。

P. 3287 中第 32—50 行即此《伤寒论·伤寒例》，为连续抄录上述五书的第 2 种。内容同于宋本《伤寒论·伤寒例》。

26.《不知名氏辨脉法》之一（P. 3287)。

P. 3287 中第 51—60 行即此《不知名氏辨脉法》之一，为连续抄录上述五书的第 3 种。内容为平旦诊脉的原理、方法、步骤以及通过脉搏至数辨别平脉、病脉等。

27.《伤寒论·辨脉法》(P. 3287)。

P. 3287 中第 61—67 行即此《伤寒论·辨脉法》，为连续抄录上述五书的第 4 种。内容与传世本《伤寒论·辨脉法》部分文字相同。

28.《不知名氏辨脉法》之二（P. 3287)。

P. 3287 中第 67—149 行即此《不知名氏辨脉法》之二，为连续抄录上述五书的第 5 种。内容为 19 种相类脉，四季平脉和病脉，寸关尺分部定位、命名缘由、所主人身部位等。

29.《杂疗病药方》(P. 3378)。

P. 3378 正背两面书写，正面为《孝经》第 3—7 章，背面即此《杂疗病药方》。《杂疗病药方》首全尾残，存文 50 行，载医方 25 首，原题为“杂疗病药方”。内容为疗风疮、鼻血不止、劳瘦少力、上气咳嗽、耳风疼、腹肚痛、赤白痢、发落、牙疼齿痛、痔病、大小便不通等疗人医方以及疗牛肚胀困、瘦马黑汗欲死等兽医方。

30.《〈玄感脉经〉一卷》（P. 3477）。

此写本首全尾残，存文69行，第4—16行下半部分亦有残缺，原题为“玄感脉经一卷”。内容有以下几个部分：第1—31行为第1部分，有文脱目，主论诊脉部位、寸口诊脉、三部九候、七诊等；第31—68行为第2部分，原文名“捻脉指下轻重脉名类形状第二”，主论诊脉轻重迟急，呼吸至数，弦、浮、滑、实、革、动、沉、紧、涩等23种病脉，以及屋漏、雀啄、弹石、解索、虾游、鱼翔6种死脉；第68—69行为第3部分，原文名“阴阳逆乘伏第三”，内容仅1行字，后残脱。

31.《灵枢·邪气脏腑病形》（P. 3481）。

P. 3481正背两面书写，正面即此《灵枢·邪气脏腑病形》，背面为佛经。《灵枢·邪气脏腑病形》首尾均残，存文13行。原卷缺标题，内容与传世本《灵枢·邪气脏腑病形》中部分文字同。

32.《杂证方书第八种》（P. 3596）。

P. 3596正背两面书写，正面为《太玄真一本际经》，背面即此《杂证方书第八种》。《杂证方书第八种》首尾均残，存文247行。载医方212首（其中有重方2首）。内容杂记小麝香丸方、疗黄丸方、短气方、疗恶肿方、疗上气咳嗽方、腹满方、体痛欲死方等涉及内、外、妇、儿、五官等各种疾病的医方。

33.《明堂五脏论》（P. 3655）。

P. 3655全卷基本完整，存文79行，正背两面连续抄录三书，依次为：《明堂五脏论》《七表八里三部脉》《青乌子脉诀》。第1—44行为《明堂五脏论》，原文题为“明堂五脏论一卷”。内容主要论述五脏六腑的生理、病理，明堂的概念，三焦部位，腧穴总数，经络长度，血脉循行等。

34.《七表八里三部脉》（P. 3655）。

P. 3655中第44—64行为此《七表八里三部脉》。《七表八里三部脉》首尾完整，内容包括以下部分：一是七表脉，反映表病的七种脉象；二是八里脉，反映里病的脉象；三是三部脉，洪、弦、缓、沉、浮脉象在寸、关、尺三部俱见时的主病和症状。

35.《青乌子脉诀》（P. 3655）。

P. 3655中第64—79行为此《青乌子脉诀》。《青乌子脉诀》首尾完整，原题为“青乌子脉诀”，内容为诊脉七言歌诀。

36.《新修本草·草部》（P. 3714）。

P. 3714 正背两面书写，正面即此《新修本草·草部》，背面为乾封二年（667 年）至总章二年（669 年）伊西等州驿牒。《新修本草·草部》首尾皆残，存文 207 行。内容所记为草部药材，与现存《新修本草》卷十草部内容同。

37.《杂证方书第九种》（P. 3731）。

此写本首尾均残，存 39 行，杂记各类疾病疗方 8 首。与《杂证方书第三种》（P. 2565）、《杂证方书第四种》（P. 2662）为同一写本的不同残段。

38.《佛家语喻医方》（P. 3777）。

P. 3777 共有 5 个方面的内容：五辛文书一卷；菩萨总持法一卷，亦名破相论，亦名契经论，又名破二乘见；了性句并序；澄心论；导凡趣圣悟解脱宗修心要论一卷。此《佛家语喻医方》即 P. 3777 中的五辛文书一卷。《佛家语喻医方》首尾、下部均有残脱，内容为佛家语组合成医方形式以养心。P. 3244 也有五辛文书之内容，残脱更多，但字迹清晰。

39.《呼吸静功妙诀》（P. 3810）。

P. 3810 首尾完整，前后抄录八书，均为道家方术书，依次为：《湘祖白鹤紫芝遁法》《白鹤灵彰咒》《紫芝灵舍咒诀》《鹤神所在日期》《踏魁罡步法》《太上金锁速环隐遁真诀》《乘云咒》《呼吸静功妙诀》。最后一篇《呼吸静功妙诀》与医关涉，故此参用。《呼吸静功妙诀》存文 16 行，原题为“呼吸静功妙诀”，内容为呼吸吐纳及神仙粥方等，可为保健养生之用。

40.《〈新修本草·菜部〉残卷》（P. 3822）。

此写本首尾均残，存文 13 行，与现存《新修本草》卷十八菜部部分内容相同，存葱实子、苦瓠、水苏、紫苏、蓼实、荏子、苜蓿和芥等菜部药 8 种。

41.《杂证方书第十种》（P. 3885）。

P. 3885 首尾均残，正背两面书写，正面为《唐诗集》，背面即此《杂证方书第十种》。《杂证方书第十种》首尾皆残，存文 27 行，载医方 11 首。内容杂记髓虚方、髓实方、天行病方、赤眼病方、鼠漏疮方、齿疼方等诸病医方。

42.《佛家疗病催产方》(P. 3916)。

P. 3916 内容为佛书梵语译文，包括佛说七俱胝佛母准泥大明陀罗尼念诵法门、七俱胝佛母准泥画像等 12 个部分，《佛家疗病催产方》为其中第 7 部分“佛顶心观世音菩萨疗病催产方卷中”之内容，记载难产、胎衣不下、心痛、时疫等病的佛家医方疗法。

43.《头、目、产病方书》(P. 3930)。

此写本首尾均残，存文 187 行，载医方 187 首。内容主要为头痛、五官病、咳嗽、昏迷、产病、瘦病等医方以及女人面白美容方，其中治疗头、目、产病的医方为最多。

44.《黑帝要略方》(P. 3960)。

P. 3960 正背两面书写，正面为《古贤集》，背面即此《黑帝要略方》。《黑帝要略方》首残尾全，存文 27 行，卷内题有“黑帝要略方”。文中医方大多残损，仅有 9 首完整，内容为房损、阴疮、男子卵肿等诸病医方。

45.《道家养生方》(P. 4038)。

此写本首尾均残，存文 84 行，第 70 行之后内容有残脱，与第 71 行不衔接。载医方 12 首，主要为道家养生方，亦有治发白、声哑、鼻疮等病症的医方。

46.《医方残片》(P. 5549)。

P. 5549 正背两面书写，均为医方。首尾、上下均残，仅存残片。正面存文 3 行，背面存文 4 行。残存内容太少，属于何种医方不可考。

(三) 俄藏医药相关卷子 46 种

1.《服药咒》(ф281)。

此写本首残尾全，存文 125 行，为佛书梵语译文，《俄藏敦煌文献》将其定名为“服药咒”[①]，因其内容亦涉及“风疾”等病名，故此参用。

2.《钟乳散方》(ф356)。

ф356 正背两面书写，正面即此《钟乳散方》，背面为《除咳逆短气方

① 俄罗斯科学院东方研究所圣彼得堡分所、俄罗斯科学出版社东方文学部、上海古籍出版社：《俄藏敦煌文献》(第 5 册)，上海：上海古籍出版社，1994 年，第 294-295 页。

及专中丸方》（φ356V）。《钟乳散方》首全尾残，存文10行，首行题为“钟乳散方”，内容为钟乳散方所主病症及服药注意事项及方药组成。

3.《除咳逆短气方及专中丸方》（φ356V）。

《除咳逆短气方及专中丸方》（φ356V）首全尾残，下部亦有残缺，存文8行。第1—4行为除咳逆短气方，第5—7行为专中丸方，第8行为“闵公左氏传解第四”，仅存标题。标题据内容而加。

4.《〈针灸甲乙经〉节选充实残本一》（Дх00235）。

此写本首尾均残，存文17行，第1—3行上部，第4—5行、第8—9行及第13行下部亦有残脱。与《〈针灸甲乙经〉节选充实残本二》（Дх00239）、《〈针灸甲乙经〉节选充实残本三》（Дх03070）字体相同，内容相关，为同一写本的不同残段。其内容大部分与《针灸甲乙经》同，《俄罗斯藏敦煌医药文献释要》将其定名为《〈针灸甲乙经〉节选充实残本》[①]，此处从其名，分别将其称为《〈针灸甲乙经〉节选充实残本一》（Дх00235）、《〈针灸甲乙经〉节选充实残本二》（Дх00239）、《〈针灸甲乙经〉节选充实残本三》（Дх03070）。

5.《〈针灸甲乙经〉节选充实残本二》（Дх00239）。

此写本首尾、下部均残，存文16行。与《〈针灸甲乙经〉节选充实残本一》（Дх00235）、《〈针灸甲乙经〉节选充实残本三》（Дх03070）字体相同，内容相关，为同一写本的不同残段。

6.《驱祟方》（Дх00506V）。

Дх00506V正背两面书写，正面为《十二月壬气》，背面即此《驱祟方》。《驱祟方》首尾、下部均残，存文17行，第1—3行上部亦残。内容为论述时日与疾病吉凶的关系，其中涉及寒热、大小便难、头痛等疾病症状。

7.《〈黄帝内经〉〈难经〉摘录注本》（Дх00613）。

此写本首尾均残，存文28行。据《俄罗斯藏敦煌医药文献释要》，其内容为《黄帝内经》和《难经》的摘录及注释，此处从其定名。[②]

---

① 李应存等：《俄罗斯藏敦煌医药文献释要》，兰州：甘肃科学技术出版社，2008年，第79-80页。

② 李应存等：《俄罗斯藏敦煌医药文献释要》，兰州：甘肃科学技术出版社，2008年，第27-28页。

8. 《妇科秘方》（Дx00924）。

此写本首尾均残，存文20行。内容主要为妇科疾病的民间单验方，其中大多为祝由方。

9. 《天宁鬼镜图并推得病日法》（Дx01258）。

《天宁鬼镜图并推得病日法》涉及7个残片，为Дx01258、Дx01259、Дx01289、Дx02977、Дx03162、Дx03165、Дx03829。首尾基本完整，上下均残。存文84行，内容为根据时日推算疾病的吉凶。

10. 《妇科医方残片》（Дx01295）。

此写本首尾均残，残存妇科医方及具注历日。妇科医方存文4行，第1—3行上部、下部均有残缺，第4行下部残缺。此处参用妇科医方部分。

11. 《张仲景〈五脏论〉》（Дx01325）。

Дx01325正背两面书写，正面为《佛经论释》，背面为此《张仲景〈五脏论〉》。《张仲景〈五脏论〉》首尾均残，存文9行。与S. 5614、P. 2115《张仲景〈五脏论〉》部分内容类同。[①]

12. 《黄帝内经残卷一》（Дx02683）。

Дx02683为两个残卷，一个残卷为碎片，残存2行文字；另一个残卷残存14行文字。正背两面书写，正面为此《黄帝内经残卷一》，背面为地亩清册。与《黄帝内经残卷二》（Дx11074）字迹相同，内容与《黄帝内经·素问》中部分文字同。

13. 《医卜书一》（Дx02800）。

此写本首残，尾部与《医卜书二》（Дx03183）相接，存文14行，下部及第1—3行上部均有残脱。内容为以八卦推算祸害、疾病的吉凶，其中涉及四肢疾痛、腹肚痛、气急等疾病病症。

14. 《蒙学字书》（Дx02822）。

此写本首尾均残，存文252行，内容涉及番姓名、衣物部、斛斗部、果子部、农田部、诸匠部、身体部、音乐部、药物部、器用物部、屋舍部、论语部、禽兽部、礼乐部、颜色部、官位部、司分部、地分部、亲戚长幼部等各类名称。此处参用其中的斛斗部、果子部、身体部、药物部。

---

① 李应存等：《俄罗斯藏敦煌医药文献释要》，兰州：甘肃科学技术出版社，2008年，第33页。

15.《脉经残卷》(Дx02869A)。

此写本首尾、上下均残，存文 12 行。内容与脉学相关，涉及脉象及主病。

16.《医方残片一》(Дx02999)。

此写本首尾、上下均残，存文 5 行。与《医方残片二》(Дx03058) 内容相接，医方中残存羊乳、甘草、杏仁等药物名。

17.《医方残片二》(Дx03058)。

此写本首尾、上下均残，存文 3 行。内容与《医方残片一》(Дx02999) 相接续，医方中残存牛乳等药物名。

18.《〈针灸甲乙经〉节选充实残本三》(Дx03070)。

此写本首尾、下部均残，存文 14 行。与《〈针灸甲乙经〉节选充实残本一》(Дx00235)、《〈针灸甲乙经〉节选充实残本二》(Дx00239) 字体相同，内容相关，为同一写本的不同残段。

19.《医卜书二》(Дx03183)。

此写本卷首与《医卜书一》(Дx02800) 相接续，卷尾及下部残缺，存文 11 行。内容为以八卦推算祸害及疾病的吉凶。

20.《推得病日法残片》(Дx04253)。

此写本首尾、上下均残，存文 4 行。内容为以时日推算疾病及吉凶。

21.《妇科医方残片》(Дx04437)。

此写本首尾、上下均残，存文 3 行。其中有“治妇人赤白”，知为妇科医方。

22.《〈救诸众生苦难经〉中的十种死病二》(Дx04537V)。

Дx04537V 正背两面书写，正面为佛书，背面为此《〈救诸众生苦难经〉中的十种死病二》。《〈救诸众生苦难经〉中的十种死病二》首尾、上下均残，存文 6 行。内容与《〈救诸众生苦难经〉中的十种死病一》(S. 3417) 中的内容基本相同。在敦煌写本中的 19 种《救诸众生苦难经》、30 余种《新菩萨经》中均载有这 10 种死病。①

① 马继兴：《敦煌医药文献辑校》，南京：江苏古籍出版社，1998 年，第 769 页。

23.《残存阿胶等药物医方》（Дx04679）。

此写本首尾、上下均残，存文9行。第1—4行倒写，文字模糊难辨，第5—9行为医方，残存阿胶、西方羊皮等药物名。

24.《习字残片中的身体部位及病名》（Дx04907）。

此写本首尾、上下均残，存文14行。其中第1—6行内容为身体部位及病名；第7—14行为器物等各类字词，应为各类字词杂写的习字残片。此处参用前6行。

25.《〈劝善经〉中有关的七种死病二》（Дx04942）。

此写本首尾、上部均残，存文8行。内容与《〈劝善经〉中有关的七种死病一》（P. 3036）基本相同。

26.《妇人产后病医方》（Дx04996）。

此写本首尾、上下均残，存文6行。内容为妇人产后病医方。

27.《喉咽疾病残片》（Дx05457）。

此写本首尾、上下均残，存文2行。内容为关于喉咽疾病的介绍。

28.《道家丹方》（Дx06057）。

Дx06057正背两面书写，正面即此《道家丹方》，背面为对某人的赞颂文字。正背两面字迹未同，非同一人手迹。《道家丹方》首尾均残，中间部分亦缺失，所存内容由前后不接续的两部分组成。前一部分存文8行，后一部分存文7行。前一部分为服食丹药的相关内容，后一部分为炼制丹药的方法。今从《俄罗斯藏敦煌医药文献释要》的拟名。①

29.《〈脉经〉节选》（Дx08644）。

此写本首尾均残，存文10行。内容与传世本《脉经》中部分文字相同。

30.《鬼疰心痛方》（Дx09170）②。

Дx09170首尾均残，正背两面书写，字迹相同，内容相关，为同书内容正背两面连续书写。正面存文6行，背面存文6行。因残损，内容并不

① 李应存等：《俄罗斯藏敦煌医药文献释要》，兰州：甘肃科学技术出版社，2008年，第112-113页。

② 陈明：《俄藏敦煌文书中的一组吐鲁番医学残卷》，载《敦煌研究》，2002年第3期。文中认为Дx09170、Дx09178出自吐鲁番交河古城，存疑。

接续。内容为记录某人向朝廷进献《鬼疰心痛方》，其中亦记录了《鬼疰心痛方》。

31.《三种枉死及服药时间》（Дх09178）。

Дх09178 首尾、上部均残，正背两面书写，字迹相同。正面存文 6 行，背面存文 6 行。正面为服药与三种枉死的相关内容，背面为服药时间等内容。

32.《阴阳五行学说残片》（Дх09882）。

Дх09882 首尾、上下均残，正背两面书写，字迹类同。正面存文 6 行，背面存文 6 行。正面即此《阴阳五行学说残片》，背面为《本草经集注·序录上残片》。

33.《本草经集注·序录上残片》（Дх09882V）。

此写本为 Дх09882 背面内容，首尾、上下均残，存文 6 行。经比对，与《本草经集注·序录上残片》内容基本相同。

34.《八术》（Дх09888，Дх09888V）。

Дх09888 首尾、上下均残，正背两面书写，字迹类同。正面存文 6 行，背面存文 5 行。正背两面均为八术内容。

35.《五败十绝》（Дх09935，Дх09936，Дх10092）。

Дх09935、Дх09936、Дх10092 为同一写本的不同残段，缀合之后首尾均残，正面存文 6 行，背面存文 6 行。正面第 1 行上部残脱，背面第 6 行上部残脱，中间缀合处亦有缺损。内容为关于五败十绝病症的介绍。

36.《治上气咳嗽等病医方》（Дх10298）。

Дх10298 正背两面书写，正面即此《治上气咳嗽等病医方》，背面为咏墨、纸、扇等的诗。《治上气咳嗽等病医方》首尾、下部均残，存文 8 行，载医方 5 首。内容为治上气咳嗽、冷嗽、咳嗽吐血等病的医方。

37.《黄帝内经残卷二》（Дх11074）。

此写本首尾及上部均残，存文 8 行。与《黄帝内经残卷一》（Дх02683）字迹相同，内容与《黄帝内经·灵枢》中部分文字相同。

38.《五气不足》（Дх12495R，Дх12495V）。

Дх12495R 首尾、下部均残，正背两面书写，正背两面均存文 6 行，字迹相同。正背两面内容均为论述五脏五气不足导致的病症。

39.《黄帝内经素问》（Дx17453）。

此写本首尾均残，存文9行。内容为《黄帝内经素问》的摘抄。

40.《医书杂抄》（Дx18165R，Дx18165V）。

Дx18165 正背两面书写，正面为 Дx18165R，背面为 Дx18165V。Дx18165R 首尾、上下均残，存文5行。Дx18165V 首尾、上下均残，存文4行。内容杂抄本草、男女阴阳等内容。

41.《佛家医书》（Дx18173）。

Дx18173 有2个残片，正背两面书写。残片一首尾、上下均残，正面存文8行，背面存文8行。残片二首尾、上下均残，正面存文9行，背面存文8行。内容为三俱七界佛医理论。

（四）其他

1.《本草经集注·序录》（龙530）。

日本龙谷大学藏编号龙530的写本，正背两面书写，正面为《比丘含注戒本》序文，背面依次抄录《大智度论》中部分内容及《本草经集注·序录》。《本草经集注·序录》首残尾全，存文721行。

2.《新修本草·序》（羽田亨藏）。

日本羽田亨藏《新修本草·序》原为李盛铎旧藏，首尾、上下均残，存文33行。内容为《新修本草》序文及引载陶弘景《本草经集注》序文。

3.《换须发方》（羽田亨藏）。

日本羽田亨藏《换须发方》原为李盛铎旧藏，文首题为“换须发方”，接续抄写在同一纸上另一医书之后，尾部残缺。存文46行，载有换须发方、染发方等医方。

4.《药方》（羽田亨藏）。

日本羽田亨藏《药方》原为李盛铎旧藏，首尾均残，第22—24行下部亦残，存文24行，载有疗风冷等病的药方。

5.《占病书断》（羽田亨藏）。

日本羽田亨藏《占病书断》首尾、上下均残，存文8行，内容为占病书类中的发病书。

6.《疗服石方》(罗振玉藏)。

此写本首尾均残，存文96行，内容为关于因服食而致中金石毒的病症及调治法的介绍。

7.《搜神记》(罗氏017)。

此写本内容主要为行孝，其中亦涉及医家及医事，故此参用。

8.《辅行诀脏腑用药法要》(张偓南家藏)。

《辅行诀脏腑用药法要》为河北张偓南家藏，原卷毁于“文革”时期，现存抄本。抄本前后基本完整。内容为五脏辩证和用药之法及药方等。

二、敦煌写本医籍语言研究概况

从罗振玉作《敦煌本本草集注序录跋》(雪堂校刊群书叙录，卷下，1909）一文至今，敦煌写本医籍研究已逾一个世纪。根据研究情况和特点，大致可以将这百年来的研究划分为以下三个阶段：20世纪80年代是一个分界点，此前多以辑佚、公布、校核、题跋、编目、缀合、整理、释录等为主。除公布部分影印件外，多以发表单篇论文为主；此后则进入全面系统的整理和研究时期，研究领域不断拓展，研究也日趋深入，研究队伍也日趋庞大，系统整理敦煌写本医籍的专著不断涌现，论文数量也远超于前。进入21世纪，研究趋势又有了新变化。前期的整理释录相对少了，研究领域更为拓展，除注重临床应用的实用性研究外，更呈现出医学、文化、语言等多学科领域交叉的研究状况。

语言研究历来不是敦煌写本医籍研究的重点，国内外学者对其中语言的关注都不多，论文数量较少，成果多集中在近十多年。这些成果中校补类较多，如陈增岳《〈敦煌中医药全书〉校理拾正》(中医文献杂志，2002年第1期)；沈澍农《敦煌医药文献P. 3596校证》(敦煌研究，2004年第2期)、《敦煌医药卷子S. 1467文献校证》(南京中医药大学学报社会科学版，2005年第4期)；彭馨《敦煌医药卷子P. 3930校读补遗》(南京中医药大学学报社会科学版，2007年第2期)、《〈敦煌医药文献辑校〉误假例析》(湘南学院学报，2008年第6期)、《敦煌医药文献残缺文字校补例析》(湘南学院学报，2011年第6期)、《敦煌医药文献〈张仲景五脏论〉校读拾遗》(西部中医药，2011年第7期)、《〈敦煌医药文献辑校〉标点失误现象分析》（湘南学院学报，2012年第4期）；范崇峰《敦煌医药卷子P. 3930校补》（中医文献杂志，2007年第1期）、《敦煌医药卷子S. 1467校补》（燕山大学学报哲学社会科学版，2009年第1期）；袁仁智等《敦煌医药文献Дx00506V校录拾正》（中医药文化，2009年第6期）、《〈俄罗斯藏敦煌医药文献释要〉校补》（中医文献杂志，2009年第6期）；姚美玲《敦煌写本张仲景〈五脏论〉考辨》（敦煌学辑刊，2010年第4期）；拙作《〈俄罗斯藏敦煌医药文献释要〉补释》（中医文献杂志，2011年第1期）等。

以敦煌写本医籍语言文字为主要探讨对象的有沈澍农《敦煌医学文献医方篇疑难字词考》（南京中医药大学学报社会科学版，1999年第1期）、《敦煌医药文献P. 3596若干文字问题考证》（南京中医药大学学报社会科学版，2003年第2期），沈澍农《中医古籍用字研究》（学苑出版社，2007）中涉及部分医卷用字；石启武《中古方书整理中误校误注之语文学研究》（南京中医药大学硕士论文，2001）中涉及部分敦煌医卷用字；赵平安《谈谈敦煌医学写本的释字问题》（《敦煌吐鲁番研究》第6卷，北京大学出版社，2002）；彭馨《敦煌手抄医药卷子文字辨认方法例释》（长沙铁道学院学报社会科学版，2007年第3期）、《敦煌医药卷子中的记音与俗音》（湘南学院学报，2009年第4期）；范崇峰《敦煌医籍整理及词汇研究》（南京师范大学硕士论文，2007）涉及相关词语50多个，另有单篇论文《谈敦煌卷子中的量词“掘”》（中国语文，2007年第2期）、《敦煌医卷词语零诂》（语文知识，2009年第3期）、《敦煌医方量词两则》（中国语文，2009年第5期）等；拙作《敦煌古医籍中的名量词》（南京中医药大学学报社会科学版，2010年第2期）、《敦煌写本张仲景〈五脏论〉用字考》（中医研究，2011年第6期）、《敦煌写本为中古用字提供书证例考——以敦煌写本医籍为中心》（求索，2011年第11期）、《敦煌医籍中的借用名量词》（南京中医药大学学报社会科学版，2011年第4期）等；另有张涌泉《敦煌俗字研究》（上海教育出版社，1996）、黄征《敦煌俗字典》（上海教育出版社，2005）涉及少数医卷俗字。陈增岳《敦煌古医籍校证》（广东科技出版社，2008），虽仍校证英藏、法藏敦煌医籍文献，但侧重语言文字方面的整理和解释。近几年来，对敦煌写本医籍语言关注度渐增，硕士论文以此为选题的增多，如乔鑫《敦煌医籍医学用语研究》

（西南大学硕士论文，2011）、钱婷婷《敦煌中医药文献法藏卷子疑难字研究》（南京中医药大学硕士论文，2012）、孙兆杰《敦煌汉文中医药文献俗字研究》（广州中医药大学硕士论文，2012）等。尽管如此，因研究的角度和视野不同，仍有不少亟待研究的语言文字现象。

国外研究敦煌写本医籍的学者主要集中于日本，多着力于本草研究，从语言角度关注敦煌写本医籍的，仅有不多的几篇，如日本田中谦二《句法・韵律よりみた拟张撰〈五藏论〉の唱诵部分》（东方学报，1964 年 35 册）等。

第二节　敦煌写本医籍语言研究价值及方法

一、敦煌写本医籍语言研究价值

敦煌写本医籍中不乏传世史籍缺载或已佚的史料，正可弥补史书中相关记载不足的文献空白或与传世史籍互证。其中不乏其他文献鲜见的语言文化现象，这使对其进行语言与文化研究具有一定程度的不可替代性。

对敦煌写本医籍医学内容的研究颇受重视，但敦煌写本医籍语言研究者寥寥。目前为止，还未有人对敦煌写本医籍语言做全面系统的专门研究。作为抄本的原始用字的语料价值和作为专门用语的医学用语在汉语史以及文化史方面的研究价值被医学方面的实践应用价值所掩盖，对这些宝贵的出土材料而言不能不说是一种遗憾。敦煌写本医籍在中古汉语中的位置远不是传世文献所能替代的，作为出土文献，具有传世文献所不可比拟的文献真实性和研究价值，有必要对其进行系统归类整理研究，为字词库的建设及传统文化提供其他文献所不能替代的史料资源。

敦煌写本医籍处在特殊的时代位置，上承先秦两汉魏晋，下启宋元明清，“敦煌卷子刚好是关键，敦煌卷子以前的俗书、伪书、假书在敦煌卷子里都可以看见了。敦煌卷子以后所用的省体字在敦煌卷子里也都找得出来了”[①]。同时，敦煌写本医籍有大量的医学用语，其中并非全是书面用语，大量医方类卷子语皆浅近，药名俗称等用例颇丰，体现出地域和时代特点。敦煌地理位置重要，在中国历史上扮演了重要的角色，不管是经营西域的政治因素还是丝绸之路经济文化交流的原因，都使敦煌比别的地域更具华戎交汇的特点，使敦煌得以融汇东西南北各种文化。异彩纷呈的物质文化使敦煌的文化更具多元性，既有时代共性，又有地域个性。“敦煌和吐鲁番是唐朝丝路城镇汇聚多种文明的典型代表。”[②] 多种文明信息无疑会通过这些写本的语言传达出来，而这正是传世史籍相关资料中所无法得到的信息。无论是从汉语史、字典辞书编纂、文化史还是医籍释读角度，敦煌写本医籍都极具研究价值。

1. 从汉语史、字书辞书编纂角度看，敦煌写本医籍有着不可替代的研究价值。作为手写本的敦煌写本医籍很好地记录和保存了汉字在这一时期实际用字的具体状态，有些用字仅在敦煌写本医籍中出现，通过这些写本可以更好地了解汉字的发展演变轨迹，还可为大型字典编纂提供历史上使用的俗字字例及书证。如敦煌写本医籍中多次出现的“螚”字（据文义考证为“蜂”的异体），《干禄字书》《龙龛手镜》《碑别字新编》《汉语大字典》《敦煌俗字典》等均未见收录。其中还有不少与现代简化字同形的简体字。

“专门用词的产生也是词汇丰富发展的一个重要方面”[③]，研究出土文献医学用语可以增补词语、词义，补缺词语用例或提供更早例证。如以其中的药名为例，据统计，敦煌写本医籍中有药名 1730 个，其中不少药名为《中华药海》《中医大辞典》等所未收。仅以其中药食同源的 460 个药名为例，撇除同物异名的情况，有 400 多个。其中 337 个为《中华药海》所未收，占 73%。少部分药名在各类本草类文献均未见，如藿梨等。对其归类整理对大型辞书编纂乃至词库的建设有着重要意义。

2. 从文化史的角度看，敦煌写本医籍也具有不可替代的研究价值。语言与文化之间的密切联系已是学术界的共识。从敦煌写本医籍语料中，我

---

① 姜亮夫：《敦煌学概论》，北京：中华书局，1985 年，第 116 页。
② 荣新江：《敦煌学十八讲》，北京：北京大学出版社，2001 年，第 11 页。
③ 唐作藩：《汉语史学习与研究》，北京：商务印书馆，2001 年，第 318 页。

们能够看到多民族的区域文化个性和时代共性并存，且其中有着其他文献罕见的文化行为，对其研究有助于更为全面地了解中古隋唐前后敦煌文化。敦煌文化是中古文化的一个缩影，也可借此管窥中古文化。如敦煌写本医籍70余首祝由方，虽与医药关涉少，但其中民俗文化成分多，多数是有着诸多民俗因素的择吉方。这些祝由方不但佐证了传世文献民俗记载，也提供了传世文献罕见的一些民俗行为。其中趋吉避凶的祝由行为和实物都涉及诸多岁时节令民俗，除了文献记载较多的传统节日民俗，还有文献极少记载或未见记载的岁时节令及民俗，如三月上卯日择吉活动等。用于祝由依托的实物名称中，不乏历史积淀深厚甚至传承至今的民俗信仰实物，如植物中的桃，动物中的鸡、狗。但也有文献鲜有记载的民俗信仰实物，如“桑皮向东者、桑根、斛树皮”等驱鬼辟邪之用的民俗文献极少记载。瓜下土、田中土、牛足下土、白马蹄中土、男子鞋底土、东家陌头土等土类中，除田中土在《医心方》卷二十六、《本草纲目》第七卷中有类似求吉民俗之用，其余在文献中鲜见。其他如羖羊蹄，未嫁女衣、死人衣带等求吉民俗在文献记载中也同样少见。除了上述岁时节令及信仰民俗，药名中还涉及方位文化、巫祝文化、药食同源文化、隐语文化等，糅合了儒释道多种文化因素的中古文化特色隐现其中，同时兼具独特文化个性特色。

3. 从释读医籍的角度看，敦煌写本医籍中俗字、错字、讹字较多，目前的辑录本仍有很多值得商榷和错漏之处，其中的疑难字词需要做专门研究才能准确释读。“人命至重，有贵千金”，准确释读是临床价值得以充分应用的前提。因而对其中的字词进行研究不是可有可无，而是极为迫切的。

二、敦煌写本医籍语言研究方法

用字部分主要考查文本用字特点。俗字以《敦煌俗字典》《汉语大字典》等未收的为主。词汇部分进行全面系统分类定性定量统计，并对其从描写语言学角度进行共时静态描写或者从传统训诂学角度进行语义训释，对其中的药名等通过文献和方言进行追本溯源的考证。如澄清“胡豆”是蚕豆、豌豆还是大豆。再如用方言中存在量词“掘”佐证敦煌写本医籍中量词“掘”存在的合理性等。在词汇研究基础上再做进一步的文化阐释研究，如药名考释及其与文化的关系研究等，除中古共有的文化现象，尤其重视其中未见于其他文献的文化、民俗现象研究。除了静态的考察也做动态的比较研究。

总之，在研究过程中，既从传统训诂学角度进行语义训释，也运用新的语言学理论进行研究。描写语言学、文化语言学、历史语言学的研究方法能用则无所不用。不拘泥于一时一法，多视角全面系统观照敦煌写本医籍语言。既从语言文字角度考证，又证之以医理，从而做出客观科学的论断，以更好地认识古汉语的面貌，并为字书编纂提供更为丰富的字例、词义和书证，为民俗文化研究提供新的文化史料。

第二章 敦煌写本医籍的文本用字

第一节 敦煌写本医籍文本用字的特点

敦煌写本医籍由于长期埋于地下，保存了文献产生之初的原貌，因而具有极强的文献真实性和研究价值。这些敦煌写本很好地记录和保存了汉字使用的具体状态，为汉字形体结构、书体演变和字形发展史提供了可靠的材料，也从一个侧面反映了历史上这一段时期汉字的实际使用状况。敦煌卷子在汉字使用史上起着承上启下的作用，研究敦煌写本用字现象是汉字史研究不可或缺的一部分，这样才能更全面、更客观地认识汉字发展面貌。

因为医籍的特殊性，前贤特别是清儒就曾利用医籍解决了不少文字、音韵、训诂、考据等方面的问题，且个别用字现象在敦煌写本医籍中出现频率高，如不能将这些用字现象发掘出来进行研究，对这些弥足珍贵的出土文献语料而言，的确是一种遗憾。字典编纂因第一手材料缺乏，漏收俗体、异体是常见的事，出土材料正可为之提供汉字史上使用过的俗体、异体等字例及书证。现代简化字中部分为现代简化产生的，部分则是历史上早有使用的正字或俗字，敦煌写本医籍中部分简体字正与现代简化字同形，为现代简化字溯源提供了第一手材料，因而有必要对其进行深入研究，以全面客观地反映汉字史。

一、用字特点概况

敦煌写本医籍主要用毛笔抄写，字体主要是楷书或行书，大多是隋唐时期抄录，受书手的知识水平、书法水平及态度，或避讳，或时代的用字习惯等时代因素的不同影响，俗体字、异体字、讹误字、假借字、避讳字掺杂其中，或工整，或潦草，很难在质量上具有稳定性。

1. 写本不同，用字各异。同一内容，不同写本文字也多有出入。如《张仲景〈五脏论〉一卷》中“藜芦除鼻中息肉”，其中的“肉”字，S. 5614、P. 2115、P. 2378 三写本原文该字均为“肉”，P. 2755 原文该字为“宍”。《干禄字书》有“宍肉，上俗下正”[①]。“肉”在中古为正字，那么“宍”则为其俗体或异体了。“藜芦除鼻中息肉”分别见于 S. 5614、P. 2115、P. 2378、P. 2755 四写本，但文字有出入。P. 2115 与 S. 5614“除”后多了“烂”字，“息”为“宿”；P. 2755“除”为“烂”，“息”为“宿”。

2. 同一字的正体、俗体出现在同一写本，使用较为混乱。如《张仲景〈五脏论〉一卷》，S. 5614、P. 2115 中均“肉、宍”并用。“肉假皮存”中的“肉”，S. 5614、P. 2115 两写本原文该字为“肉”；“桃花润泽肤肉”，S. 5614、P. 2115 两写本原文该字为“宍”。再如 P. 3287 原卷用字，虽均为一人手迹，全卷所用“脉、灸、宍、針”等字，全卷用法一致，而“并、並”，“于、於”等二字皆用。

3. 由于种种原因形成的各类俗体在写本中多见。写本中有改换偏旁而形成的俗体字，如《伤寒论·辨脉法》（S. 202）“瞥瞥如羹上肥者，阳气微”及全卷中的“微”原文均为“㣲”，将中间下面的偏旁“几”变写为“歹”。有偏旁位移而形成俗体字的，如《张仲景〈五脏论〉一卷》（S. 5614，P. 2115，P. 2378）中均有“空青消瓥止泪”，其中的“瓥”，S. 5614、P. 2115 两写本原文该字均为“嶶”，P. 2378 原文该字为“嶶”；“地胆破瓥瘕息肉”中的“瓥”，S. 5614 原文该字为“嶶”，P. 2115 原文该字为“嶶”，P. 2378 原文该字为“嶶”。其中的偏旁“山”上移形成俗体，偏旁位移形成的俗体还有“羣、群”等字。写本中有部分偏旁简化而形成的半繁半简的俗体，如“与、餅、搗、爲”等。有根据形声等造字法形成的新俗体，如“敵、螬”等字。还有简体合文，如《佛家辟谷方》

① 施安昌编：《颜真卿书干禄字书》，北京：紫禁城出版社，1990 年，第 57-58 页。

（P. 2703）中有唐人俗写“菩萨”的简体合文“𦫳”等。这些俗体虽各类字书不收或少收，但在实际使用中仍甚流行。

4. 写本中有不少讹误字。讹误字就是错别字，产生的原因是多方面的，最主要的原因是由于传抄过程中抄写失误造成的。如《素问·三部九候论》（P. 3287）中“蠕”讹为“需”。再如《张仲景〈五脏论〉一卷》中“虻虫、水蛭，即有破血之功”，其中的“蛭”字，S. 5614、P. 2115、P. 2755 原文均为“蚳”，P. 2378 原文该字为“质”。也有因音同音近而将意义互不关涉的两个字混用的，如“荓、萍”二字。《张仲景〈五脏论〉一卷》“火烧宜贴水荓”中的“荓”字，S. 5614、P. 2115 两写本原文该字均为“荓”。《尔雅·释草》：“荓，马帚。”“荓，音并。”① “荓、萍”均为植物名，但二者非同一物。《说文解字》：“萍，苹也，水艸也。从水，苹，苹亦声。”② 《龙龛手镜·草部》：“萍，音瓶，水上浮萍也。”就药理看，浮萍性辛寒，有凉血之功效，用之贴烧伤符合药效。③ 由上看来，此处“水荓”应为“水萍”。

5. 写本中有不少同音替用字。同音替用字是音同音近字的临时借用，在意义上并无联系。这种情况在写本中尤为多见，在使用过程中只要音同音近均可临时使用，部分甚至没有约定性。如《素问·三部九候论》（P. 3287）中“形”假为“刑”、“擬”假为“疑”、“烟”假为“咽”，《张仲景〈五脏论〉一卷》（P. 2115 中）“知”假为“之”等。再如《张仲景〈五脏论〉一卷》（S. 5614，P. 2115，P. 2378，P. 2755）中“瘙痒皮肤”中的“瘙”字，S. 5614 原文该字为“膠”，P. 2115 原文该字为“臊”，P. 2378、P. 2755 原文该字为“腠”。“膠”见于《碑别字新编》“隋杨秀墓志”④，同“膠”。《龙龛手镜·肉部》：“腠俗臊正，苏刀反，臭也。”⑤ 《玉篇·疒部》：“瘙，先到切，疥瘙。”⑥ 再结合文意看，“臊、膠、

① （晋）郭璞注，（宋）邢昺疏：《尔雅注疏》（李学勤主编《十三经注疏》标点本），北京：北京大学出版社，1999 年，第 235 页。

② （东汉）许慎著，（清）段玉裁注：《说文解字注》，杭州：浙江古籍出版社，1998 年，第 567 页。

③ （辽）释行均：《龙龛手镜》，北京：中华书局，1985 年，第 258 页。

④ 秦公辑：《碑别字新编》，北京：文物出版社，1985 年，第 333 页。

⑤ （辽）释行均：《龙龛手镜》，北京：中华书局，1985 年影印本，第 405 页。

⑥ （南朝梁）顾野王：《宋本玉篇》，北京：中国书店，1983 年，第 219 页。

膝”应是“瘙”的同音误用。

6. 写本中有不少避讳字。避讳字是为表示对帝王或尊长的敬意，古人通常回避使用帝王或尊长名字中的字，而用代用字的一种用字方式。敦煌写本医籍以避隋唐帝名讳为主。避讳有严有宽，严的避讳不仅名字中的字要避用，而且与其同音的字都要避用。避讳方法多样，敦煌写本医籍中主要是缺笔、改字、缺字等方式。缺笔讳通常是缺损字的一两画，缺末笔或偏右下方的笔画的形式均有。改字讳是将要避讳的字改用一个义同或义近的字。缺字是将避讳字留空不写。

如避唐太宗李世民“世”字讳，缺笔的，如 P. 3287 中“世”为“丗”；改字的，如《食疗本草》（S. 76）、《绝谷仙方》（S. 2438）、《新修本草・果部、菜部、米部等》（S. 4534）、《张仲景〈五脏论〉一卷》（P. 2378，P. 2755）、《头、目、产病方书》（P. 3930）等中“葉”写为“桊”等。避唐高宗李治“治”字讳的有《张仲景〈五脏论〉一卷》（P. 2115，P. 2378，P2755）、《脚气、疟病方书》（P. 3201）、《头、目、产病方书》（P. 3930）、《杂证方书第一种》（S. 3347）等写卷改“治”为“疗”。避唐高宗太子名李弘“弘”字讳，则采用缺字的方式，如《张仲景〈五脏论〉一卷》（P. 2115）：“陶景注经，说酸咸而陈冷热；雷公妙典，咸述炮炙之宜。”其中“陶景”为“陶弘景”，中间“弘”字避讳不用。

7. 写本中有武周新字。武周新字是武则天时期垂拱三年（687 年）所规定的新字，总的数量不多，在写本中偶见其用。如《杂证方书第三种》（P. 2565）中“生地黄”中的“地”原文为“埊”，“众人粪”中“人”为“𤯔”，“六月六日曲末”中“月”为“囝”，“日”为“㉢”等。《张仲景〈五脏论〉一卷》（P. 2378）、《杂证方书第九种》（P. 3731）等也见其用。

8. 部分现代简化字在这一时期因同音替代出现，如“蚕、只”等字。“蚕”始见于《尔雅》，不过是“蚯蚓”义。《干禄字书》：“蝅蠶，上俗下正。”[①] 写本用例中“蚕”为“蠶”的俗体。“只”原为语气词，多用于句

① 施安昌编：《颜真卿书干禄字书》，北京：紫禁城出版社，1990 年，第 28 页。

末，表示终结或感叹。作为“隻”“衹”的简化字，是采用同音替代的方法兼代的。

这些写本医籍中，繁简并用、正俗并用等复杂混乱的用字状况，虽给阅读带来一定困难，但反映了中古汉字使用实际状态以及时代因素等对汉字形体的影响。如这些写本中的俗字可简可繁，可以是古字，亦可是今字。正体、俗体只是相对而言，正如范寅在《越谚》的《论雅俗字》一文中说：“今之雅，古之俗也，今之俗，后之雅也，与其雅而不达事情，孰若俗而洞中肯綮乎？天地生人物，人物生名义，名义生字，不能因其俗而抹煞也。”① 裘锡圭《文字学概要》：“在文字形体演变的过程里，俗体所起的作用十分重要。有时候，一种新的正体就是由前一阶段的俗体发展而成的。比较常见的情况，是俗体的某些写法后来为正体所吸收，或者明显地促进了正体的演变。”②

二、具体用字举隅

参照写本原卷，并求证各类字书，考辨其中的简体、俗体，略举用字字例，以此管窥隋唐五代的具体用字特点。

（一）现代简化字及半繁半简过渡字字例

汉字简化是汉字发展史上的重要现象，现代简化字即现行汉字，有许多都是直接或间接来源于历史上的简体字。对现行汉字的推本溯源必须依据第一手的用字材料，但由于第一手真实可靠的材料不足，还缺乏深入系统的研究。敦煌写本医籍中使用的文字简体较多，且文字形体多变，简化方式多样，说这些写本是一个研究汉字形体演变及汉字发展史不可多得的巨大语料库一点也不为过，这些写本确实是对现行汉字推本溯源的第一手用字材料。这些简化字，很好地记录和保存了汉字在这一时期简化过程的具体状态。其中的半繁半简过渡字体尤为值得注意，这些字体多不见于字书，仅见于这些抄本，如“餅、与、搗、爲”等。以敦煌写本医籍中的部

① （清）范寅著，侯友兰点校：《越谚》，北京：人民出版社，2006 年，第 329 页。

② 裘锡圭：《文字学概要》，北京：商务印书馆，1988 年，第 44 页。

分用字为例探知其用字特点。

1. “脉” 字。

(1) 通经络，气血脉，黑人髭发，毛落再生也。《食疗本草》(S. 76)

(2) ①其脉自沉而迟，不能食；②阴脉不足，阳往从之；阳脉不足，阴往乘之。《伤寒论·辨脉法》(S. 202)

(3) 凡诊脉之法，初下指，令切骨徐徐。《〈平脉略例〉一卷》(S. 5614，P. 2115)

(4) 其气濡弱，宽而虚，故其脉为弦。《五脏脉候阴阳相乘法》(S. 5614)

(5) ①阴阳经路（络），脉绝不通；②阴阳口口口口时，不可灸刺，伤人神，令人血脉逆。《灸经明堂》(S. 5737)

(6)《灸经》云：四大成身，一脉不调，百病皆起。《新集备急灸经》(P. 2675)

(7) 若热多，脉大洪数，可加竹沥二升，减水三升，脉沉细急者，依方服此汤。《脚气、疟病方书》(P. 3201)

(8) 黄帝问曰：凡诊脉之法，常以平旦，师以己息用候病人之气脉也。《不知名氏辨脉法》之一 (P. 3287)

(9) 问曰：上脉状如此，未知何脏先受其灾？《伤寒论·辨脉法》(P. 3287)

(10) 今并其脉状及以客病、针、药、灸、熨，具条于下。《不知名氏辨脉法》之二 (P. 3287)

(11) ①其中部脉乍踈乍数者，经乱矣，亦死若也；②其上部脉来代而勾者，病在络脉也；③脉皆盛躁软数者为阳也，主夏，日中死；④脉乍踈乍数、乍迟乍疾者，日乘四季死。《素问·三部九候论》(P. 3287)

(12) 玄感脉经一卷。《〈玄感脉经〉一卷》(P. 3477)

(13) 问曰：脉之缓、急、小、大、滑、涩之形病何如？《灵枢·邪气脏腑病形》(P. 3481)

(14) ①非头痛脉快即是时气；②挽瘘离须，掐其下根，脉断即差。《杂证方书第八种》(P. 3596)

(15) 一吸脉亦再动。《黄帝内经残卷二》(Дx11074)

上述例中的“脉”字，原卷均用“脉”。“脉”在写本中极度活跃，比“脈”的使用频率要高。如《伤寒论·辨脉法》(S. 202)、《〈平脉略例〉一卷》(S. 5614，P. 2115)、《五脏脉候阴阳相乘法》(S. 5614)、《素问·三部九候论》(P. 3287) 等卷中凡脉字，原卷皆用简体“脉”。《龙龛手镜》：“脈俗脉今。”[①] 看来中古时期“脈”为俗字，“脉”是正字、通用字，多用“脉”少用“脈”。

2. “肉”字。

(1) ①其肉止渴，利小便；②按经：除去风，润脂肉，令人能食；③初服日一颗，后随日加一颗至廿颗，定得骨细肉润；④其瓜蒂，主治身面四肢浮肿，杀虫，去鼻中息肉，阴瘅黄及急黄；⑤长服生肌肉，令人心喜悦；⑥和枣肉及巨胜仁，作末为丸，每食后含一丸；⑦多食令人心痛，养三虫，消肌肉，损牙齿；⑧右主宽缓肠胃，去死肌，令脂肉悦泽。《食疗本草》(S. 76)

(2) 寸口脉缓，皮肤不仁，风气入肌肉。《〈平脉略例〉一卷》(S. 5614)

(3) ①如六菽之重，与肌肉相得者，心脉也；②腰背痛，骨肉寒热，色色然也。《〈平脉略例〉一卷》(S. 5614，P. 2115)

(4) 右于脐下横一指地，灸，初破肉口。《杂证方书第二种》(S. 5435)

(5) 俄肉㑈而尖起。《天地阴阳交欢大乐赋》(P. 2539)

(6) ①如六菽之重，与肌肉相得者，心脉；②或帛衣在水于☐肌肉，故知得软。《〈玄感脉经〉一卷》(P. 3477)

(7) 微急为肺寒热，怠惰，咳唾血，引腰胸，若鼻息肉不通。《灵枢·邪气脏腑病形》(P. 3481)

(8) 伤寒骨肉痛。《〈新修本草·菜部〉残卷》(P. 3822)

上述例中的“肉”字，原卷均用“肉”。除了“肉”的使用，也使用“宍”，如《素问·三部九候论》(P. 3287) 中“其肌肉身充、气不去来者亦死”“若形肉以脱，九候虽调者亦死”，《伤寒论·辨脉法》(P. 3287)

---

① (辽) 释行均：《龙龛手镜》，北京：中华书局，1985 年影印本，第 415 页。

“死必肉色青也……死必肉色赤”，《不知名氏辨脉法》之二（P. 3287）“羊肉、章（獐）肉……兔肉酱”“不得食羊肉、饴糖”等处中的“肉”原文为“宍”；也有使用“宍”的，如《不知名氏辨脉法》之二（P. 3287）“三黄丸疗男子五劳七伤，消渴肌肉”中“肉”原文为“宍”。《碑别字新编》中“魏孙辽浮图铭”中有“宍”字使用。① 《干禄字书》：“宍肉，上俗下正。”② “肉”字在中古为正字，“肉”字在当时的正体、俗体、异体写本中均有使用。

3. “筋”字。

（1）凡灸头面，艾炷不得大，但须当脉当穴，徐徐隔▢手脚，艾炷一依筋头。《头、目、产病方书》（P. 3930）

（2）呕吐汤煎干葛，筋转酒煮木瓜。《张仲景〈五脏论〉一卷》（P. 2378）

（3）骨患由肾，筋患由肝。《张仲景〈五脏论〉》（Дx01325）

（4）筋患出肝。《黄帝内经残卷二》（Дx11074）

上述例中的“筋”字，原卷均用“筋”。在出土年代更早的文献中也多见“筋”字，如马王堆汉墓帛书中的《足臂十一脉灸经》，马王堆汉墓竹简中的《十问》等均见“筋”字。

敦煌写本医籍中除了使用“筋”，也使用“葝、筋、觔、斻”等形体，如《新修本草·果部、菜部、米部等》（S. 4534）“坚筋骨”，《〈平脉略例〉一卷》（S. 5614，P. 2115）“如九菽之重，与筋平者，脾脉也”“如十二菽之重，在筋下者，肝脉也”“善转筋，痹”，《病症和病名残卷》（S. 9431）“多转筋”，《单药方》（P. 2666）“人脚转筋及入腹”，《不知名氏辨脉法》之二（P. 3287）“风府在项后两筋间，入发际一寸”，《脉经残卷》（Дx02869A）“往来于筋中”等处中的“筋”写本原卷皆为“葝”。《食疗本草》（S. 76）“病转筋不止者”“助筋骨，安荣卫”，《〈玄感脉经〉一卷》（P. 3477）“如九菽之重，与筋平者，肝脉”“如鱼之食于筋中”，《伤寒论·辨脉法》（S. 202）“血虚则伤筋”，《〈平脉略例〉一卷》（S. 5614）“右沉脉，按之有，举之无，往来于筋中”，《头、目、产病方

① 秦公辑：《碑别字新编》，北京：文物出版社，1985 年，第 29 页。

② 施安昌编：《颜真卿书干禄字书》，北京：紫禁城出版社，1990 年，第 57-58 页。

书》（P. 3930）“当只筋空处”，《药方残卷》（S. 9987）“疗脚筋及已入腹方”，《杂证方书第一种》（S. 3347）“筋入腹者”，《〈脉经〉节选》（Дх08644）“往来于筋中”等处中的“筋”原文均为“筯”。《杂证方书第六种》（P. 2882）“恐至冬吐水并中筋骨热”“坚牙齿，益筋力”中的“筋”原文为“觔”。《张仲景〈五脏论〉一卷》（S. 5614，P. 2115）“肝主于筋，肾主于骨，骨假筋立，肉假皮存”“筋转酒煮木瓜”“骨患由肾，筋患则出肝”“见爪则知筋”“筋绝则爪干”等中的“筋”原文均为“舫”。

《干禄字书》：“筯筋，上通下正。”① 《龙龛手镜》：“舫觔二俗，音斤。”② 《正字通·角部》：“觔，与‘筋’同。”③ 由此看来，中古“筋”为正字，“筯”为通字，“觔、舫”为俗字，另有异体“蔛”字。《敦煌俗字典》“筋”下所收俗字无“舫”字。

4. “亦”字。

（1）①亦去风气消痰。每欲霍乱时，但呼其名字，亦不可多食，损齿；②取叶煮食，时服一顿，亦好；③若南人北杏亦不食，北人南梅亦不噉；④与莲实同食，令小儿不长大，故知长服当亦驻年。《食疗本草》（S. 76）

（2）妊娠三月，不得面向南浇沐，令胎不安，向东亦然。《求子方书》（S. 4433）

（3）独子者亦佳。《新修本草·果部、菜部、米部等》（S. 4534）

（4）如小儿患者贴药口口并不落，亦无毒。《杂证方书第二种》（S. 5435）

（5）亦可预设一盆子沙土在旁。《道家合和金丹法》（P. 3093）

（6）捣筛以敷箭，射肉中人亦死，复即解之。《新修本草·草部》（P. 3714）

（7）天地化工流行亦不出“呼吸”二字。《呼吸静功妙诀》（P. 3810）

（8）①亦兼山蒜、茱萸叶辈，子独用也；②食用入药，冻葱最善，气

① 施安昌编：《颜真卿书干禄字书》，北京：紫禁城出版社，1990 年，第 22 页。

② （辽）释行均：《龙龛手镜》，北京：中华书局，1985 年，第 510 页。

③ （明）张自烈著，董琨整理：《正字通》卷十，北京：中国工人出版社，1996 年，第 14 页。

味亦佳。《〈新修本草·菜部〉残卷》（P. 3822）

上述例中的“亦”字，原卷均用“亦”。除了使用“亦”，也使用“忽”，如《〈平脉略例〉一卷》（S. 5614，P. 2115）“一吸脉亦再动”，《素问·三部九候论》（P. 3287）“其肌肉身充、气不去来者亦死”“其中部脉乍踈乍数者，经乱矣，亦死若也”，《不知名氏辨脉法》之二（P. 3287）“一脉亦来，知病所在”“知卒病者，名曰亦来”“老小虚实方治亦异”“亦可服紫汤而下之”“亦可微下之”，《〈玄感脉经〉一卷》（P. 3477）“人小而得大脉，亦为逆”，《杂疗病药方》（P. 3378）“洗之亦差”，《头、目、产病方书》（P. 3930）“酒亦得”，《杂证方书第六种》（P. 2882）“生葱亦不宜与吃”，《黄帝内经残卷二》（Дx11074）“一吸脉亦再动”等中的“亦”均为“忽”。《碑别字新编》之“魏张宁墓志”中也已见“忽”字使用。

5. “并”字。

（1）取嫩楮细枝并叶并两手握。（前一个“并”原文为“并”，后一个“并”原文为“並”。）《杂证方书第一种》（S. 3347）

（2）治丈夫夙虚目暗，精气衰少，无子，并补诸不足方。《求子方书》（S. 4433）

（3）生附子五个，劈口置锅中，并莨菪炒。《杂证方书第二种》（S. 5435）

（4）①呼吸定息，并有五动，气行六寸，是其常；②平人一日一夜一万三千五百息，脉并有行五十周于身。《〈平脉略例〉一卷》（S. 5614，P. 2115）

（5）①兼及年月日等人神并诸家杂忌；②患口口口口吐逆，并水痢口口口骨下二寸。《新集备急灸经》（P. 2675）

（6）①服蒜讫，少时亦空服，却押并口；②取精羊肉一斤，腌为炙并脯并得（前一个“并”原文为“并”，后一个“并”原文为“並”）；③即取青麦蜡煮稀粥调补，并切白葱，内（纳），经一宿。《杂证方书第六种》（P. 2882）

（7）若时行后，连绵似疟不觉者，可日服六七丸，并量患者气力强弱为节度。《脚气、疟病方书》（P. 3201）

（8）今并其脉状及以客病、针、药、灸、熨，具条于下。《不知名氏辨脉法》之二（P. 3287）

（9）凡切脉，一呼再至，一吸亦至，定息其间并五至。《〈玄感脉经〉一卷》（P. 3477）

（10）①又方：灸掌中并中指节上，立效；②驴粪五升，蛤三升，水大煮十沸，并滓内（纳）瓮中浸，四边煻火围之；③又方：斛树皮一束，悬在患人床下，当心，并疗痔病；④飞鸱头并脑一两。《杂证方书第八种》（P. 3596）

（11）①治耳鸣方并沸闷方；②加盐并耳痛〼。《头、目、产病方书》（P. 3930）

上述例除了例（1）、例（6）②中的第二个“并”，其余原卷均用“并”。也有以“并”为偏旁的，如《杂证方书第二种》（S. 5435）“作饼子于疮口上”，其中的“饼”字原文为“餅”；《换须发方》（羽田亨藏）“以瓷瓶子取之”，其中的“瓶”字原文为“瓶”。

敦煌写本医籍中除了使用“并”，还使用“並”，如《不知名氏辨脉法》之二（P. 3287）“并伏行不见”“自外并禁”，《头、目、产病方书》（P. 3930）“以上等，并和酒服”“蒲黄二两，并各和酒，服之即差”“並含之”“右以上并切”“如斯之病，并无不差”，《杂证方书第六种》（P. 2882）“并醋浸”“并须好药”，《杂证方书第八种》（P. 3596）“灸脐下一寸并差”“洗百疮并可”“并取二合”，《求子方书》（S. 4433）“并用五铢也”，《杂证方书第二种》（S. 5435）“并不落，亦无毒”，《治病药名文书第二种》（S. 1467）“并细剉”“并㕮咀”，《食疗本草》（S. 76）“今东吴亦有，并不如波斯”，《灸经明堂》（S. 5737）“并于迅速风〼”，《佛家辟谷方》（P. 2637）“并说诱乃或一遍”“右件药并细研如粉”，《服气休粮及妙香丸子方》（P. 3043）“右件药，并须细捣罗为末”，《道家养生方》（P. 4038）“并细研如磨末”“右以上七味，并捣为散”等其中的“并”原文皆用为“並”。也有用“併”的，如《道家养生方》（P. 4038）“入铁臼中捣一万余杵，并手捻为颗”中的“并”原文用为“併”。

“并”的使用在睡虎地秦墓竹简、马王堆汉墓帛书、武威汉代医简中亦见。《干禄字书》："並竝，上通下正。"[①] 在别的出土文献中如睡虎地秦墓竹简、马王堆汉墓帛书《战国纵横家》中也均见"竝"字，敦煌写本医籍中"竝"字使用不多见，通字"並"、俗体"并"使用较多。

6. "于"字。

今并其脉状及以客病、针、药、灸、熨，具条于下。《不知名氏辨脉法》之二（P. 3287）

上述例中的"于"，原卷为"于"。敦煌写本医籍中用"于"的较少，大多仍使用"於"，如《不知名氏辨脉法》之二（P. 3287）"以渠上去太渊一寸，接于鱼口，故名寸口""泽能出水，流注及渊，以济于鱼""故上从鱼际，下至于泽"，《〈玄感脉经〉一卷》（P. 3477）"夫妇人脉常软弱于丈夫""如鱼之食于筋中"，《〈平脉略例〉一卷》（S. 5614）"脉并有行五十周于身"，《头、目、产病方书》（P. 3930）"日午时将病人于五道上"，《杂证方书第二种》（S. 5435）"右于脐下横一指地，灸，初破肉口"，《灸经明堂》（S. 5737）"并于迅速风☒"，《佛家辟谷方》（P. 2637）"只于火伴便丸"等其中的"于"原文皆为"於"。

"于、於"二字历史都很悠久，甲骨文中已见"于"字，睡虎地秦墓竹简、马王堆汉墓帛书中均见"于"字。包山楚简、睡虎地秦墓竹简、马王堆汉墓帛书中也见"於"字。

7. "坚"字。

（1）关中脉实者，脾实也，苦肠中坚，大便难。《〈平脉略例〉一卷》（S. 5614，P. 2115）

（2）脚气冷毒闷，心下坚，背膊痛，上气急，欲死者方。《脚气、疟病方书》（P. 3201）

上述例中的"坚"字，原卷均用"坚"。现代简化字溯源的著作类，如李乐毅《简化字源》，张书岩《简化字溯源》均未有"坚"字。敦煌写本中的简体"坚"则提供了中古已使用的例证。不过，在敦煌写本医籍中，简体"坚"的使用不如繁体"堅"使用广泛。

8. "灾"字。

（1）村坊草野，小小灾疾，药饵难求。《新集备急灸经》（P. 2675）

---

① 施安昌编：《颜真卿书干禄字书》，北京：紫禁城出版社，1990年，第43页。

（2）上脉状如此，未知何脏先受其灾。《伤寒论·辨脉法》（P. 3287）

（3）五浊恶世之时，十魔竞起，三灾八难，刀兵饥馑，苦劫诸难。《佛家辟谷方》（P. 2637，P. 2703）

上述例中的“灾”字，原卷均用“灾”。“灾”是具有久远使用历史的字，源自甲骨文，袭用至今。

9.“暖”字。

右取牛粪暖水调，令稍口口口上，极神验。《杂证方书第二种》（S. 5435）

上述例中的“暖”字，原卷用“暖”。敦煌写本医籍除了使用“暖”，还使用“煖”，如《伤寒论·辨脉法》（P. 3287）“腋下暖、心下热也”，《不知名氏辨脉法》之二（P. 3287）“食前暖美清酒”中的“暖”原文为“煖”。

《龙龛手镜》“暖、煖”均为正字。《说文解字》：“煖，温也。”①《正字通》：“煖，通暖。”② 1955 年第一批异体字整理表采用“暖”为标准字体，“煖”为“暖”的异体，“暖”行而“煖”废。

10.“紧”字。

紧，阴。按之短实而数，有似切绳，名曰紧。一曰：来如切绳，名曰紧。《〈玄感脉经〉一卷》（P. 3477）

上述例中的“紧”字，原卷用“紧”。出土文献多见使用“緊”字，如马王堆汉墓帛书《阴阳五行（甲）》等，“紧”的用例较为少见。

11.“与、与”字。

（1）①小儿夏月不可与食；②与滑苦酒浸之一宿；③取冬瓜一颗和桐叶与猪食之，一冬更不食诸物，其猪肥长三四倍矣；④不可与鲫鱼同食，成疳虫。《食疗本草》（S. 76）

（2）少许纸钱围外，与五道将口。《治病药名文书第一种》（S. 1467V）

---

① （东汉）许慎著，（清）段玉裁注：《说文解字注》，杭州：浙江古籍出版社，1998 年，第 486 页。

② （明）张自烈著，董琨整理：《正字通》卷六，北京：中国工人出版社，1996 年，第 21 页。

（3）□酒二升，与茯苓合□。《绝谷仙方》（S. 2438）

（4）以井华水洗之，老之与少同年，色无异也。《美容方书》（S. 4329）

（5）早年于李毂郎中处施惠，（不）肯传与。《杂证方书第二种》（S. 5435）

（6）苦少气胸满彭彭，与肩相引痛。《〈平脉略例〉一卷》（S. 5614）

（7）能通四方鬼，与人通灵也。《陵阳禁方残卷》（S. 6030）

（8）取男子鞋底土，和酒与妇人服，即相爱。《单药方》（P. 2666）

（9）①勿即与食；②煮少将薄饮与少许；③生葱亦不宜与吃。《杂证方书第六种》（P. 2882）

（10）①芎䓖与高良姜全无仿佛；②此与乌头附子谓为三建；③小者侧子与附子皆非正生，谓从乌头旁出也。《新修本草·草部》（P. 3714）

（11）如六菽之重，与肌肉相得者，心脉，如九菽之重，与筋平者，肝脉。《〈玄感脉经〉一卷》（P. 3477）

（12）更与布手巾一二，与冷水渍之。《头、目、产病方书》（P. 3930）

（13）与荣卫俱行。《黄帝内经残卷二》（Дx11074）

上述例中的“与”字，原卷均用“与”。敦煌写本医籍除了使用简体字“与”，还有尤为值得注意的半繁半简“与”字的使用，如《茶酒论》（S. 406，S. 5774）“暂问茶之与酒两家谁有功勋”，《〈平脉略例〉一卷》（S. 5614）“使如累十二豆重，当与意量之也”，《张仲景〈五脏论〉一卷》（P. 2115）“普名之部，出本于医王，黄帝与造《针灸经》”“脾与胃通”。上述例中的“与”字，原卷为“与”。“与”字各类字书均未见收录。敦煌写本医籍中也使用“舆”字，其他出土文献，如包山战国楚简、睡虎地秦墓竹简、马王堆汉墓帛书等也多见“舆”字。

12. “蚕”字。

（1）白蚕一两。《美容方书》（S. 4329）

（2）白芷、白蚕、萎蕤、白术、杏仁、桃仁、瓜仁，以上各一两，捣，和绵裹，洗面即用之。同上

（3）白僵蚕（三分）。同上

上述例中的“蚕”字，原卷均用“蚕”。敦煌写本医籍中更多使用“蠶”。《干禄字书》：“蝅蠶，上俗下正。”[①] 简体“蚕”为“蠶”的俗体。

13. “无”字。

（1）一方无云母，有门冬半☐。《服食养生方书》（S. 6052）

（2）①南无东方不动如来；②南无南方宝生如来；③南无北方微妙声如来；④南无中方普遍如来；⑤净其身意，令无散乱；⑥乃至入佛境界千万之永脱；⑦无常得证知无生法；⑧南无偈伽末。《佛家辟谷方》（P. 2637，P. 2703）

上述例中的“无”字，原卷均用“无”。敦煌写本医籍除了使用简体字“无”，更多使用“無”，如《杂证方书第二种》（S. 5435）“并不落，亦无毒”，《妇科单药方书》（S. 6177）“九年无子”，《病症残片》（S. 9443）“痛如针刺无休息”，《王宗无忌单方》（P. 2635）“令子无惊怕”，《杂证方书第七种》（P. 3144）“纵痢无妨”，《杂证方书第六种》（P. 2882）“即吐痢无度”，《杂证方书第八种》（P. 3596）“血出无所苦”等中的“无”原文皆为“無”。

“无”的使用历史久远，《马王堆汉墓帛书·老子》：“无名，万物之始也。”[②] 原文为“无”，“无”为借字。《足臂十一脉灸经》中亦有“无”字。《玉篇》：“无，同無，虚无也。”[③] 敦煌写本中的用例则是中古用例的又一佐证。

14. “乱”字。

日月无光，人气大乱。《灸经明堂》（S. 5737）

上述例中的“乱”字，原卷用“乱”。“乱”字亦见于《碑别字新编》中“魏郑羲碑”[④]。《干禄字书》：“乱亂，上俗下正。”[⑤] 此处为中古“乱”之用例。

---

① 施安昌编：《颜真卿书干禄字书》，北京：紫禁城出版社，1990 年，第 28 页。

② 马王堆汉墓帛书整理小组编：《马王堆汉墓帛书·老子》，北京：文物出版社，1976 年，第 10 页。

③ （南朝梁）顾野王：《宋本玉篇》，北京：中国书店，1983 年，第 520 页。

④ 秦公辑：《碑别字新编》，北京：文物出版社，1985 年，第 232 页。

⑤ 施安昌编：《颜真卿书干禄字书》，北京：紫禁城出版社，1990 年，第 52 页。

15. “只”字。

（1）只于火伴便丸，如樱桃大，每服一丸，以津唾下在腹中，能折食止饥渴。《佛家辟谷方》（P. 2637，P. 2703）

（2）每要绝食时，只可喫三合已来，细细言之。《服气休粮及妙香丸子方》（P. 3043）

（3）只要赤者别制庚辛之故，是不同体。《道家合和金丹法》（P. 3093）

上述例中的“只”字，原卷均用“只”。“只”作为“隻”“衹”的简化字，是同音替代。敦煌写本医籍也使用“隻”“衹”。

16. “万”字。

（1）①二年万病皆除；②□不老，聪明万倍，与天地相□。《绝谷仙方》（S. 2438）

（2）荡千痾而除万病。《张仲景〈五脏论〉一卷》（S. 5614）

（3）①得如来大圆镜海，寿千万岁；②父是蜣蜋虫，母是耶阇鬼，眷属百千万；③诸物万计，辛苦勤求；④从初百及至百年一劫，万年多劫。《佛家辟谷方》（P. 2637，P. 2703）

（4）还本源，万事毕。《服气休粮及妙香丸子方》（P. 3043）

（5）入铁臼中捣一万余杵，并手捻为颗。《道家养生方》（P. 4038）

（6）右件药熟捣一万杵。《药方》（羽田亨藏，原李盛铎旧藏）

上述例中的“万”字，原卷均用“万”。汉代《建平郫县碑》已见简体“万”字的使用。[①]《玉篇》：“万，俗萬字。十千也。”[②]《干禄字书》“万、萬”为并正字。[③]但睡虎地秦墓竹简、马王堆汉墓帛书中多见“萬”字。

17. “为、爲”字。

妙香丸子：鹤虱（二分），朱砂（一分），雨（禹）余粮（二分），人参（二分），茯苓（一分），狗脊（一分），贯众（一分），白松脂、白腊、黄腊（各等分），右件药并须细捣罗为末。《服气休粮及妙香丸子方》

---

① （宋）洪适：《隶释 隶续》，北京：中华书局，1985年影印晦木斋刻本，第305页。

② （南朝梁）顾野王：《宋本玉篇》，北京：中国书店，1983年，第342页。

③ 施安昌编：《颜真卿书干禄字书》，北京：紫禁城出版社，1990年，第51页。

(P. 3043)

上述例中的“为”字，原卷用“为”。还有使用“爲”的，如《服气休粮及妙香丸子方》(P. 3043)“右件药各一两，新好者细捣为末，练蜜为丸”中前一个“为”原文为“爲”，后一个“为”原文为“为”。

简体“为”是草书楷化字，居延汉简中已见，此处“为、爲”用例则为中古已有该字的使用例证。

18.“号”字。

呼之名草，号之作茶。《茶酒论》(S. 406)

上述例中的“号”字，原卷用“号”。“号”的使用历史悠久，《说文解字》段玉裁注：“凡啼号字古作‘号’……今字则号行而号废矣。”[①] 由此看来，“号”为古字。东汉《武梁祠画像题字》也见“号”，[②] 此处为中古用例。

19.“群”字。

群臣饮之，赐卿无畏。《茶酒论》(S. 406)

上述例中的“群”字，原卷用“群”。李乐毅《简化字源》，张书岩《简化字溯源》均未收“群”字。敦煌写本中与现代简化字同形的“群”是中古已有该字的使用例证。

20.“因”字。

(1) 孔丘阐化儒，因不可从头细说，撮其机要之问，暂问茶之与酒两家谁有功勋。《茶酒论》(S. 406)

(2) 因其衰而章之。《黄帝内经残卷一》(Дx02683)

上述例中的“因”字，原卷均用“因”。也有以“因”为偏旁的，原文用“咽”的例句如下：

① 煮桂汁含咽。《杂证方书第八种》(P. 3596)

② 十四日咽喉、胃管□。《灸经明堂》(S. 5737)

③ 含咽汁。《除咳逆短气方及专中丸方》(ф356V)

敦煌写本医籍中除了使用“因”，更多使用“曰”，如《伤寒论·辨

---

① (东汉)许慎著，(清)段玉裁注：《说文解字注》，杭州：浙江古籍出版社，1998年，第204页。

② (宋)洪适：《隶释 隶续》，北京：中华书局，1985年影印晦木斋刻本，第281页。

脉法》（S. 202）“因得解者”“脉因前度数如前”，《求子方书》（S. 4433）“讫事过与妇人右手，因使吞之”，《黄帝内经残卷一》（Дx02683）“因而越之”等其中的“因”原文为“囙”。

以“囙”为偏旁，原文为“咽”的，如《食疗本草》（S. 76）“咽下津液”，《伤寒论·辨脉法》（S. 202）“形体如咽”，《治病药名文书第一种》（S. 1467V）“先取一份熟嚼咽汁”，《佛家神妙补心丸》（S. 5598）“每日空心含一丸，徐徐咽津”“去滓，细嚼咽下”，《佛家辟谷方》（P. 2637）“轻回咽之”，《服气休粮及妙香丸子方》（P. 3043）“细细咽之”，《头、目、产病方书》（P. 3930）“咽喉痛方”，《黄帝内经残卷二》（Дx11074）“咽喉”，上述例中的“咽”原文均为“咽”。

原文为“烟”的，《伤寒论·伤寒例》（P. 3287）“身如烟熏、直视、摇头者，心先绝也”，《杂证方书第七种》（P. 3144）“烧令烟出”，《新修本草·草部》（P. 3714）“折之青烟出者名固活”等，上述例中的“烟“原文为“烟”。也有使用“煙”的，如《食疗本草》（S. 76）“烧至烟尽”中的“烟”原文为“煙”。

原文为“恩”的，如《五脏脉候阴阳相乘法》（S. 5614）“皆蒙土恩”中的“恩”原文为“恩”。

原文为“茵”的，如《治病药名文书第二种》（S. 1467）“茵芋”中“茵”原文为“茵”。

“因”的使用历史较早，睡虎地秦墓竹简、马王堆汉墓帛书《五十二病方》等和银雀山汉墓竹简中均有“因”字，武威汉代医简中也见以“因”为偏旁的“咽”字。中古《干禄字书》中也收有“咽”字。中古时期“因”为正字，《干禄字书》：“囙因，上俗下正。”① 部分以“因”为偏旁的字也为正字。如《干禄字书》：“烟煙并正。”② “囙”字也有使用，如魏孝文帝吊比干文中有“囙”字。李乐毅《简化字源》、张书岩《简化字溯源》等均未收“因”及以之为偏旁的字。

21. “弃”字。

岂得轻其贱秽，弃而不服者哉。《备急单验药方残卷》（S. $9987B_2V$）

① 施安昌编：《颜真卿书干禄字书》，北京：紫禁城出版社，1990 年，第 22 页。

② 施安昌编：《颜真卿书干禄字书》，北京：紫禁城出版社，1990 年，第 25 页。

上述例中的“弃”字，原卷用“弃”。此处是简体“弃”中古用例的佐证。

22. “肋”字。

（1）在直两乳上缺盆骨下二肋间亦得。《杂疗病药方》（P. 3378）

（2）脐肋脊背。《黄帝内经残卷二》（Дx11074）

李乐毅《简化字源》、张书岩《简化字溯源》等均未收“肋”字。敦煌写本中与现代简化字同形的“肋”应是较早的用例了。

23. “补”字。

即取青麦踖煮稀粥调补，并切白葱，内（纳），经一宿。《杂证方书第六种》（P. 2882）

上述例中的“补”字，原卷用“补”。敦煌写本医籍除了使用简化字“补”，更多使用“補”，如《食疗本草》（S. 76）“右主补中焦”“安中焦，补脏腑气，令人不饥”中的“补”原文为“補”。

李乐毅《简化字源》、张书岩《简化字溯源》认为“补”为现代简化字。此处为中古已有简体“补”的使用例证。

24. “尔”字。

二十日服二十六七剂，日夜击之，乃得气退，不尔即死。《脚气、疰病方书》（P. 3201）

上述例中的“尔”字，原卷用“尔”。敦煌写本医籍原文中以“尔”为偏旁的有“診、軫、弥”等字。

原文用“診”的例句如下：

（1）凡诊脉之法，常以平旦者，何也？《〈平脉略例〉一卷》（P. 2115）

（2）似七诊之病而非七也，故言不死。若有前七诊之病，其脉候亦败者则死。《素问・三部九候论》（P. 3287）

（3）黄帝问曰：凡诊脉之法，常以平旦，师以己息用候病人之气脉也。《不知名氏辨脉法》之一（P. 3287）

（4）诊法常以清旦者何？平旦阴气未动，阳气未散，饮食未进，经脉未盛，脉调匀，气血未乱，故乃可诊。《〈玄感脉经〉一卷》（P. 3477）

原文用“軫”的例句如下：

凡诊法常以清旦者，何也？平旦阴气未动，阳气未散，饮食未进，经

脉未盛，络脉调均，气血未乱，故乃可诊。《〈平脉略例〉一卷》（S. 5614，P. 2115）

原文用“弥”的例句如下：

（1）阿弥陀佛。《〈劝善经〉中有关的七种死病一》（P. 3036）

（2）得真防葵代龟甲弥善。《脚气、疟病方书》（P. 3201）

简体“尔”字形源于甲骨文，《玉篇》《干禄字书》中均收有“尔”字。此处亦为中古用例。“弥”佐证中古已有使用，并非现代简化偏旁“尔”的类推简化字。

（二）部分俗字、古文或失收字例举隅

1.“蔽、芮”字。

敦煌写本医籍原卷用“蔽、茵”的例句如下：

（1）蔽（茵）草杀齿内之虫。《张仲景〈五脏论〉一卷》（S. 5614，P. 2115，P. 2378，P. 2755）

（2）①茵草膏主诸风毒，脚气恶肿疼痛；②茵草四两。《杂证方书第九种》（P. 3731）

（3）茵草十分。《脚气、疟病方书》（P. 3201）

（4）茵草。《治病药名文书第二种》（S. 1467）、《杂证方书第十种》（P. 3885）

例（1）S. 5614、P. 2115 两写本原文该字为“蔽”，P. 2378、P. 2755 两写本原文该字为“茵”。《龙龛手镜》有“芮”字。《本草纲目·谷部·芮草》引陈藏器《本草拾遗》：“芮草生水田中，苗似小麦而小。四月熟，可作饭。”[①]《汉语大字典》有：“菵草，一作芮草。”《敦煌俗字典》认为敦煌写本中“茵”为“芮”字下误封口，为“菵”的俗字。[②] 这样看来，本例中的“茵”即“芮”的误写，那就是“菵”的俗字。那么“蔽”也是“菵”的俗写了。

2.“⿰足条、⿰火条”字。

敦煌写本医籍原卷用“⿰足条”的例句如下：

---

① （明）李时珍：《本草纲目》，北京：人民卫生出版社，1957 年影印，第 228-229 页。

② 黄征：《敦煌俗字典》，上海：上海教育出版社，2005 年，第 419-420 页。

（1）脉皆盛躁软数者为阳也，主夏，日中死。《素问·三部九候论》（P. 3287）

（2）遂利、烦躁诸变不可胜数也。《伤寒论·伤寒例》（P. 3287）

（3）①热而躁烦；②逆则躁烦；③其人躁扰。《伤寒论·辨脉法》（S. 202）

敦煌写本医籍原卷用“𤏶”的例句如下：

（1）必内有燥屎也。《伤寒论·伤寒例》（P. 3287）

（2）①脉浮，鼻口燥者，鼻衄；②脉阴阳俱紧，口中气出，唇口干燥，卷卧足恒冷，鼻中涕出者，舌上苔滑，勿妄治。《伤寒论·辨脉法》（S. 202）

（3）脾有病，口燥，舌弦，则歌吟苦噫。《占五脏声色源候》（S. 5614）

上述例中的“躁”原文均为“趮”，“燥”原文均为“𤏶”。《干禄字书》：“趮躁，上俗下正。”[①] “𤏶燥，上俗下正。”[②] 马王堆汉墓帛书中所见多为“燥”。

3. “䚀”字。

敦煌写本医籍原卷用“䚀”的例句如下：

周公药对，虚谈犯触之能。《张仲景〈五脏论〉一卷》（S. 5614, P. 2115）

上述例中的“触”字，原文为“䚀”，《碑别字新编》“魏程哲碑”也用“䚀”字。[③]《玉篇·角部》中“䚀”为“触”的古文。[④]

4. “𠷔”字。

敦煌写本医籍原卷用“𠷔”的例句如下：

（1）①扁鹊能回丧车，起死人，昧后并是神方；②有病不医，徒劳丧命。《张仲景〈五脏论〉一卷》（S. 5614, P. 2115）

---

① 施安昌编：《颜真卿书干禄字书》，北京：紫禁城出版社，1990年，第54页。

② 施安昌编：《颜真卿书干禄字书》，北京：紫禁城出版社，1990年，第41页。

③ 秦公辑：《碑别字新编》，北京：文物出版社，1985年，第446页。

④（南朝梁）顾野王：《宋本玉篇》，北京：中国书店，1983年，第480页。

（2）人患不除，徒劳丧命者矣。《张仲景〈五脏论〉一卷》（S. 5614，P. 2115，P. 2755）

上述例中的“丧”字，原文均为“喪”，在释录敦煌写本《张仲景〈五脏论〉一卷》中的“丧”字字形时，争论颇多，多将其中的偏旁“亡”录作“三”，原卷俗写均为“喪”。“喪”字，《原本玉篇残卷》：“喪，亡也。”①《汉语大字典》有“𠷍”字，未收“喪”字。

5. “觝”字。

敦煌写本医籍原卷用“觝”的例句如下：

犀角有觝触之义，故能趁疰驱邪。《张仲景〈五脏论〉一卷》（S. 5614，P. 2115）

上述例中的“觝”原文为“觝”，《俗务要名林》（S. 617）有“觝”字：“觝触：上丁礼反，下昌欲反。”《龙龛手镜·角部》：“觝觗，二通；觝，正，丁礼反，触也。”② 即“觝”同“觝、觗”二字，且为正字。《汉语大字典》未收“觝”字。

6. “蠭”字。

敦煌写本医籍原卷用“蠭”的例句如下：

干漆作蜂窠之形。《张仲景〈五脏论〉一卷》（S. 5614，P. 2115，P. 2755）

上述例中的“蜂”字，原文为“蠭”。但在《张仲景〈五脏论〉一卷》（S. 5614，P. 2115，P. 2755）三写本中“蜂螫萆拨妙除”“厌石寄假蜂房”中的“蜂”原文为“蜂”。《干禄字书》《龙龛手镜》《碑别字新编》《汉语大字典》《敦煌俗字典》等均未见收“蠭”字。

7. “捣”字。

（1）右件三味捣、蒸。《美容方书》（S. 4329）

（2）新好者细捣为末。《佛家辟谷方》（P. 2637）

（3）①于臼中捣令如膏；②于臼中共巴豆膏同捣。《杂证方书第六种》（P. 2882）

---

① （南朝梁）顾野王：《原本玉篇残卷》，上海：上海古籍出版社，2002 年《续修四库全书》本，第 324 页。

② （辽）释行均：《龙龛手镜》，北京：中华书局，1985 年，第 511 页。

(4) 右件药，并须细捣罗为末。《服气休粮及妙香丸子方》(P. 3043)

(5) 捣千杵。《杂证方书第八种》(P. 3596)

(6) ①又方：取赤芥子捣末；②右捣筛为散。《头、目、产病方书》(P. 3930)

上述例中的"捣"字，原文为"捣"。敦煌写本医籍除了使用半繁半简"捣"，也使用"捣"，如《食疗本草》(S. 76)"以醋石榴一个，捣令碎，布绞取汁，空腹顿服之，立止""其花叶阴干捣为末""瓜蒂七枚、丁香七枚捣为末，吹鼻中"等其中的"捣"原文为"捣"。也使用"擣"，如《杂证方书第一种》(S. 3347)"右捣筛"，《杂证方书第六种》(P. 2882)"捣筛为散""然捣作末""右捣筛讫"，《杂证方书第八种》(P. 3596)"大黄、干姜别捣""取灶下黄土和胡葱捣"，《美容方书》(S. 4329)"右件五味捣筛"等其中的"捣"原文为"擣"。《干禄字书》中"擣"为正字，俗体"捣"字各类字书中未见。

第二节 敦煌写本医籍文本用字的语料价值

字典辞书编纂，文献书证是必不可少的。传统字典辞书收字多着重于正字、通字，对俗字不甚重视，或囿于文献材料的缺乏，致使漏收不少俗字。字典辞书中的部分字例，也因文献材料的缺乏，仅有用字而无书证或缺少某一时期的书证。敦煌写本医籍中的用字可为字典补充未收之字例及中古书证。

一、补充字典未收之字例

敦煌写本医籍中有部分字典未收之俗字字例，反映了这些俗字在中古的使用情况。

1. 敦煌写本医籍提供了"囙"及以"囙"为偏旁的"咽""烟""恩""茵"等字在中古的使用例证。例见前，不赘述。"囙"作为"因"的俗体使用历史较为久远，《魏孝文帝吊比干文碑》中有"囙"字，《干禄字书》："囙因，上俗下正。"[①]《宋元以来俗字谱》"囙""咽""烟""恩""茴"等皆收。《汉语大字典》收有"囙""咽""恩"，未收"烟""茴"。《中华字海》"囙""咽""恩""烟""茴"皆未收。《敦煌俗字典》也未收"茴"。

2. 敦煌写本医籍有"筋"的或体"葝、筯、舫、肵"的使用例证。例见前，不赘述。现代简化字"筋"使用历史悠久，马王堆汉墓帛书中的《足臂十一脉灸经》，马王堆汉墓竹简《十问》等中的"筋"字原文字形均为"筋"。《说文解字》："筋，肉之力也。"[②]"筋"字或体的使用也同样历史悠久，《玉篇·竹部》："筯，居勤切，俗筋字。"[③]《干禄字书》："筯筋，上通下正。"[④]《龙龛手镜》："舫肵二俗，音斤。"[⑤]《汉语大字典》《中华字海》未收"筯、葝"。《敦煌俗字典》未有"舫、肵"。

3. 敦煌写本医籍有"与"的俗体"与"的使用例证。例见前，不赘述。"与、與"的使用由来已久，字典辞书二者皆收录，但半繁半简俗写"与"字典辞书未见收录。

4. 敦煌写本医籍有"亦"的俗体"亽"的使用例证。例见前，不赘述。"亦"字使用历史久远，俗字"亽"使用也较早，《碑别字新编》中的"魏张宁墓志"已见"亽"字。《汉语大字典》《中华字海》等均未收"亽"字。

5. 敦煌写本医籍有"蜂"的异体"蠭"的使用例证。例见前，不赘述。《干禄字书》《龙龛手镜》《碑别字新编》《汉语大字典》《敦煌俗字典》等均未见收录"蠭"字。

敦煌写本医籍中还有不少半繁半简字，前例中的"餅、与、爲、搗"等，这些字未见于字典辞书，仅见于这些出土文献，不仅提供了字典未收之字例，还展示了汉字形体由繁到简形体演变的过渡形体。

---

① 施安昌编：《颜真卿书干禄字书》，北京：紫禁城出版社，1990年，第22页。

② （东汉）许慎著，（清）段玉裁注：《说文解字注》，杭州：浙江古籍出版社，1998年，第178页。

③ （南朝梁）顾野王：《宋本玉篇》，北京：中国书店，1983年，第276页。

④ 施安昌编：《颜真卿书干禄字书》，北京：紫禁城出版社，1990年，第22页。

⑤ （辽）释行均：《龙龛手镜》，北京：中华书局，1985年，第510页。

二、为已收字例提供中古书证

部分现代简化字的产生年代可以上溯到中古甚至更早，具有久远的使用历史。就汉字史研究来看，适当补充该简化字在汉字史上的使用书证也是有必要的。作为一部大型字典，不仅应该提供例证，还要"举始见书的例子"①，在活跃的分期还要适当摘取例证，以方便使用者对该字有历时的认识。敦煌写本医籍中部分简体字的使用为《汉语大字典》等简化字字例补足了书证或提前了书证。

（一）补充已收字例书证

1. "紧"字。

"紧"的繁体"緊"的使用较早，马王堆汉墓帛书中《阴阳五行（甲）》中已有该字，简体"紧"字的用例在敦煌写本医籍中已有，如《〈玄感脉经〉一卷》（P. 3477）"按之短实而数，有似切绳，名曰紧"中的"紧"原文字形为"紧"。此后的用例有《宋元俗字谱》中列举的"通俗小说、古今杂剧、岭南逸事"等用"紧"字之例。

2. "补"字。

"补"的繁体"補"的使用较早，《说文解字》："補，完衣也。从衣甫声。"② 但中古也已有"补"的用例。敦煌写本医籍中《杂证方书第六种》（P. 2882）"即取青麦䴬煮稀粥调补，并切白葱，内（纳），经一宿"中的"补"字原文字形为"补"。

3. "乱"字。

《汉语大字典》仅引《广韵·换韵》"乱，俗作乱"，未有书证。《干禄字书》虽收有该字："乱乱，上俗下正。"③ 但并无使用书证。敦煌写本医籍有简体"乱"的用例，如《灸经明堂》（S. 5737）"日月无光，人气大乱"中"乱"字原文字形为"乱"，此为中古简体"乱"的用例。"乱"

---

① 王力：《字典问题杂谈》，载《辞书研究》，1983年第2期，第1-3页。

② （东汉）许慎著，（清）段玉裁注：《说文解字注》，杭州：浙江古籍出版社，1998年，第396页。

③ 施安昌编：《颜真卿书干禄字书》，北京：紫禁城出版社，1990年，第52页。

字例证还可以上溯到更早的时期，如《碑别字新编》中“魏郑羲碑”已有简体“乱”字。

4. “与”字。

“与”字两千多年来沿用不断，时见于历代的出土文物和传世书籍中。《说文解字》：“与，赐予也。一勺为与。此与舆同。”① “舆，党舆也，从舁从与。”《说文解字注》：“今俗以‘舆’代‘与’，‘舆’行而‘与’废矣。”②《玉篇》：“与：羊举切，赐也，许也，予也。亦作舆。”③ 又：“舆：余举、余据二切，用也。”④《干禄字书》：“与舆，上俗下正。”⑤ 此两字本为不同的字，后来互通，成为或体。1956 年国务院公布的《汉字简化方案》采用了“与”作为“舆”的简化字，“与”行而“舆”废。《汉语大字典》中未有“与”的使用例证，敦煌写本医籍中的用例可补之。敦煌写本医籍原文用简体“与”字的用例很多，例见前，不赘述。

5. “只”字。

“只”作为“隻”“衹”的简化字，是采用同音替代的方法兼代的。“只”原为语气词，多用于句末，表示终结或感叹。《说文解字》：“只，语已词也。”《说文解字注》：“宋人诗用‘只’为‘衹’字，但也。今人仍之。”⑥ 敦煌写本医籍则为之提供在宋代之前“只”已经用作“衹”作副词“只、仅”义之例。敦煌写本医籍原文用简体“只”的，例见前，不赘述。

（二）提前已收字例书证

1. “坚”字。

《汉语大字典》虽引《改并四声篇海·土部》中引《俗字背篇》中

---

① （东汉）许慎著，（清）段玉裁注：《说文解字注》，杭州：浙江古籍出版社，1998 年，第 715 页。

② （东汉）许慎著，（清）段玉裁注：《说文解字注》，杭州：浙江古籍出版社，1998 年，第 105 页。

③ （南朝梁）顾野王：《宋本玉篇》，北京：中国书店，1983 年，第 314 页。

④ （南朝梁）顾野王：《宋本玉篇》，北京：中国书店，1983 年，第 128 页。

⑤ 施安昌编：《颜真卿书干禄字书》，北京：紫禁城出版社，1990 年，第 36-37 页。

⑥ （东汉）许慎著，（清）段玉裁注：《说文解字注》，杭州：浙江古籍出版社，1998 年，第 87 页。

“俗用”之释，但所举例证为《宋元以来俗字谱》中之例。敦煌写本医籍可为之提供更早的例证。敦煌写本医籍中原文字形为简体“坚”的，例见前，不赘述。这些用例说明在隋唐五代即已有简体“坚”，提前了《汉语大字典》中简化字“坚”的使用书证。

2. “蚕”字。

和“坚”字一样，《汉语大字典》虽有例证，但列举例证时代较晚。“蚕”始见于《尔雅》，“蚯蚓”义，后为“蠶”的俗体。《龙龛手镜》中“蚕”为俗体。《汉语大字典》所举例证为元代关汉卿杂剧《关大王独赴单刀会》中之例以及现代用例，敦煌写本医籍可为之提供更早的中古使用例证。敦煌写本医籍中《美容方书》（S. 4329）“白蚕一两”“白芷、白蚕、萎蕤、白术、杏仁、桃仁、瓜仁，以上各一两，捣，和绵裹，洗面即用之”“白僵蚕（三分）”中的“蚕”字原文字形为“蚕”。

3. “灾”字。

《汉语大字典》虽有例证，但例证为上古和现代的，未有中古例证。“灾”字的使用源自甲骨文，沿用至今。《汉语大字典》除了引用《说文解字》的说法，其余例证均为现代用例。敦煌写本医籍可为之提供中古书证。敦煌写本医籍中原文字形为简体“灾”的，例见前，不赘述。

4. “无”字。

“无”字的使用历史久远，睡虎地秦墓竹简、马王堆汉墓帛书、居延汉简等出土文物中均见。《玉篇》：“无，同无，虚无也。”① 《汉语大字典》只有上古用例。敦煌写本医籍可为之提供中古书证。敦煌写本医籍原文用简体“无”的，例见前，不赘述。

5. “于”字。

《简化字源》《简化字溯源》等书未收“于”。但简体“于”使用历史悠久。甲骨文中已见，睡虎地秦墓竹简、马王堆汉墓帛书中均见。《说文解字》：“于，于也。象气之舒于。”段注因释诂、毛传等皆用“于”释“于”而认为“盖‘于、于’二字在周时为古今字”②。敦煌写本医籍原文

---

① （南朝梁）顾野王：《宋本玉篇》，北京：中国书店，1983 年，第 520 页。

② （东汉）许慎著，（清）段玉裁注：《说文解字注》，杭州：浙江古籍出版社，1998 年，第 204 页。

用“于”的，如 P. 3287“今并其脉状及以客病、针、药、灸、熨，具条于下”。此处用例“于”的意义与“在”相当，表范围。这种用例早见于《尚书·胤征》“沈乱于酒”①。敦煌写本医籍则提供该字该义的中古使用书证。

三、为现代简化字溯源提供例证

现代简化字有许多都是直接或间接来源于历史上的简体字，这些简体字在历史上或曾为正字、通字，或为俗字。这些简体字为现代简化字溯源提供了大量的中古书证。敦煌写本医籍中出现的简体在中古为正字的略举几例。

1. “脉”字。

马王堆汉墓帛书已见简体“脉”字。《龙龛手镜》：“脈俗脉今。”② 敦煌写本医籍原文多用简体“脉”，例见前，不赘述。敦煌写本医籍例中的“脉”原文字形为简体“脉”，主要为“血脉”和“脉搏”义。

2. “肉”字。

《说文解字》中已有“肉”字。《干禄字书》：“宍肉，上俗下正。”③ 由此知，简体“肉”在中古是正字。其在敦煌写本医籍中使用频率较高，例见前，不赘述。敦煌写本医籍例中的“肉”原文字形为简体“肉”字，主要为“人的皮肤、肌肉和脂肪层”义。

3. “筋”字。

《说文解字》中已见“筋”字。《干禄字书》：“觔筋，上通下正。”④ 由此知，简体“筋”在中古是正字。其在敦煌写本医籍中的使用，如《头、目、产病方书》（P. 3930）“凡灸头面，艾炷不得大，但须当脉当穴，徐徐隔☐手脚，艾炷一依筋头”；《黄帝内经残卷二》（Дx11074）“筋患出肝”。上述例中的“筋”原文字形为简体“筋”字，为“附着在骨头

---

① （汉）孔安国传，（唐）孔颖达疏：《尚书正义》（李学勤主编《十三经注疏》标点本），北京：北京大学出版社，1999 年，第 183 页。

② （辽）释行均：《龙龛手镜》，北京：中华书局，1985 年影印本，第 415 页。

③ 施安昌编：《颜真卿书干禄字书》，北京：紫禁城出版社，1990 年，第 57-58 页。

④ 施安昌编：《颜真卿书干禄字书》，北京：紫禁城出版社，1990 年，第 22 页。

上的韧带”义。

4. “万”字。

“万”字使用历史悠久，早见于西周。《玉篇》：“万，俗万字。十千也。”① 《干禄字书》：“万萬，并正。”② 由此知，简体“万”在中古为正字。其在敦煌写本医籍中的使用，如《佛家辟谷方》（P. 2637，P. 2703）“诸物万计”；《服气休粮及妙香丸子方》（P. 3043）“还本源，万事毕”。上述例中的“萬”原文字形为简体“万”字，主要计虚数。

5. “暖”字。

《龙龛手镜》中“暖”为正字。敦煌写本医籍原文用简体“暖”字的，如《杂证方书第二种》（S. 5435）“右取牛粪暖水调，令稍口口口上，极神验”。“暖”也作“煖”。《说文解字》：“煖，温也。”③ 《正字通》：“煖，通暖。”④ 1955年发布的《第一批异体字整理表》采取“暖”为标准字体，“煖”为“暖”的异体。不过《龙龛手镜》“煖”为正字。敦煌写本医籍原文用“煖”的，如P. 3287“腋下煖、心下热也”，“食前煖美清酒”等。

现代简化字在这一时期为正字的，还有“因”字等。对应繁简体在这一时期为并正字的，如“烟煙”“万萬”。正体、异体在这一时期为并正字的，如“暖煖”等。其余如“与、坚、紧、乱、群、蚕”等字多为俗体。

上述敦煌写本医籍中用字之例不过略举一二，亦可借此管窥中古汉字实际使用情况。敦煌写本提供了中古汉字使用的鲜活例证，其用字现象和特点对汉字史的研究和字典辞书的编纂来说，具有极其重要的意义和作用。

敦煌写本为现代简化字溯源提供了鲜活的文献材料。现代简化字即现行汉字，有许多直接或间接来源于历史上的简体字。敦煌写本医籍中简化字的使用颇多，如上述例中的简体字及“亦”“并”“为”“号”“群”“因”等。这些字为简化字的使用提供了中古书证，并可以之为桥梁追本

---

① （南朝梁）顾野王：《宋本玉篇》，北京：中国书店，1983年，第342页。

② 施安昌编：《颜真卿书干禄字书》，北京：紫禁城出版社，1990年，第51页。

③ （东汉）许慎著，（清）段玉裁注：《说文解字注》，杭州：浙江古籍出版社，1998年，第486页。

④ （明）张自烈著，董琨整理：《正字通》卷十，北京：中国工人出版社，1996年，第21页。

溯源。

敦煌写本为汉字规范提供历史借鉴。敦煌写本中的大部分简体字不管在历史上曾是俗字，还是正字，一直绵延不绝地使用。无论是过去还是未来在规范和整理汉字时必然会把这些具有悠久使用历史、强大生命力和坚实群众基础的字考虑进去，这样的规范汉字才会得到全民认同。

大型字典辞书在编纂时，也应充分利用出土文献材料，根据研究成果不断补充更新字例及书证。一是可以全面反映历史上汉字的使用情况，二是可以满足阅读同时期出土文献的查阅需求。

通过研究这些写本可以更好地了解汉字的面貌和汉字发展演变的轨迹，便于人们更好地研究汉字。这些写本也可以为完整系统地研究汉字提供理论思考和实例证明，还可以为现代汉字的整理和规范以及进一步简化提供许多可资借鉴的经验。考古成果表明，简化汉字在殷商时期的甲骨文中已经产生，现代形体的简化汉字在西汉时期则已大量使用。敦煌写本医籍中的大部分简体字不是始见于隋唐五代时期，而是在此前已有相当长的使用期，应是当时使用频率较高的字。

第三章　敦煌写本医籍的词汇

——以药名为例

由于医籍的特殊性，敦煌写本医籍中名物类词汇中药名数量最多，最具研究价值。敦煌写本医籍中医方、本草类居多，其中涉及的中药名称繁复，对于医药学和语言学来说都有着重要的理论意义和实践意义。这些药名，一部分是已知名，一部分是异名。本章将其中的药名尽可能做穷尽统计，将统计出来的药名按本草的传统分类法，大致分为植物类、矿物类、动物类、器物类四大类，对于传统本草但本草类未列归属的，或者敦煌写本之外医籍因极少见未知何物而不明归属的药名等，一并列在上述四类之后单独设置的“其他药名类”中。

前四类之中，除器物类外，其余三类均根据药名的具体情况及传统本草的分类方式分为若干子类。植物类分草部、谷部、菜部、果部、木部；矿物类分水部、火部、土部、金属部、石部；动物类分虫部、鱼鳞部、介部、禽部、兽部、人部。

每个二级子类列一表。每表分九栏，从左往右依次为：笔画、药名、出现频次、所在卷号、另名、其他医籍、中华药海、中医大辞典、汉语大词典。“笔画”是指药名首字笔画数，首字相同的，按次字笔画，依次类推。笔画少的在前，笔画多的在后，同笔画的按笔顺排列。“药名”是指敦煌写本医籍中出现的药名，原卷药名中错字、讹字、同音替代字均改为正确的字或者正字，不因字形有异而列为单独的药名。“出现频次”是指该药名在敦煌写本医籍中的出现频次，同一内容不同写卷的药名，也出现一次计一次。“所在卷号”是指该药名在敦煌写本医籍中所在的卷号，除少数出现频率极高的药名之外，出现频次在20次以下的药名尽可能列出出现的所有卷号，无编号列卷名。“另名”仅限于列举敦煌写本医籍中同物异名的药名，敦煌写本之外医籍中的异名不包括在内。“其他医籍”一栏主要列举该药名在敦煌写本医籍以外的医籍①中出现的情况，并不一一列举，只是选取具有代表性的某部医籍为代表，选取的标准为尽量选取时代靠前的医籍，同一时代的医籍尽量选取本草类医籍；未找到使用例证的标记为“无”（囿于学识有限、查询不力等原因暂未找到例证的均标记为“无”）。“中华药海”一栏主要考察药名在冉先德等主编《中华药海》中作为词条的收录情况，《中华药海》词条中有该药名则标注为“有”，《中华药海》词条中无该药名则标注为“无”，词条无但作为别名、异名、处方名收录的也尽可能在表中注明；若《中华药海》词条有该药名，则“其他医籍”一栏直接标注为“有”，因《中华药海》已列出该药名较早的出处，不再作列举。“中医大辞典”一栏主要考察药名在李经纬等主编的《中医大辞典》中作为词条的收录情况，《中医大辞典》中有该药名则标注为“有”，《中医大辞典》中无该药名则标注为“无”。“汉语大词典”一栏主要考察药名作为词条在罗竹风主编的《汉语大词典》中的收录情况，《汉语大词典》词条有该药名则标注为“有”，《汉语大词典》词条无则标注为“无”。

为求更为客观地反映敦煌写本医籍中的药名情况，选取了上述三部书以作参照。据《中华药海》前言，载药 8488 种，具有资料全、收药多的特点，每表后统计《中华药海》对该部药名的收录情况。《中医大辞典》所收药名数量虽不及《中华药海》，但方便实用、使用广泛，其中亦有《中华药海》未收之药名，故收录情况也列在后以作参照。《汉语大词典》虽非专门词典，以收一般语词为主，是目前收词最多的汉语词典，但其中收有部分药名，且有不少《中华药海》《中医大辞典》未收之药名，因而也列在后权作参照。

第一节　植物类

敦煌写本医籍植物类药名共计 1140 个，其中草部 524 个、谷部 193

① 以医籍为主，个别处也列举其他典籍较早使用例。

个、菜部 102 个、果部 117 个、木部 204 个。《中华药海》词条未收药名 792 个，占植物类药名的 70%，分别为草部 342 个、谷部 159 个、菜部 76 个、果部 82 个、木部 133 个。《中华药海》词条未收，但别名、异名、处方名等收录的药名 168 个，占植物类药名的 15%，分别为草部 91 个、谷部 26 个、菜部 16 个、果部 8 个、木部 27 个。《中华药海》词条及别名、异名、处方名等均未收录的药名 624 个，占植物类药名的 55%，分别为草部 251 个、谷部 133 个、菜部 60 个、果部 74 个、木部 106 个。其他医籍未收药名 130 个，占植物类药名的 12%，分别为草部 44 个、谷部 29 个、菜部 12 个、果部 15 个、木部 30 个。植物类药名中出现频次 20 次（含）以上的有 59 个，占植物类药名的 5%，其中草部 34 个、谷部 4 个、菜部 3 个、果部 8 个、木部 10 个。出现频次 10—19 次的有 67 个，占植物类药名的 6%，其中草部 44 个、谷部 2 个、菜部 3 个、果部 2 个、木部 16 个。其余为 9 频次（含）以下。所有植物类药名按草部、谷部、菜部、果部、木部分类，列表如下：

一、草部

表 3-1　敦煌写本医籍草部药名表

笔画	药名	出现频次	所在卷号	另名	其他医籍	中华药海	中医大辞典	汉语大词典
二画	丁房	1	P. 3714	葶苈、大适、大室、蕇	《本草品汇精要》等	无	无	无
	人参	79	P. 3378 等		有	有	有	有
	八角附子	1	P. 3714	附子	《备急千金要方》等	无	无	无
	八角蜀附子	1	P. 3287	附子	无	无	无	无

续表

笔画	药名	出现频次	所在卷号	另名	其他医籍	中华药海	中医大辞典	汉语大词典
三画	干葛	6	S. 3347 S. 5614 P. 2115 P. 2378 P. 2755 P. 3596		《肘后备急方》等	无	无	无
	干苏汁	1	龙 530		《证类本草》等	无	无	无
	干苏屑	1	龙 530		无	无	无	无
	干地黄	16	S. 3395 S. 4433 S. 5598 P. 2565 P. 3596 P. 4038 龙 530		有	有	有	无
	土瓜	1	龙 530	王瓜	有	有	有	有
	土瓜根	5	S. 4329 龙 530	王瓜根	《金匮要略》等	无（词条无，“王瓜根”条下别名、异名有）	有	无
	土瓜蒂	1	龙 530		无	无	无	无
	大青	6	P. 2662 P. 3287 龙 530 《疗服石方》（罗振玉旧藏）		《名医别录》等	无	无	无
	大黄	82	龙 530 等		有	有	有	有

续表

笔画	药名	出现频次	所在卷号	另名	其他医籍	中华药海	中医大辞典	汉语大词典
	大戟	14	P. 2115 P. 2378 P. 2565 P. 2755 P. 3714 龙 530	邛钜	有	有	有	无
	大蓟	2	龙 530	马蓟	有	有	有	无
	大适	1	P. 3714	葶苈、丁苈、大室、蕇	《神农本草经》等	无（词条无，“葶苈子”条下别名，异名有）	无	无
	大室	1	P. 3714	葶苈、丁苈、大适、蕇	《神农本草经》等	无（词条无，“葶苈子”条下别名、异名有）	无	有
	大小蓟根	1	龙 530		无	无	无	无
	上蔡防风	2	S. 5614 P. 2115		无	无	无	无
	山姜	1	P. 3714		有	有	有	有
	山葱	2	P. 3714 P. 3822	藜芦、葱苒、葱荚、茖	《本草纲目》等	无（词条无，“藜芦”条下别名、异名有）	无	有
	川芎	1	Дx02822	芎䓖	有	有	有	无
	及己	2	P. 3714 龙 530		有	有	有	有
	门冬	6	P. 2755 P. 4038 龙 530		《古今医统大全》等	无	无	有
	女青	2	龙 530		《备急千金要方》等	无	无	无

续表

笔画	药名	出现频次	所在卷号	另名	其他医籍	中华药海	中医大辞典	汉语大词典
	女萎	1	龙 530		有	有	有	无
	女菀	3	龙 530		有	有	有	无
	小草	2	龙 530		有	有	有	有
	小蓟	1	龙 530		有	有	有	无
	飞廉	5	龙 530 《新修本草·序》(羽田亨藏)	漏芦	有	有	有	有(但无植物名义项)
	马蓟	1	《新修本草·序》(羽田亨藏)	大蓟	《范汪方》等	无(词条无,“大蓟”条下别名、异名有)	有	有
	马蔺子	1	P. 2662V	蠡实	有	有	有	有
	马目毒公	4	龙 530		《备急千金要方》等	无(词条无,“鬼臼”条下别名、异名有)	无	有
四画	王不留行	4	龙 530 Дх02822		有	有	有	有
	王不留行子	1	P. 3287		《备急千金要方》等	无	无	无
	井中苔萍	1	龙 530		《证类本草》等	无	无	无
	天麻	3	S. 5901 P. 3093 Дх02822		有	有	有	有
	天雄	25	龙 530 等	白幕、白薇	有	有	无	有

续表

笔画	药名	出现频次	所在卷号	另名	其他医籍	中华药海	中医大辞典	汉语大词典
	天门冬	8	S. 6052 P. 2662V P. 3144 P. 3596 P. 4038 龙 530		有	有	有	有
	天名精	2	龙 530	麦句姜、豕首、虾蟆蓝	有	有	有	无
	天南星	1	S. 5901	虎掌	有	有	有	无
	云实	4	龙 530		有	有	有	有
	木香	1	Дх02822	青木香	有	有	有	有
	木贼	1	Дх02822		有	有	有	无
	木防己	1	P. 3596		《药性论》等	无	有	无
	五味	6	S. 1467V 龙 530 《辅行诀脏腑用药法要》		《三家医案合刻》等	无	无	有（但无药名、五味）
	五参	3	P. 3714 龙 530		《备急千金要方》等	无	无	无
	五香	1	龙 530		《古今医统大全》等	无	无	有（但和此处义不全同）
	五味子	30	S. 4433 等		有	有	有	有
	五味核	1	P. 3714		《本草纲目》等	无	无	无
	五月五日苍耳子	1	P. 3596		《外台秘要》等	无	无	无

续表

笔画	药名	出现频次	所在卷号	另名	其他医籍	中华药海	中医大辞典	汉语大词典
	五月五日葶苈子	1	P. 3596		无	无	无	无
	犬牙	1	P. 3714	狼牙、狼齿、狼子、牙子	《吴普本草》等	无	无	有（但无植物名）
	车前	1	龙 530		有	有	无	有
	车前子	7	S. 4433 P. 2565 P. 3093 P. 3596 P. 3885 龙 530 Дx02822		有	有	有	有
	车前草	1	S. 3395		《四声本草》等	无	有	无
	车前子叶	1	龙 530		《圣济总录》等	无	无	无
	车前根叶	2	S. 5795		《千金翼方》等	无	无	无
	戈共	1	龙 530		《名医别录》等	无	无	无
	互草	1	P. 3714	恒山	《本草经集注》等	无（词条无，“常山”条下别名、异名有）	无	无
	牙子	1	P. 3714	狼牙、狼齿、狼子、犬牙	《神农本草经》等	无	无	有
	瓦松	1	P. 4038		有	有	有	有

续表

笔画	药名	出现频次	所在卷号	另名	其他医籍	中华药海	中医大辞典	汉语大词典
	贝母	20	S. 3347等		《古今医统大全》等	无（词条无，"川贝母"条下别名、异名有）	有	有
	牛蒡	1	P. 3930		《一得集》等	无	无	有
	牛蒡叶	1	Дх02822		《圣济总录》等	无	无	无
	牛膝	25	P. 3930等		有	有	有	有
	牛膝末	1	P. 3930		《外台秘要》等	无	无	无
	牛膝汁	1	S. 76		《备急千金要方》等	无	无	无
	毛莨	2	P. 3714		有	有	有	无
	升麻	27	P. 2662等		有	有	有	无
	丹参	13	S. 5598 P. 2755 P. 3287 P. 3731 龙 530		有	有	有	有
	乌头	40	P. 2565等	奚毒、乌喙、即子	《肘后备急方》等	无	无	有（但为堇草和附子别名）
	乌园	1	P. 3714	鸢尾	《名医别录》等	无（词条无，"鸢尾"条下别名、异名有）	无	无

续表

笔画	药名	出现频次	所在卷号	另名	其他医籍	中华药海	中医大辞典	汉语大词典
	乌吹	1	P. 3714	射干、草姜、乌扇、乌蒲、乌翣	《证类本草》等	无（词条“无，射”干条下别名、异名有）	无	无
	乌罔	1	P. 3714		《轩岐救正论》等	无	无	无
	乌韭	1	龙 530		有	有	有	有
	乌扇	1	P. 3714	射干、草姜、乌吹、乌蒲、乌翣	有	有	有	无
	乌韮	1	P. 3714		无	无	无	无
	乌喙	10	S. 1467 P. 3714 龙 530	乌头、奚毒、即子	《名医别录》等	无	无	有
	乌蒲	1	P. 3714	射干、草姜、乌扇、乌吹、乌翣	《神农本草经》等	无（词条无，“射”干条下别名、异名有）	无	无
	乌翣	1	P. 3714	射干、草姜、乌扇、乌蒲、乌吹	《本草衍义补遗》等	无（词条无，“射”干条下别名、异名有）	无	无
	巴戟	2	S. 328 P. 2794	巴戟天	《本草图经》等	无（词条无，“巴戟天”条下别名、异名有）	有	有
	巴戟天	7	S. 4433 P. 2565 龙 530	巴戟	有	有	有	有

续表

笔画	药名	出现频次	所在卷号	另名	其他医籍	中华药海	中医大辞典	汉语大词典
	巴戟皮	1	P. 2565		无	无	无	无
	水玉	1	P. 3714	半夏、地文、示姑、守田	《本草纲目》等	无（词条无，"半夏"条下别名、异名有）	无	有
	水豆	1	P. 3596		无	无	无	无
	水英	1	龙 530		《本草纲目》等	无	无	无
	水莨	1	P. 3714		《证类本草》等	无	无	无
	水堇	1	P. 3714	石龙芮	《吴普本草》等	无（词条无，"石龙芮"条下别名、异名有）	有	无
	水萍	3	S. 5614 P. 2115 P. 2755		《神农本草经》等	无	有	无
	孔公孽	10	S. 5614 P. 2115 P. 2378 P. 2755 龙 530 Дx02822		《名医别录》等	无	无	无
五画	玉支	3	P. 3714	羊踯躅	《名医别录》等	无	无	无
	去水	1	P. 3714	芫花、毒鱼、牡芫	《新修本草》等	无（词条无，"芫花"条下别名、异名有）	无	无

续表

笔画	药名	出现频次	所在卷号	另名	其他医籍	中华药海	中医大辞典	汉语大词典
	示姑	1	P. 3714	半夏、地文、水玉、守田	《名医别录》等	无（词条无，“半夏”条下别名、异名有）	无	无
	甘松	4	S. 4329 S. 6107 P. 3230 Дх02822		有	有	有	无
	甘草	128	P. 3378等		有	有	有	有
	甘菊	4	P. 2115 P. 2378 P. 2755 Дх02822	菊花	《抱朴子》等	无（词条无，“菊花”条下别名、异名有）	有	无
	甘遂	21	P. 3714等	主田、甘藁、陵藁、陵泽、重泽	有	有	有	无
	甘藁	1	P. 3714	甘遂、主田、陵藁、陵泽、重泽	《名医别录》等	无（词条无，“甘遂”条下别名、异名有）	无	无
	甘松香	2	S. 4329 P. 2565		《备急千金要方》等	无	无	无
	甘草末	2	P. 3930		《本草纲目》等	无	无	无
	甘草汁	1	龙 530		《本草纲目》等	无	无	无
	甘蕉根	1	龙 530		有	有	无	无

续表

笔画	药名	出现频次	所在卷号	另名	其他医籍	中华药海	中医大辞典	汉语大词典
	艾	6	S. 5435 P. 3378 P. 3930 龙 530		《丹溪心法》等	无	无	有
	艾叶	3	龙 530		有	有	有	无
	艾纳	1	P. 3230		《外台秘要》等	无	无	有
	艽	1	P. 2115		《圣济总录》等	无	无	有
	术	25	S. 1467V 等		《一得集》等	无	无	有
	邛钜	1	P. 3714	大戟	《本草品汇精要》等	无	无	有
	石韦	6	P. 4038 龙 530		有	有	有	有
	石苇	2	P. 3287		《丹溪心法》等	无	无	无
	石斛	12	S. 4433 P. 2115 P. 2565 P. 2755 P. 3144 P. 3596 龙 530		有	有	有	有
	石长生	1	P. 3596		《备急千金要方》等	无	无	无
	石龙芮	8	P. 2565 P. 3714 龙 530	水堇	有	有	有	无
	石菖蒲	1	S. 5598	菖蒲	有	有	有	有
	龙胆	7	P. 2662 P. 3714 龙 530	龙胆草	有	有	有	有

续表

笔画	药名	出现频次	所在卷号	另名	其他医籍	中华药海	中医大辞典	汉语大词典
	龙胆草	2	《辅行诀脏腑用药法要》	龙胆	《履巉岩本草》等	无（词条无,“龙胆”条下别名、异名有）	有	无
	由跋	12	P. 3714《新修本草·序》（羽田亨藏）		有	有	无	无
	由跋根	1	P. 3714		《本草经集注》等	无	无	无
	生牛膝	1	P. 4038		《外台秘要》等	无	无	无
	生芋汁	1	S. 76		无	无	无	无
	生地黄	19	S. 1467V S. 1467 S. 6052 P. 3596 P. 3885 P. 4038 龙 530《辅行诀脏腑用药法要》		《中藏经》等	无	有	无
	生苏汁	1	龙 530		《医心方》等	无	无	无
	生附子	1	S. 5435		《本草纲目》等	无	无	无
	生葛根	3	P. 3287 P. 3596 龙 530		《圣济总录》等	无	无	无
	生藿汁	1	龙 530		《医心方》等	无	无	无

续表

笔画	药名	出现频次	所在卷号	另名	其他医籍	中华药海	中医大辞典	汉语大词典
	生干地黄	3	P. 3144 P. 3596		《圣济总录》等	无	无	无
	生天门冬	1	P. 4038		《外台秘要》等	无	无	无
	生地黄汁	3	S. 3347 P. 3731 P. 4038		《丹溪心法》等	无	无	无
	生麦门冬	2	P. 3201 P. 3885		《圣济总录》等	无	无	无
	生天门冬子	1	P. 4038	玄中津	无	无	无	无
	生天门冬汁	1	P. 4038		无	无	无	无
	生芦笋根汁	1	龙 530		无	无	无	无
	仙灵	1	P. 2755		无	无	无	有（但义不同）
	仙灵脾	1	P. 2755		《备急千金要方》等	无	有	有
	仙人余粮	1	S. 2438	黄精、重楼	《证类本草》等	无	无	无
	仙灵脾草	3	S. 5614 P. 2115 P. 2378		无	无	无	无
	白及	14	S. 5614 S. 6107 P. 2115 P. 2378 P. 2755 P. 3230 P. 3714 龙 530		有	有	有	有

续表

笔画	药名	出现频次	所在卷号	另名	其他医籍	中华药海	中医大辞典	汉语大词典
	白术	24	P. 2565 等		有	有	有	无
	白芷	25	P. 2565 等	香白芷	有	有	有	有
	白珂	1	S. 4329		无	无	无	无
	白前	3	龙 530		有	有	有	无
	白敛	2	P. 2755 P. 3731		《金匮要略》等	无	无	无
	白幕	1	P. 3714	天雄、白薇	《神农本草经》等	无（词条无,“天雄”“白薇”条下别名、异名有）	有	无
	白蔹	15	S. 4433 P. 3714 P. 3930 龙 530		有	有	有	有
	白鲜	5	龙 530		《神农本草经》等	无	无	有
	白薇	9	S. 1467 P. 3201 龙 530	白幕	有	有	有	有
	白头公	3	龙 530 Дх02822	白头翁	《吴普本草》等	无（词条无，“白头翁”条下别名、异名有）	有	无
	白头翁	1	龙 530	白头公	有	有	有	有
	白芍药	3	P. 3287 P. 3930		有	有	有	无
	白附子	4	S. 4329 P. 2565		《名医别录》等	无	有	无

续表

笔画	药名	出现频次	所在卷号	另名	其他医籍	中华药海	中医大辞典	汉语大词典
	白茅根	2	龙 530	茅根、茅草根	有	有	有	无
	白药子	1	Дх02822		有	有	无	无
	白菊花	1	S. 6052		《圣济总录》等	无	无	无
	白鲜皮	1	S. 1467		有	有	有	无
	白蘘荷	1	龙 530		《妇人大全良方》等	无	无	无
	瓜蒌	1	Дх02822	栝楼	《针灸甲乙经》等	无（词条无，“栝楼”条下别名、异名有）	有	有
	冬葵	1	龙 530		《证类本草》等	无（词条无，“冬葵子”条下别名、异名有）	无	有
	冬葵子	2	P. 3287 龙 530	葵子	有	有	有	无
	冬葵子根	1	龙 530		《普济方》	无	无	无
	主田	1	P. 3714	甘遂、甘藁、陵藁、陵泽、重泽	《吴普本草》等	无（词条无，“甘遂”条下别名、异名有）	无	无
	玄参	12	S. 1467 P. 2565 P. 3287 P. 3731	重台	有	有	有	有
	玄中津	1	P. 4038	生天门冬子	无	无	无	无

续表

笔画	药名	出现频次	所在卷号	另名	其他医籍	中华药海	中医大辞典	汉语大词典
	半夏	56	龙 530 等	地文、水玉、守田、示姑	有	有	有	有
六画	地文	1	P. 3714	半夏、水玉、守田、示姑	《普济方》等	无（词条无，“半夏”条下别名、异名有）	无	有
	地骨	1	P. 3714	苦参、地骨皮	《备急千金要方》等	无（词条无，“地骨皮”条下别名、异名有）	有	有
	地黄	19	S. 5901 P. 2755 P. 3930 P. 4038 龙 530 Дx02822 《辅行诀脏腑用药法要》	地髓	《本草纲目》等	无	无	有
	地榆	12	P. 3093 P. 3714 龙 530 Дx02822 《辅行诀脏腑用药法要》		有	有	有	有
	地髓	4	S. 5614 P. 2115 P. 2378 P. 2755	地黄	《证类本草》等	无	无	无
	地肤子	2	龙 530		有	有	有	无

续表

笔画	药名	出现频次	所在卷号	另名	其他医籍	中华药海	中医大辞典	汉语大词典
	地黄汁	3	P. 2662V P. 3731 P. 3930		《丹溪心法》等	无	无	无
	地榆根	1	P. 2662		《外台秘要》等	无	无	无
	芋	2	S. 76 P. 2882		《丹溪心法》等	无	无	有
	芍	1	《辅行诀脏腑用药法要》		《一得集》等	无	无	有
	芍药	55	P. 3731 等		《本草纲目》等	无	无	有
	芎藭	35	S. 1467V 等	川芎	《神农本草经》等	无（词条无，“川芎”条下别名、异名有）	有	有
	百头	1	P. 3714	贯众、贯渠、虎卷、扁苻、伯萍、药藻、草鸱头	《神农本草经》等	无（词条无，“贯众”条下别名、异名有）	无	无
	百部	1	S. 1467V		有	有	有	无
	百草花	1	P. 2666		《证类本草》等	无	无	无
	百部根	1	龙 530		《外台秘要》等	无	无	无
	当归	45	P. 3378 等		有	有	有	有

续表

笔画	药名	出现频次	所在卷号	另名	其他医籍	中华药海	中医大辞典	汉语大词典
	当陆	1	P. 3731	商陆、章陆根	《证类本草》等	无（词条无，“商陆”条下别名、异名有）	无	无
	肉苁蓉	7	P. 2565 P. 2882 P. 3144 P. 3596 P. 4038 龙 530		有	有	有	有
	肉豆蔻	1	P. 3930		有	有	有	有
	行唐	1	P. 3714	莨菪、横唐、莨蓎、狼唐	《名医别录》等	无	无	有
	凫葵	1	P. 3714	陟厘	《名医别录》等	无	无	有
	刘寄奴	1	S. 328		有	有	有	有
	守田	1	P. 3714	半夏、地文、水玉、示姑	《证类本草》等	无（词条无，“半夏”条下别名、异名有）	无	无
	灯心	1	S. 5435		《圣济总录》等	无（词条无，“灯心草”条下别名、异名有）	有	有
	羊桃	1	龙 530	藤梨	《医心方》等	无（词条无，“猕猴桃”条下别名、异名有）	有	无
	羊蹄	1	龙 530		有	有	有	无

续表

笔画	药名	出现频次	所在卷号	另名	其他医籍	中华药海	中医大辞典	汉语大词典
	羊踯躅	2	P. 3714 龙 530	玉支	《神农本草经》等	无	无	无
	羊眼半夏	1	P. 3714		《证类本草》等	无	无	无
	决明	6	S. 328 P. 2755 P. 2794 P. 3714		《古今医统大全》等	无	无	有
	决明子	4	P. 3596 龙 530		有	有	有	有
	阴命	1	P. 3714		《本草经集注》等	无	无	有
	防己	15	P. 3714 龙 530 《新修本草·序》(羽田亨藏)		有	有	有	无
	防风	36	龙 530 等		有	有	有	有
	防葵	11	S. 5614 P. 2115 P. 2378 P. 2755 P. 3201 龙 530		有	有	无	无
七画	麦冬	2	S. 328 《辅行诀脏腑用药法要》	麦门冬	《备急千金要方》等	无（词条无,“麦门冬”条下别名、异名有）	无	有
	麦门冬	30	龙 530 等	麦冬	有	有	有	有

续表

笔画	药名	出现频次	所在卷号	另名	其他医籍	中华药海	中医大辞典	汉语大词典
	麦句姜	3	龙 530	天名精、豕首、虾蟆蓝	《证类本草》等	无（词条无，"天名精"条下别名、异名有）	无	有
	远志	34	P. 2565 等		有	有	有	有
	远志皮	3	S. 1467 P. 2565 P. 3596		《外台秘要》等	无	无	无
	芫花	19	P. 2565 P. 3714 龙 530 ф356V	牡芫、去水、毒鱼	有	有	有	有
	芫草	1	P. 3714	茵芋、卑共	《本草经集注》等	无	无	无
	芫花根	1	龙 530		有	有	有	无
	苇子	1	S. 5435		《本草易读》等	无	无	有
	茵草/茵草	9	S. 1467 P. 2378 P. 2565 P. 2755 P. 3201 P. 3731 P. 3885 Дх02822		有	有	无	有
	花苁蓉	1	P. 2565		《本草纲目》等	无	无	无
	苁蓉	9	S. 328 S. 4433 P. 2565 P. 2794 龙 530 Дх02822		《神农本草经》等	无	无	有

续表

笔画	药名	出现频次	所在卷号	另名	其他医籍	中华药海	中医大辞典	汉语大词典
	苍术	2	P. 2637 P. 2703		有	有	有	有
	苍耳子	5	P. 2662V P. 2882 P. 3378 P. 3596		有	有	有	无
	芦茹	1	S. 1467		《医心方》等	无	无	无
	芦根	6	P. 2662V P. 3596 P. 3885 龙 530		有	有	有	无
	苏子	2	S. 3347 龙 530	紫苏子	《本草经集注》等	无（词条无,“紫苏子”条下别名、异名有）	有	有
	杜若	2	龙 530		《神农本草经》等	无	无	有
	杜蘅	2	P. 3714		《证类本草》等	无	无	有
	豆蔻	3	P. 3731 龙 530 Дx02822		《古今医统大全》等	无	有	有
	豆蔻子	1	P. 2882		《外台秘要》等	无	无	无
	豕首	1	龙 530	天名精、麦句姜、虾蟆蓝	《神农本草经》等	无（词条无,“天名精”条下别名、异名有）	无	有

续表

笔画	药名	出现频次	所在卷号	另名	其他医籍	中华药海	中医大辞典	汉语大词典
	连	2	《辅行诀脏腑用药法要》		《本草纲目》等	无	无	有
	连翘	6	P. 2115 P. 2378 P. 2755 P. 3731 龙 530		有	有	有	有
	连翘子	1	Дx02822		《外台秘要》等	无	无	无
	旱莲子草	1	P. 4038		《本草纲目》等	无	无	无
	牡丹	20	龙 530 等	鼠姑	《神农本草经》等	无	无	有
	牡芫	1	P. 3714	芫花、去水、毒鱼	《名医别录》等	无（词条无,“芫花”条下别名、异名有)	无	无
	牡蒙	4	龙 530	紫参	《神农本草经》等	无	无	有
	牡丹皮	11	P. 3596 《疗服石方》(罗振玉旧藏) 《辅行诀脏腑用药法要》		有	有	有	无

续表

笔画	药名	出现频次	所在卷号	另名	其他医籍	中华药海	中医大辞典	汉语大词典
	伯萍	1	P. 3714	贯众、贯渠、虎卷、扁苻、百头、药藻、草鸱头	《名医别录》等	无（词条无，“贯众”条下别名、异名有）	无	无
	含映	1	S. 2438	青囊	无	无	无	无
	即子	1	P. 3714	乌头、奚毒、乌喙	《神农本草经》等	无	无	无
	陆英	2	龙 530		有	有	有	无
	附子	63	P. 3596 等		有	有	有	有
	鸡苏	3	P. 3822 龙 530		《吴普本草》等	无（词条无，“水苏”条下别名、异名有）	有	有
	羌花	1	ф356V		《古今医统大全》等	无	无	无
	羌活	9	S. 1467V S. 1467 S. 3347 S. 5435 P. 2662V P. 3885 P. 3930	独活	有	有	有	无
	沙参	5	龙 530		《神农本草经》等	无	无	有
八画	青葙	7	S. 328 S. 1467V P. 2794 龙 530	草蒿、萋蒿、昆仑草	有	有	无	有
	青蒿	1	Дх02822		有	有	有	有
	青黛	1	P. 2665		有	有	有	有

续表

笔画	药名	出现频次	所在卷号	另名	其他医籍	中华药海	中医大辞典	汉语大词典
	青蘘	4	S. 2438 S. 4534 龙 530	含映	《神农本草经》等	无（词条无,“胡麻叶”条下别名有）	有	无
	青木香	18	S. 5435 P. 2565 P. 2882 P. 3201 P. 3731 P. 3596 P. 3916 P. 3930	木香	有	有	无	有
	青葙子	5	P. 3714 龙 530	草决明	有	有	有	无
	青葙苗	1	《疗服石方》（罗振玉旧藏）		《本草纲目》等	无	无	无
	青木香末	1	P. 3930		《本草纲目》等	无	无	无
	苦芙	1	龙 530		有	有	有	无
	苦参	20	龙 530 等	地骨	有	有	有	有
	苦菜	2	P. 2565 龙 530	败酱、苦苣	有	有	有	有
	苦菜子	1	P. 2565		《本草易读》等	无	无	无
	苦参根	1	S. 5435		《圣济总录》等	无	无	无
	茅根	2	龙 530	白茅根、茅草根	《神农本草经》等	无（词条无,“白茅根”条下别名、异名有）	有	无

续表

笔画	药名	出现频次	所在卷号	另名	其他医籍	中华药海	中医大辞典	汉语大词典
	茅草根	1	P. 3230	白茅根、茅根	《证治准绳》等	无（词条无，“白茅根”条下别名、异名有）	有	无
	刺蒺汁	1	P. 3930		无	无	无	无
	鸢头	4	P. 3714	鸢尾根	《本草经集注》等	无	无	无
	鸢尾	9	P. 3714 龙 530	乌园	有	有	有	有
	鸢尾根	1	P. 3714	鸢头	《证类本草》等	无	无	无
	虎杖	2	龙 530		有	有	有	无
	虎卷	1	P. 3714	贯众、贯渠、扁苻、百头、伯萍、药藻、草鸱头	《神农本草经》等	无（词条无，“贯众”条下别名、异名有）	无	无
	虎掌	10	P. 3714 龙 530	天南星	《名医别录》等	无（词条无，“天南星”条下别名、异名有）	有	无
	郁金	7	S. 328 S. 6107 P. 2665 P. 2794 P. 3230 P. 3930 Дх02822		有	有	有	无

续表

笔画	药名	出现频次	所在卷号	另名	其他医籍	中华药海	中医大辞典	汉语大词典
	昆布	10	S. 3347 S. 5614 P. 2115 P. 2378 P. 2755 P. 3596 龙 530		有	有	有	有
	昆仑草	1	P. 3714	青葙	《新修本草》等	无（词条无，“青葙”条下别名、异名有）	有	无
	固活	2	P. 3714	野葛、钩吻	《神农本草经》等	无	无	无
	败酱	3	龙 530	苦菜	《名医别录》等	无	无	有
	钓藤	1	龙 530		《本草经集注》等	无（词条无，“钩藤”条下别名、异名有）	有	有
	知母	15	S. 1467V S. 1467 S. 3347 S. 5614 P. 2115 P. 2378 P. 2662 P. 2755 P. 3201 龙 530 Дx02822	蝭母	有	有	有	无
	侧子	9	P. 3714 龙 530		有	有	无	无

续表

笔画	药名	出现频次	所在卷号	另名	其他医籍	中华药海	中医大辞典	汉语大词典
	卑共	1	P. 3714	茵芋、芫草	《名医别录》等	无（词条无，“茵芋”条下别名、异名有）	无	无
	金沸草	1	P. 3714	旋覆花、盛椹、戴椹	有	有	有	无
	鱼苏	1	Дx02822		《证类本草》等	无	无	无
	鱼胆	1	P. 3930		《中国树木分类学》等	无	有	无
	狗脊	7	P. 2637 P. 2703 P. 2755 P. 3043 龙 530		有	有	有	有
	狗舌草	1	P. 2666		有	有	有	无
	狗尿台	1	P. 2666		《普济方》等	无	无	无
	空心甘草	1	S. 5435		《普济方》等	无	无	无
	卷柏	7	S. 328 P. 2794 P. 3596 龙 530		有	有	有	有
	河内牛膝	1	P. 2115		无	无	无	无
	泽兰	7	S. 1467 龙 530 Дx02822		有	有	有	有
	泽泻	25	龙 530 等		有	有	有	有
	泽漆	6	P. 3714 龙 530	漆茎	有	有	有	无

续表

笔画	药名	出现频次	所在卷号	另名	其他医籍	中华药海	中医大辞典	汉语大词典
	建音	1	P. 3714		《证类本草》等	无	无	无
	细辛	63	龙 530 等		有	有	有	有
	细豆蔻	2	P. 3230 S. 6107		无	无	无	无
	贯节	1	P. 3714	贯众、贯渠、百头、虎卷、扁苻、伯萍、药藻、草鸱头	《神农本草经》等	无（词条无，"贯众"条下别名、异名有）	无	有
	贯众	10	P. 2637 P. 2703 P. 3043 P. 3714 龙 530	贯节、贯渠、百头、虎卷、扁苻、伯萍、药藻、草鸱头	有	有	有	有
	贯渠	1	P. 3714	贯众、贯节、百头、虎卷、扁苻、伯萍、药藻、草鸱头	《神农本草经》等	无（词条无，"贯众"条下别名、异名有）	无	有
九画	毒公	4	龙 530		《吴普本草》等	无	无	无
	毒鱼	2	P. 3714	芫花、牡芫、去水	《名医别录》等	无（词条无，"芫花"条下别名、异名有）	无	无
	毒根	1	P. 3714	钩吻、秦钩吻、野葛、除辛	《吴普本草》等	无（词条无，"钩吻"条下别名、异名有）	有	无

续表

笔画	药名	出现频次	所在卷号	另名	其他医籍	中华药海	中医大辞典	汉语大词典
	荆芥	1	Дx02822		有	有	有	有
	荆藤	1	《新修本草·序》(羽田亨藏)		无	无	无	无
	草姜	1	P. 3714	射干、乌吹、乌扇、乌蒲、乌翣	《名医别录》等	无（词条无,“射干”条下别名、异名有）	无	无
	草蒿	3	P. 3714	青葙、蒌蒿、青蒿	《神农本草经》等	无（词条无,“青葙”条下别名有;“青蒿”条下别名、异名有）	有	无
	草甘遂	2	P. 3714	蚤休、重台	《神农本草经》等	无	无	无
	草乌头	1	P. 3093		有	有	有	无
	草决明	1	P. 3714	决明子、青葙子	《吴普本草》等	无（词条无,“决明子”条下别名、异名有）	有	无
	草豆蔻	1	S. 5901		有	有	有	有
	草鸱头	2	P. 3714	贯众、贯节、贯渠、百头、虎卷、扁苻、伯萍、药藻	《神农本草经》等	无（词条无,“贯众”条下别名、异名有）	无	无

续表

笔画	药名	出现频次	所在卷号	另名	其他医籍	中华药海	中医大辞典	汉语大词典
	茵芋	15	S. 1467 S. 5614 P. 2115 P. 2378 P. 2755 P. 3714 P. 3596 龙 530	卑共、芫草	有	有	有	无
	茵陈	7	P. 2662 P. 3731 龙 530 Дx02822	茵陈蒿	有	有	有	有
	茵陈蒿	1	龙 530	茵陈	有	有	有	有
	茴香草	1	P. 2882		《备急千金要方》等	无	有	无
	茜根	2	P. 2565 龙 530		《外台秘要》等	无	无	无
	荛花	4	P. 3714 龙 530		有	有	有	有
	茖	1	P. 3822	藜芦、葱苒、葱荚、山葱	《神农本草经》等	无	无	有
	荜拨	10	S. 5614 S. 5901 P. 2115 P. 2378 P. 2662V P. 2755 P. 2882 P. 3596	鼠尾	《中藏经》等	无（词条无,"荜茇"条下别名、异名有）	有	有
	荜拨末	1	P. 2662V		《饮膳正要》等	无	无	无
	荠子	1	龙 530		《证类本草》等	无	无	无

续表

笔画	药名	出现频次	所在卷号	另名	其他医籍	中华药海	中医大辞典	汉语大词典
	荠苨	2	龙 530《疗服石方》（罗振玉旧藏）		《金匮要略》等	无	有	有
	茺蔚子	2	龙 530		有	有	有	无
	荩草	1	龙 530		有	有	有	有
	药藻	1	P. 3714	贯众、贯渠、虎卷、扁苻、伯萍、百头、草鸱头	《吴普本草》等	无	无	无
	垣衣	3	龙 530		《名医别录》等	无	无	有
	刺芥汁	1	S. 5435		无	无	无	无
	威灵仙	1	Дx02822		有	有	有	无
	牵牛	5	S. 5614 P. 2115 P. 2378 P. 2755 龙 530		《丹溪心法》等	无	无	有
	牵牛子	3	S. 3347 S. 5901 P. 2882		有	有	有	无
	虾蟆蓝	1	龙 530	天名精、麦句姜、豕首	《神农本草经》等	无（词条无，“天名精”条下别名有）	无	有
	钩吻	11	S. 2438 P. 3714 龙 530	秦钩吻、野葛、除辛、毒根	有	有	有	无

续表

笔画	药名	出现频次	所在卷号	另名	其他医籍	中华药海	中医大辞典	汉语大词典
	重台	1	P. 3714	蚤休、草甘遂、玄参	《吴普本草》等	无（词条无,“蚤休”条下别名、异名有）	有	有
	重泽	1	P. 3714	甘遂、主田、甘藁、陵泽	《吴普本草》等	无（词条无,“甘遂”条下别名、异名有;“玄参”条下别名、异名有）	无	无
	重楼	1	S. 2438	黄精、仙人余粮	有	有	有	有
	香戎	2	P. 2662V P. 2882		《本草纲目》等	无	无	无
	香白芷	1	S. 5901	白芷	《圣济总录》等	无（词条无,“白芷”条下别名、异名有）	有	无
	香附子	4	S. 4329 S. 6107 P. 2565 P. 3230		《中藏经》等	无（词条无,“香附”条下别名、异名有）	有	有
	香藿叶	1	龙 530		无	无	无	无
	鬼臼	7	P. 3144 P. 3714 龙 530		有	有	有	有

续表

笔画	药名	出现频次	所在卷号	另名	其他医籍	中华药海	中医大辞典	汉语大词典
	鬼督邮	2	龙 530	徐长卿	《神农本草经》等	无（词条无，“徐长卿”条下别名、异名有）	有	有
	独活	17	S. 1467 P. 2794 P. 3036 P. 3144 P. 3201 P. 3596 龙 530 Дx02822	羌活	有	有	有	有
	恒山	20	龙 530 等	互草	《吴普本草》等	无（词条无，“常山”条下别名、异名有）	有	有（但指山名，无药名义）
	前胡	14	S. 3347 P. 2565 P. 3201 P. 3287 P. 3596 P. 3731 龙 530 《疗服石方》（罗振玉旧藏）		有	有	有	无
	扁苻	1	P. 3714	贯众、贯节、贯渠、百头、虎卷、伯萍、药藻	《本草经集注》等	无	无	无
	陟厘	1	龙 530	凫葵	《名医别录》等	无	无	无

续表

笔画	药名	出现频次	所在卷号	另名	其他医籍	中华药海	中医大辞典	汉语大词典
	陟釐	1	龙530		《本草纲目》等	无	无	有
	除辛	1	P. 3714	钩吻、秦钩吻、野葛、毒根	《名医别录》等	无（词条无，“钩吻”条下别名、异名有）	无	无
	蚤休	2	P. 3714	重台、草甘遂	有	有	无	无
	络石	3	龙530		《名医别录》等	无	无	有
十画	秦艽	14	S. 3347 P. 2115 P. 2662V P. 2755 P. 2378 P. 3378 P. 3596 龙530 《疗服石方》（罗振玉旧藏）		有	有	有	无
	秦钩吻	1	P. 3714	钩吻、野葛、除辛、毒根	《吴普本草》等	无（词条无，“钩吻”条下别名、异名有）	无	无
	莽草	16	S. 1467 P. 3714 龙530		有	有	有	有
	莨菪	7	S. 328 S. 3347 S. 5435 P. 2794 Дx02822	莨蔼、行唐、横唐、狼唐	《圣济总录》等	无	无	有

续表

笔画	药名	出现频次	所在卷号	另名	其他医籍	中华药海	中医大辞典	汉语大词典
	茛蓎	1	P. 3714	茛菪、行唐、横唐、狼唐	无	无	无	无
	茛菪子	15	S. 5435 P. 2882 P. 3378 P. 3596 P. 3714 P. 3930 龙 530		《名医别录》等	无	有	无
	桔梗	28	龙 530 等		有	有	有	有
	栝蒌	10	S. 3347 S. 4329 P. 3714 龙 530 《辅行诀脏腑用药法要》		《名医别录》等	无	无	有
	栝楼	4	P. 3714 龙 530	瓜蒌	有	有	有	有
	栝蒌子	2	P. 2662 龙 530		《证类本草》等	无	无	无
	栝蒌根	2	S. 3347 《疗服石方》(罗振玉旧藏)		《本草经集注》等	无	无	无
	栝楼根	1	P. 3596		《伤寒论》等	无	有	无
	夏枯草	1	龙 530		有	有	有	有

续表

笔画	药名	出现频次	所在卷号	另名	其他医籍	中华药海	中医大辞典	汉语大词典
	破故纸	1	Дх02822		《药性论》等	无（词条无,“补骨脂”条下别名、异名有）	有	有
	柴胡	23	P. 2882等		有	有	有	有
	笋	1	S. 76		《外台秘要》等	无	无	有
	笋菜	1	P. 3287		无	无	无	无
	射干	13	P. 3201 P. 3714 龙 530	乌吹、草姜、乌扇、乌蒲、乌翣	有	有	有	有
	射罔	3	P. 3714 龙 530		《名医别录》等	无	无	有
	徐长卿	4	S. 328 P. 2794 龙 530	鬼督邮	有	有	有	无
	奚毒	1	P. 3714	乌头、乌喙、即子	《神农本草经》等	无	无	有
	狼子	1	P. 3714	狼牙、牙子、狼齿、犬牙	《神农本草经》等	无	无	有
	狼牙	9	S. 328 P. 2755 P. 2794 P. 3714 龙 530	牙子、狼子、狼齿、犬牙	《金匮要略》等	无	无	有
	狼齿	1	P. 3714	狼牙、牙子、狼子、犬牙	无	无	无	无

续表

笔画	药名	出现频次	所在卷号	另名	其他医籍	中华药海	中医大辞典	汉语大词典
	狼毒	12	P.2115 P.2378 P.2755 龙530		有	有	有	有
	狼唐	1	P.3714	莨菪、行唐、横唐、莨蓎	无	无	无	无
	狼跋	1	龙530		无	无	无	无
	狼牙根	1	S.2438		无	无	无	无
	狼跋子	1	龙530		无	无	无	无
	高良姜	1	P.3714等	蛮姜	有	有	有	无
	姜黄末	1	P.3378		《千金翼方》等	无	无	无
	益母草	2	P.3930		有	有	有	无
	海藻	13	P.2565 P.2755 P.3596 龙530		有	有	有	有
	陵泽	1	P.3714	甘遂、甘藁、陵藁、主田、重泽	《名医别录》等	无（词条无，“甘遂”条下别名、异名有）	无	无
	陵藁	1	P.3714	甘遂、甘藁、陵泽、主田、重泽	《神农本草经》等	无（词条无，“甘遂”条下别名、异名有）	无	无
	通草	3	S.5614 P.2755 龙530	燕覆子	有	有	有	有

续表

笔画	药名	出现频次	所在卷号	另名	其他医籍	中华药海	中医大辞典	汉语大词典
十一画	堇草	1	P. 3714		《名医别录》等	无	无	无
	黄芩	66	龙 530 等		有	有	有	有
	黄芩	6	P. 2565 P. 3378 ДX02822 《辅行诀脏腑用药法要》		《名医别录》等	无	无	无
	黄连	64	龙 530 等		有	有	有	有
	黄耆	4	P. 2755 P. 3378 P. 3714 《辅行诀脏腑用药法要》		《神农本草经》等	无	有	有
	黄菊	1	P. 2755		《证类本草》等	无	无	有
	黄蓍	23	龙 530 等		《千金翼方》等	无	无	有
	黄精	6	S. 2438 P. 3093 P. 3714	重楼、仙人余粮	有	有	有	有
	黄连末	1	S. 9987		《本草纲目》等	无	无	无
	黄连汁	1	龙 530		《圣济总录》等	无	无	无
	黄连屑	1	龙 530		《新修本草》等	无	无	无
	黄精仁	1	S. 4534		《医心方》等	无	无	无

续表

笔画	药名	出现频次	所在卷号	另名	其他医籍	中华药海	中医大辞典	汉语大词典
	菥蓂子	2	龙 530		有	有	有	有
	菴蕳	2	P. 2565 龙 530		有	有	无	有
	菴蕳子	2	P. 3596 龙 530		有	有	无	无
	菖蒲	29	P. 3930 等		《神农本草经》等	无	有	有
	菖蒲末	1	P. 3930		《外台秘要》等	无	无	无
	菖蒲屑汁	1	龙 530		《新修本草》等	无	无	无
	菌草	1	S. 328		《普济方》等	无	无	无
	萝藦子	1	P. 2565		有	有	有	无
	营实	3	S. 5614 P. 2115 P. 2755		有	有	有	有
	萎蕤	8	S. 4329 P. 2565 P. 3201 P. 3287 龙 530	葳蕤	《名医别录》等	无（词条无，“玉竹”条下别名、异名有）	有	有
	萎蕤仁	1	S. 4329		《丹台玉案》等	无	无	无
	萆麻	3	S. 4329 P. 2378 P. 2755		《新修本草》等	无	无	无
	萆薢	6	P. 2755 龙 530		有	有	有	有
	萆麻仁	1	S. 4329		《保婴撮要》等	无	无	无

续表

笔画	药名	出现频次	所在卷号	另名	其他医籍	中华药海	中医大辞典	汉语大词典
	菟丝	5	S. 5614 P. 2115 P. 2378 P. 2755 龙 530		有	有	有	有
	菟丝子	20	龙 530 等		有	有	有	无
	菊花	14	S. 1467 S. 5614 S. 5968 P. 2115 P. 2755 P. 3596 龙 530 Дx02822	甘菊	有	有	有	有
	萧州艾叶	1	S. 5435		无	无	无	无
	菰根	1	龙 530		有	有	无	无
	盛椹	1	P. 3714	旋覆花、金沸草、戴椹	《神农本草经》等	无	无	无
	雀萑草	1	P. 3596		无	无	无	无
	蛇床	7	S. 5614 P. 2115 P. 2378 P. 2755 龙 530		《备急千金要方》等	无	无	有
	蛇莓	1	龙 530		有	有	有	有
	蛇衔	2	龙 530		《备急千金要方》等	无（词条无，"蛇含"条下别名、异名有）	无	有

续表

笔画	药名	出现频次	所在卷号	另名	其他医籍	中华药海	中医大辞典	汉语大词典
	蛇床子	15	S. 4433 P. 2565 P. 4038 龙 530		有	有	有	无
	蛇床仁	1	P. 2565		《证类本草》等	无	无	有
	野苏	1	P. 3822		《新修本草》等	无	有	无
	野葛	13	P. 3714 P. 3731 龙 530	钩吻、秦钩吻、除辛、毒根	《备急千金要方》等	无	无	无
	野丈人	1	Дx02822	白头公、白头翁	《吴普本草》等	无（词条无，“白头翁”条下别名、异名有）	有	有
	野百步	1	Дx02822		无	无	无	无
	悬钩子	2	S. 76		有	有	有	有
	麻黄	43	龙 530 等		有	有	有	无
	麻黄根	2	S. 1467 P. 3378		有	有	有	无
	鹿葱	2	P. 3714		《证类本草》等	无	有	有
	旋覆花	24	龙 530 等	戴椹、金沸草、盛椹	《神农本草经》等	无（词条有旋复花）	有	有
	章陆根	2	S. 4329 S. 5435	当陆、商陆	《证类本草》等	无	无	无
	商陆	2	龙 530	当陆、章陆根	有	有	有	有
	商陆根	1	S. 2438		《圣济总录》等	无	无	无

续表

笔画	药名	出现频次	所在卷号	另名	其他医籍	中华药海	中医大辞典	汉语大词典
	续断	8	S. 328 S. 1467 P. 4038 龙 530		有	有	有	有
十二画	款冬	10	S. 5614 P. 2115 P. 2378 P. 2755 P. 2794 龙 530		《古今医统大全》等	无	无	有
	款冬花	7	S. 328 P. 2662V P. 4038 龙 530 Дx02822		有	有	有	无
	葳蕤	3	S. 328 P. 2794 《疗服石方》（罗振玉旧藏）	萎蕤	《圣济总录》等	无	无	有
	葱苒	1	P. 3714	藜芦、葱菼、山葱、茖	《名医别录》等	无（词条无，“藜芦”条下别名、异名有）	无	无
	葱菼	1	P. 3714	藜芦、葱苒、山葱、茖	《神农本草经》等	无（词条无，“藜芦”条下别名、异名有）	无	无
	葵子	2	龙 530	冬葵子	《金匮要略》等	无（词条无，“冬葵子”条下别名、异名有）	有	无

续表

笔画	药名	出现频次	所在卷号	另名	其他医籍	中华药海	中医大辞典	汉语大词典
	葵汁	1	P. 3596		《外台秘要》等	无	无	无
	葵根	2	龙 530		《圣济总录》等	无	无	无
	葵子汁	1	龙 530		《新修本草》等	无	无	无
	葵根末	1	P. 3930		《证类本草》等	无	无	无
	葵根汁	1	龙 530		《外台秘要》等	无	无	无
	葵根灰	1	P. 3930		《本草纲目》等	无	无	无
	葶苈	11	S. 5968 S. 5614 P. 2115 P. 2378 P. 2755 P. 3714 龙 530 《辅行诀脏腑用药法要》	丁苈、蕇、大适、大室	《名医别录》等	无	无	有
	葶苈子	15	S. 3347 P. 2565 P. 2666 P. 2882 P. 3596 《疗服石方》(罗振玉旧藏) 《辅行诀脏腑用药法要》		有	有	有	无

续表

笔画	药名	出现频次	所在卷号	另名	其他医籍	中华药海	中医大辞典	汉语大词典
	萱草根	1	P. 2662		有	有	有	无
	萹蓄	1	龙 530		有	有	有	有
	葈耳	2	龙 530	苍耳	《楚辞·王逸注》等	无（词条无，"苍耳"条下别名有）	有	有
	雄莨菪	1	S. 3347		无	无	无	无
	雄莨菪根	1	S. 3347		无	无	无	无
	紫苏	3	P. 2662V P. 3822		《本草纲目》等	无	无	有
	紫苑	1	Дx02822		《千金翼方》等	无	无	无
	紫宛	1	P. 2755		无	无	无	无
	紫参	2	龙 530	牡蒙	《名医别录》等	无	无	无
	紫草	3	P. 3378 龙 530		有	有	有	无
	紫菀	14	S. 5614 P. 2115 P. 2378 P. 2565 P. 2662V P. 2755 P. 2882 P. 3596 P. 3930 龙 530		有	有	有	有
	紫葳	8	S. 5614 P. 2115 P. 2378 P. 2755 龙 530		《备急千金要方》等	无（词条无，"凌霄花"条下处方用名有）	有	有
	紫苏子	1	S. 3347	苏子	有	有	有	无

续表

笔画	药名	出现频次	所在卷号	另名	其他医籍	中华药海	中医大辞典	汉语大词典
	紫苏茎	1	P. 3201		《外台秘要》等	无	无	无
	紫苏茎叶	1	P. 3201		《圣济总录》等	无	无	无
	景天	2	龙 530	慎火草	有	有	有	有
	黑牵牛	1	Дx02822		《圣济总录》等	无	无	无
	筋根	1	S. 5968		《神农本草经》等	无（词条无，“旋花根”条下别名有）	有	有
	蛮姜	1	Дx02822	高良姜	《履巉岩本草》等	无（词条无，“高良姜”条下别名有）	有	无
十三画	蓍实	1	龙 530		有	有	无	无
	蓝子	1	龙 530		《刘涓子鬼遗方》等	无（词条无，“蓝实”条下别名有）	有	无
	蓝汁	5	龙 530		《新修本草》等	无	无	无
	蓝青	2	龙 530		《新修本草》等	无	无	无
	蓝菜	1	P. 3287		《本草纲目》等	无	无	有
	蓝子汁	1	龙 530		《新修本草》等	无	无	无
	葛根	6	P. 3596 龙 530		有	有	有	无
	蒖菥子	1	S. 4433		无	无	无	无

续表

笔画	药名	出现频次	所在卷号	另名	其他医籍	中华药海	中医大辞典	汉语大词典
	蒿叶	1	S. 5435		《本草纲目》等	无	无	无
	蒺藜子	9	P. 2882 P. 3144 P. 3596 P. 3930 龙 530		《神农本草经》等	无（词条无,“刺蒺藜”条下别名异名有）	有	有
	蓄根	1	龙 530		《备急千金要方》等	无	无	无
	蒴藋	7	S. 5614 P. 2115 P. 2378 P. 2755 P. 3201 P. 3731 龙 530		有	有	有	无
	蒴藋根	1	P. 3731		无	无	无	无
	蒲黄	16	S. 5614 P. 2115 P. 2378 P. 2565 P. 2755 P. 3930 P. 3596 龙 530		有	有	有	无
	零陵	2	P. 2565 P. 3731		《雷公炮炙论》	无	无	有（但为古地名）
	零陵香	5	S. 1467 S. 4329 S. 6107 P. 3230	薰草	有	有	有	有
	蜀大黄	2	P. 3287		《证类本草》等	无	无	无

续表

笔画	药名	出现频次	所在卷号	另名	其他医籍	中华药海	中医大辞典	汉语大词典
	蜀升麻	1	P. 2565		《外台秘要》等	无	无	无
	蜀桑根	1	P. 3714		《千金翼方》等	无	无	无
	鼠尾	1	P. 2666	荜拨	《吴普本草》等	无（词条无，“荜茇”条下别名、异名有）	有	有
	鼠姑	1	龙 530	牡丹	《名医别录》等	无	无	有
	鼠粘子	1	P. 3930		《本草图经》等	无（词条无，“牛蒡子”条下别名、异名有）	有	有
	鼠草粘子	1	P. 3596		无	无	无	无
	鼠尾草花	1	S. 9987		《本草纲目》等	无	无	有
	慎火草	1	P. 3596	景天	《备急千金要方》等	无（词条无，“景天”条下别名、异名有）	有	有
十四画	蔷薇	6	S. 5614 P. 2115 P. 2755 龙 530		《名医别录》等	无（词条无，“蔷薇花”条下别名、异名有）	无	有
	蔚臭草	1	P. 3596		《外台秘要》等	无	无	无
	蓼	1	S. 9987		《备急千金要方》等	无	无	有

续表

笔画	药名	出现频次	所在卷号	另名	其他医籍	中华药海	中医大辞典	汉语大词典
	蓼子	1	Дх02822	蓼实	《补缺肘后方》等	无（词条无，"蓼实"条下别名有）	有	无
	蓼实	3	P. 3822 龙 530	蓼子	有	有	有	无
	酸酱	1	龙 530		《神农本草经》等	无	无	无
	漆茎	1	P. 3714	泽漆	《名医别录》等	无	无	无
	漏芦	7	P. 3731 龙 530	飞廉	有	有	有	无
	缩砂	1	Дх02822		《圣济总录》等	无	无	无
十五画	赭魁	5	P. 3714 龙 530		《名医别录》等	无	无	有
	蕤仁	10	S. 5435 S. 5614 P. 2115 P. 2378 P. 2662 P. 2755 P. 3596 P. 3731 P. 3930	蕤核	有	有	有	无
	蕤核	3	龙 530	蕤仁	《神农本草经》等	无（词条无，"蕤仁"条下别名、异名有）	有	无
	蕈	1	P. 3714	葶苈、丁苈、大适、大室	无	无	无	无

续表

笔画	药名	出现频次	所在卷号	另名	其他医籍	中华药海	中医大辞典	汉语大词典
	横唐	1	P. 3714	莨菪、莨蓎、狼唐、行唐	《名医别录》等	无	无	有
	踯躅	11	S. 328 P. 2755 P. 3596 P. 3714 P. 3731 龙 530		《圣济总录》等	无	无	有
	踯躅花	1	P. 3201		《圣济总录》等	无	有	无
	蝭母	1	龙 530	知母	《神农本草经》等	无（词条无，"知母"条下别名、异名有）	无	无
	鹤虱	3	P. 2637 P. 2703 P. 3378		有	有	有	有
	黎芦	5	S. 1467V S. 5614 P. 2115 P. 2378 P. 2755		《外台秘要》等	无	无	无
	熟艾	3	P. 2565 P. 3885 龙 530		《圣济总录》等	无	无	有
	熟地黄	1	《辅行诀脏腑用药法要》		有	有	有	无
十六画	燕覆子	1	S. 76	通草	《本草纲目》等	无	无	无
	槖吾	1	龙 530		《神农本草经》等	无	无	无

续表

笔画	药名	出现频次	所在卷号	另名	其他医籍	中华药海	中医大辞典	汉语大词典
	薇衔	2	龙 530		《名医别录》等	无	无	无
	薄荷菜	1	P. 2882		无	无	无	无
十七画	戴椹	1	P. 3714	旋覆花、金沸草、盛椹	《名医别录》等	无（词条无，“旋复花”条下别名、异名有）	无	无
	藋菌	8	P. 3714 龙 530		《神农本草经》等	无	无	有
	藁本	6	S. 4329 P. 3287 龙 530		有	有	有	有
	黏鼠子	1	S. 3347		无	无	无	无
	薰草	2	龙 530	零陵香	《本草纲目》等	无	无	有
	薰黄	1	P. 3596		《外台秘要》等	无	无	无
十八画	瞿麦	6	P. 3287 龙 530		有	有	有	有
	藜芦	29	P. 3144 等	葱苒、葱菼、山葱、莕	有	有	有	有
	藤梨	1	S. 76	羊桃	《开宝重定本草》等	无（词条无，“猕猴桃”条下别名有）	有	无
	覆盆子	8	S. 76 P. 2565 P. 2882 P. 3596 龙 530		有	有	有	有

续表

笔画	药名	出现频次	所在卷号	另名	其他医籍	中华药海	中医大辞典	汉语大词典
十九画	藿香	7	S. 328 S. 1467 S. 4329 S. 6107 P. 2565 P. 3230		有	有	有	有
二十画	蘘草	4	龙 530		有	有	无	有
	蘘荷	1	S. 328		有	有	有	有
	蘘荷汁	1	龙 530		无	无	无	无
二十一画	蠡实	1	龙 530	马蔺子	《神农本草经》等	无（词条无，“马蔺子”条下别名、异名有）	有	无
二十二画	蘼芜	1	龙 530		有	有	有	有

上表中草部药名共计 524 个，其中 342 个药名《中华药海》词条未收，占草部药名的 65%；除去词条未收，但在别名异名中收录的 91 个药名，仍有 251 个药名未收，占草部药名的 48%。44 个药名其他医籍未见（暂未查到使用例证），占草部药名的 9%。出现频次 20 次（含）以上的有 34 个，占草部药名的 6%。其中出现频次最高的甘草达 128 次；其次为大黄，出现频次 82 次；再次为人参，出现频次 79 次。出现频次 10—19 次的有 44 个，占草部药名的 8%。其余为 9 次（含）以下。

二、谷部

表 3-2　敦煌写本医籍谷部药名表

笔画	药名	出现频次	所在卷号	另名	其他医籍	中华药海	中医大辞典	汉语大词典
三画	三年米醋	1	S. 76		《外台秘要》等	无	无	无

续表

笔画	药名	出现频次	所在卷号	另名	其他医籍	中华药海	中医大辞典	汉语大词典
	干粟米饭	1	P. 2565		无	无	无	无
	大豆	22	龙530等		《神农本草经》等	无（词条无，“黑大豆”条下别名、异名有）	无	有
	大麦	6	S. 3347 S. 4534 S. 5435 龙530 Дх02822 《疗服石方》（罗振玉旧藏）		有	有	无	有
	大麻	1	龙530	黄麻	《本草备要》等	无	无	有
	大酢	1	P. 2565		《外台秘要》等	无	无	无
	大醋	2	S. 3395 P. 2666		《外台秘要》等	无	无	无
	大豆汁	5	P. 3930 龙530		《新修本草》等	无	无	无
	大豆卷	2	龙530	大豆黄卷	《备急千金要方》等	无（词条无，“大豆黄卷”条下别名、异名有）	无	无
	大麦仁	1	S. 3347		《圣济总录》等	无	无	无
	大麦奴	1	《疗服石方残卷》（罗振玉旧藏）		《本草纲目》等	无	无	无

续表

笔画	药名	出现频次	所在卷号	另名	其他医籍	中华药海	中医大辞典	汉语大词典
	大麻子	5	P. 3043 P. 3093 龙 530		《外台秘要》等	无（词条无，“黄麻子”条下别名异名有）	无	无
	大麻仁	3	S. 1467 S. 1467V P. 3885	麻子、麻仁、火麻子、麻子仁	《药性论》等	无（词条无，“火麻仁”条下处方用名有）	有	无
	大小豆汁	2	龙 530		《外台秘要》等	无	无	无
	大豆黄卷	1	龙 530	大豆卷	有	有	有	无
	大麻子汁	1	龙 530		《外台秘要》等	无	无	无
	大麻子头	1	S. 6177		无	无	无	无
	女曲	1	P. 2565		《本草纲目》等	无	无	有
	小米	1	Дx02822	秫米	《本草蒙筌》等	无	有	有
	小豆	15	S. 3347 S. 9987 P. 2665 P. 2666 P. 3596 P. 3714 P. 3930 龙 530 Дx00924 Дx02822		《神农本草经》等	无	无	有
	小豆子	1	P. 3596		《证类本草》等	无	无	无
	小豆羹	1	S. 3347		《千金翼方》等	无	无	无

续表

笔画	药名	出现频次	所在卷号	另名	其他医籍	中华药海	中医大辞典	汉语大词典
	小麦	9	S. 4534 P. 2662V P. 2675 P. 3378 P. 3596 P. 3885 龙 530 Дх02822		有	有	有	有
四画	无灰酒	1	P. 3093		《外台秘要》等	无	无	有
	无灰好酒	1	P. 4038		《证治准绳》等	无	无	无
	无灰清酒	3	P. 3596		《肘后备急方》等	无	无	无
	无盐热饼	1	P. 3930		无	无	无	无
	巨胜	2	S. 4534	胡麻、狗虱、方茎、鸿藏	《神农本草经》等	无（词条无，“黑脂麻”条下别名、异名有）	有	有
	巨胜仁	1	S. 76		无	无	无	无
	丹米	1	S. 4534		《外台秘要》等	无	无	无
	乌豆	4	S. 4433	黑豆	《肘后备急方》等	无（词条无，“黑大豆”条下别名、异名有）	有	有
	乌麻	1	P. 4038		《外台秘要》等	无（词条无，“黑脂麻”条下别名、异名有）	无	有

续表

笔画	药名	出现频次	所在卷号	另名	其他医籍	中华药海	中医大辞典	汉语大词典
	乌豆汁	1	P. 3596		《外台秘要》等	无	无	无
	乌麻油	2	S. 2438 P. 3930	麻油、生油、胡麻油	《肘后备急方》等	无（词条无，"麻油"条下别名有）	无	无
	六月六日曲末	1	P. 2565		《外台秘要》等	无	无	无
	方茎	1	S. 4534	胡麻、狗虱、巨胜、鸿藏	《名医别录》等	无	无	无
	火麻子	1	P. 3596	麻子、麻仁、大麻仁、麻子仁	《本草蒙筌》等	无（词条无，"火麻仁"条下别名、异名有）	无	无
	水酒	1	P. 3930		《圣济总录》等	无	无	有
五画	生乌豆	1	P. 3596		《雷公炮炙论》等	无	无	无
	生胡麻	1	龙 530		《备急千金要方》等	无	无	无
	生油麻油	1	P. 3201		无	无	无	无
	生胡麻油	2	P. 3596		《千金翼方》等	无	无	无
	生大豆黄末	1	S. 2438		无	无	无	无
	白米	3	S. 1468		《圣济总录》等	无	无	有
	白面	3	P. 2882		《圣济总录》等	无	无	无

续表

笔画	药名	出现频次	所在卷号	另名	其他医籍	中华药海	中医大辞典	汉语大词典
	白酒	2	P. 3596《疗服石方》(罗振玉旧藏)		《外台秘要》等	无	无	有
	白截浆	2	《辅行诀脏腑用药法要》		无	无	无	无
	白粳米	3	P. 2662V P. 3930		《外台秘要》等	无	无	有
	白粱米	1	S. 4534		有	有	无	有
六画	百花曲	1	Дx02822		无	无	无	无
	曲	1	P. 2882		《神农本草经》等	无	无	有
	饧	3	S. 1467V S. 2438 P. 3201		《丹溪心法》等	无	无	有
	饧果	1	Дx02822		无	无	无	无
	米	7	S. 3395 S. 5435 P. 2666 P. 2882 P. 3144 P. 3201 P. 3596 龙 530		《神农本草经》等	无	无	有
	米醋	2	P. 2882 P. 3201		《外台秘要》等	无	无	无
	米蘖	1	S. 4534		无	无	无	有
	米泔汁	1	S. 1467		《千金翼方》等	无	无	有

续表

笔画	药名	出现频次	所在卷号	另名	其他医籍	中华药海	中医大辞典	汉语大词典
	好曲末	1	P. 3930		《备急千金要方》等	无	无	无
	好豉	2	《疗服石方残卷》(罗振玉旧藏)		《古今医统大全》等	无	无	无
	红豆	1	Дх02822	赤小豆	有	有	有	有
七画	麦	2	龙530《疗服石方》(罗振玉旧藏)		《丹溪心法》等	无	无	有
	麦奴	1	《疗服石方残卷》(罗振玉旧藏)		有	有	无	有
	麦芽	1	P. 3596		有	有	有	有
	麦麨	1	Дх02822		无	无	无	有
	麦麸	2	P. 3596 Дх02822		《本草备要》等	无	无	无
	麦麨	1	Дх02822		无	无	无	有
	麦麵	1	Дх02822		无	无	无	有
	麦曲末	1	P. 3596		《圣济总录》等	无	无	无
	赤豆	1	Дх02822	红豆、赤小豆	《外台秘要》等	无（词条无，“赤小豆”条下别名、异名有）	无	有
	赤谷	1	Дх02822		《千金翼方》等	无	无	无

续表

笔画	药名	出现频次	所在卷号	另名	其他医籍	中华药海	中医大辞典	汉语大词典
	赤小豆	9	S. 1468 S. 4433 S. 4534 S. 9936 P. 2662 龙 530 《辅行诀脏腑用药法要》	红豆、赤豆	有	有	有	有
	折米	1	Дх02822		《饮膳正要》等	无	无	无
	豆豉	5	P. 2666 P. 2662V P. 2637 P. 2703 P. 3930	香豉	《丹溪心法》等	无（词条无，“淡豆豉”条下别名、异名有）	有	有
	豆酱	2	P. 3287 龙 530		《外台秘要》等	无	无	有
	饭	3	P. 2666 P. 2882		《丹溪心法》等	无	无	有
	冷饭	1	P. 2565		《备急千金要方》等	无	无	无
	陈廪米	1	S. 4534		《名医别录》等	无（词条无，“陈仓米”条下别名有）	无	无
	妙清酒	1	P. 3596		无	无	无	无
八画	青米	1	S. 9936		无	无	无	无
	青稞	1	Дх02822		有	有	无	有
	青斑豆	1	龙 530		《备急千金要方》等	无	无	无
	青粱米	1	S. 4534		《本草纲目》等	无	无	有

续表

笔画	药名	出现频次	所在卷号	另名	其他医籍	中华药海	中医大辞典	汉语大词典
	苦酒	3	P. 3201《辅行诀脏腑用药法要》	醋、酢	《伤寒论》等	无（词条无，“醋”条下别名有）	有	有
	饴	7	P. 2882 P. 3287《辅行诀脏腑用药法要》		《备急千金要方》等	无	无	有
	饴糖	7	S. 4534 P. 3287 龙 530		有	有	有	有
	狗虱	1	S. 4534	胡麻、巨胜、方茎、鸿藏	《名医别录》等	无（词条无，“黑脂麻”条下别名、异名有）	无	有
	炒米	1	Дх02822		《圣济总录》等	无	无	有
	泔清	2	P. 2882 P. 3930		《外台秘要》等	无	无	无
	油麻	2	P. 2637 P. 2703		《外台秘要》等	无（词条无，“黑脂麻”条下别名、异名有）	无	有
	油麻油	3	P. 2662V P. 3930		《外台秘要》等	无	无	无
	空心酒	4	S. 5435 P. 3093 P. 4038		《备急千金要方》等	无	无	无
九画	荭豆	1	Дх02822		无	无	无	无

续表

笔画	药名	出现频次	所在卷号	另名	其他医籍	中华药海	中医大辞典	汉语大词典
	面	6	P. 2666 P. 3596		《外台秘要》等	无	无	有
	荞麦	1	Дx02822		有	有	有	有
	荜豆	1	Дx02822		《肘后备急方》等	无	无	无
	胡豆	2	P. 3596 龙 530		《本草纲目》等	无（词条无,“蚕豆”条下别名有）	有	有
	胡麻	7	S. 2438 S. 4534 龙 530	巨胜、方茎、鸿藏、狗虱	《神农本草经》等	无（词条无,“黑脂麻”条下别名、异名有）	有	有
	胡麻灰	1	S. 6052		《医心方》等	无	无	无
	胡麻油	1	《辅行诀脏腑用药法要》	麻油、生油、乌麻油	《名医别录》等	无（词条无,“麻油”条下别名有）	无	有
	香豉	3	P. 3201	豆豉	《伤寒论》等	无（词条无,“淡豆豉”条下别名、异名有）	有	无
	美清酒	1	S. 76		《外台秘要》等	无	无	无
	姜酒	1	S. 76		《本草纲目》等	无	无	无
	粇子	1	Дx02822		无	无	无	无
	浓醋	2	S. 5435 P. 3093		《圣济总录》等	无	无	无

续表

笔画	药名	出现频次	所在卷号	另名	其他医籍	中华药海	中医大辞典	汉语大词典
	扁豆	2	S. 4534 龙 530		《名医别录》等	无	有	有
	扁豆叶	1	P. 2882		有	有	无	无
	神曲	1	P. 3093		有	有	有	无
十画	豇豆	1	Дx02822		有	有	无	有
	热面	5	P. 2565 P. 2882 P. 3201 P. 3596		《外台秘要》等	无	无	无
	热粥	3	P. 2565 P. 2882 P. 3287		《备急千金要方》等	无	无	无
	热麨	1	P. 3930		无	无	无	无
	热粥饭	1	《辅行诀脏腑用药法要》		无	无	无	无
	秫米	4	S. 4534 龙 530 Дx02822	小米	《名医别录》等	无	有	有
	秫米酒	2	S. 5435		《证类本草》等	无	无	无
	浆水	4	S. 5435 P. 2662V P. 2882		有	有	有	有
	酒	63	S. 5435 等		有	有	无	有
	酒糟	1	P. 3596		有	有	无	有
十一画	麸浆	1	P. 2882		《普济方》等	无	无	有
	舂杵糠	1	龙 530		《本草纲目》等	无	无	无

续表

笔画	药名	出现频次	所在卷号	另名	其他医籍	中华药海	中医大辞典	汉语大词典
	黄谷	1	Дх02822		《雷公炮制药性解》等	无	无	无
	黄饴	1	《辅行诀脏腑用药法要》		《医心方》等	无	无	无
	黄麻	1	Дх02822	大麻	《景岳全书》等	无	无	有
	黄蒸	1	P. 3930		《本草纲目》等	无	无	有
	黄蓍酒	1	P. 2565		无	无	无	无
	黄粱米	1	S. 4534		有	有	无	有
	黄蒸麸子	1	P. 3596		无	无	无	无
	黄色小麦曲	1	P. 2662V		无	无	无	无
	豉	34	P. 3596等		《丹溪心法》等	无	无	有
	豉心	1	P. 2565		《外台秘要》等	无	无	无
	豉汁	3	龙 530		有	有	无	无
	豉粥	1	P. 2662		《外台秘要》等	无	无	无
	馄饨	3	P. 3930 P. 3596		《外台秘要》等	无	无	有

续表

笔画	药名	出现频次	所在卷号	另名	其他医籍	中华药海	中医大辞典	汉语大词典
	麻子	16	S. 2438 S. 3347 S. 4534 S. 9987 P. 2665 P. 2666 P. 2675 P. 2882 P. 3093 P. 3930 龙 530 Дх02822	火麻子大麻仁、麻子仁、麻仁	《神农本草经》等	无（词条无，"火麻仁"条下别名、异名有）	有	有
	麻仁	4	S. 1467V S. 5435 P. 3885 Дх02822	火麻子大麻仁、麻子仁、麻子	《外台秘要》等	无（词条无，"火麻仁"条下处方用名有）	无	有
	麻花	3	S. 5614 P. 2115 P. 2755		有	有	有	有
	麻油	7	S. 5435 P. 3731 P. 3930 龙 530 《辅行诀脏腑用药法要》	生油、胡麻油、乌麻油	有	有	有	有
	麻勃	2	龙 530	麻蕡	《神农本草经》等	无（词条无，"麻蕡"条下别名有）	有	有
	麻蕡	2	龙 530	麻勃	有	有	有	有

续表

笔画	药名	出现频次	所在卷号	另名	其他医籍	中华药海	中医大辞典	汉语大词典
	麻子仁	1	龙 530	麻子、麻仁、火麻子大麻仁	《伤寒论》等	无（词条无，“火麻仁”条下别名、异名有）	有	无
	麻子油	1	P. 2662V		《圣济总录》等	无	无	无
	粗米	1	Дx02822		《太平圣惠方》等	无	无	无
	鸿藏	1	S. 4534	胡麻、巨胜、方茎、狗虱	《名医别录》等	无（词条无，“黑脂麻”条下别名、异名有）	无	无
	清酒	6	S. 76 S. 1468 S. 3347 P. 3596 龙 530		《外台秘要》等	无	无	有
	清酢	1	S. 1467		《备急千金要方》等	无	无	无
	清醯	1	S. 1467		《淮南子》等	无	无	无
	清水曲	1	Дx02822		无	无	无	无
	清苦酒	1	S. 76		《本草纲目》等	无	无	无
	清美酒	3	P. 2882 P. 3596		《千金翼方》等	无	无	无
	淳醋	1	龙 530		《外台秘要》等	无	无	无

续表

笔画	药名	出现频次	所在卷号	另名	其他医籍	中华药海	中医大辞典	汉语大词典
	淡豉	2	P. 2662		《外台秘要》等	无（词条无，“淡豆豉”条下别名、异名有）	无	无
	绿豆	2	S. 9987 Дx02822		有	有	有	有
	绿豆粥	1	S. 3347		《本草纲目》等	无	无	无
十二画	酢	7	S. 4534 S. 9987 P. 2882 P. 3596 P. 3930 龙 530	醋、苦酒	《外台秘要》等	无	无	有
	酢浆水	2	S. 9987 P. 2666		《外台秘要》等	无	无	无
	粟米	1	S. 4534		有	有	无	有
	粟米饭	2	P. 2565 P. 3287		《圣济总录》等	无	无	无
	黑豆	7	P. 2637 P. 2703 P. 3043 P. 3093 P. 3714 P. 3930	乌豆	《圣济总录》等	无（词条无，“黑大豆”条下别名、异名有）	无	有
	黑胡麻	1	P. 3596		《医心方》等	无	无	无
	黑饴饼子	1	P. 2882		无	无	无	无
	黍	1	P. 2662		《内经知要》等	无	无	有

续表

笔画	药名	出现频次	所在卷号	另名	其他医籍	中华药海	中医大辞典	汉语大词典
	黍米	4	S. 4534 S. 11363 P. 3596 Дх02822		有	有	无	有
	黍稷	1	Дх02822		《本草求真》等	无	无	有
十三画	蒸米	1	Дх02822		《急救广生集》等	无	无	无
	暖酒	1	P. 3930		《外台秘要》等	无	无	无
	馎饦	3	P. 2882 P. 3930 P. 3596		《名医类案》等	无	无	有
	馎饦汁	1	P. 2662V		无	无	无	无
	稗子	1	Дх02822		《本草纲目》等	无	无	有
	粳米	6	S. 4534 P. 3287 P. 3930 《辅行诀脏腑用药法要》 Дх02822		有	有	无	有
	粳米潘汁	1	龙 530		无	无	无	无
	粮米	1	Дх02822		《医方考》等	无	无	无
	酱	4	S. 3347 S. 4534 P. 2882 P. 3596		有	有	无	有
	酱清	1	P. 3596		《备急千金要方》等	无	无	有

续表

笔画	药名	出现频次	所在卷号	另名	其他医籍	中华药海	中医大辞典	汉语大词典
十四画	蓼菜醸酒	1	P. 3596		无	无	无	无
	酽醋	1	P. 3731		《外台秘要》等	无	无	有
	酽米醋	1	P. 3731		《圣济总录》等	无	无	无
	腐婢	3	S. 4534 P. 3714 龙 530		有	有	有	无
	蜜酒	1	S. 5435		《中藏经》等	无	无	有
十五画	豌豆	1	Дx02822		有	有	无	有
	醋	26	S. 1467V 等	酢、苦酒	有	有	有	有
	醋浆	1	P. 2662		《备急千金要方》等	无	无	有
	醋淀	1	P. 3596		《太平圣惠方》等	无	无	无
	醋浆水	1	S. 1467		《备急千金要方》等	无	无	有
	稷米	1	S. 4534		有	有	无	无
	稻米	2	S. 4534 P. 2675		《名医别录》等	无	无	有
	稻谷	1	Дx02822		无	无	无	有
十六画	薏苡	2	龙 530		《名医类案》等	无	无	有
	薏苡仁	1	P. 2565		有	有	有	无
	薏苡根	2	龙 530		有	有	有	无
十七画	醢	1	P. 3596		《新修本草》等	无	无	有
	糟醋	1	P. 2882		《证类本草》等	无	无	无

续表

笔画	药名	出现频次	所在卷号	另名	其他医籍	中华药海	中医大辞典	汉语大词典
十九画	穬麦	1	S. 4534		《神农本草经》等	无	无	有
二十画	糯米	5	S. 3347 P. 3201 P. 2637 P. 2703 Дx02822		有	有	无	有
二十二画	糤米	1	Дx02822		无	无	无	无

上表中谷部药名共计 193 个，其中 159 个药名《中华药海》词条未收，占谷部药名的 82%；除去词条未收，但在别名异名中收录的 26 个药名，仍有 133 个药名未收，占谷部药名的 69%。29 个药名其他医籍未见（暂未查到使用例证），占谷部药名的 16%。出现频次 20 次（含）以上的有 4 个，占谷部药名的 2%。其中出现频次最高的是酒，63 次。其后依次为豉，34 次；醋，26 次；大豆，22 次。出现频次 10—19 次的有 2 个，占谷部药名的 1%。其余为 9 次（含）以下。

三、菜部

表 3-3 敦煌写本医籍菜部药名表

笔画	药名	出现频次	所在卷号	另名	其他医籍	中华药海	中医大辞典	汉语大词典
三画	干姜	80	龙 530 等		有	有	有	有
	干姜末	2	S. 5435 P. 3596		《备急千金要方》等	无	无	无
	干姜汁	1	龙 530		《备急千金要方》等	无	无	无
	干薯蓣	1	S. 5598		《肘后备急方》等	无	无	无

续表

笔画	药名	出现频次	所在卷号	另名	其他医籍	中华药海	中医大辞典	汉语大词典
	大蒜	3	S. 4534 P. 2666 龙 530	葫	有	有	有	有
	大蔽	1	P. 3714		无	无	无	无
	山药	1	P. 3810		有	有	有	有
	山蒜	1	P. 3822		《本草纲目》等	无	无	无
	小芥	1	P. 3596		无	无	无	无
	小蒜	2	S. 4534 龙 530	薤白	有	有	有	有
	马芹	3	S. 6107 P. 3230 Дx02822		《养生导引秘籍》等	无	无	无
	马齿草	1	P. 3596	马齿菜	《雷公炮炙论》等	无（词条无,“马齿苋”条下别名、异名有）	无	无
	马炽菜	1	P. 2882		无	无	无	无
	马齿菜	1	P. 2666	马齿草	《太平圣惠方》等	无（词条无,“马齿苋”条下别名、异名有）	有	有
四画	不开口瓠芦	1	S. 1467V		无	无	无	无
	六芝	1	龙 530		《名医别录》等	无	无	无
五画	生韭	1	P. 3596		《外台秘要》等	无	无	无

续表

笔画	药名	出现频次	所在卷号	另名	其他医籍	中华药海	中医大辞典	汉语大词典
	生姜	63	龙 530 等		有	有	有	有
	生韭汁	1	龙 530		《备急千金要方》等	无	无	无
	生葱	2	P. 2882 P. 3596		《圣济总录》等	无	无	无
	生干姜	2	P. 3714		《临证指南医案》等	无	无	无
	生胡荽	2	龙 530		《金匮要略》等	无	无	无
	生姜汁	5	S. 76 S. 3347 S. 5435 P. 3596 龙 530		《外台秘要》等	无	无	无
	生葱白	2	S. 3347 P. 3930		《小品方》等	无	无	无
	白葱	2	P. 2662V P. 2882		《医心方》等	无	无	无
	白芥子	1	Дx02822		有	有	有	无
	冬瓜	3	S. 76 龙 530		有	有	有	有
	冬瓜子	2	S. 76 龙 530		有	有	有	无
	冬瓜仁	2	S. 76 S. 4329		《备急千金要方》等	无	无	无
	冬瓜汁	1	龙 530		《外台秘要》等	无	无	无

续表

笔画	药名	出现频次	所在卷号	另名	其他医籍	中华药海	中医大辞典	汉语大词典
	兰香	2	P. 2882 Дx02822		《齐民要术》等	无（词条无,“罗勒”条下别名、异名有）	有	有
	兰香子	2	P. 2666 P. 3930		《海上名方》等	无（词条无,“罗勒子”条下别名有）	有	无
	汉葱	1	P. 3822		《本草纲目》等	无	无	有
	母葱	1	S. 3347		无	无	无	无
六画	百合	3	龙 530		有	有	有	有
七画	赤芥子	1	P. 3930		无	无	无	无
	芥	4	S. 328 P. 2755 P. 3822 龙 530		《名医别录》等	无	无	有
	芥子	5	S. 6107 P. 2662V P. 3230 P. 3596 《辅行诀脏腑用药法要》		有	有	有	有
	芸薹	2	S. 4534 Дx02822	芸薹菜	有	有	有	有
	芸薹菜	1	P. 3930	芸薹	《日用本草》等	无（词条无,“芸薹”条下别名有）	有	无

续表

笔画	药名	出现频次	所在卷号	另名	其他医籍	中华药海	中医大辞典	汉语大词典
	苋实	1	龙530		有	有	有	无
	冻葱	1	P. 3822	胡葱	《新修本草》等	无（词条无,“胡葱”条下别名有）	无	无
	陈芥子	1	P. 3930		《医心方》等	无	无	无
八画	青葱叶	1	P. 3596		《医心方》等	无	无	有
	苦苣	1	Дx02822	苦菜	有	有	无	无
	苦瓠	4	P. 3822 龙530		《备急千金要方》等	无	无	有
	苦瓠根	1	S. 3347		无	无	无	无
	苦瓠瓤	1	P. 3596		《千金翼方》等	无	无	无
	苜蓿	4	S. 328 P. 2794 P. 3287 P. 3822		有	有	有	有
	细葱	1	P. 3201		无	无	无	无
九画	春瓜	1	Дx02822		无	无	无	无
	草豉子	1	P. 2662V		无	无	无	无
	荏	1	P. 3822		《吴普本草》等	无（词条无,“白苏子”条下别名、异名有）	无	有
	荏子	1	P. 3822		《名医别录》等	无	有	无

续表

笔画	药名	出现频次	所在卷号	另名	其他医籍	中华药海	中医大辞典	汉语大词典
	胡瓜	1	S. 76	黄瓜	《备急千金要方》等	无	无	有
	胡荽	4	P. 2666 P. 2882 龙 530		有	有	有	有
	胡葱	4	S. 4534 P. 2666 P. 3596	冻葱	有	有	无	无
	胡苣根	1	P. 2882		无	无	无	无
	胡葱根	1	P. 3201		无	无	无	无
	韭叶	2	《辅行诀脏腑用药法要》		《古今医统大全》等	无	无	无
	韭白	1	P. 3930		《外台秘要》等	无	无	有
	韭汁	1	P. 3930		《外台秘要》等	无	无	无
	香菜	1	S. 9987	胡荽	《韵略》等	无（词条无，“胡荽”条下别名、异名有）	有	有
	独头蒜	1	P. 2666		《外台秘要》等	无（词条无，“大蒜”条下别名、异名有）	无	有
	独颗蒜	3	P. 3596 Дx10298		《证类本草》等	无	无	有

续表

笔画	药名	出现频次	所在卷号	另名	其他医籍	中华药海	中医大辞典	汉语大词典
	姜	10	P. 2882 P. 3287 P. 3378 P. 3596 P. 3714 P. 3930 龙 530 ф356V 《疗服石方》(罗振玉旧藏) 《辅行诀脏腑用药法要》		《备急千金要方》等	无	无	有
	姜末	1	P. 2665		《外台秘要》等	无	无	无
	姜汁	2	P. 4038		《外台秘要》等	无	无	无
十画	莱菔子	1	S. 9987		有	有	有	有
十一画	堇	2	S. 4534 P. 3714	堇菜	《新修本草》等	无	无	有
	堇菜	1	S. 4534	堇	《证类本草》等	无	无	无
	菘菜	1	龙 530		有	有	无	无
	黄独	1	P. 3714		《本草纲目》等	无	无	有
	黄瓜根	2	S. 3347 P. 3596		有	有	有	无
	菹菜	1	S. 76		《本草纲目》等	无	无	无

续表

笔画	药名	出现频次	所在卷号	另名	其他医籍	中华药海	中医大辞典	汉语大词典
	瓠子	1	S. 76		有	有	有	有
十二画	越瓜	1	S. 76		有	有	无	有
	葫	2	S. 4534		《名医别录》等	无（词条无,“大蒜”条下别名、异名有）	无	有
	葫芦	1	P. 2882		《千金月令》等	无（词条无,“壶卢”条下别名、异名有）	有	有
	韭	5	S. 3347 S. 3395 S. 9987 P. 2666 P. 3930		《四圣心源》等	无	无	有
	韭子	3	P. 2565 P. 3810 龙 530		《医学集成》等	无	无	无
	葱	13	S. 3347 S. 5435 P. 2665 P. 2882 P. 3144 P. 3378 P. 3596 龙 530		《备急千金要方》等	无	无	有
	葱叶	2	P. 3596 《辅行诀脏腑用药法要》		有	有	有	无

续表

笔画	药名	出现频次	所在卷号	另名	其他医籍	中华药海	中医大辞典	汉语大词典
	葱白	21	P. 2666等		有	有	有	有
	葱汁	3	P. 3822 P. 3930 龙530	葱涕	有	有	无	无
	葱实	2	P. 3822 龙530		有	有	有	无
	葱根	2	P. 2662 P. 3822		《名医别录》等	无	有	无
	葱涕	1	龙530	葱汁	《备急千金要方》等	无（词条无，“葱汁”条下别名有）	有	无
	葱黄	1	P. 3596		《千金翼方》等	无	无	无
	葱黄心	1	P. 2666		《肘后备急方》等	无	无	无
	朝生	1	龙530		《新修本草》等	无	无	有
	紫芝	2	龙530		《吴普本草》等	无	无	有
	番瓜	1	Дx02822		《疡医大全》等	无（词条无，“番木瓜”条下别名、异名有）	有	无
十三画	蒜	10	P. 2662V P. 2882 P. 3596 P. 3930 P. 4038 龙530		《名医别录》等	无	无	有

续表

笔画	药名	出现频次	所在卷号	另名	其他医籍	中华药海	中医大辞典	汉语大词典
十四画	蔓菁	3	P. 2635 P. 3930 Дх02822		《礼记·郑玄注》等	无（词条无，“芜菁”条下别名有）	有	有
	蔓菁子	7	P. 2662 P. 3378 P. 3596 P. 3930 《疗服石方》（罗振玉旧藏）		《备急千金要方》等	无（词条无，“芜菁子”条下别名有）	有	无
	蔓菁油	1	P. 3930		《外台秘要》等	无	无	无
	蔓菁根	1	P. 2662V		《外台秘要》等	无	无	无
	蔓菁子油	1	P. 2662		《外台秘要》等	无	无	无
十五画	熟葱	2	P. 2882 P. 3596		《普济方》等	无	无	无
十六画	薤白	7	P. 2662 龙 530 《辅行诀脏腑用药法要》	小蒜	有	有	有	无

续表

笔画	药名	出现频次	所在卷号	另名	其他医籍	中华药海	中医大辞典	汉语大词典
	薯蓣	18	S. 1467 S. 4433 P. 2565 P. 2755 P. 3714 P. 4038 龙 530 《辅行诀脏腑用药法要》		《备急千金要方》等	无（词条无，"山药"条下别名、异名有）	无	有

上表中菜部药名共计 102 个，其中 76 个药名《中华药海》词条未收，占菜部药名的 75%；除去词条未收，但在别名异名中收录的 16 个药名，仍有 60 个药名未收，占菜部药名的 59%。12 个药名其他医籍未见（暂未查到使用例证），占菜部药名的 12%。出现频次 20 次（含）以上的有 3 个，占菜部药名的 3%。其中出现频次最高的是干姜，80 次。其后依次为生姜，63 次；葱白，21 次。出现频次 10—19 次的有 3 个，占菜部药名的 3%。其余为 9 次（含）以下。

四、果部

表 3-4 敦煌写本医籍果部药名表

笔画	药名	出现频次	所在卷号	另名	其他医籍	中华药海	中医大辞典	汉语大词典
三画	三月三日桃花	1	P. 3596		《外台秘要》等	无	无	无
	三月三日半闭桃花	1	P. 2666		无	无	无	无
	三月三日桃花未开者	1	P. 3596		无	无	无	无

续表

笔画	药名	出现频次	所在卷号	另名	其他医籍	中华药海	中医大辞典	汉语大词典
	干枣	4	P. 2662V P. 3930 龙 530		《备急千金要方》等	无	无	无
	干藕	1	S. 76		《圣济总录》等	无	无	无
	大枣	34	龙 530 等		有	有	有	有
	大石瓜	1	Дx02822		无	无	无	无
	大槟榔	2	P. 3201		《外台秘要》等	无	无	无
四画	木瓜	10	S. 76 S. 5614 P. 2115 P. 2378 P. 2755 P. 2882 龙 530		有	有	有	有
	车下李根	1	龙 530		《新修本草》等	无	无	无
	乌梅	5	S. 9434 P. 3201 龙 530 Дx02822	梅实	有	有	有	有
	乌梅肉	3	P. 2565 P. 3201		《外台秘要》等	无	无	无
五画	甘蔗汁	1	S. 76		《外台秘要》等	无	无	无
	石榴	1	Дx02822		《外台秘要》等	无	无	有
	石蜜	5	S. 76 P. 2662V P. 3930	乳糖	《名医别录》等	无（词条无，“白沙糖”条下别名、异名有）	无	有

续表

笔画	药名	出现频次	所在卷号	另名	其他医籍	中华药海	中医大辞典	汉语大词典
	石莲子	1	S. 76		《太平圣惠方》等	无	无	无
	石榴子	1	P. 3930		《外台秘要》等	无	无	有
	石榴皮	2	龙 530		有	有	有	无
	石榴花	1	P. 3596		有	有	有	有
	石榴根	1	龙 530		有	有	有	无
	龙眼	2	龙 530 Дx02822		《名医别录》等	无	无	无
	东引桃枝	1	Дx00924		《外台秘要》等	无	无	无
	东南桃枝	2	P. 3378 P. 3596		《备急千金要方》等	无	无	无
	生瓜叶	1	S. 76		《本草纲目》	无	无	无
	生杏仁	1	S. 5435		《肘后备急方》等	无	无	无
	生梅子	1	S. 9434		《本草经集注》等	无	无	无
	白桃	1	P. 3596		《本草纲目》等	无	无	无
	白梅	2	S. 76 S. 9434		有	有	无	无
	瓜蒂	10	S. 76 P. 2662 P. 2662V P. 3714 龙 530 《辅行诀脏腑用药法要》		有	有	有	有
	瓜蒂茎	1	P. 3596		无	无	无	无

续表

笔画	药名	出现频次	所在卷号	另名	其他医籍	中华药海	中医大辞典	汉语大词典
六画	西州枣	1	S. 5435		无	无	无	无
	回纥瓜	1	Дx02822		无	无	无	无
	朱樱桃	1	S. 4534		《本草经集注》等	无	无	无
	安石榴子	1	P. 2665		无	无	无	无
七画	杏子	1	ф356V	杏核	有	有	无	有
	杏仁	58	龙 530 等	青龙实中仁	有	有	有	有
	杏核	1	龙 530	杏子	《名医别录》等	无	无	无
	杏梅	1	Дx02822		《本草纲目》	无	无	有
	杏仁塞	1	P. 3596		无	无	无	无
	杨梅	1	S. 76		有	有	有	有
	李子	1	Дx02822		有	有	有	有
	李根	2	龙 530		有	有	无	无
	李核仁	1	龙 530		有	有	有	无
	吴茱萸	22	龙 530 等		《神农本草经》等	无	有	无
	沙糖	2	S. 76 S. 5435		《肘后备急方》等	无	无	有
	陈橘皮	1	Дx02822		《外台秘要》等	无	无	无
	阿摩罗	2	P. 3378		无	无	无	无
	鸡头子	1	S. 76	鸡头实	《景岳全书》等	无	无	无
	鸡头实	1	P. 3810	鸡头子	《备急千金要方》等	无	无	无
八画	青州枣	1	P. 3596		《博济方》等	无	无	无

续表

笔画	药名	出现频次	所在卷号	另名	其他医籍	中华药海	中医大辞典	汉语大词典
	青龙实中仁	1	P. 4038	杏仁	无	无	无	无
	林檎	1	Дx02822		有	有	有	有
	枇杷叶	2	S. 9434		《名医别录》等	无	有	有
	枣	8	P. 3093 P. 3378 P. 3596 P. 3885 P. 4038 龙 530 《辅行诀脏腑用药法要》		《备急千金要方》等	无	无	有
	枣肉	4	S. 76 S. 1467V P. 3885		《备急千金要方》等	无	无	无
	枣肌	2	P. 3714 龙 530		《医心方》等	无	无	无
	枣泥	1	S. 5435		《幼幼新书》等	无	无	有
	枣根	1	龙 530		《备急千金要方》等	无	有	无
	枣膏	1	P. 4038		《备急千金要方》等	无	无	无
	枣瓤	1	S. 3347		《太平圣惠方》等	无	无	无
	软枣	1	S. 76		《备急千金要方》等	无	无	无
	虎眼	1	P. 3596	荔枝	无	无	无	有
	乳糖	1	S. 5598	石蜜	《证类本草》等	无	无	有

续表

笔画	药名	出现频次	所在卷号	另名	其他医籍	中华药海	中医大辞典	汉语大词典
九画	胡桃	3	S. 76 P. 3930 Дx02822		《备急千金要方》等	无	无	有
	胡椒	4	S. 5901 P. 2665 P. 3930 Дx02822		有	有	有	有
	荔枝	1	Дx02822	虎眼	有	有	有	有
	柿子	1	Дx02822		有	有	无	有
	砂糖	3	P. 2662V P. 3930		《备急千金要方》等	无	无	有
	南枣	1	Дx02822		《临证指南医案》等	无	无	无
	南汉瓜蒂	1	P. 3596		无	无	无	无
	食茱萸	3	S. 4433 P. 3287	欓子	有	有	有	有
	扁柿	1	P. 3714		《新修本草》等	无	无	无
十画	秦椒	5	S. 1467 龙 530		《备急千金要方》等	无（词条无,“花椒”条下别名、异名有）	无	有
	莲子	2	S. 76	莲实	有	有	有	有
	莲实	2	S. 76 S. 6052	莲子	《尔雅·郭璞注》等	无（词条无,“莲子”条下别名、异名有）	有	有
	桃毛	1	龙 530		《神农本草经》等	无	无	无
	桃仁	27	龙 530 等	桃核仁	有	有	有	有

续表

笔画	药名	出现频次	所在卷号	另名	其他医籍	中华药海	中医大辞典	汉语大词典
	桃叶	2	S. 3347 P. 3960		有	有	有	有（但指人名）
	桃皮	1	龙 530		《备急千金要方》等	无	有	无
	桃花	7	S. 5614 P. 2115 P. 2378 P. 2565 P. 2666 P. 2755 龙 530		有	有	有	有
	桃条	1	Дx02822		《幼幼新书》等	无	无	无
	桃枝	3	S. 1467V P. 2662 P. 2882		有	有	无	有
	桃枭	1	龙 530		《神农本草经》等	无（词条无，“碧桃干”条下别名有）	有	有
	桃核	1	P. 2755		《备急千金要方》等	无	无	有
	桃根	1	P. 3596		有	有	有	有（但指人名）
	桃仁脂	1	P. 2565		无	无	无	无
	桃核仁	1	龙 530	桃仁	《神农本草经》等	无（词条无，“桃仁”条下别名、异名有）	有	无
	栲梨	1	S. 76	樝子	无	无	无	无

续表

笔画	药名	出现频次	所在卷号	另名	其他医籍	中华药海	中医大辞典	汉语大词典
	栗子	1	《辅行诀脏腑用药法要》		有	有	有	有
十一画	菱实	1	S. 76		《证类本草》等	无	无	无
	梅	1	S. 2438		《备急千金要方》等	无	无	有
	梅实	2	S. 4534 龙 530	乌梅	《神农本草经》等	无（词条无,“乌梅”条下别名、异名有）	有	有
	梅根	1	S. 9434		有	有	有	无
	梨果	1	Дх02822		《医学入门》等	无	无	有
	猪椒	1	龙 530		《外台秘要》等	无	无	无
	猪椒根	1	S. 1467		《备急千金要方》等	无	无	无
十二画	葡萄	1	P. 2662V	蒲桃	有	有	有	有
	椒	24	P. 3378 等		《肘后备急方》等	无	无	有
	椒目	3	S. 3347 P. 3201 P. 3596		有	有	有	有
	椒叶	1	P. 3596		《日华子本草》等	无（词条无,“花椒叶”条下别名有）	有	有
	甜瓜	1	S. 76		《滇南本草》等	无	无	有

续表

笔画	药名	出现频次	所在卷号	另名	其他医籍	中华药海	中医大辞典	汉语大词典
	寒食饧	1	S. 5435		《备急千金要方》等	无	无	无
十三画	蒲桃	1	S. 76	葡萄	《备急千金要方》等	无	有	有
	蜀椒	20	龙 530 等		《神农本草经》等	无（词条无，“花椒”条下别名、异名有）	有	有
十四画	榧子	1	S. 76		有	有	有	有
	槟榔	20	龙 530 等		有	有	有	有
	槟榔仁	4	S. 3347 P. 3596		《备急千金要方》等	无	无	无
	酸枣	6	S. 1467 S. 4433 S. 9987 P. 2755 龙 530		《名医别录》等	无	无	有
	酸石榴皮	1	P. 2565		《备急千金要方》等	无	无	无
	酸枣中仁	1	P. 2565		无	无	无	无
十五画	樱桃	1	S. 4534		有	有	无	有
	樝子	1	S. 76	樳梨	有	有	无	有
十六画	橘子	1	Дx02822		《饮膳正要》等	无	无	有
	橘皮	30	龙 530 等		有	有	有	无
十八画	藕	1	S. 76		有	有	有	有
	藕皮	1	龙 530		《得配本草》等	无	无	无
	藕芰汁	1	龙 530		《外台秘要》等	无	无	无

上表中果部药名共计117个，其中82个药名《中华药海》词条未收，占果部药名的70%；除去词条未收，但在别名异名中收录的8个药名，仍有74个药名未收，占果部药名的63%。15个药名其他医籍未见（暂未查到使用例证），占果部药名的13%。出现频次20次（含）以上的有8个，占果部药名的7%。其中出现频次最高的是杏仁，58次。其后依次为大枣，33次；橘皮，30次；桃仁，30次等。出现频次10—19次的有2个，占果部药名的2%。其余为9次（含）以下。

五、木部

表3-5 敦煌写本医籍木部药名表

笔画	药名	出现频次	所在卷号	另名	其他医籍	中华药海	中医大辞典	汉语大词典
二画	丁香	11	S. 76 S. 4329 P. 2565 P. 2666 P. 3731 P. 3930 Дх02822		有	有	有	有
三画	干漆	14	S. 1467V S. 2438 S. 4433 S. 5614 P. 2115 P. 2755 龙530		有	有	有	无
	山茱萸	14	S. 1467 S. 3347 S. 4433 S. 5435 P. 3596 龙530	山萸肉	有	有	有	有

续表

笔画	药名	出现频次	所在卷号	另名	其他医籍	中华药海	中医大辞典	汉语大词典
	山萸肉	3	《辅行诀脏腑用药法要》	山茱萸	《备急千金要方》等	无（词条无，“山茱萸”条下别名、异名有）	有	无
	小蘗	1	S. 3347		《本草纲目》等	无	无	无
	小蘗皮	1	P. 3930		《本草纲目》等	无	无	无
四画	无食子	1	P. 2565	没石子	《药性论》等	无（词条无，“没食子”条下别名、异名有）	有	无
	木兰	8	S. 5614 P. 2115 P. 2378 P. 2755 龙 530		《名医别录》等	无	无	有
	木笔	4	S. 5614 P. 2115 P. 2378 P. 2755	辛夷	《神农本草经》等	无	无	有
	木占斯	1	龙 530		《肘后备急方》等	无	无	无
	木兰皮	1	S. 4329		有	有	无	无
	五加	10	S. 328 S. 5614 P. 2115 P. 2378 P. 2755 龙 530		《外台秘要》等	无	无	有

续表

笔画	药名	出现频次	所在卷号	另名	其他医籍	中华药海	中医大辞典	汉语大词典
	五加皮	4	P. 3093《疗服石方》(罗振玉旧藏)		有	有	无	有
	巴豆	51	龙 530 等		有	有	有	有
	巴豆仁	1	P. 2882		《备急千金要方》等	无	无	无
	巴豆膏	1	P. 2882		《太平圣惠方》等	无	无	无
五画	甘竹	1	P. 3201		《证类本草》等	无	无	无
	甘竹叶	2	龙 530		《备急千金要方》等	无	无	无
	甘竹沥	3	龙 530		《千金翼方》等	无	无	无
	石南	9	S. 5614 P. 2115 P. 2378 P. 2755 P. 3596 龙 530		《肘后备急方》等	无	无	有
	龙脑	4	P. 2637 P. 2703 P. 3093 Дx02822		《肘后备急方》等	无	无	有
	龙花须	2	S. 6107 P. 3230		无	无	无	无
	龙脑油	1	P. 3930		《证类本草》等	无	无	无
	龙脑香	2	P. 2662V P. 3930	婆律膏	《名医别录》等	无	无	有

续表

笔画	药名	出现频次	所在卷号	另名	其他医籍	中华药海	中医大辞典	汉语大词典
	东南柳枝	1	P. 3378		《圣济总录》等	无	无	无
	占斯	4	龙 530		《名医别录》等	无	无	无
	生松脂	1	P. 3596		无	无	无	无
	生树皮	1	S. 76		无	无	无	无
	白松脂	1	P. 3043		《肘后备急方》等	无	无	无
	白茯苓	1	P. 4038	茯苓	《素问玄机原病式》等	无（词条无,“茯苓”条下处方用名有）	有	无
	白桐叶	1	龙 530	桐叶	《肘后备急方》等	无	有	无
	白檀香	2	S. 4329 P. 2662V		《肘后备急方》等	无（词条无,“檀香”条下别名、异名有）	无	无
	白杨柳枝	1	P. 3596		无	无	无	无
六画	地骨皮	1	P. 3201	地骨	有	有	有	有
	地骨白皮	4	P. 2882 P. 3596 P. 3885		《外台秘要》等	无	无	无
	肉桂	1	Дх02822	牡桂、官桂	有	有	有	有
	竹叶	23	P. 3885 等		有	有	有	有
	竹沥	3	P. 3201 龙 530		有	有	有	有

续表

笔画	药名	出现频次	所在卷号	另名	其他医籍	中华药海	中医大辞典	汉语大词典
	竹茹	3	P. 2662V P. 4038 龙 530		有	有	有	有
	竹黄	2	S. 6107 P. 3230		有	有	有	有
	合欢树	2	S. 6107 P. 3230		《证类本草》等	无	无	无
	安息香	3	S. 6107 P. 3230 Дх02822		有	有	无	有
	买子木	1	P. 3930		《证类本草》等	无	无	无
七画	赤皮苓	1	龙 530		无	无	无	无
	赤桑葚	1	P. 2666		无	无	无	无
	芜荑	10	S. 76 S. 2438 P. 2755 P. 3287 P. 3714 龙 530		有	有	有	有
	苏木香	1	S. 9987		《幼科折衷》等	无	无	无
	苏方木	1	P. 3930		《新修本草》等	无（词条无，"苏木"条下别名、异名有）	有	无
	杜仲	14	S. 4433 S. 5598 S. 5614 P. 2115 P. 2755 龙 530 Дх02822		有	有	有	有

续表

笔画	药名	出现频次	所在卷号	另名	其他医籍	中华药海	中医大辞典	汉语大词典
	杉材	1	龙 530		《名医别录》等	无（词条无，"杉木"条下别名、异名有）	有	有
	连珠木	1	P. 3930		无	无	无	无
	牡桂	3	龙 530	肉桂、官桂	《神农本草经》等	无（词条无，"肉桂"条下别名、异名有）	有	有
	牡荆子	2	S. 4433 龙 530	牡荆实	有	有	有	有
	牡荆实	1	龙 530	牡荆子	《备急千金要方》等	无	有	无
	皂角	1	《辅行诀脏腑用药法要》	皂荚	《肘后备急方》等	无（词条无，"皂荚"条下别名、异名有）	有	有
	皂荚	22	龙 530 等	皂角	有	有	有	有
	皂荚子	2	P. 3930 P. 4038		有	有	有	无
	皂荚末	5	P. 3596 P. 3930		《肘后备急方》等	无	无	无
	阿魏	3	P. 3930 Дx02822		有	有	有	有
	辛夷	12	S. 4329 S. 5968 龙 530	木笔	有	有	有	有
	辛夷仁	3	S. 4329 P. 2565		《备急千金要方》等	无	无	无

续表

笔画	药名	出现频次	所在卷号	另名	其他医籍	中华药海	中医大辞典	汉语大词典
	沉香	4	S. 4329 S. 6107 P. 3230 Дx02822		有	有	有	有
	没食	1	P. 3930		无	无	无	无
	没石子	4	P. 2882 P. 3930 Дx02822	无食子	《幼幼新书》等	无（词条无，“没食子”条下别名有）	有	无
	诃勒	1	Дx02999 Дx03058		《冯氏锦囊秘录》等	无	无	无
	诃黎勒	12	S. 5901 P. 2662V P. 3378 P. 3731 P. 3596		有	有	有	有
	诃黎勒心	1	P. 3378		无	无	无	无
	诃黎勒皮	3	P. 2662V P. 2882		《肘后备急方》等	无	无	无
	鸡舌香	2	龙 530		《抱朴子》等	无（词条无，“母丁香”条下别名有）	有	有
八画	青竹	1	P. 3596		《备急千金要方》等	无	无	有
	青荆	1	P. 3596		《医心方》等	无	无	无
	青竹茹	1	龙 530		《肘后备急方》等	无	无	无
	苦竹叶	3	龙 530		有	有	有	有
	枞叶	1	P. 3596		无	无	无	无
	松子	1	龙 530		《备急千金要方》等	无	无	有

续表

笔画	药名	出现频次	所在卷号	另名	其他医籍	中华药海	中医大辞典	汉语大词典
	松节	2	P. 3885 龙 530		有	有	有	有
	松叶	4	S. 1467 龙 530		有	有	有	有
	松胶	1	P. 3378		《本草纲目》等	无	无	有
	松脂	21	龙 530 等		《新修本草》等	无（词条无,“松油”条下别名有）	有	有
	松萝	2	P. 3596 龙 530		有	有	有	有
	枫香	1	龙 530		《备急千金要方》等	无	无	有
	郁核	1	龙 530		《名医别录》等	无	无	无
	郁李仁	2	S. 3347 Дx02822		有	有	无	无
	郁李根皮	1	P. 3885		《太平圣惠方》等	无	无	无
	钓樟根	1	龙 530		《外台秘要》等	无	无	无
	乳香	1	Дx02822	薰陆、薰陆香、乳头香	有	有	无	有
	乳头香	1	P. 4038	薰陆香、薰陆、乳香	《海药本草》等	无（词条无,“乳香”条下别名、异名有）	有	有
	金漆腐木	1	S. 1467V		无	无	无	无
	官桂	1	Дx02822	肉桂、牡桂	《本草图经》等	无	有	有

续表

笔画	药名	出现频次	所在卷号	另名	其他医籍	中华药海	中医大辞典	汉语大词典
九画	荆子	3	S. 5435 龙 530		《备急千金要方》等	无	无	有
	荆叶	1	S. 5435		《名医别录》等	无	无	无
	荆实	2	S. 1467 龙 530		《备急千金要方》等	无	无	无
	荆子枝湿叶	1	S. 5435		无	无	无	无
	茯苓	65	龙 530 等	白茯苓	有	有	有	有
	茯神	14	S. 1467 S. 5598 P. 2565 P. 3596 龙 530		有	有	有	有
	胡颓子	1	S. 4534		有	有	有	无
	枯棘针	1	S. 1467V		《本草品汇精要》等	无	无	无
	柘枝并叶	1	P. 3596		无	无	无	无
	枳壳	20	P. 2565 等		有	有	有	有
	枳实	28	龙 530 等		有	有	有	有
	柏子	4	S. 1467V 龙 530	柏仁、柏子仁	《备急千金要方》等	无（词条无，“柏子仁”条下别名、异名有）	有	有
	柏仁	1	龙 530	柏子、柏子仁	《临证指南医案》等	无（词条无，“柏子仁”条下别名、异名有）	无	无

续表

笔画	药名	出现频次	所在卷号	另名	其他医籍	中华药海	中医大辞典	汉语大词典
	柏叶	3	S. 1467 P. 3596 龙 530		《金匮要略》等	无	有	有
	柏皮	1	龙 530		《肘后备急方》等	无（词条无，“柏根白皮”条下别名有）	无	无
	柏花	1	P. 4038		无	无	无	无
	柏子仁	4	S. 5598	柏子、柏仁	有	有	有	无
	柏子膏	1	S. 6052		无	无	无	无
	栀子	32	P. 3731 等	越桃	有	有	有	有
	栀子仁	6	P. 2662 P. 3731 P. 3885 Дx02822		《中藏经》等	无	无	无
	枸杞	2	P. 3714 龙 530		《名医别录》等	无	无	有
	枸杞子	10	S. 6177 P. 2565 P. 2666 P. 2882 P. 3930 P. 4038 Дx00924 Дx02822		有	有	有	有
	枸杞根	7	S. 2438 S. 6107 P. 3230 P. 3714 龙 530		《肘后备急方》等	无	无	有
	枸杞子叶	1	P. 3930		无	无	无	有

续表

笔画	药名	出现频次	所在卷号	另名	其他医籍	中华药海	中医大辞典	汉语大词典
	枸杞子根	1	P. 3930		《普济方》等	无	无	有
	柳枝	2	S. 1467V P. 3930		有	有	有	有
	柳脉	2	P. 3930		无	无	无	无
	柳树细枝	1	P. 3596		无	无	无	无
	柽木	1	P. 3930		《温病条辨》等	无	无	无
	树白皮	1	S. 4534		《证类本草》等	无	无	无
	厚朴	24	龙 530 等		有	有	有	有
	南白腊	2	P. 2637 P. 2703		无	无	无	无
	南烛叶	1	P. 4038		有	有	有	无
	毗黎勒	1	P. 3378		《医心方》等	无	无	无
	钝子木	1	P. 3930		无	无	无	无
	鬼箭	10	S. 5614 P. 2115 P. 2378 P. 2755 P. 3731 龙 530		《神农本草经》等	无（词条无,"鬼箭羽"条下别名、异名有）	无	有
十画	秦皮	10	P. 2755 P. 3596 P. 3714 龙 530		有	有	有	无
	泰山茯苓	2	S. 5614 P. 2115		无	无	无	无
	荼茗	1	龙 530		《新修本草》等	无	无	无

续表

笔画	药名	出现频次	所在卷号	另名	其他医籍	中华药海	中医大辞典	汉语大词典
	桂	15	S. 3347 龙 530 ф356V 《辅行诀脏腑用药法要》		《肘后备急方》等	无	无	有
	桂心	72	P. 2565 等		《千金翼方》等	无	有	有
	桂皮	2	S. 6107 P. 3230		有	有	无	有
	桂汁	3	P. 3596 龙 530		《肘后备急方》等	无	无	无
	桂肉	1	《疗服石方残卷》(罗振玉旧藏)		《肘后备急方》等	无	无	无
	桂枝	10	Дx02822 《辅行诀脏腑用药法要》		有	有	有	有
	桐叶	3	S. 76 龙 530	白桐叶	有	有	有	无
	栟木灰	1	S. 6052		无	无	无	无
	栾华	1	龙 530		有	有	无	无
	旃檀	2	S. 6107 P. 3230	檀香	《本草纲目》等	无(词条无,"檀香"条下别名、异名有)	无	有
	桑叶	2	S. 76 S. 3347		有	有	有	有

续表

笔画	药名	出现频次	所在卷号	另名	其他医籍	中华药海	中医大辞典	汉语大词典
	桑汁	1	龙 530		《肘后备急方》等	无	无	无
	桑耳	2	龙 530	桑上寄生	有	有	无	有
	桑根	2	P. 2666 P. 3596		有	有	有	有
	桑椹	2	S. 9987 P. 4038		有	有	有	有
	桑白汁	1	P. 2666		《肘后备急方》等	无	无	无
	桑白皮	1	Дx02822	桑根白皮	有	有	有	有
	桑根汁	1	龙 530		《肘后备急方》等	无	无	无
	桑上寄生	1	龙 530	桑耳	《证类本草》等	无（词条无，“桑耳”条下别名有；“桑寄生”条下别名、异名有）	有	有
	桑根白皮	15	S. 3347 P. 2662V P. 3201 P. 3596 龙 530	桑白皮	《神农本草经》等	无（词条无，“桑白皮”条下别名、异名有）	有	无
	桑皮向东者	1	P. 2882		无	无	无	无
	桑树孔中草	2	S. 6177 P. 2666		无	无	无	无
十一画	堇竹叶	1	龙 530		《普济方》等	无	无	无
	黄环	2	龙 530		《名医别录》等	无	无	有
	黄栌	1	P. 3093		有	有	有	有

续表

笔画	药名	出现频次	所在卷号	另名	其他医籍	中华药海	中医大辞典	汉语大词典
	黄柏	1	龙 530	黄蘗	有	有	有	有
	黄蘗	19	S. 5435 S. 5614 S. 9987 S. 5901 P. 2378 P. 2565 P. 2662 P. 2755 P. 3596 P. 3930 P. 4038 龙 530	黄柏	《经方实验录》等	无	无	有
	黄龙脑	2	P. 2637 P. 2703		《圣济总录》等	无	无	无
	黄栌枝	1	S. 5435		无	无	无	无
	菌桂	6	S. 5968 P. 2565 龙 530		《名医别录》等	无	无	有
	梧桐	1	Дх02822		《肘后备急方》等	无	无	有
	猪苓	4	S. 9987 龙 530		有	有	有	有
	猪牙皂荚	2	P. 2882 P. 3596		《证类本草》等	无	无	无
	斛树皮	1	P. 3596		无	无	无	无
	淡竹叶	2	S. 1467V P. 3885		有	有	有	无
	婆律膏	2	S. 6107 P. 3230	龙脑香	《新修本草》等	无（词条无，"龙脑膏香"条下别名有）	无	无

续表

笔画	药名	出现频次	所在卷号	另名	其他医籍	中华药海	中医大辞典	汉语大词典
	寄生	2	P. 3596		《肘后备急方》等	无（词条无，“桑寄生”条下处方用名有）	无	有
十二画	琥珀	5	P. 2755 P. 3596 龙 530		有	有	有	有
	越桃	2	P. 2115 P. 2755	栀子	《名医别录》等	无（词条无，“栀子”条下别名、异名有）	无	有
	楮实	2	S. 5435 S. 6052		有	有	有	有
	棘皮	1	S. 5435		无	无	无	无
	棘针	3	S. 1467V 龙 530	棘刺	有	有	有	有
	棘刺	1	龙 530	棘针	《名医别录》等	无（词条无，“棘针”条下别名有）	有	有
	紫檀	1	龙 530		有	有	无	有
	紫荆皮	1	P. 3930		有	有	有	无
	黑檀香	1	P. 2662V		无	无	无	无
	溲疏	3	龙 530		有	有	有	无
十三画	楠材	1	龙 530		《名医别录》等	无（词条无，“楠材”条下别名有）	无	有

续表

笔画	药名	出现频次	所在卷号	另名	其他医籍	中华药海	中医大辞典	汉语大词典
	楝实	2	龙 530		《神农本草经》等	无（词条无，“川楝子”条下别名、异名有）	有	有
	楝根	1	龙 530		《外台秘要》等	无	无	无
	楸叶	1	P. 3596		有	有	无	有
	槐子	9	S. 2438 P. 2662 P. 3378 龙 530		《肘后备急方》等	无	无	有
	槐木	1	S. 6052		《外台秘要》等	无	无	无
	槐叶	2	S. 5435 P. 2666		有	有	有	无
	槐枝	2	P. 3960 龙 530		有	有	有	无
	槐根	1	P. 2666		有	有	有	无
	槐白皮	2	P. 3596 P. 3930		有	有	有	无
	榆仁	1	S. 76		《饮膳正要》等	无（词条无，“榆荚仁”条下别名有）	无	无
	榆叶	1	龙 530		有	有	有	有
	榆皮	4	S. 76 P. 3714 龙 530		《神农本草经》等	无	有	有
	榆荚	1	S. 76		《圣济总录》等	无	无	有
	雷丸	9	龙 530		有	有	有	有

续表

笔画	药名	出现频次	所在卷号	另名	其他医籍	中华药海	中医大辞典	汉语大词典
	蜀漆	12	S. 1467V P. 2755 P. 3201 P. 3714 龙 530		有	有	有	无
	鼠查	1	龙 530		《千金翼方》等	无	无	无
	鼠李皮	1	龙 530		有	有	有	无
	詹香	1	S. 76		《证类本草》等	无	无	有
十四画	蔓荆子	2	S. 1467 龙 530	蔓荆实	有	有	有	无
	蔓荆实	1	龙 530	蔓荆子	《神农本草经》等	无（词条无,“蔓荆子”条下别名、异名有）	无	无
	漆	6	S. 5614 P. 2115 P. 2755 龙 530		《肘后备急方》等	无	无	有
十五画	樟树根	1	P. 3201		有	有	无	无
十七画	薰陆	1	P. 3731	薰陆香、乳头香、乳香	《肘后备急方》等	无	无	有
	薰陆香	4	S. 4329 P. 3731	薰陆香、乳头香、乳香	《肘后备急方》等	无	无	无
	檀香	1	Дx02822	旃檀	有	有	有	有
十八画	檽实子	1	Дx02822		无	无	无	无
十九画	麒麟竭	1	P. 3930		《圣济总录》等	无	无	无

续表

笔画	药名	出现频次	所在卷号	另名	其他医籍	中华药海	中医大辞典	汉语大词典
二十四画	櫼子	1	S. 76	食茱萸	无	无	无	有

上表中木部药名共计 204 个，其中 133 个药名《中华药海》词条未收，占木部药名的 66%；除去词条未收，但在别名异名中收录的 27 个药名，仍有 106 个药名未收，占木部药名的 52%。30 个药名其他医籍未见（暂未查到使用例证），占木部药名的 15%。出现频次 20 次（含）以上的有 10 个，占木部药名的 5%。其中出现频次最高的是桂心，72 次。其后依次为茯苓，65 次；巴豆，51 次；栀子，32 次等。出现频次 10—19 次的有 16 个，占木部药名的 8%。其余为 9 次（含）以下。

第二节　矿物类

敦煌写本医籍矿物类药名共计 158 个，其中水部 8 个、火部 1 个、土部 31 个、金属部 23 个、石部 95 个。《中华药海》词条未收 116 个，占矿物类药名的 73%，分别为水部 7 个、火部 1 个、土部 29 个、金属部 17 个、石部 62 个。《中华药海》词条未收，但别名、异名、处方名等收录的药名 9 个，占矿物类药名的 6%，分别为水部 0 个、火部 1 个、土部 0 个、金属部 0 个、石部 8 个。《中华药海》词条及别名、异名、处方名等均未收录的药名 107 个，占矿物类药名的 68%，分别为水部 7 个、火部 0 个、土部 29 个、金属部 17 个、石部 54 个。其他医籍未收 31 个，占矿物类药名的 20%，分别为水部 2 个、火部 0 个、土部 14 个、金属部 6 个、石部 9 个。矿物类药名中出现频次 20 次（含）以上的有 5 个，占矿物类药名 3%，其中水部 0 个、火部 0 个、土部 0 个、金属部 0 个、石部 5 个。出现频次 10—19 次的有 9 个，占矿物类药名的 6%，其中水部 0 个、火部 0 个、土部 0 个、金属部 1 个、石部 8 个。其余药名为 9 频次（含）以下。所有矿物类药名按水部、火部、土部、金属部、石部分类列表如下：

一、水部

表 3-6 敦煌写本医籍水部药名表

笔画	药名	出现频次	所在卷号	另名	其他医籍	中华药海	中医大辞典	汉语大词典
三画	川流水	1	S. 1468		无	无	无	无
四画	井华水	8	S. 6177 P. 2666 P. 2882 P. 3201 Дx00924		《肘后备急方》等	无	无	有
	水	1	P. 3930		无	无	无	有
六画	地浆	5	S. 5614 P. 2115 P. 2378 P. 2755 龙 530		有	有	无	有
	江水	1	S. 1468		《本草纲目》等	无	无	有
七画	冷水	2	S. 5435 龙 530		《肘后备急方》等	无	无	无
九画	咸水	2	龙 530		《寿世保元》等	无	无	无
十三画	暖水	2	P. 3930		《备急千金要方》等	无	无	无

上表中水部药名共计 8 个，其中 7 个药名《中华药海》词条未收，占水部药名的 88%；2 个药名其他医籍未见（暂未查到使用例证），占水部药名的 25%。所有药名出现频次均为 9 次（含）以下。

二、火部

表 3–7 敦煌写本医籍火部药名表

笔画	药名	出现频次	所在卷号	另名	其他医籍	中华药海	中医大辞典	汉语大词典
四画	火炭	1	S. 1468		《肘后备急方》等	无（词条无，"白炭"条下别名有）	无	有

上表中火部药名共计 1 个，其中 1 个药名《中华药海》词条未收，占火部药名的 100%。词条未收，但别名收录的药名有 1 个。所有药名出现频次均为 9 次（含）以下。

三、土部

表 3–8 敦煌写本医籍土部药名表

笔画	药名	出现频次	所在卷号	另名	其他医籍	中华药海	中医大辞典	汉语大词典
二画	七月七日瓜下土	1	P. 2635		无	无	无	无
	八月一日土	1	P. 2635		无	无	无	无
三画	土	1	P. 3966		《备急千金要方》等	无	无	有
	土人	2	S. 1468		无	无	无	无
	土浆	2	龙 530		《肘后备急方》等	无	无	无
	子上土	1	S. 1468		无	无	无	无
四画	井底青泥	2	P. 2666 P. 3596		《千金翼方》等	无	无	有
	牛足下土	1	P. 2666		无	无	无	无
五画	古屋上瓦	1	S. 3347		无	无	无	无

续表

笔画	药名	出现频次	所在卷号	另名	其他医籍	中华药海	中医大辞典	汉语大词典
	东壁土	1	龙 530		《名医别录》等	无	无	无
	东家陌头土	1	S. 1468		无	无	无	无
	田中土	1	P. 2666		《医心方》等	无	无	无
	田中瓜下土	1	P. 2882		无	无	无	无
	白垩	3	龙 530		有	有	无	无
	白马蹄下土	1	P. 2666		《本草经集注》等	无	无	无
	卯上土	1	S. 4636		无	无	无	无
六画	西方土	1	S. 1468		无	无	无	无
	伏龙肝	6	P. 3596 龙 530 《辅行诀脏腑用药法要》		有	有	有	有
	亥上土	1	S. 1468		无	无	无	无
	好墨	2	P. 2662V P. 3930		《肘后备急方》等	无	无	无
七画	男子鞋底土	1	P. 2666		无	无	无	无
	灶下黄土	6	P. 2662 P. 3596 P. 3930		《备急千金要方》等	无	无	无
	灶底黄土	2	P. 3596 P. 3930		《千金翼方》等	无	无	无
	灶突中土	1	P. 2666		《外台秘要》等	无	无	无
八画	炉底黄土	1	S. 9987		无	无	无	无

续表

笔画	药名	出现频次	所在卷号	另名	其他医籍	中华药海	中医大辞典	汉语大词典
九画	故破屋上瓦末	1	P. 3596		无	无	无	无
十画	脐中垢	2	P. 2635 Дx00924		《备急千金要方》等	无	无	无
十一画	黄土	1	龙 530		有	有	无	有
	铛底墨	1	P. 2666		《太平圣惠方》等	无	无	无
十五画	墨汁	2	P. 3596 P. 3930		《圣济总录》等	无	无	有
十八画	藜灰	1	龙 530		《名医别录》等	无	无	无

上表中土部药名共计 31 个，其中 29 个药名《中华药海》词条未收，占土部药名的 94%。14 个药名其他医籍未见（暂未查到使用例证），占土部药名的 45%。所有药名出现频次均为 9 次（含）以下。

四、金属部

表 3-9 敦煌写本医籍金属部药名表

笔画	药名	出现频次	所在卷号	另名	其他医籍	中华药海	中医大辞典	汉语大词典
三画	马衔	1	龙 530		《备急千金要方》等	无	无	有
四画	水银	11	P. 2637 P. 2703 P. 3596 P. 3930 龙 530 Дx06057		有	有	无	有

续表

笔画	药名	出现频次	所在卷号	另名	其他医籍	中华药海	中医大辞典	汉语大词典
五画	生铁	6	S. 1468 P. 3201 龙 530 Дx00263		《名医别录》等	无	无	有
	白锡	1	S. 3347		《证类本草》等	无	无	无
六画	自然铜	1	Дx02822		有	有	有	无
七画	针沙	1	P. 2882		《千金翼方》等	无	无	无
八画	青铜钱	1	P. 3930		《太平圣惠方》等	无	无	有
	青铜粉	1	P. 3093		无	无	无	无
	金银箔	2	P. 2637 P. 2703		《幼幼新书》等	无	无	无
九画	削下铁	1	S. 5435		无	无	无	无
十画	破铁汁	1	P. 2882		无	无	无	无
	钱	4	P. 2666 P. 2882 P. 3930		《备急千金要方》等	无	无	有
	铁丹	1	S. 76		《本草纲目》等	无	无	无
	铁浆	1	P. 3596		有	有	无	无
	铁落	2	龙 530		有	有	有	有
	铁精	4	P. 3596 龙 530		有	有	无	有
	铁匕子	1	P. 3596		无	无	无	无
	铅沙	1	P. 4038		《本草纲目》等	无	无	无
十一画	黄金屑	1	Дx06057		无	无	无	无
	铜镜鼻	2	龙 530		《名医别录》等	无	无	无

续表

笔画	药名	出现频次	所在卷号	另名	其他医籍	中华药海	中医大辞典	汉语大词典
	银屑	1	龙 530		《名医别录》等	无	无	无
	清钱	1	P. 3885		无	无	无	有
十三画	锡	1	S. 3347		有	有	无	有

上表中金属部药名共计 23 个，其中 17 个药名《中华药海》词条未收，占金属部药名的 74%。6 个药名其他医籍未见（暂未查到使用例证），占金属部药名的 26%。药名出现频次 10—19 次的有 1 个，占金属部药名的 4%。其余为 9 次（含）以下。

五、石部

表 3-10 敦煌写本医籍石部药名表

笔画	药名	出现频次	所在卷号	另名	其他医籍	中华药海	中医大辞典	汉语大词典
三画	大盐	2	P. 3093 龙 530		《名医别录》等	无	无	无
	大硼砂	1	Дx02822		《圣济总录》等	无	无	无
	马牙消	1	P. 3093	马牙硝	《圣济总录》等	无	无	有
	马牙硝	1	Дx02822	马牙消	《肘后备急方》等	无	无	有
四画	云母	4	S. 5795 P. 3093 龙 530	白云母	有	有	有	有
	不灰木	3	P. 2637 P. 2703 P. 3930		有	有	有	有
	太阴玄精	2	P. 2637 P. 2703		《证类本草》等	无	无	无

续表

笔画	药名	出现频次	所在卷号	另名	其他医籍	中华药海	中医大辞典	汉语大词典
	太一禹余粮	1	龙 530		《名医别录》等	无	无	无
	五石脂	1	龙 530		《神农本草经》等	无	无	无
	丹砂	9	S. 5614 P. 2115 P. 2378 P. 2755 P. 3093 龙 530	朱砂	《神农本草经》等	无（词条无,“朱砂”条下别名、异名有）	有	有
	方解石	1	龙 530		《备急千金要方》等	无	有	有
五画	玉札	1	龙 530	玉屑	《神农本草经》等	无	无	有
	玉屑	4	S. 1467 S. 4329 龙 530	玉札	有	有	无	有
	玉门矾石	1	P. 2882		无	无	无	无
	石灰	6	S. 3347 S. 5435 龙 530		有	有	有	有
	石英	4	S. 5614 P. 2115 P. 2378 P. 2755		《古今医统大全》等	无	无	有
	石胆	9	S. 328 S. 5614 P. 2115 P. 2755 P. 2882 龙 530		《备急千金要方》等	无	有	有

续表

笔画	药名	出现频次	所在卷号	另名	其他医籍	中华药海	中医大辞典	汉语大词典
	石盐	3	P. 3596 P. 3930	戎盐	《备急千金要方》等	无（词条无，“戎盐”条下别名、异名有）	无	有
	石脂	4	S. 5614 P. 2115 P. 2378 P. 2755		《古今医统大全》等	无	无	有
	石膏	30	S. 5435等		有	有	有	有
	石黛	1	P. 3596		《外台秘要》等	无	无	有
	石脑油	1	P. 3093		有	有	无	有
	石硫磺	2	S. 4433 P. 2565		有	有	无	有（石硫黄）
	石膏水	2	P. 3930		《景岳全书》等	无	无	无
	石硫磺末	1	S. 4433		无	无	无	无
	东方白石	1	S. 11363		无	无	无	无
	北方黄石	1	S. 11363		无	无	无	无
	生矾石	1	S. 4329		《肘后备急方》等	无	无	无
	白矾	2	S. 9987 P. 3930	矾石	有	有	有	无
	白砂	1	P. 2882		《证治准绳》等	无	无	无
	白盐	2	P. 3093 龙 530		《肘后备急方》等	无	无	有
	白云母	2	P. 2637 P. 2703	云母	《备急千金要方》等	无	有	无
	白石英	4	龙 530		有	有	有	无

续表

笔画	药名	出现频次	所在卷号	另名	其他医籍	中华药海	中医大辞典	汉语大词典
	白石脂	3	S. 4329 S. 9987 龙 530		有	有	有	有
	白盐末	1	S. 5435		《千金翼方》等	无	无	无
	代赭	4	龙 530 ф356V		《名医别录》等	无	无	无
	代赭石	5	《辅行诀脏腑用药法要》		《神农本草经》等	无	有	无
	玄石	2	龙 530		《名医别录》等	无	无	有
六画	戎盐	7	龙 530 《辅行诀脏腑用药法要》	石盐	有	有	有	有
	芒硝	33	S. 1467V 等		有	有	有	有
	朴消	18	S. 1467V S. 5614 P. 2115 P. 2662V P. 2755 P. 3144 P. 3596 P. 3930 龙 530 ДX02822 《疗服石方》（罗振玉旧藏）		有	有	无（有朴硝）	无（有朴硝）

续表

笔画	药名	出现频次	所在卷号	另名	其他医籍	中华药海	中医大辞典	汉语大词典
	压石	4	S. 5614 P. 2115 P. 2378 P. 2755		《外台秘要》等	无	无	无
	光明砂	2	P. 3093 P. 3731		《肘后备急方》等	无	无	无
	朱砂	16	P. 2565 P. 2637 P. 2662V P. 2703 P. 3596 P. 3731 龙 530	丹砂	有	有	有	有
	朱粉	2	P. 2666 P. 3144	黄丹、铅丹	《本草纲目》等	无（词条无,“铅丹”条下别名、异名有）	无	无
	阳起石	6	龙 530		有	有	有	有
七画	赤朱	1	S. 1467		《外台秘要》等	无	无	无
	赤石脂	8	S. 1467 S. 3395 S. 9987 P. 2565 龙 530 Дx02822		有	有	有	有
	卤咸	3	龙 530		《神农本草经》等	无（词条无,“卤碱”条下别名、异名有）	有	有
八画	青琅玕	1	龙 530		《神农本草经》等	无	无	有

续表

笔画	药名	出现频次	所在卷号	另名	其他医籍	中华药海	中医大辞典	汉语大词典
	矾末	1	S. 5435		《肘后备急方》等	无	无	无
	矾石	23	龙 530 等	白矾	《神农本草经》等	无（词条无，“白矾”条下别名、异名有）	有	有
	矾石末	1	P. 3596		《备急千金要方》等	无	无	无
	金牙	2	S. 328 龙 530		《名医别录》等	无	无	有
	金线黄矾	1	P. 3093		无	无	无	无
	空青	10	S. 1467 S. 5614 P. 2115 P. 2755 龙 530		有	有	有	有
九画	珊瑚	1	S. 4329		有	有	有	有
	胡粉	17	S. 76 S. 9987 P. 3378 P. 3930 龙 530		《参同契》等	无（词条无，“铅粉”条下别名、异名有）	无	有
	南方黑石	1	S. 9936		无	无	无	无
	钟乳	15	S. 328 S. 4433 S. 5614 P. 2755 P. 2794 P. 3287 P. 4038 龙 530		《吴普本草》等	无（词条无，“钟乳石”条下别名、异名有）	无	无

续表

笔画	药名	出现频次	所在卷号	另名	其他医籍	中华药海	中医大辞典	汉语大词典
	禹余粮	8	S. 5435 S. 5795 P. 2565 P. 3043 P. 3596 Дх02822		有	有	有	有
	洛粉	2	S. 5435		《太平圣惠方》等	无	无	无
	扁青	2	龙 530		有	有	有	有
十画	盐	29	P. 3966等		《名医别录》等	无	无	有
	盐末	3	P. 2662V P. 2666 Дх00924		《肘后备急方》等	无	无	无
	盐花	3	P. 2637 P. 2703 P. 2882		《肘后备急方》等	无	无	有
	铅丹	3	龙 530	黄丹、朱粉	有	有	有	有
	特生矾石	1	龙 530		《神农本草经》等	无	无	无
十一画	理石	3	龙 530		有	有	无	无
	黄丹	5	S. 5435 P. 3093 P. 3731 P. 3930	铅丹、朱粉	《抱朴子》等	无（词条无,"铅丹"条下别名、异名有）	有	有
	黄矾	1	P. 3930		有	有	无	无
	黄石脂	2	龙 530		《名医别录》等	无	无	无
	黄矾汁	1	P. 2882		无	无	无	无

续表

笔画	药名	出现频次	所在卷号	另名	其他医籍	中华药海	中医大辞典	汉语大词典
	硇砂	6	P. 2115 P. 2755 P. 3093 P. 3930 Дx02822		有	有	有	无
	银星石	2	P. 2637 P. 2703		《证类本草》等	无	无	无
	舶上硫磺	1	S. 5435		《儒门事亲》等	无	无	无
	绿矾	1	P. 3093		有	有	有	无
	密陀僧	5	S. 5614 P. 2115 P. 2378 P. 2755 P. 3930		有	有	有	有
十二画	硝	2	P. 2662V P. 3596		《肘后备急方》等	无	无	有
	硝石	14	S. 5614 S. 5795 P. 2115 P. 2378 P. 2662V P. 2755 P. 3930 龙 530 《辅行诀脏腑用药法要》		《名医别录》等	无	无	有
	硫磺	7	S. 5435 龙 530 Дx02822		《儒门事亲》等	无	无	有硫黄
	硫磺面	1	P. 3596		无	无	无	无
	雄黄	33	龙 530 等		有	有	有	有

续表

笔画	药名	出现频次	所在卷号	另名	其他医籍	中华药海	中医大辞典	汉语大词典
	紫石英	4	S. 1467 龙 530		有	有	有	有
	粉	3	P. 3378 龙 530		《肘后备急方》等	无	无	有
	曾青	8	S. 1467 龙 530		有	有	有	有
	滑石	14	S. 5614 S. 5968 P. 2115 P. 2378 P. 2755 P. 3287 龙 530		有	有	有	有
	寒水石	7	S. 328 P. 3930 龙 530 Дx02822 《疗服石方》(罗振玉旧藏)		有	有	无	无
十三画	蓝田玉屑	2	S. 5614 P. 2115		无	无	无	无
	腻粉	4	S. 5435 P. 2637 P. 2703		《肘后备急方》等	无	无	有
十四画	磁石	14	P. 2755 P. 2882 P. 3596 P. 3930 龙 530		有	有	有	有
	雌黄	6	S. 2438 龙 530		有	有	有	有
	颗盐	1	P. 3093		《太平圣惠方》等	无	无	有

续表

笔画	药名	出现频次	所在卷号	另名	其他医籍	中华药海	中医大辞典	汉语大词典
	熏黄	1	P. 2666		《备急千金要方》等	无	无	有
十六画	凝水石	3	S. 1467 龙 530		《名医别录》等	无	无	无

上表中石部药名共计 95 个，其中 62 个药名《中华药海》词条未收，占石部药名的 65%；除去词条未收，但在别名异名中收录的 8 个药名，仍有 54 个药名未收，占石部药名的 57%。9 个药名其他医籍未见（暂未查到使用例证），占石部药名的 9%。出现频次 20 次（含）以上的有 5 个，占石部药名的 5%。其中出现频次最高的是芒硝、雄黄，均为 33 次。其后依次为石膏，30 次；盐，29 次；矾石，23 次。出现频次 10—19 次的有 8 个，占石部药名的 8%。其余为 9 次（含）以下。

第三节 动物类

敦煌写本医籍动物类药名共计 363 个，其中虫部 58 个、鱼鳞部 31 个、介部 23 个、禽部 52 个、兽部 173 个、人部 26 个。《中华药海》词条未收 254 个，占动物类药名的 70%，分别为虫部 36 个、鱼鳞部 14 个、介部 12 个、禽部 43 个、兽部 123 个、人部 26 个。《中华药海》词条未收，但别名、异名、处方名等收录的药名 34 个，占动物类药名的 9%，分别为虫部 13 个、鱼鳞部 3 个、介部 5 个、禽部 5 个、兽部 4 个、人部 4 个。《中华药海》词条及别名、异名、处方名等均未收录的药名 220 个，占动物类药名的 61%，分别为虫部 23 个、鱼鳞部 11 个、介部 7 个、禽部 38 个、兽部 119 个、人部 22 个。其他医籍未收 41 个，占动物类药名的 12%，分别为虫部 2 个、鱼鳞部 2 个、介部 0 个、禽部 7 个、兽部 24 个、人部 6 个。动物类药名中出现频次 20 次（含）以上的有 4 个，占动物类药名的 1%，其中虫部 1 个、鱼鳞部 0 个、介部 1 个、禽部 0 个、兽部 2 个、人部 0 个。

出现频次10—19次的有12个，占动物类药名的3%，其中虫部4个、鱼鳞部1个、介部1个、禽部1个、兽部5个、人部0个。其余为9频次（含）以下。所有动物类药名按虫部、鱼鳞部、介部、禽部、兽部、人部分类列表如下：

一、虫部

表3–11 敦煌写本医籍虫部药名表

笔画	药名	出现频次	所在卷号	另名	其他医籍	中华药海	中医大辞典	汉语大词典
三画	干蠍	1	Дx02822		《圣济总录》等	无	无	无
	土蜂房	1	龙530		《太平圣惠方》等	无	无	无
	大蜻蜓	1	P. 2565		有	有	无	无
	飞生虫	1	龙530		《外台秘要》等	无	无	无
	马明退	1	Дx02822		《儒门事亲》等	无	有	无
四画	水蛭	8	S. 5614 P. 2115 P. 2378 P. 2755 龙530		有	有	有	有
五画	石蚕	1	龙530		有	有	有	无
	白蚕	3	S. 4329		《普济方》等	无	无	无
	白腊	4	P. 2565 P. 2637 P. 2703 P. 3043		《外台秘要》等	无	无	无

续表

笔画	药名	出现频次	所在卷号	另名	其他医籍	中华药海	中医大辞典	汉语大词典
	白蜜	13	S. 2438 S. 4329 P. 2637 P. 2703 P. 2882 P. 3144 P. 3596 P. 4038	食蜜、白沙蜜	《药性论》等	无（词条无，"蜂蜜"条下别名、异名有）	有	有
	白沙蜜	1	S. 76	白蜜、食蜜	《儒门事亲》等	无（词条无，"蜂蜜"条下别名、异名有）	无	无
	白僵蚕	4	S. 4329 P. 2565 龙 530	僵蚕	有	有	有	无
	白颈蚯蚓	1	龙 530		《名医别录》等	无	无	无
六画	地胆	13	S. 5614 P. 2115 P. 2378 P. 2755 P. 3714 P. 3930 龙 530		有	有	有	无
	百节	1	S. 5598		《证类本草》等	无	有	有
	衣中白鱼	2	龙 530		《小品方》等	无	无	无
七画	赤蜜	1	P. 3930		《备急千金要方》等	无	无	无
	芫青	6	P. 2565 龙 530		《名医别录》等	无（词条无，"青娘子"条下别名有）	有	无

续表

笔画	药名	出现频次	所在卷号	另名	其他医籍	中华药海	中医大辞典	汉语大词典
八画	鸣蝉	1	S. 1467	蚱蝉	《新修本草》等	无（词条无，“蚱蝉”条下别名有）	无	有
九画	虾蟆	4	P. 2666 P. 3930 龙 530 Дx02822		有	有	有	有
	虻虫	6	S. 5614 P. 2115 P. 2755 龙 530	蜚虻	有	有	有	有
	食蜜	1	龙 530	白蜜、白沙蜜	《伤寒论》等	无（词条无，“蜂蜜”条下别名、异名有）	无	无
	亭长	3	龙 530		《雷公炮炙论》等	无	无	有（但无此处义）
十画	晚蚕沙	1	Дx02822		有	无（词条无，“原蚕沙”条下别名、异名有）	有	无
	桑螵蛸	9	龙 530		有	有	有	有
十一画	黄腊	1	P. 3043		《外台秘要》等	无	无	无
	萤火	3	龙 530		有	有	无	有
	蚱蝉	2	龙 530	鸣蝉	有	有	有	有
	蚯蚓屑	1	龙 530		无	无	无	无
	蛀虫	1	龙 530		《普济方》等	无	无	有

续表

笔画	药名	出现频次	所在卷号	另名	其他医籍	中华药海	中医大辞典	汉语大词典
十二画	斑蝥	10	S. 5614 P. 2115 P. 2378 P. 2755 龙 530		有	有	有	有
	蛴螬	7	P. 2666 龙 530		有	有	有	有
	蛴螬汁	2	P. 3930 龙 530		《医心方》等	无	无	无
	腊	7	S. 3347 S. 5435 P. 3885 P. 3596 P. 3731		《肘后备急方》等	无	无	有
十三画	蜈蚣	11	S. 328 P. 2565 P. 2755 P. 3714 龙 530		有	有	有	有
	蜗牛	2	龙 530		有	有	有	有
	蜂子	3	P. 2565 龙 530		《神农本草经》等	无（词条无，"蜜蜂子"条下别名有）	无	有
	蜂房	7	S. 5614 P. 2115 P. 2378 P. 2755 龙 530	露蜂房	《古今医统大全》等	无（词条无，"露蜂房"条下处方用名有）	有	有
	蜂窠	2	P. 2666《换须发方》（羽田亨藏）		《肘后备急方》等	无（词条无，"露蜂房"条下处方用名有）	无	有

续表

笔画	药名	出现频次	所在卷号	另名	其他医籍	中华药海	中医大辞典	汉语大词典
	蜣蜋	2	S. 9987 龙 530		有	有	有	有
	鼠妇	2	龙 530	鼠姑	有	有	有	有
十四画	蜚虻	1	龙 530	虻虫	《神农本草经》等	无（词条无,"虻虫"条下别名、异名有）	有	有
	蜚蠊	6	龙 530		《名医别录》等	无	无	有
	蜡	1	龙 530		《肘后备急方》等	无（词条无,"蜜蜡"条下别名、异名有）	无	有
	蜡蜜	1	龙 530		《肘后备急方》等	无	无	有
	蜘蛛	3	S. 6177 龙 530		有	有	有	有
	蜜	39	P. 2666 等		《肘后备急方》等	无	无	有
	蜜蜡	1	龙 530		有	有	有	有
十五画	樗鸡	1	龙 530		《神农本草经》等	无（词条无,"红娘子"条下别名、异名有）	有	有
	僵蚕	5	P. 3714 龙 530	白僵蚕	《备急千金要方》等	无（词条无,"白僵蚕"条下别名、异名有）	有	无
	蝼蛄	3	龙 530		有	有	有	有

续表

笔画	药名	出现频次	所在卷号	另名	其他医籍	中华药海	中医大辞典	汉语大词典
十六画	螈蚕蛾	1	P. 2565		无	无	无	无
十七画	蟅虫	2	P. 3287 龙 530		有	有	有	有
	螵蛸	2	龙 530		《备急千金要方》等	无	无	有
十九画	麒麟蝎	1	Дх02822		《普济方》等	无	无	无
二十一画	露蜂房	2	P. 3596 Дх02822	蜂房、露蜂窠	有	有	有	无
	露蜂窠	2	S. 5435《换须发方》(羽田亨藏)	蜂房、露蜂房	《太平圣惠方》等	无	无	无
二十三画	蠮螉	1	龙 530		有	有	无	无

上表中虫部药名共计 58 个，其中 36 个药名《中华药海》词条未收，占虫部药名的 62%；除去词条未收，但在别名异名中收录的 13 个药名，仍有 23 个药名未收，占虫部药名的 41%。2 个药名其他医籍未见（暂未查到使用例证），占虫部药名的 5%。出现频次 20 次（含）以上的有 1 个，占虫部药名的 2%。其中出现频次最高的是蜜，38 次。出现频次 10—19 次的有 4 个，占虫部药名的 7%。其余为 9 次（含）以下。

二、鱼鳞部

表 3-12 敦煌写本医籍鱼鳞部药名表

笔画	药名	出现频次	所在卷号	另名	其他医籍	中华药海	中医大辞典	汉语大词典
三画	大结鱼	1	S. 3347		无	无	无	无
四画	乌蛇	1	Дх02822		有	有	有	无

续表

笔画	药名	出现频次	所在卷号	另名	其他医籍	中华药海	中医大辞典	汉语大词典
	乌贼鱼骨	2	龙 530		《圣济总录》等	无	有	无
五画	龙角	1	龙 530		有	有	无	有
	龙齿	9	S. 1467 S. 5614 P. 2115 P. 2755 P. 2794 龙 530		有	有	有	无
	龙骨	18	S. 1467 S. 5795 S. 9987 P. 2565 P. 3930 龙 530		有	有	有	有
	龙齿角	1	龙 530		《医心方》等	无	无	无
	白龙骨	3	S. 9987 P. 2565 龙 530		《名医别录》等	无	无	无
	白花蛇	1	Дx02822		有	有	有	无
八画	青鱼鲊	1	龙 530		《金匮要略》等	无	无	无
	鱼	5	S. 76 S. 5435 P. 2666 P. 3201		《名医别录》等	无	无	有
	鱼枕	1	P. 3093		《普济方》等	无	无	有
	鱼骨	1	Дx02822		《肘后备急方》等	无	无	无

续表

笔画	药名	出现频次	所在卷号	另名	其他医籍	中华药海	中医大辞典	汉语大词典
	鱼胆	1	P. 3930		《备急千金要方》等	无（词条无，“老鸦糊”条下别名、异名有）	无	无
九画	穿山甲	1	Дx02822		有	有	有	有
十画	晋地龙骨	1	P. 2115		无	无	无	无
	贼鱼骨	1	Дx02822		《圣济总录》等	无	无	无
十一画	蚺蛇胆	1	龙 530		有	有	有	有
	蛇	1	P. 3731		《丹溪心法》等	无	无	有
	蛇皮	2	龙 530 Дx02822	蛇蜕、蛇蜕皮	《雷公炮炙论》等	无（词条无，“蛇蜕”条下别名、异名有）	有	有
	蛇蜕	8	S. 5614 P. 2115 P. 2378 P. 2755 龙 530	蛇皮、蛇蜕皮	有	有	有	有
	蛇蜕皮	3	S. 1467 P. 3596 龙 530	蛇皮、蛇蜕	《肘后备急方》等	无（词条无，“蛇蜕”条下别名、异名有）	无	无
十四画	蜥蜴	4	龙 530		有	有	有	有
	鲛鱼皮	1	龙 530		有	有	无	无
十五画	蝮蛇胆	1	龙 530		有	有	无	有
	鲤鱼	1	S. 4433		有	有	有	有
	鲤鱼胆	1	龙 530		有	有	有	无

续表

笔画	药名	出现频次	所在卷号	另名	其他医籍	中华药海	中医大辞典	汉语大词典
	鲤鱼脑	1	龙 530		有	有	无	无
	鲫鱼	1	S. 76		有	有	无	有
二十画	鳝甲	6	龙 530		有	有	无	有
二十一画	鳢鱼	1	龙 530		有	有	无	有

上表中鱼鳞部药名共计 31 个，其中 14 个药名《中华药海》词条未收，占鱼鳞部药名的 45%；除去词条未收，但在别名异名中收录的 3 个药名，仍有 28 个药名未收，占鱼鳞部药名的 90%。2 个药名其他医籍未见（暂未查到使用例证），占鱼鳞部药名的 6%。出现频次 20 次（含）以上的有 0 个。出现频次 10—19 次的有 1 个，占鱼鳞部药名的 3%。其余为 9 次（含）以下。

三、介部

表 3-13 敦煌写本医籍介部药名表

笔画	药名	出现频次	所在卷号	另名	其他医籍	中华药海	中医大辞典	汉语大词典
三画	马刀	4	龙 530	齐蛤	有	有	无	有
四画	贝子	1	P. 3201		有	有	无	有
	贝齿	3	龙 530		《备急千金要方》等	无	有	有
	贝齿屑	1	龙 530		《备急千金要方》等	无	无	无
	文蛤	2	龙 530		有	有	无	无
五画	石决明	1	龙 530		有	有	有	无
	甲香	1	S. 4329		有	有	有	有
	田中螺	1	龙 530		《医心方》等	无	无	无

续表

笔画	药名	出现频次	所在卷号	另名	其他医籍	中华药海	中医大辞典	汉语大词典
	生龟	2	龙 530		《肘后备急方》等	无	无	无
六画	齐蛤	1	龙 530	马刀	《吴普本草》等	无（词条无，“马刀”条下别名有）	无	无
七画	牡蛎	29	P. 3378 等		有	有	有	有
	龟甲	6	P. 3714 龙 530	神屋	《神农本草经》等	无（词条无，“龟板”条下别名、异名有）	有	有
九画	神屋	4	S. 5614 P. 2115 P. 2378 P. 2755	龟甲	《神农本草经》等	无（词条无，“龟板”条下别名、异名有）	无	有
十画	真珠	4	P. 3093 P. 3596 龙 530		《圣济总录》等	无（词条无，“珍珠”条下别名、异名有）	有	有
	真珠末	2	P. 3596 P. 3930		《圣济总录》等	无	无	无
	海蛤	6	P. 3596 龙 530 《辅行诀脏腑用药法要》		《神农本草经》等	无（词条无，“海蛤壳”条下别名、异名有）	无	有
十二画	蛤蚧	1	Дx02822		有	有	有	有

续表

笔画	药名	出现频次	所在卷号	另名	其他医籍	中华药海	中医大辞典	汉语大词典
十九画	鳖甲	19	S. 5614 P. 2115 P. 2378 P. 2755 P. 3201 龙 530 Дх02822		有	有	有	有
	鳖头	5	S. 5614 P. 2115 P. 2378 P. 2755 龙 530		有	有	无	无
	蟹	5	龙 530		有	有	有	有
	蟹爪	1	龙 530		有	有	无	有
	蟹黄	3	P. 2115 P. 2755		《备急千金要方》等	无	无	有
二十画	鼍鱼甲	1	S. 1467		《普济方》等	无	无	无

上表中介部药名共计 23 个，其中 12 个药名《中华药海》词条未收，占介部药名的 52%；除去词条未收，但在别名异名中收录的 5 个药名，仍有 7 个药名未收，占介部药名的 30%。0 个药名其他医籍未见（暂未查到使用例证）。出现频次 20 次（含）以上的有 1 个，占介部药名的 4%。其中出现频次最高的为牡蛎，29 次。出现频次 10—19 次的有 1 个，占介部药名的 4%。其余为 9 次（含）以下。

四、禽部

表 3-14　敦煌写本医籍禽部药名表

笔画	药名	出现频次	所在卷号	另名	其他医籍	中华药海	中医大辞典	汉语大词典
三画	飞生鸟肉	1	P. 3930		无	无	无	无

续表

笔画	药名	出现频次	所在卷号	另名	其他医籍	中华药海	中医大辞典	汉语大词典
	飞鸱头	1	P. 3596		《备急千金要方》等	无	无	无
四画	天鼠屎	2	龙 530		《神农本草经》等	无（词条无，“夜明砂”条下别名、异名有）	有	无
	天鼠膏	1	P. 2755		《王羲之十七帖》等	无	无	无
	天鼠煎膏	3	S. 5614 P. 2115 P. 2378		无	无	无	无
	丹雄鸡	3	S. 1467 龙 530		《名医别录》等	无	无	无
	乌鸡	1	龙 530		《普济方》等	无（词条无，“乌骨鸡”条下别名、异名有）	有	有
	乌鸡子	1	S. 1467		《外台秘要》等	无	无	无
	乌鸡骨	2	龙 530		《证类本草》等	无	无	无
	乌雄鸡血	2	龙 530		《新修本草》等	无	无	无
	乌雄鸡肝	1	龙 530		《本草纲目》等	无	无	无
	水淋鸡屎汁	1	龙 530		《备急千金要方》等	无	无	无
五画	生鹅脂	1	P. 3378		无	无	无	无
	生鸡子白	2	P. 2662V P. 3930		《外台秘要》等	无	无	无
	生雀头血	1	P. 3596		《医心方》	无	无	无

续表

笔画	药名	出现频次	所在卷号	另名	其他医籍	中华药海	中医大辞典	汉语大词典
	白鸡肝	1	P. 2882		仅食物禁忌中有，无入药例	无	无	无
	白鸭屎	1	龙 530		《名医别录》等	无	无	无
	白鹅脂	1	龙 530		《名医别录》等	无	无	无
六画	伏翼	3	龙 530		《神农本草经》等	无（词条无，"蝙蝠"条下别名有）	无	有
七画	鸡	2	S. 1467 S. 5435		《肘后备急方》等	无	无	有
	鸡子	17	S. 1467 S. 4329 S. 5435 S. 5614 P. 2115 P. 2662V P. 2755 P. 3930 P. 3960 龙 530		有	有	无	有
	鸡毛	2	P. 3960 龙 530		《备急千金要方》等	无	无	无
	鸡肪	1	龙 530		《备急千金要方》等	无	无	无
	鸡肠	2	S. 3347 龙 530		有	有	无	无
	鸡粪	1	P. 2662V		《备急千金要方》等	无（词条无，"鸡屎白"条下别名有）	无	无

续表

笔画	药名	出现频次	所在卷号	另名	其他医籍	中华药海	中医大辞典	汉语大词典
	鸡子白	7	P. 2565 P. 2662V P. 3930 龙 530		有	有	有	无
	鸡子汁	1	龙 530		《医心方》等	无	无	无
	鸡子黄	7	龙 530 《辅行诀脏腑用药法要》		有	有	有	无
	鸡矢白	1	S. 3347		《刘涓子鬼遗方》等	无	无	无
	鸡肶胵	1	龙 530		《太平圣惠方》等	无（词条无,"鸡内金"条下别名、异名有）	有	无
	鸡子粪汁	1	龙 530		无	无	无	无
八画	夜明沙	1	Дx02822		《圣济总录》等	无	无	无
九画	胡燕矢	1	龙 530		《备急千金要方》等	无	无	有
十画	鸭血	1	龙 530		有	有	无	无
	鸭头热血	1	龙 530		《备急千金要方》等	无	无	无
十一画	雀卵	2	P. 3960 龙 530		有	有	有	无
	雀脑	1	龙 530		有	有	无	无
十二画	雁肪	1	龙 530		有	有	无	无
	雄雀	1	龙 530		《圣济总录》等	无	无	无

续表

笔画	药名	出现频次	所在卷号	另名	其他医籍	中华药海	中医大辞典	汉语大词典
	雄雀矢	1	龙 530		《肘后备急方》等	无	无	无
	雄鸡左翅毛	1	S. 4433		《名医别录》等	无	无	无
	鹅脂	1	P. 2755		《肘后备急方》等	无	无	无
	腊月鸟子粪	1	P. 2662V		无	无	无	无
十三画	蜀水花	1	S. 4329		《备急千金要方》等	无	无	无
	新生乌鸡子	1	S. 1467		《外台秘要》等	无	无	无
十四画	鸬鹚骨	1	龙 530		无	无	无	无
	雌鸡肝	2	S. 4433		《备急千金要方》等	无	无	无
	鹜矢	1	龙 530		无	无	无	无
十六画	燕矢	2	P. 3596 龙 530		《医心方》等	无	无	无
十八画	鹰粪	1	S. 4329		《肘后备急方》等	无	无	无
	鹰矢白	2	S. 4329 龙 530		《名医别录》等	无	无	无
二十二画	鹳骨	1	龙 530		有	有	无	无

上表中禽部药名共计 52 个，其中 43 个药名《中华药海》词条未收，占禽部药名的 83%；除去词条未收，但在别名异名中收录的 5 个药名，仍有 38 个药名未收，占禽部药名的 73%。7 个药名其他医籍未见（暂未查到使用例证），占禽部药名的 13%。出现频次 20 次（含）以上的有 0 个。出现频次 10—19 次的有 1 个，占禽部药名的 2%。其中出现频次最高的为鸡子，17 次。其余为 9 次（含）以下。

五、兽部

表 3-15　敦煌写本医籍兽部药名表

笔画	药名	出现频次	所在卷号	另名	其他医籍	中华药海	中医大辞典	汉语大词典
三画	干脯肉	1	S. 3347		无	无	无	无
	山驴角	1	P. 3930		《证类本草》等	无	无	无
	马心	1	S. 1467		有	有	无	无
	马尿	1	S. 3395		《备急千金要方》等	无	无	有（但为酒的泛称）
	马乳	1	龙 530		有	有	有	有
	马通	1	龙 530	马粪	《名医别录》等	无	无	有
	马粪	2	S. 3347 P. 3596	马通	《肘后备急方》等	无	无	有
	马酪	1	S. 76		《新修本草》等	无	无	有
	马蹄	1	P. 2882		《肘后备急方》等	无	无	有
	马头骨	1	龙 530		《肘后备急方》等	无	无	有
	马阴筋	1	S. 4433		无	无	无	无
	马骨灰	2	P. 3930		《备急千金要方》等	无	无	有
	马悬蹄	1	龙 530		《备急千金要方》等	无	无	无
	马蹄甲	1	龙 530		有	有	无	无
	马鬐膏	2	S. 1467		有	有	无	无
	马鬃脂	1	S. 4329		无	无	无	无
四画	犬心	1	S. 1467		《本草纲目》等	无	无	无

续表

笔画	药名	出现频次	所在卷号	另名	其他医籍	中华药海	中医大辞典	汉语大词典
	犬肉	2	龙530		《备急千金要方》等	无	无	无
	犬齿	1	龙530		《小儿卫生总微论方》等	无	有（但无此处义）	有（但无此处义）
	犬屎	1	龙530		《备急千金要方》等	无	无	无
	中台麝香	2	S. 5614 P. 2115		无	无	无	无
	牛毛	2	P. 3930		《普济方》等	无	无	有（但只取比喻义）
	牛心	2	S. 1467 S. 4433		《诸病源候论》等	无	无	有
	牛尾	1	S. 6177		《证类本草》等	无	无	无
	牛尿	2	P. 3596		《备急千金要方》等	无	无	无
	牛角	4	P. 2666 P. 3930 龙530 Дх04437		有	有	无	有
	牛乳	8	S. 76 S. 3347 P. 3144 P. 3378 P. 3596 P. 3930 龙530 Дх02999 Дх03058		《备急千金要方》等	无	有	有
	牛胆	3	S. 3347 S. 4433 龙530		有	有	有	无

续表

笔画	药名	出现频次	所在卷号	另名	其他医籍	中华药海	中医大辞典	汉语大词典
	牛脂	1	P. 3930		有	有	无	无
	牛黄	16	S. 1467 S. 3347 S. 5614 S. 6107 P. 2115 P. 2565 P. 2662 P. 2755 P. 3230 P. 3731 龙 530 Дx02822		有	有	有	有
	牛酥	1	P. 3731		《肘后备急方》等	无	无	有
	牛粪	1	S. 5435		《外台秘要》等	无	无	无
	牛髓	2	S. 1467V P. 3885		有	有	有	无
	牛耳中毛	1	P. 3596		《外台秘要》等	无	无	无
	乌犀	2	P. 2882 P. 3596		《圣济总录》等	无	无	有
	乌牛尿	1	P. 3596		《肘后备急方》等	无	无	无
	乌牛粪	1	P. 2666		《太平圣惠方》等	无	无	无
	乌牛粪汁	1	P. 2882		无	无	无	无
	乌牛鼻上津	1	P. 2666		无	无	无	无
	六畜血	1	龙 530		《太平圣惠方》等	无	无	无

续表

笔画	药名	出现频次	所在卷号	另名	其他医籍	中华药海	中医大辞典	汉语大词典
五画	东行母猪粪	2	P. 2666 P. 3596		《医心方》等	无	无	无
	生鼠	2	龙 530		《备急千金要方》等	无	无	无
	生羊胆	1	S. 5435		《世医得效方》等	无	无	无
	生猪脑	1	P. 2662		《备急千金要方》等	无	无	无
	生猪脂	1	S. 1467		《外台秘要》等	无	无	无
	生鼠肝	1	龙 530		《证类本草》等	无	无	无
	白胶	7	S. 6107 P. 3230 P. 3596 龙 530	鹿角胶	《神农本草经》等	无	有	有
	白马目	1	龙 530		《证类本草》等	无	无	无
	白马尿	1	P. 2666		《肘后备急方》等	无	无	无
	白马茎	3	龙 530		《名医别录》等	无	无	无
	白马溺	1	龙 530		《本草纲目》等	无	无	无
	白羊肾	2	P. 2882 P. 3596		《备急千金要方》等	无	无	无
	白羊乳	1	P. 2662V		《备急千金要方》等	无	无	无
	白狗血	1	龙 530		《千金翼方》等	无	无	无
	白狗乳	1	P. 2666		《普济方》等	无	无	无

续表

笔画	药名	出现频次	所在卷号	另名	其他医籍	中华药海	中医大辞典	汉语大词典
	白狗胆	1	龙 530		《证类本草》等	无	无	无
	白羊羊乳	1	P. 3596		无	无	无	无
六画	西方羊皮	1	Дx04679		无	无	无	无
	死鼠	1	P. 3885		《肘后备急方》等	无	无	无
	死鼠头	2	S. 6177 P. 2666		《备急千金要方》等	无	无	无
	死白狗脚	1	S. 6177		无	无	无	无
	羊毛	2	P. 3930		《医心方》等	无	无	有
	羊心	1	S. 1467		有	有	无	无
	羊肉	4	P. 3201 P. 3287 龙 530		有	有	有	无
	羊肝	1	P. 3930		有	有	有	无
	羊肚	1	P. 3596		有	有	无	无
	羊角	2	龙 530		《名医别录》等	无	无	有
	羊肺	2	P. 3930 Дx10298		有	有	有	无
	羊齿	1	S. 328		《名医别录》等	无	无	无
	羊肾	1	P. 3930		有	有	有	无
	羊乳	3	P. 3930 龙 530 Дx02999 Дx03058		有	有	有	无
	羊胆	1	P. 3596		有	有	有	无
	羊脾	1	P. 3930		《太平圣惠方》等	无	无	无

续表

笔画	药名	出现频次	所在卷号	另名	其他医籍	中华药海	中医大辞典	汉语大词典
	羊粪	1	P. 3596		《外台秘要》等	无	无	有
	羊靥	1	P. 3596		有	有	无	无
	羊髓	3	S. 1467V P. 2565 P. 3885		有	有	有	无
	羊子肝	1	P. 3930		《肘后备急方》等	无	无	无
	羊肾脂	1	S. 9987		《肘后备急方》等	无	无	无
	羊精肉	2	P. 2662V P. 3930		《医宗金鉴》等	无	无	无
	羊骨肌末	1	P. 3596		无	无	无	无
	好酥	1	P. 3930		《肘后备急方》等	无	无	无
	好牛酥	2	S. 3347		《外台秘要》等	无	无	无
	好甜酥	1	P. 3930		无	无	无	无
七画	牡鼠目	1	龙 530		《证类本草》等	无	无	无
	沙牛酪	1	S. 76		《普济方》等	无	无	无
	阿胶	13	S. 9987 P. 2565 P. 2755 P. 3378 P. 4038 龙 530 Дx04679 《辅行诀脏腑用药法要》		有	有	有	有

续表

笔画	药名	出现频次	所在卷号	另名	其他医籍	中华药海	中医大辞典	汉语大词典
	驴乳	3	P. 2662V P. 3378 P. 3930		有	有	无	无
	驴脂	2	S. 3347		有	有	无	无
	驴粪	1	P. 3596		《外台秘要》等	无	无	无
	驴蹄	2	S. 9987 Дх00924		有	有	无	无
八画	青羊肝	4	S. 5614 P. 2115 P. 2378 P. 2755		《肘后备急方》等	无	无	无
	青羊胆	1	龙 530		《名医别录》等	无	无	无
	青羊腹下毛	1	P. 3596		无	无	无	无
	虎骨	6	S. 1467V P. 2882 龙 530 Дх02822		有	有	有	无
	虎睛	1	Дх02822		有	有	无	无
	虎头骨汁	1	P. 2635		无	无	无	无
	败豉皮	1	龙 530		《圣济总录》等	无	无	有
	牦牛酥	1	P. 2662V		无	无	无	无
	兔皮	1	P. 2882		《外台秘要》等	无	无	无
	兔屎	1	S. 4433		《补阙肘后方》等	无	有	无
	兔肉酱	1	P. 3287		《奇效良方》等	无	无	无

续表

笔画	药名	出现频次	所在卷号	另名	其他医籍	中华药海	中医大辞典	汉语大词典
	狐阴	1	龙 530		《外台秘要》等	无	无	无
	狗阴	1	龙 530		《备急千金要方》等	无	无	无
	狗胆	2	龙 530		有	有	无	无
	狗粪	1	P. 3930		《肘后备急方》等	无	无	无
	狗头骨	1	龙 530		《肘后备急方》等	无	无	无
	狗脚乳	1	Дx00924		无	无	无	无
九画	骨上精肉	1	P. 3930		无	无	无	无
十画	热狗血	1	P. 2666		无	无	无	无
	狸肉	1	龙 530		有	有	无	无
	狸骨	3	龙 530		有	有	无	无
	狸头骨	1	龙 530		《千金翼方》等	无	无	无
	狸阴茎	2	龙 530		《千金翼方》等	无	无	无
	胶	4	P. 2662V P. 3930 龙 530 《辅行诀脏腑用药法要》		《备急千金要方》等	无	有	有
	羖羊角	2	龙 530		有	有	无	无
	羖羊乳	1	P. 3930		无	无	无	无
	羖羊蹄	1	P. 2882		无	无	无	无
十一画	黄牛酥	1	P. 3378		《外台秘要》等	无	无	无

续表

笔画	药名	出现频次	所在卷号	另名	其他医籍	中华药海	中医大辞典	汉语大词典
	野狐肉	1	P. 3144		《圣济总录》等	无	无	无
	野犀牛角	1	P. 3930		无	无	无	无
	猪心	1	S. 1467		有	有	有	无
	猪肉	6	P. 2882 P. 3596 龙 530		有	有	无	无
	猪肚	1	龙 530		有	有	有	无
	猪肾	1	S. 3347		有	有	有	无
	猪肪	1	龙 530		《肘后备急方》等	无	无	无
	猪骨	1	龙 530		有	有	无	无
	猪胆	2	P. 3378 P. 3596		有	有	有	无
	猪屎	1	P. 2662	猪粪	《备急千金要方》等	无	无	无
	猪脂	15	S. 1467 S. 4329 S. 5795 P. 2565 P. 3378 P. 3885 P. 3731 P. 3596 P. 3930		《金匮要略》等	无（词条无,"猪脂膏"条下别名、异名有）	无	有
	猪粪	1	P. 3596	猪屎	《圣济总录》等	无	无	无
	猪鼻	1	P. 3596		《千金翼方》等	无	无	有（但无此处义）

续表

笔画	药名	出现频次	所在卷号	另名	其他医籍	中华药海	中医大辞典	汉语大词典
	猪膏	6	P. 3287 P. 3596 龙 530		《金匮要略》等	无（词条无，"猪脂膏"条下别名有）	无	有
	猪悬蹄	1	龙 530		《神农本草经》等	无（词条无，"猪蹄甲"条下别名有）	无	无
	猪狗四足	1	龙 530		《医暇卮言》等	无	无	无
	豚卵	1	龙 530		有	有	有	无
	鹿角	6	S. 4636 P. 2666 P. 2882 龙 530		有	有	有	有
	鹿茸	9	S. 4433 P. 2565 P. 4038 龙 530		有	有	有	有
	鹿角末	3	P. 3596 P. 3930		《肘后备急方》等	无	无	无
	鹿角胶	2	P. 3596 P. 3930	白胶	有	有	有	有
	鹿角屑	2	P. 3144 P. 3596		《备急千金要方》等	无	无	无
	羚羊角	14	S. 5614 P. 2115 P. 2378 P. 2755 P. 3201 P. 3930 龙 530		有	有	有	无

续表

笔画	药名	出现频次	所在卷号	另名	其他医籍	中华药海	中医大辞典	汉语大词典
十二画	酥	14	S. 3347 S. 5435 P. 2565 P. 2662V P. 3930 龙 530 《疗服石方》(罗振玉旧藏)		有	有	无	有
	雄鼠粪	1	P. 3930		《圣济总录》等	无	无	无
	猥皮	3	S. 3347 龙 530		《普济方》	无	无	无
	腊脂	2	S. 5795 P. 3930		《政治准绳》等	无	无	无
	腊月猪脂	4	S. 3395 P. 2635 P. 2666		《中藏经》等	无	无	无
	犀角	25	龙 530 等		有	有	有	有
	犀角末	4	P. 2565 P. 3201 P. 3596		《肘后备急方》等	无	无	无
十三画	酪	4	S. 76 龙 530		有	有	无	有
	酪浆	1	P. 2882		《外台秘要》等	无	无	有
	暖酥	1	P. 3930		无	无	无	有（但无此处义）
	蜀酥	1	P. 3885		无	无	无	无
	鼠头	1	P. 3930		《备急千金要方》等	无	无	无

续表

笔画	药名	出现频次	所在卷号	另名	其他医籍	中华药海	中医大辞典	汉语大词典
	鼠阴	1	龙 530		《证类本草》等	无	无	无
	鼠骨	1	P. 2666		《圣济总录》等	无	无	无
	鼠屎	2	P. 3596 龙 530	鼠粪	《肘后备急方》等	无	无	有
	鼠粪	1	P. 3378	鼠屎	《外台秘要》等	无	无	无
	鼠头骨	2	S. 4433		《备急千金要方》等	无	无	无
	新牛粪	1	P. 2666		《太平圣惠方》等	无	无	无
	新出牛尿	1	P. 3596		无	无	无	无
十四画	獐肉	1	P. 3287		有	有	无	无
	獐骨	1	P. 2565		有	有	无	无
	精羊肉	3	S. 1467V S. 5435 P. 2882		《外台秘要》等	无	无	无
	熊白	1	P. 2565	熊脂	《肘后备急方》等	无（词条无，“熊脂”条下别名有）	无	有
	熊脂	2	S. 1467 龙 530	熊白	有	有	有	有
十五画	蝟皮	2	龙 530		《神农本草经》等	无	无	无
	熟羊肉	1	S. 1467V		《普济方》等	无	无	无
十六画	獭肝	2	龙 530 Дх02822		有	有	有	有
	獭骨	1	龙 530		有	有	无	无

续表

笔画	药名	出现频次	所在卷号	另名	其他医籍	中华药海	中医大辞典	汉语大词典
十七画	麋脂	1	龙 530		有	有	无	无
二十一画	麝香	30	龙 530 等		有	有	有	有
二十二画	麞骨	1	龙 530		《古今图书集成》等	无	无	无
二十八画	鼺鼠	1	龙 530		《神农本草经》等	无	无	无

上表中兽部药名共计 173 个，其中 123 个药名《中华药海》词条未收，占兽部药名的 71%；除去词条未收，但在别名异名中收录的 4 个药名，仍有 119 个药名未收，占兽部药名的 69%。24 个药名其他医籍未见（暂未查到使用例证），占兽部药名的 14%。出现频次 20 次（含）以上的有 2 个，占兽部药名的 1%。其中出现频次最高的为麝香，30 次；其次是犀角，25 次。出现频次 10—19 次的有 5 个，占兽部药名的 3%。其余为 9 次（含）以下。

六、人部

表 3–16　敦煌写本医籍人部药名表

笔画	药名	出现频次	所在卷号	另名	其他医籍	中华药海	中医大辞典	汉语大词典
二画	人乳	5	S. 3347 P. 3596 P. 3930		《肘后备急方》等	无（词条无，"人乳汁"条下处方用名有）	无	无
	人粪	7	S. 5435 S. 5614 S. 9987 P. 2115 P. 2378 P. 2755 P. 3596		《肘后备急方》等	无	无	无

续表

笔画	药名	出现频次	所在卷号	另名	其他医籍	中华药海	中医大辞典	汉语大词典
	人溺	1	龙 530		《名医别录》等	无	无	无
	人新粪	1	P. 2666		无	无	无	无
三画	小便	6	S. 5435 P. 2662 P. 2666 P. 3201 P. 3930		《备急千金要方》等	无（词条无,“人尿”条下别名、异名有）	有	有
	小儿尿	1	P. 2666	小儿溺、小儿小便	《备急千金要方》等	无	无	无
	小儿溺	1	龙 530	小儿尿、小儿小便	《雷公炮炙论》等	无	无	无
	小儿小便	1	P. 3930	小儿溺、小儿尿	《医心方》等	无	无	无
五画	生粪	1	P. 3596		《普济方》等	无	无	有
	头垢	2	龙 530		《名医别录》等	无	无	有
	头发灰	2	P. 2666 P. 3378		《外台秘要》等	无	无	无
	奶汁	1	S. 5435		《外台秘要》等	无（词条无,“人乳汁”条下别名、异名有）	无	无
六画	死人骨	1	S. 1468		无	无	无	无
	众人尿	3	P. 2565 P. 2666 Дx00924		《太平圣惠方》等	无	无	无
	众人粪	1	P. 2565		无	无	无	无
	衣中血	1	P. 3930		无	无	无	无

续表

笔画	药名	出现频次	所在卷号	另名	其他医籍	中华药海	中医大辞典	汉语大词典
	产血	1	P. 2666		《备急千金要方》等	无	无	无
	汗鞋浸汁	1	P. 3378		无	无	无	无
	妇人发	1	P. 3596		《证治准绳》等	无	无	无
七画	体髅骨	1	P. 3596		无	无	无	无
	乱发	4	S. 5435 P. 2755 P. 3731 龙 530		《肘后备急方》等	无	无	无
八画	乳汁	1	龙 530		《肘后备急方》等	无（词条无，“人乳汁”条下处方用名有）	无	有
九画	枯朽骨	1	S. 1467V		《外台秘要》等	无	无	无
十一画	黄龙汤	5	S. 5614 P. 2115 P. 2378 P. 2755 P. 3596		《肘后备急方》等	无	无	有
十二画	童子便	1	P. 3596		《普济方》等	无	无	无
十三画	溺	3	龙 530		《灵枢》等	无	有	有

上表中人部药名共计 26 个，其中 26 个药名《中华药海》词条未收，占人部药名的 100%；除去词条未收、但在别名异名中收录的 4 个药名，仍有 22 个药名未收，占人部药名的 85%。6 个药名其他医籍未见（暂未查到使用例证），占人部药名的 23%。出现频次 20 次（含）以上的有 0 个。出现频次 10—19 次的有 0 个。所有人部药名出现频次均为 9 次（含）以下。其中出现频次最高的人粪，7 次。

第四节 器物类

器物类所涉药名不多，不再具体分类，敦煌写本医籍中涉及相关药名按笔画数列表如下：

表 3-17 敦煌写本医籍器物类药名表

笔画	药名	出现频次	所在卷号	另名	其他医籍	中华药海	中医大辞典	汉语大词典
三画	干柞木梳子	1	P. 4038		无	无	无	无
	弓弦	4	S. 4433 P. 2666 龙 530 Дx00924		《外台秘要》等	无	无	有
四画	中衣带	1	P. 3960		《备急千金要方》等	无	无	无
五画	未嫁女衣	1	Дx10298		无	无	无	无
	母衣带	1	P. 2635		《备急千金要方》等	无	无	无
六画	死人衣带	1	P. 2666		无	无	无	无
七画	角弓弦	1	S. 4433		无	无	无	无
八画	青布	3	S. 6177 P. 2666 P. 3885		《肘后备急方》等	无	无	无
十画	破履	1	P. 2882		无	无	无	无
	钱	4	P. 2666 P. 2882 P. 3930		《外台秘要》等	无	无	有
	家长卧席	1	P. 2882		无	无	无	无
十一画	绯帛	1	P. 3731		《备急千金要方》等	无	无	无

续表

笔画	药名	出现频次	所在卷号	另名	其他医籍	中华药海	中医大辞典	汉语大词典
十四画	缦青	1	P. 2662		无	无	无	无
	缦绯	1	P. 2662		无	无	无	无
十六画	甑带	1	P. 3930		《备急千金要方》等	无	无	有
十九画	簸箕舌	2	S. 6177 P. 2666		《外台秘要》等	无	无	无

上表中器物部药名共计 16 个，其中 16 个药名《中华药海》词条未收，占器物部药名的 100%。8 个药名其他医籍未见（暂未查到使用例证），占器物部药名的 50%。出现频次 20 次（含）以上的有 0 个。出现频次 10—19 次的有 0 个。所有器物部药名出现频次均为 9 次（含）以下。其中出现频次最高的弓弦和钱，均为 4 次。

第五节　其他药名类

敦煌写本医籍中少数药名兼跨不同属类，不便归类者；或不见于其他医籍不详属部者；或因药名指示不清不明属部者等均归属在此类。

表 3-18　敦煌写本医籍其他药名表

笔画	药名	出现频次	所在卷号	另名	其他医籍	中华药海	中医大辞典	汉语大词典
二画	丁子	1	S. 5598		《医心方》等	无	无	有
	八侧子	1	P. 3714		无	无	无	无
三画	大赭	1	P. 3093		《普济方》等	无	无	无
	马子	1	S. 4433		《太平圣惠方》等	无	无	无

续表

笔画	药名	出现频次	所在卷号	另名	其他医籍	中华药海	中医大辞典	汉语大词典
	马间	1	龙 530		《神农本草经》等	无	无	无
四画	井水蓝	1	龙 530		无	无	无	无
	牛饴	1	龙 530		无	无	无	无
	乌龙肝	2	P. 2637 P. 2703		无	无	无	无
	水花	1	S. 1468		《证类本草》等	无	无	有
五画	石芮	1	P. 3714		无	无	无	无
	石南草	6	S. 1467 龙 530		《刘涓子鬼遗方》等	无	无	无
	石蜴蜡	1	P. 2565		无	无	无	无
	叱脂	2	S. 6107 P. 3230		无	无	无	无
	生油	2	P. 2666 P. 3596	麻油、胡麻油、乌麻油	《肘后备急方》等	无	无	无
	生白仁	1	P. 3596		无	无	无	无
	仙家压油	1	S. 76		无	无	无	无
	白脂	1	S. 3347		《普济方》等	无	无	无
	瓜子	1	龙 530		《备急千金要方》等	无	无	有
	瓜仁	1	S. 4329		《外台秘要》卷	无	无	有
	皮曲	1	龙 530		无	无	无	无
七画	杜子	1	S. 5968		无	无	无	无
	阿愚譪譂泥	2	P. 2882		无	无	无	无
八画	青耳	2	龙 530		无	无	无	无

续表

笔画	药名	出现频次	所在卷号	另名	其他医籍	中华药海	中医大辞典	汉语大词典
	青麦䴵	1	P. 2882		无	无	无	无
	苦末	1	P. 2882		无	无	无	无
	苜蓿香	2	S. 6107 P. 3230		《备急千金要方》等	无	无	无
	松笋	3	P. 4038		无	无	无	无
	肥葵汁	1	P. 3930		无	无	无	无
	法豆	2	P. 2637 P. 2703		无	无	无	无
九画	草精	1	S. 2438		无	无	无	无
	茱萸	14	S. 76 S. 328 S. 5901 P. 2115 P. 2794 P. 2882 P. 3201 龙 530 Дx02822		《丹溪心法》等	无	无	有
	茱萸皮	1	龙 530		《证类本草》等	无	无	无
	茱萸根	1	龙 530		《外台秘要》等	无	无	无
	故油	1	P. 2882		《医心方》等	无	无	无
	香叶	1	S. 3347		有	有	无	有
	禹石余	2	P. 2637 P. 2703		无	无	无	无
	鬼刑	1	P. 3596		无	无	无	无
	鬼㣿刑	1	P. 3596		无	无	无	无
	宣腊	2	P. 2637 P. 2703		无	无	无	无

续表

笔画	药名	出现频次	所在卷号	另名	其他医籍	中华药海	中医大辞典	汉语大词典
十一画	梌饼	1	P. 3714		无	无	无	无
	绿丹	4	S. 5614 P. 2115 P. 2378 P. 2755		无	无	无	无
十二画	蔺茹	3	S. 5614 P. 2115 P. 2755		无	无	无	有
	萎香	2	S. 6107 P. 3230		无	无	无	无
	紫雪	1	P. 3930		《外台秘要》等	无	无	有
	蛤蒲	1	P. 2882		无	无	无	无
	腊月生油	1	P. 4038		无	无	无	无
十三画	碜参	1	《疗服石方》(罗振玉旧藏)		无	无	无	无
	暖油	1	P. 2882		无	无	无	无
十四画	磁毛石	1	P. 2882		《外台秘要》等	无	无	无
	箕豆	1	P. 2665		无	无	无	无
十五画	篇竹	1	S. 9987		《证类本草》等	无	无	无
十七画	藋梨	1	P. 2882		无	无	无	无
二十二画	鑛	1	P. 3930		无	无	无	有

上表中药名共计53个，其中52个药名《中华药海》词条未收，占本类药名的98%。34个药名其他医籍未见（暂未查到使用例证），占本类药名的64%。出现频次20次（含）以上的有0个。出现频次10—19次的有1个，占本类药名的2%。其中出现频次最高的是茱萸，14次。其余药名

均为 9 次（含）以下。

小　结

敦煌写本医籍药名共计 1730 个，其中植物类 1140 个，矿物类 158 个，动物类 363 个，器物类 16 个，其他药名类 53 个。《中华药海》词条未收共计 1230 个，占总药名的 71%，其中植物类 792 个，矿物类 116 个，动物类 254 个，器物类 16 个，其他药名类 52 个。《中华药海》词条及别名、异名、处方名等均未收录的药名 1019 个，占总药名的 59%，其中植物类 624 个，矿物类 107 个，动物类 220 个，器物类 16 个，其他药名类 52 个。其他医籍也未见的有 244 个，占总药名的 14%，其中植物类 130 个，矿物类 31 个，动物类 41 个，器物类 8 个，其他药名类 34 个。出现频次 20（含）以上的有 68 个，占总药名的 4%，其中植物类 59 个，矿物类 5 个，动物类 4 个，器物类 0 个，其他药名类 0 个。出现频次 10—19 次的有 89 个，占总药名的 5%，其中植物类 67 个，矿物类 9 个，动物类 12 个，器物类 0 个，其他药名类 1 个。其余均为 9 频次（含）以下。

以上统计表明，植物类药名占绝对优势，占总药名的 66%。其后依次为动物类，占总药名的 21%；矿物类，占总药名的 9%；器物类，占总药名的 1%。各类药名的统计情况在一定程度上可管窥地处西北的敦煌中古时期在药物使用上的地域性，又因为敦煌地理位置的原因，融汇了多种文明，也可借此看到中古药物使用的时代共性。敦煌写本医籍中药名特点兹作简要列举。

（一）敦煌写本医籍中的药名很少避“胡”字讳

敦煌写本医籍中与“胡”相关的药名有：生胡麻、生胡麻油、胡麻、胡麻灰、胡麻油、黑胡麻、生胡荽、胡瓜、胡豆、胡荽、胡葱、胡苣根、胡葱根、胡桃、胡椒、胡颓子、胡粉、胡燕屎。石勒时讳“胡”之说颇为盛行，《十六国春秋辑补·卷十三·后赵录三·石勒》：“十一月，(石) 勒即位，伪称赵王……制法令甚严，兼讳胡尤峻，诸胡物皆改名，如胡饼曰传铲，石虎改曰麻饼。”① 《说郛三种・卷七十三・邺中记》：“石勒讳胡，胡物皆改名，名胡饼曰麻饼，胡荽曰香荽，胡豆曰国豆。”② 明李时珍《本草纲目・菜之三・胡瓜》［释名］引陈藏器曰：“北人避石勒讳，改呼黄瓜……按杜宝《拾遗录》云：隋大业四年避讳，改胡瓜为黄瓜。”③ 如上是避隋炀帝讳之说。敦煌写本医卷中涉胡词语不少，很少避讳“胡”字。其中胡荽在写本医籍中出现 4 次，分别见于《本草经集注・序录》（龙 530）、《单药方》（P. 2666）、《杂证方书第六种》（P. 2882），而另名香菜仅出现 1 次，见于《药方残卷》（S. 9987）。胡瓜见于《食疗本草》（S. 76），黄瓜未见，黄瓜根见于《杂证方书第一种》（S. 3347）、《杂证方书第八种》（P. 3596）。

（二）敦煌写本医籍药名的时代性及地域性

由以上统计数据看，《中华药海》及其他医籍未收比率较高的有器物类、土部、人部等几类。器物类药名共计 16 个，其中 16 个药名《中华药海》词条及别名、异名、处方用名等均未收，占器物类药名的 100%；8 个药名其他医籍未见（暂未查到使用例证），占器物类药名的 50%。土部药名共计 31 个，其中 29 个药名《中华药海》词条及别名、异名、处方用名等均未收，占土部药名的 94%；14 个药名其他医籍未见（暂未查到使用例证），占土部药名的 45%。人部药名共计 26 个，其中 22 个药名《中华药海》词条及别名、异名、处方用名等均未收，占人部药名的 85%；6 个药名其他医籍未见（暂未查到使用例证），占人部药名的 23%。器物类和土部药名用于祝由方中的较多，随着时代发展，人们认识水平的提高，祝由方中的药名渐渐淡出人们的视野，这应该是原因之一。人部药物在印度医药中使用较多，伴随佛教等传入中国，但一直为道家所不齿。随着佛教本土化，这些药名也随着时代越来越少见。除了时代性的因素，还有地域因素，如敦煌写本医籍动物类药名共计 363 个，其中兽部药名 173 个，是动

---

① （北魏）崔鸿著，（清）汤球辑补：《十六国春秋辑补・卷十三・后赵录三・石勒》，济南：齐鲁书社，2000 年，第 98-100 页。

② （明）陶宗仪等编：《说郛三种・卷七十三・邺中记》（涵芬楼藏本），上海：上海古籍出版社，1988 年，第 173 页。

③ （明）李时珍：《本草纲目》，北京：人民卫生出版社，1957 年影印，第 1236 页。

物类药名中数量最多的，占动物类药名的 48%。其中与羊相关的有 34 个，与牛相关的有 24 个，与马相关的有 18 个。另有与之相关的酥、好酥、好牛酥、好甜酥、沙牛酪，酪、酪浆、暖酥、蜀酥等 9 个药名，共计 85 个药名，占兽部药名的 49%。21 种其他兽类相关药名才占 51%。羊、牛、马，西北地域最为习见的动物，选用药名体现了就地取材的特点。敦煌写本中虽然中原传过去的医籍不少，但中医理论类如诊法、脉经等居多，这些著作涉及药名相对较少，仅有几个本草类医卷涉及较多药名。大多写本是简练实用的医方，其中涉及药名最多，应多是当时当地较为实用流传甚广的医方。此外，《中华药海》等专科词典未收的药名却在以收录一般语词为主的《汉语大词典》中多有收录，也在一定程度上反映了中古时期药食同源的情况。

（三）部分药名俗称化倾向

敦煌写本医籍医方药名中有少量药名体现出俗称化倾向，多采取添加属类词的方式，如干脯，即干肉，敦煌写本医方中为干脯肉，如《杂证方书第一种》(S. 3347)："又方：一切偏风，半身不遂，手不上头方……煮韭、干脯肉、酱等并得。"再如狗舌，草类，敦煌写本医方中为狗舌草，如《单药方》(P. 2666)："人被狂狗咬，取狗舌草烧作灰，杏仁二合，敷封疮上即差。"茴香，草类，敦煌写本医方中为茴香草，如《杂证方书第六种》(P. 2882)："胡散止法：……用麸浆煎茴香草，捣瓮中，捞出作饼子，阴曝干，其盐量事看多少瓮中。"诸如此类还有慎火为慎火草，薄荷为薄荷菜，白粱为白粱米，青粱为青粱米，黄粱为黄粱米，米泔为米泔汁，酢浆为酢浆水等。

第四章　敦煌写本医籍词汇的语料价值

——以药名为例

第一节　词典编纂的语料作用

敦煌写本医籍不仅提供大量失收药名，对《中华药海》《中医大辞典》《汉语大词典》收有的药名，仍有不少以资补充的语料。诸如补充部分药物的异名；未有书证的，敦煌写本医籍为其补充中古使用例证；部分药名的书证为近现代例证，敦煌写本医籍可为其提供中古使用书证。敦煌写本医籍中药名的使用例证，部分见于传世的其他文献，也有不少为传世文献所未见。

一、以《中华药海》已收药名为例

（一）补充药物异名

1.“金沸草”条下无“旋覆花、盛椹、戴椹”等异名。旋覆花在敦煌写本医籍中出现 24 次，《本草经集注·序录》（龙 530）等多卷均见；盛椹、戴椹见于《新修本草·草部》（P. 3714）。《新修本草·草部》（P. 3714）：“旋覆华（花）：味咸，甘，温，微温，冷利，有小毒……一名金沸草，一名盛椹，一名戴椹。”其他典籍亦见，如《神农本草经》中有盛椹，《名医别录》等中有戴椹，《证类本草》中有旋覆花、戴椹、金沸草、盛椹等。

2. “通草”条下，无“燕覆子”异名。敦煌写本《食疗本草》(S. 76)：“燕覆子：平。右主利肠胃，令人能食。下三焦，除恶气，和子食更良。江北人多不识此物，即南方人食之。”燕覆子也见于其他医籍，如《本草纲目》《普济方》等。《本草纲目·草之七·通草》：“［集解］恭曰：此物大者径三寸，每节有二、三枝，枝头有五叶。子长三、四寸，核黑瓤白，食之甘美。南人谓为燕覆子，或名乌覆子。遇七、八月采之。”①

3. “黑脂麻”条下无“方茎”异名。敦煌写本《新修本草·果部、菜部、米部等》(S. 4534)：“胡麻，味甘，平，无毒……一名巨胜，一名狗虱，一名方茎，一名鸿藏，叶名青蘘。”其他医籍亦见，《名医别录·上品·胡麻》：“胡麻，无毒，坚筋骨，治金创，止痛……一名狗虱，一名方茎，一名鸿藏，生上党。”②

4. “黄瓜”条下无“胡瓜”异名。敦煌写本《食疗本草》(S. 76)：“胡瓜：寒，不可多食，动风及寒热。”其他医籍亦见，《本草纲目·菜之三》：“胡瓜（宋《嘉祐》），［释名］黄瓜，藏器曰：北人避石勒讳，改呼黄瓜，至今因之。时珍曰：张骞使西域得种，故名胡瓜。”③

5. “食茱萸”条下无“欓子”异名。敦煌写本《食疗本草》(S. 76)：“又：闭目者名欓子，不宜食。”其他医籍亦见，《本草纲目·果之四》：“食茱萸……［时珍曰］此即欓子也……苏恭谓茱萸之开口者为食茱萸，孟诜谓茱萸之闭口者为欓子。”④

6. “蚕蜕”下无“马明退”异名。敦煌写本《蒙学字书》(Дx02822)中有。其他医籍亦见，《本草纲目·虫之一》：“蚕蜕，［释名］马明退（《嘉祐》）；佛退。”⑤

7. “马蹄甲”条下无“马悬蹄”异名。敦煌写本《本草经集注·序录》(龙 530)：“齿痛：当归、独活、细辛、椒、芎䓖、附子、莽草、矾石、蛇床子、生地黄、莨菪子、鸡舌香、车下李根、马悬蹄、雄雀矢。”

① （明）李时珍：《本草纲目》，北京：人民卫生出版社，1957 年影印，第 1043 页。

② （南朝梁）陶弘景著，尚志钧辑：《名医别录》，北京：人民卫生出版社，1986 年，第 96 页。

③ （明）李时珍：《本草纲目》，北京：人民卫生出版社，1957 年影印，第 1236 页。

④ （明）李时珍：《本草纲目》，北京：人民卫生出版社，1957 年影印，第 1325 页。

⑤ （明）李时珍：《本草纲目》，北京：人民卫生出版社，1957 年影印，第 1519 页。

其他医籍《证类本草》《本草纲目》等亦见。

《中华药海》中另有“狗肉”条下无“犬肉”异名，“狗心”条下无“犬心”异名，“狗齿”条下无“犬齿”异名等不赘述。

（二）补充药名书证

1. 麻仁。《中华药海》见于处方用名，无出处。敦煌写本已见，《杂证方书第二种》（S. 5435）：“☐甘草（半两），麻仁（二两，生），巴豆（两颗）☐。”

2. 寄生。《中华药海》见于处方用名，无出处。敦煌写本已见，《杂证方书第八种》（P. 3596）：“妇人损娠方：当归、寄生、白胶各等分，煮汁饮，差。”

3. 蜂窠。《中华药海》见于处方用名，无出处。敦煌写本已见，《单药方》（P. 2666）：“治人舌肿，取蜂窠烧作灰，和酒封上，即止。”

4. 乳汁。《中华药海》见于处方用名，无出处。敦煌写本已见，《本草经集注·序录》（龙 530）：“食诸菜中毒：以甘草、贝齿、粉三末，水和服之；小儿溺、乳汁服三升亦佳。”

5. 人乳。《中华药海》见于处方用名，无出处。敦煌写本已见，《头、目、产病方书》（P. 3930）：“又小儿疮方：马骨灰，和人乳涂之，即差。”

（三）提前药名书证

《中华药海》一部分药名词条未收，别名、异名中收有，其后标明药名的出处，部分药名的出处晚于敦煌写本医籍。

1. 冬葵。《中华药海》出处为《本草经疏》，《本草经疏》为明代缪希雍著。敦煌写本已见，《本草经集注·序录》（龙 530）：“远志，得茯苓、冬葵、龙骨良，畏珍珠、蜚蠊、藜芦、蛴螬，杀天雄、附子毒。”《本草经集注》撰年在公元 500 年前后。①

2. 火麻子。《中华药海》出处为《本草新编》，《本草新编》为清代陈士铎著。敦煌写本已见，《杂证方书第八种》（P. 3596）：“又方：取火麻

① 写本的撰著年代或抄写年代本章内首次出现予以标注，重复出现不再标示。

子，捣，以酒和，绞取汁，温服。”马继兴据避讳字考证《杂证方书第八种》（P. 3596）为唐高宗后唐睿宗前的写本①。

3. 淡豉。《中华药海》出处为《本草纲目》。敦煌写本已见，《杂证方书第四种》（P. 2662）：“又方：薤白（切，一升），淡豉（一升），右二味，用水五升，煮取二升，去滓，分再服▨。”据其中的武周新字考证，《杂证方书第四种》（P. 2662）为唐代写本。

4. 番瓜。《中华药海》出处为《植物名实图考》，《植物名实图考》为清代吴其濬著。敦煌写本《蒙学字书》（Дx02822）中果子部第五已见，原卷写作“番苽”。Дx02822 写本学界普遍认为是西夏时期写本。②

5. 朱粉。《中华药海》出处为《本草纲目》。敦煌写本已见，《单药方》（P. 2666）：“妇人子死腹中及衣不出，以用钱三文，两枚相向洗油，朱粉和淋，取与产妇服，立即大验。”据书中避讳字考证，《草药方》（P. 2666）为唐人写本。

6. 奶汁。出处为《本草纲目》。敦煌写本已见，敦煌写本《杂证方书第二种》（S. 5435）：“右取黄连少许，黄▨厚以绵子裹，奶汁浸▨。”丛春雨据书中记有人名崔协考证《杂证方书第二种》（S. 5435）为五代时期写本。③

由第三章所列药名表中的对照情况看，《中华药海》中词条未收之部分药名收录于《中医大辞典》中。《中华药海》中部分药名仅在别名异名、处方用名中收录，别名异名多列出药名出处，其中部分药名的出处晚于敦煌写本医籍，这部分药名在《中医大辞典》中收录的情况参见下文。处方用名多未具出处，敦煌写本医籍可补充中古书证，这部分药名在《中医大辞典》中收录的情况，也参见下文。《中华药海》与《中医大辞典》均收的药名，出处基本相同，提前书证等亦参见下文。因编纂对象范围有异，《中医大辞典》收录的部分药名义项也较《中华药海》多，因而以敦煌写本医籍与《中医大辞典》对照，以资补充完善。

① 马继兴：《敦煌医药文献辑校》，南京：江苏古籍出版社，1998 年，第 336 页。
② 陆永峰：《敦煌变文研究》，成都：巴蜀书社，2000 年。
③ 丛春雨：《敦煌中医药全书》，北京：中医古籍出版社，1994 年，第 456 页。

二、以《中医大辞典》已收药名为例

（一）补充药物异名

敦煌写本医籍中部分药名为《中医大辞典》收有的药名的异名，但《中医大辞典》未收或未作说明。未收的这些异名，别的文献有的收录，有的未见收录。敦煌写本提供了中古时期这些异名使用的可靠例证。择取其部分异名列举如下：

1. “大戟”条下，《中医大辞典》没有“邛钜”异名。敦煌写本《新修本草·草部》（P. 3714）：“大戟……一名邛钜。生常山。二月采根，阴干。”邛钜也见于其他典籍，如《圣济总录》等。

2. “天名精”条下，《中医大辞典》“又名野烟、癞格宝草、挖耳草、臭草”，无“麦句姜、豕首、虾蟆蓝”等异名。敦煌写本《本草经集注·序录》（龙 530）：“芒硝（石苇为之使，畏麦句姜）。”① “立至之日，豕首、茱萸先生，为牡蛎、乌喙使，主四肢三十二节。”“鼻衄血：矾石、蒲黄、虾蟆蓝、大蓟、鸡苏、艾、竹茹、烧猥皮、烧发、溺垽、桑耳。”麦句姜、豕首、虾蟆蓝也见于其他典籍，如《神农本草经》：“天名精，一名麦句姜，一名虾蟆蓝，一名豕首。味甘、寒，无毒。”②

3. “甘遂”条下，《中医大辞典》“又名甘泽、肿手花根”，无“主田、甘藁、陵泽、重泽”等异名。敦煌写本《新修本草·草部》（P. 3714）：“甘遂……一名主田，一名甘藁，一名陵藁，一名陵泽，一名重泽。生中山川谷。二月采根，阴干。”主田、重泽等名也见于其他医籍，如《神农本草经》《吴普本草》等。

4. “半夏”条下，《中医大辞典》“又名老鸹头、地茨菇、麻芋果、三步跳”，无“地文、水玉、守田、示姑”等异名。敦煌写本《新修本草·草部》（P. 3714）：“半夏……一名地文，一名水玉，一名守田，一名示姑。生槐里川谷。五月、八月采根，曝干。”地文、水玉等名也见于其他典籍，

① “石苇为之使，畏麦句姜”原文为“芒硝”后小字，写本原卷字号等有别的，同此处理方式。

② 马继兴：《神农本草经辑注》，北京：人民卫生出版社，1995 年，第 101 页。

如《神农本草经》《本草经集注》等。

5. “羊桃”条下，《中医大辞典》“为猕猴桃之别名”，无“藤梨”异名。敦煌写本《食疗本草》（S.76）：“藤梨：寒。右主下丹石，利五脏。其熟时收，取瓤和蜜煎作膏，服之，去烦热，止消渴。久食发冷气，损脾胃。”藤梨也见于其他典籍，如《医心方》《本草纲目》等。《本草纲目·果之五·猕猴桃》：“［释名］猕猴桃（《开宝》）、藤梨（同上）、阳桃（《日用》）、木子。”①

6. “芫花”条下，《中医大辞典》“又名药鱼草、头痛花、老鼠花、癞头花、棉花条、芫条花、银腰带”，无“去水、毒鱼、牡芫”等异名。敦煌写本《新修本草·草部》（P.3714）：“芫花：味辛，苦，温……一名去水，一名毒鱼，一名牡芫。”去水、毒鱼、牡芫也见于其他典籍，如《名医别录》等。

7. “青蘘”条下，《中医大辞典》“为胡麻叶之别名”，无“含映”异名。敦煌写本《绝谷仙方》（S.2438）：“胡麻之法……一名含映，一名青蘘。”含映之名，其他典籍极少见。

8. “鸢尾”条下，《中医大辞典》“又名乌鸢、扁竹、蓝蝴蝶、冷水丹、土知母”，无“乌园”异名。敦煌写本《新修本草·草部》（P.3714）：“鸢尾……一名乌园。生九疑山谷，五月采。”乌园也见于其他典籍，如《名医别录·下品·卷第三》：“鸢尾，有毒。主治头眩，杀鬼魅。一名乌园。生九疑，五月采。”②

9. “泽漆”条下，《中医大辞典》“又名五朵云、五凤草、倒毒伞、凉伞草、乳浆草、猫儿眼睛草”，无“漆茎”异名。敦煌写本《新修本草·草部》（P.3714）：“泽漆：味苦，辛，微寒，无毒……一名漆茎，大戟苗也。生大山川泽。三月三日、七月七日采，阴干。”漆茎也见于其他医籍，如《名医别录·下品·卷第三》：“泽漆，一名漆茎，大戟苗也。”③

10. “贯众”条下，《中医大辞典》“又名贯仲、管仲”，无“贯节、贯渠、百头、虎卷、扁苻、伯萍、药藻、草鸱头”等异名。敦煌写本《新

① （明）李时珍：《本草纲目》，北京：人民卫生出版社，1957年影印，第1335页。
② （南朝梁）陶弘景著，尚志钧辑：《名医别录》，北京：人民卫生出版社，1986年，第237页。
③ （南朝梁）陶弘景著，尚志钧辑：《名医别录》，北京：人民卫生出版社，1986年，第225页。

修本草·草部》（P. 3714）："贯众：味苦，微寒，有毒……一名贯节，一名贯渠，一名百头，一名虎卷，一名扁苻，一名伯萍，一名药藻。此谓草鸱头。生玄山山谷及宛朐，又少室山。二月、八月采根，阴干。"其他典籍亦见，如贯节、贯渠、百头、虎卷、扁苻见于《神农本草经》等，伯萍、药藻、草鸱头见于《名医别录》等。

11. "茵芋"条下，《中医大辞典》"又名黄山桂"，无"芫草、卑共"异名。敦煌写本《新修本草·草部》（P. 3714）："茵芋：味苦，温，微温，有毒……一名芫草，一名卑共。生太山川谷。三月三日采叶，阴干。"芫草、卑共也见于其他医籍，如《本草经集注》等。

12. "黄精"条下，《中医大辞典》无"重楼、仙人余粮"异名。敦煌写本《绝谷仙方》（S. 2438）："▨黄精，二名重楼，三名仙人余粮▨。"重楼、仙人余粮也见于其他医籍，如《证类本草》《本草纲目》等。

13. "钩吻"条下，《中医大辞典》"又名断肠草、大茶药、黄猛菜"，无"野葛"异名。野葛见于敦煌写本《本草经集注·序录》（龙 530）、《新修本草·草部》（P. 3714）、《杂证方书第九种》（P. 3731）。《新修本草·草部》（P. 3714）："钩吻：味辛，温，有大毒……一名野葛。折之青烟出者名固活。"野葛也见于其他医籍，如《备急千金要方》等。

14. "恒山"条下，《中医大辞典》"即常山"，无"互草"异名。敦煌写本《新修本草·草部》（P. 3714）："恒山：味苦，辛，寒……一名互草。生益州川谷及汉中。八月采根，阴干。"互草也见于其他医籍，如《神农本草经》等。

15. "商陆"条下，《中医大辞典》"又名见肿消、章柳根、牛大黄、山萝卜"，无"当陆"异名。敦煌写本《杂证方书第九种》（P. 3731）："当陆（四两，本方用野葛，令不可得，用当陆代之，验）。"当陆也见于其他医籍，如《证类本草》《本草纲目》等。《本草纲目·草之六·商陆》："［释名］蓫薚（音逐汤）、当陆（《开宝》）、章柳（《图经》）、白昌（《开宝》）、马尾（《广雅》）、夜呼（《本经》）。"①

① （明）李时珍：《本草纲目》，北京：人民卫生出版社，1957 年影印，第 944 页。

16. “漏芦”条下，《中医大辞典》“又名野兰、鬼油麻、榔榔头花”，无“飞廉”异名。飞廉见于敦煌写本《本草经集注·序录》（龙530）、《新修本草·序》（羽田亨藏）。《本草经集注·序录》（龙530）：“戈共（畏玉札、飞廉）。”飞廉也见于其他医籍，如《名医别录》《雷公炮炙论》《本草纲目》等。《本草纲目·草之四·飞廉》：“飞廉（《本经》上品）。[释名] 漏芦（《别录》）、木禾（《别录》）、飞雉（同上）……［集解］《别录》曰：飞廉生河内川泽，正月采根，七月、八月采花，阴干。”①

17. “藜芦”条下，《中医大辞典》“又名旱葱、毒药草、七厘丹”，无“葱苒、葱荚、山葱、茖”等异名。葱苒、葱荚见于敦煌写本《新修本草·草部》（P. 3714），山葱见于敦煌写本《新修本草·草部》（P. 3714）、《〈新修本草·菜部〉残卷》（P. 3822），茖见于敦煌写本《〈新修本草·菜部〉残卷》（P. 3822）。《新修本草·草部》（P. 3714）：“藜芦：味辛、苦，寒、微寒，有毒……一名葱苒，一名葱荚，一名山葱。生太山谷，二月采根，阴干。”《〈新修本草·菜部〉残卷》（P. 3822）：“葱实……谨按：葱有数种，山葱曰茖，疗病似胡葱。”其他医籍，葱苒见于《名医别录》，葱荚、茖见于《神农本草经》，山葱见于《本草纲目》等。

18. “露蜂房”条下，《中医大辞典》“又名蜂房、马蜂窝、蜂巢、黄蜂窝”，无“露蜂窠”异名。敦煌写本《杂证方书第二种》（S. 5435）：“疗口疮方：右取露蜂窠一两，烧为口口口，绢罗两遍……更上药，立效。”《说文解字·穴部》：“窠，空也。从穴，果声。穴中曰窠，树上曰巢。”② 露蜂房与露蜂窠是建在不同处所的蜂窝，义同。

19. “山药”条下，《中医大辞典》“又名山薯、怀山药”，无“薯蓣”异名。敦煌写本《本草经集注·序录》（龙530）等多卷亦见。如《道家养生方》（P. 4038）：“疗丈夫四十以上，七十以下，不及少年方：钟乳（一分，令精焙），蛇床子（一分），远志（一分），鹿茸（一分，并细研如磨末），肉苁蓉（一分），……薯蓣（一分），续断（一分，为末），右以上七味，并捣为散，合和一处。”薯蓣也见于其他医籍，《本草纲目·菜

① （明）李时珍：《本草纲目》，北京：人民卫生出版社，1957年影印，第869页。

② （东汉）许慎著，（清）段玉裁注：《说文解字注》，杭州：浙江古籍出版社，1998年，第345页。

之二·薯蓣》引寇宗奭语："薯蓣，因唐代宗名预，避讳改为薯药；又因宋英宗讳署，改为山药。尽失当日本名。恐岁久以山药为别物，故详著之。"①

（二）补充药名义项

1. 鱼胆。《中医大辞典》中标记该药名出处为《中国树木分类学》，为老鸦糊之别名，属植物类。敦煌写本《头、目、产病方书》（P. 3930）："治眼热赤方……又方：鱼胆。"此处的鱼胆是指鱼的胆囊。中医认为，鱼胆性寒、味苦，有泻热、明目等功效，常用来治疗目赤胆痛、喉痹、恶疮等病。如《证治准绳》中记载用鱼胆敷眼膏治暴赤眼涩。②

2. 毒根。《中医大辞典》中为证名，但亦可为中药名，为秦钩吻、除辛异名。如敦煌写本《新修本草·草部》（P. 3714）："秦钩吻，味辛。主喉痹咽中寒，声变，咳逆气，温中。一名除辛，一名毒根。生寒石山。二月、八月采。"

3. 龙角。《中医大辞典》中为推拿穴位名，但亦可为中药名。敦煌写本《本草经集注·序录》（龙 530）："龙角（畏干漆、蜀椒、理石）。"此处龙角为中药名。《本草纲目·鳞之一·龙》："龙角，［修治］同骨。［气味］甘平无毒。《别录》'小儿大热'、甄权'心热风痫'，以烂角磨浓汁二合，食上服，日二次。"③

4. 鱼。《中医大辞典》中指手掌某部位名称，但亦可为中药名，指在水中生活的脊椎动物鱼。中药名鱼见于敦煌写本《食疗本草》（S. 76）、《杂证方书第二种》（S. 5435）、《单药方》（P. 2666）、《脚气、疟病方书》（P. 3201）。如《食疗本草》（S. 76）："芋……又，和鱼煮为羹，甚下气，补中焦。"其他医籍，如《名医别录》等亦见。

5. 犬齿。《中医大辞典》"又名虎牙，即今之单尖牙"，义指牙齿的一种，非犬科动物的牙。犬科动物的牙亦可入药，主治癫痫。敦煌写本《本

① （明）李时珍：《本草纲目》，北京：人民卫生出版社，1957 年影印，第 1223 页。

② （明）王肯堂辑：《证治准绳·类方·第七册·目·目赤》，北京：人民卫生出版社，2005 年。

③ （明）李时珍：《本草纲目》，北京：人民卫生出版社，1957 年影印，第 1575 页。

草经集注·序录》(龙530):“癫痫:龙齿角、牛黄、防葵、牡丹、白敛、莨菪子、雷丸、铅丹、钓藤、僵蚕、蛇床、蛇蜕、蜣螂、蚱蝉、白马目、白狗血、豚卵、牛、猪、犬齿。”其他医籍亦见,《婴童类萃·中卷·痫症论》:“犬痫:三伏日取犬齿,磨水服。”①

6. 黄龙汤。《中医大辞典》为方剂名,无“粪汁”义项。黄龙汤指“粪汁”,见于敦煌写本《张仲景〈五脏论〉一卷》(S. 5614, P. 2115, P. 2378, P. 2755)、《杂证方书第八种》(P. 3596)。如《张仲景〈五脏论〉一卷》(S. 5614):“下贱虽曰地浆,天行病饮者皆愈;黄龙汤出其厕内,时气病服者能除。”其他医籍,如《肘后备急方》等亦见。

7. 水花。《中医大辞典》“即水痘”,为病症名,但亦可为中药名。敦煌写本《〈阴阳书〉中有关病症与药名摘录》(S. 1468):“子日得病者,须赤小豆一升,水花五升,卵上土五升,合渥储置午地上,去舍九步,不然九尺,其病即差。”中药名水花即水萍,《神农本草经·中药(中品)·草·水萍》:“一名水花。味辛,寒,无毒。”②《本草经集注·草木中品·水萍》:“一名水花,一名水白,一名水苏。生雷泽池泽。三月采,曝干。”③

8. 五味。《中医大辞典》有两个义项:“①即辛、酸、甘、苦、咸;②《灵枢经》篇名。”但亦可指中药名五味,即木兰科植物五味子的简称,见于敦煌写本《本草经集注·序录》(龙530)、《辅行诀脏腑用药法要》《治病药名文书第二种》(S. 1467)。如《本草经集注·序录》(龙530):“上气咳嗽:麻黄、杏仁、白前、橘皮、紫菀、款冬、五味、细辛、蜀椒、半夏、生姜、干姜、桃仁、苏子、射干、芫花根、百部根。”其他医籍,如《三家医案合刻》等亦见。

9. 鬼箭。《中医大辞典》:“病名。见《医略六书·杂病证治》,即鬼箭风。”敦煌写本中有指中药名鬼箭,多卷亦见。《本草经集注·序录》(龙530):“凡用麦门冬,皆微润去心……石韦、辛夷刮去毛,鬼箭削取羽

---

① (明)王大纶:《婴童类萃》,北京:人民卫生出版社,1983年,第90页。

② 马继兴:《神农本草经辑注》,北京:人民卫生出版社,1995年,第230页。

③ (南朝梁)陶弘景著,尚志钧辑:《本草经集注》,北京:人民卫生出版社,1994年,第318页。

及皮。”鬼箭为中药名时，为卫矛别名。《神农本草经·中药（中品）·木·卫矛》：“卫矛，一名鬼箭。味苦，寒，无毒。主女子崩中下血，腹满，汗出，除邪，杀鬼毒，蛊疰。生山谷。”①

10. 腊。《中医大辞典》为“干燥”之义。敦煌写本中有指中药名腊，敦煌写本原卷多写作繁体“臘”，指动物所产生的油脂。敦煌写本多卷亦见。《头、目、产病方书》（P. 3930）：“又方：陈芥子末，和腊、蜜。”其他医籍，如《肘后备急方》等亦见。这一类属繁体字转为简体字之后所漏收的义项。

11. 小草。《中医大辞典》：“为百蕊草之别名。”小草之名，敦煌写本亦见，《本草经集注·序录》（龙 530）：“凡汤中用麻黄，皆先别煮两三沸……麻黄皆折去节，令理通，寸斩之。又小草、瞿麦五分斩之。细辛、白前三分斩之。丸、散、膏中则细剉也。”也见于其他医籍，如《神农本草经·上药（上品）·草部》“远志”条下谓远志叶名“小草”②。《古今医统大全·卷之九十四·本草集要（上）·药品异名便考》中也有：“小草（即远志苗）。”③ 远志苗亦称小草。

（三）补充药名书证

1. 贝母。《中医大辞典》：“贝母，川贝母、浙贝母的简称，各详该条。”无贝母的出处及使用例证。贝母在敦煌写本医籍中出现 20 次，多卷亦见，如《本草经集注·序录》（龙 530）、《新修本草·草部》（P. 3714）、《〈伍子胥变文〉中的药名诗》（S. 328，P. 2794）、《治病药名文书第一种》（S. 1467V）、《杂证方书第一种》（S. 3347）、《佛家神妙补心丸》（S. 5598）、《杂证方书第五种》（P. 2662V）、《蒙学字书》（Дx02822）中均见。《杂证方书第五种》（P. 2662V）：“紫苏煎。治肺病上气咳嗽或吐脓血方：紫苏（一升，酒研取汁），款冬花、桑根白皮、桔梗（各三分），甘草（四分），诃勒皮（二分），杏仁（五分，去皮尖，熬），石蜜（五

① 马继兴：《神农本草经辑注》，北京：人民卫生出版社，1995 年，第 281 页。
② 马继兴：《神农本草经辑注》，北京：人民卫生出版社，1995 年，第 72 页。
③ （明）徐春甫编集，崔仲平等主校：《古今医统大全》，北京：人民卫生出版社，1991 年，第 1140 页。

两)，牦牛酥（一升)，贝母、通草（各三分)。”其他医籍，如《名医别录》等亦见。

2. 紫葳。《中医大辞典》：“即凌霄花。”无紫葳出处及使用例证。紫葳在敦煌写本医籍中出现8次，见于《本草经集注·序录》(龙530)、《张仲景〈五脏论〉一卷》(S.5614，P.2115，P.2378，P.2755)。《本草经集注·序录》(龙530)：“妇人崩中：石胆、禹余粮、赤石脂、代赭、牡蛎、龙骨、白僵蚕、牛角鳃、乌贼鱼骨、蒲黄、生干地黄、紫葳、桑耳……”其他医籍，如《名医别录》《圣济总录》等亦见。

3. 矾石。《中医大辞典》：“即白矾。”无矾石出处及使用例证。矾石在敦煌写本医籍中出现23次，见于《本草经集注·序录》(龙530)等。《本草经集注·序录》(龙530)：“矾石皆黄土泥包使燥，烧之半日，令势热而解散。”其他医籍，如《圣济总录》等亦见。

4. 百节。《中医大辞典》：“①泛指全身关节；②中药马陆的别名。”义项②中药名无出处。敦煌写本《佛家神妙补心丸》(S.5598)：“干薯蓣、干地黄、杜仲、百节、防风……右件药十七味，细剉，洗去尘，干焙为末，炼白粉蜜为丸，如弹子大，每日空心含一丸，徐徐咽津，去滓，细嚼咽下。”其他医籍亦见，《本草纲目·虫之四·马陆》：“［释名］百足（《本经》)、百节（《衍义》)、千足（《炮炙论》)、马蚿（音弦)、马蠸（音拳）……弘景曰：此虫甚多，寸寸断之，亦便寸行。”①

5. 贝齿。《中医大辞典》：“紫贝齿的简称。”无贝齿出处及使用例证。敦煌写本《本草经集注·序录》(龙530)：“食诸菜中毒：以甘草、贝齿、粉三末，水和服之。小儿溺、乳汁服三升亦佳。”其他医籍，如《备急千金要方》等亦见。

6. 胶。《中医大辞典》无出处。胶见于敦煌写本《本草经集注·序录》(龙530)、《辅行诀脏腑用药法要》《单药方》(P.2666)、《头、目、产病方书》(P.3930)。《头、目、产病方书》(P.3930)：“治女人产后得热疾方……又方：小豆一升，以水五升，煮取汁，纳胶二两，调令消，服之一两度甚效。”其他医籍，如《备急千金要方》等亦见。

---

① （明）李时珍：《本草纲目》，北京：人民卫生出版社，1957年影印，第1563页。

（四）提前药名书证

1. 川芎。《中医大辞典》：“出《汤液本草》。又名芎䓖，抚芎。”《汤液本草》是元代王好古撰写的一部药学著作，刊于1289年。敦煌写本《蒙学字书》（Дx02822）药物部第十有川芎。Дx02822写本学界普遍认为是西夏时期写本。

2. 巴戟。《中医大辞典》：“出《本草图经》。为巴戟天之简称，详该条。”《本草图经》为宋代苏颂等所编撰。敦煌写本已见，《伍子胥变文》中的药名诗（P. 2794）：“披岩巴戟，数值柴胡。”敦煌写本《伍子胥变文》多为残卷，具体成文时间虽难以考证，但学界公认为唐代末年。①

3. 甘松。《中医大辞典》：“出《本草纲目》。”《本草纲目》为明代李时珍所撰。敦煌写本《美容方书》（S. 4329）、《佛家香浴方》（S. 6107，P. 3230）、《蒙学字书》（Дx02822）中均有甘松。《美容方书》（S. 4329）：“熏衣香方：零陵香一两，藿香一两，甘松四两，丁香四两，薰陆香三两，香蒲三两，甲香三两，上件药捣末，绢袋盛之。”《美容方书》（S. 4329）撰年和抄写年代不详，但其中“治口气臭方”中“治”字不避唐高宗李治名讳，据此可推断抄写于早唐时期。②

4. 龙胆草。《中医大辞典》：“见《履巉岩本草》，为龙胆之处方名，详该条。”《履巉岩本草》是南宋时期的一部地方性本草书，王介绘撰于嘉定庚辰年（1220年）。敦煌写本已见，《辅行诀脏腑用药法要》：“小泻心汤：……龙胆草、栀子（打，各三两），戎盐（如杏子大三枚，烧赤）。右三味，以酢三升，煮取一升，顿服。少顷，得吐瘥。”《辅行诀脏腑用药法要》为南朝梁陶弘景所撰。

5. 地骨。《中医大辞典》：“见《新本草纲目》。为苦参之别名。”敦煌写本已见，《新修本草·草部》（P. 3714）：“其野葛以时新采者，皮白骨黄，宿根似地骨，嫩根如汉中防己，皮节断者良。”《新修本草》为唐代苏敬等所编纂。

---

① 陆永峰：《敦煌变文研究》，成都：巴蜀书社，2000年。

② 写本的撰著年代或抄写年代本章内首次出现予以标注，重复出现不再标示。

6. 灯心。《中医大辞典》："见《圣济总录》。即灯心草。"《圣济总录》编纂于宋徽宗时。敦煌写本已见，《杂证方书第二种》（S. 5435）："疗伤中血不止方：右急取灯心一小束口口口。"马继兴据写本中记载的人物考证撰年为五代时期。

7. 羊桃。《中医大辞典》："出《医心方》。为猕猴桃之别名。"《医心方》为日本丹波康赖所撰，成书于日本永观二年（984 年）。敦煌写本已见，《本草经集注·序录》（龙 530）："野葛、狼毒、毒公、鬼臼……蓄根、羊桃、苦瓠、瓜蒂、陟厘、跋子、云实、槐子、蛇床子、青箱子、菥蓂子、王不留行、菟丝子入酒，上草木类。"

8. 豆蔻。《中医大辞典》："见《中药材手册》。即白豆蔻。"《中药材手册》是卫生部药政管理局编的药学著作，出版时间为 1992 年。敦煌写本《本草经集注·序录》（龙 530）、《杂证方书第九种》（P. 3731）、《蒙学字书》（Дx02822）中均见。如《杂证方书第九种》（P. 3731）："五香之方：麝香（四分）、口香（四分）、丁香（四分）、桃仁（五分）、薰六（陆）（四分）、青木香（四分）、犀角（四分）、升麻（四分）、当归（四分）、牛黄（四分，别研）、雄黄（四分）、鬼箭（三分）、巴豆（四分）、槟榔仁（四分）、光明砂（四分）、诃黎勒（四分）、大黄（六分）、豆蔻（四分）、甘草（四分）、桔梗四分，右切，捣筛。"据其中的武周新字考证，《杂证方书第九种》（P. 3731）为唐代写本。

9. 牡丹皮。《中医大辞典》："出《珍珠囊》。又名丹皮、粉丹皮。"《珍珠囊》为金张元素所编著，约成书于 13 世纪初。牡丹皮见于敦煌写本《辅行诀脏腑用药法要》《杂证方书第八种》（P. 3596）、《疗服石方》（罗振玉旧藏）。如《杂证方书第八种》（P. 3596）："（疗）坠落，腹内瘀血不通方：蒲黄和酒服之，良。又方：牡丹皮、牛膝、大黄等分，以水煮，服之立差。"《辅行诀脏腑用药法要》为南朝梁陶弘景所撰。《疗服石方》（罗振玉旧藏）为公元 684 年以前的唐代写本。①

10. 苦菜。《中医大辞典》："见《本草纲目》。为败酱草之别名。"《本草纲目》为明代李时珍所撰。苦菜见于敦煌写本《本草经集注·序录》

① 王凤兰：《敦煌医学资料研究概况》，载《中医文献杂志》，2003 年第 1 期，第 45-47 页。

(龙 530)、《杂证方书第三种》(P. 2565)。如《杂证方书第三种》(P. 2565):“令人省睡方:乌头(三两,炙)……右捣筛,蜜和为丸,食讫水服二十丸,日二服,加至四十丸为恒常。宜吃苦菜,烂煮下饭为佳,无所忌。苏楚。”据其中的武周新字考证,《杂证方书第三种》(P. 2565)应为唐代写本。

11. 香白芷。《中医大辞典》:“见《夷坚志》。为白芷之处方名,详该条。”《夷坚志》是南宋洪迈的志怪小说集。敦煌写本已见,《某僧向大德乞药状》(S. 5901):“口口上闻大德,卑僧有少乞赐,莫违重情,欲拟合和药草,亏阙颇多,幸望尊意乞与。橘皮、桂心、附子、香白芷、茱萸、干姜、芍药、高良姜、草豆蔻、芎藭、人参……上件药物乞赐少多矣。”《某僧向大德乞药状》(S. 5901)虽撰年和抄年皆不详,但不会晚于南宋。

12. 益母草。《中医大辞典》:“出《本草图经》。又名益母、茺蔚、益母艾、坤草、红花艾、益母蒿、苦草。”《本草图经》为宋代苏颂等所编撰。敦煌写本已见,如《头、目、产病方书》(P. 3930):“又方:取益母草烧口口口,取汁澄清洗头即差。”罗福颐据该卷装潢认为似出五代或宋初,马继兴据卷中避“世”字讳考证为唐人写本。据其中的避讳字看唐人写本之说是可信的。

13. 鹿葱。《中医大辞典》:“见《群芳谱》。为大一枝箭之别名。”《群芳谱》为明代王象晋介绍植物栽培的著作,全称《二如亭群芳谱》。敦煌写本已见,《新修本草·草部》(P. 3714):“今近道诸山皆有,花黄似鹿葱,羊误食其叶,踯躅而死,故以为名,亦不可近眼。”

14. 蛮姜。《中医大辞典》:“出《履巉岩本草》。为高良姜之别名,详该条。”《履巉岩本草》是南宋时期王介绘撰于嘉定庚辰年(1220 年)的一部地方性本草书。敦煌写本《蒙学字书》(Дx02822)已见。

15. 鼠尾。《中医大辞典》:“见《中药志》。为荜拨之别名。”《中药志》为中国医学科学院药物研究所等编著,1961 年出版的现代中药著作。敦煌写本已见,《单药方》(P. 2666):“夫憎妇,取鼠尾烧作灰,和酒与夫服之,即怜妇。”马继兴据避讳字考证该写本为唐人写本。[1]

---

① 马继兴:《敦煌医药文献辑校》,南京:江苏古籍出版社,1998 年,第 246 页。

16. 鼠粘子。《中医大辞典》："出《本草图经》。为牛蒡子之别名。"《本草图经》为宋代苏颂等所编撰。敦煌写本已见，《头、目、产病方书》（P. 3930）："治风头痛方……蒺藜子一升，鼠粘子半升，莨菪子半升，黑豆一升，以水三升，煎取二斗，去滓淋头即差，三五度，汁冷又温之。"马继兴据避讳字考证该写本为唐人写本。①

17. 踯躅花。《中医大辞典》："出《本草图经》。为闹羊花之别名。"《本草图经》为宋代苏颂等所编撰。敦煌写本已见，《脚气、疟病方书》（P. 3201）："摩膏方：踯躅花十二分，茵草十分，附子十二分（去皮），乌头十二分（去皮），蜀椒五分，细辛五分，蒴藋六分。"马继兴据避讳字考证该写本为唐初写本。②

18. 熟地黄。《中医大辞典》："出《本草图经》。又名熟地。"《本草图经》为宋代苏颂等所编撰。敦煌写本已见，《辅行诀脏腑用药法要》："小补肾汤……若苦遗精者，易生地黄为熟地黄。"

19. 浆水。《中医大辞典》："出《嘉祐补注神农本草》。又名米浆水、酸浆水。"《嘉祐补注神农本草》，又称《嘉祐补注本草》，宋代嘉祐年间掌禹锡等撰。敦煌写本《杂证方书第二种》（S. 5435）、《杂证方书第五种》（P. 2662V）、《杂证方书第六种》（P. 2882）已见。如《杂证方书第二种》（S. 5435）："落，服硫磺苏方……煮药十数沸，又倾浆水，别取硫磺置灰碗。"据避讳字考证《杂证方书第五种》（P. 2662V）为唐高宗之前写本，③ 马继兴据内容及避讳字考证《杂证方书第六种》（P. 2882）为唐代中期及以后的写本。④

20. 小蒜。《中医大辞典》："见《河北药材》。为薤白之别名。"《河北药材》，河北省卫生厅、商业厅医药局编，河北人民出版社 1959 年出版。敦煌写本《本草经集注·序录》（龙 530）、《新修本草·果部、菜部、米部等》（S. 4534）已见。如《新修本草·果部、菜部、米部等》（S. 4534）："今人谓葫为大蒜，谓蒜为小蒜，其气类相似也。"

① 马继兴：《敦煌医药文献辑校》，南京：江苏古籍出版社，1998 年，第 381 页。
② 马继兴：《敦煌医药文献辑校》，南京：江苏古籍出版社，1998 年，第 324 页。
③ 马继兴：《敦煌医药文献辑校》，南京：江苏古籍出版社，1998 年，第 431 页。
④ 马继兴：《敦煌医药文献辑校》，南京：江苏古籍出版社，1998 年，第 301 页。

21. 马齿菜。《中医大辞典》："见《太平圣惠方》。为马齿苋之别名。"《太平圣惠方》，宋代官修方书，简称《圣惠方》，北宋翰林医官院王怀隐等编修，刊于淳化三年（992 年）。敦煌写本已见，《单药方》（P. 2666）："人患反花疮，烧马齿菜作灰敷上，立差。"

22. 芸薹菜。《中医大辞典》："见《日用本草》。即芸薹。"《日用本草》为元朝吴瑞所著。敦煌写本已见，《头、目、产病方书》（P. 3930）："治产后腹痛方……又方：煮韭、蒜、芸薹菜，服之即差。"罗福颐据此书装潢认为似出五代或宋初，据卷中避"世"字讳看，应为唐人写本。

23. 香菜。《中医大辞典》："①见《嘉祐补注神农本草》，为罗勒之别名；②出《韵略》，为芫荽之别名。"《嘉祐补注神农本草》，又称《嘉祐补注本草》，宋代嘉祐年间掌禹锡等撰；《韵略》宋代编撰。敦煌写本已见，《药方残卷》（S. 9987）："疗霍乱方……又方：蓼、香菜细切二升，以水五升顿煮，取一升顿服，验。"据卷中用"疗"不用"治"，避唐高宗讳，应为唐高宗后的唐代写本。

24. 胡荽。《中医大辞典》："出《食疗本草》。为芫荽之别名。"《食疗本草》为唐代孟诜所撰。敦煌写本《本草经集注·序录》（龙 530）、《单药方》（P. 2666）、《杂证方书第六种》（P. 2882）已见。如《本草经集注·序录》（龙 530）："服药忌食有术勿食桃、李、雀肉、胡荽、青鱼鲊……有牡丹勿食生胡荽。"

25. 莱菔子。《中医大辞典》："出《本草衍义补遗》。又名萝卜子。"《本草衍义补遗》，元代医家朱丹溪撰。敦煌写本已见，《药方残卷》（S. 9987）："疗霍乱方……又方：若烦、呕、热者，取篇竹、莱菔子捣，和水服。"

26. 黄瓜根。《中医大辞典》："出《本草纲目》。"《本草纲目》，明代李时珍撰。敦煌写本《杂证方书第一种》（S. 3347）、《杂证方书第八种》（P. 3596）已见。如《杂证方书第一种》（S. 3347）："疗消渴方……又方：黄瓜根、黄连等分，捣末，蜜和，食后服十丸，差。"据卷中用"疗"不用"治"，避唐高宗讳，《杂证方书第一种》（S. 3347）应为唐高宗后的唐代写本。

27. 番瓜。《中医大辞典》："见《本草求原》。为南瓜之别名。"《本草求原》，清代赵其光撰。敦煌写本《蒙学字书》（Дx02822）中果子部第五已见，原卷写作"番苽"。

28. 薤白。《中医大辞典》："出《本草图经》。又名薤白头、野蒜、小蒜、小独蒜。"《本草图经》为宋代苏颂等所编撰。敦煌写本《本草经集注·序录》（龙530）、《辅行诀脏腑用药法要》《杂证方书第四种》（P. 2662）已见。如《杂证方书第四种》（P. 2662）："又方：薤白（切，一升），淡豉（一升），右二味，用水五升，煮取二升，去滓，分再服☐。"

29. 李子。《中医大辞典》："出《滇南本草》。"《滇南本草》为明代兰茂所著。敦煌写本《蒙学字书》（Дx02822）中果子部第五已见。

30. 桃根。《中医大辞典》："出《经史证类备急本草》。"《经史证类备急本草》，简称《证类本草》，北宋唐慎微于宋元丰五年（1082年）编著。敦煌写本已见，《杂证方书第八种》（P. 3596）："搦腹中死胎不出方……又方：取桃根煮汁，极浓，用澄及渍膝下，胎出。"

31. 椒叶。《中医大辞典》："出《日华子诸家本草》。即花椒叶。"《日华子诸家本草》，简称《日华子本草》或《日华本草》《大明本草》，撰著年代约五代宋初。敦煌写本已见，《杂证方书第八种》（P. 3596）："黄耆十二分；磁石四大两，引针者擣筛研，绵裹；肉苁蓉二大两，右以水三升，煮取二大升，滓澄取，别切，炒。白羊肾七个，去切，依常作羹法，熟葱、椒叶味羹调和，然下煎汁二大升，更取煮三沸，空腹。"

32. 蒲桃。《中医大辞典》："见《广西本草选编》。又名水蒲桃。"《广西本草选编》，广西壮族自治区革命委员会卫生局主编，广西人民出版社1974年出版。敦煌写本已见，《食疗本草》（S. 76）："蒲桃：平。右益脏气，强志，疗肠间宿水，调中。"《食疗本草》为唐代孟诜所撰。

33. 山萸肉。《中医大辞典》："见《小儿药证直诀》。为山茱萸之处方名。"《小儿药证直诀》，宋代钱乙撰。敦煌写本已见，《辅行诀脏腑用药法要》："小补心汤……豉，一两，一方作山萸肉，当从。"

34. 白茯苓。《中医大辞典》："出《素问玄机原病式》。为茯苓之处方名。"《素问玄机原病式》，金代刘完素撰。敦煌写本已见，《道家养生方》

（P. 4038）："此药最忌向无信人说也，余不忌饮食。皂荚子，鹿茸，白茯苓，地黄、菟丝子，枸杞子，杏仁，生天门冬汁，白蜜。"马继兴据避讳字考证《道家养生方》（P. 4038）为唐睿宗后写本。①

35. 竹黄。《中医大辞典》："见《本草纲目》。即天竺黄。"《本草纲目》，明代李时珍撰。敦煌写本已见，《佛家香浴方》（S. 6107，P. 3230）："如是诸恶，为障难者，患令除灭，诸有智者，应作如是洗浴之法，当取香药三十二味，所谓：……竹黄……"《佛家香浴方》（S. 6107，P. 3230）撰著年代及抄写年代虽不能确定，但最迟不晚于宋代。

36. 乳头香。《中医大辞典》："出《海药本草》。即乳香。"《海药本草》，五代李珣著。乳头香，敦煌写本已见，《道家养生方》（P. 4038）："又：铅梳子方，须发已白，从根变黑。折搓紫苏一斤，细捣为末；乳头香一大两，捣为末；铅沙半斤，铛中镕铅成水了，以少石硫磺投铅水中，铅当时成干沙；干柞木梳子二枚。"

37. 南烛叶。《中医大辞典》："出《本草新编》。"《本草新编》，清代陈士铎著。敦煌写本已见，《道家养生方》（P. 4038）："右取松笋，曝干，遇雨即火焙干，后取桑椹、地黄、旱莲子、南烛叶四味，计各三斤以上，次第浸松笋，以叶汁尽为度，然后曝干，捣筛，蜜水为丸。"

38. 桑根。《中医大辞典》："见《南京民间药草》。"《南京民间药草》，周太炎、丁志遵等撰，科学出版社 1956 年出版。敦煌写本《单药方》（P. 2666）、《杂证方书第八种》（P. 3596）已见。如《杂证方书第八种》（P. 3596）："第四十，疗消渴方……又方：取桑根入土三尺，去白皮，炙令黄，去恶皮，细切，以水相淹。煮取死无生，以浓为度，饮甚效。"

39. 黄柏。《中医大辞典》："出《本草纲目》。又名黄檗、檗皮、檗木。"《本草纲目》，明代李时珍撰。敦煌写本已见，《本草经集注·序录》（龙 530）："腹澼下痢：白赤石脂、龙骨、牡蛎、干姜、黄连、黄芩、当归、附子、禹余粮、藜芦、黄柏、云实、枳实、矾石、乌梅、石榴皮、胶、艾、陟厘、蜡。"

---

① 马继兴：《敦煌医药文献辑校》，南京：江苏古籍出版社，1998 年，第 760 页。

40. 淡竹叶。《中医大辞典》："出《本草纲目》。"《本草纲目》，明代李时珍撰。敦煌写本《治病药名文书第二种》（S. 1467）、《杂证方书第十种》（P. 3885）已见。如《杂证方书第十种》（P. 3885）："柴胡发泄汤：柴胡（三两），升麻（三两），黄芩（三两），泽泻（四两），细辛（三两），枳实（三两），栀子仁（三两），生地黄、芒硝（三两），淡竹叶（切，一升）。"马继兴据避讳字考证《治病药名文书第二种》（S. 1467）为唐代早期写本，[①] 又据避讳字等考证《杂证方书第十种》（P. 3885）为唐末写本[②]。

41. 紫荆皮。《中医大辞典》："出《日华子诸家本草》。"《日华子诸家本草》，简称《日华子本草》或《日华本草》《大明本草》，撰著年代约五代宋初。敦煌写本已见，《头、目、产病方书》（P. 3930）："又方：紫荆皮两指一条，长三寸，消胶贴鼻头及额上，即差。"

42. 绿矾。《中医大辞典》："出《日华子诸家本草》。"《日华子诸家本草》，简称《日华子本草》或《日华本草》《大明本草》，著作年代约五代宋初。敦煌写本已见，《道家合和金丹法》（P. 3093）："长生涌泉贡法：烧金灰十五斤，白结沙子三十两，绿矾、消石、白盐、硇砂、石脑油，以上六味各随沙子分量。"马继兴据避讳字考证，《道家合和金丹法》（P. 3093）疑为隋唐前写本[③]。

43. 密陀僧。《中医大辞典》："出《本草纲目》。又名金陀僧、炉底、金炉底。"《本草纲目》，明代李时珍撰。敦煌写本《张仲景〈五脏论〉一卷》（S. 5614，P. 2115，P. 2378，P. 2755）、《头、目、产病方书》（P. 3930）已见。如《张仲景〈五脏论〉一卷》（S. 5614，P. 2115，P. 2378，P. 2755）："孔公孽消食肥泽，密陀僧去疥癞人。"据其中避"叶""治"不避"恒"字，《张仲景〈五脏论〉一卷》（S. 5614，P. 2115，P. 2378，P. 2755）应为唐初写本。

44. 石蚕。《中医大辞典》："①见《中国药用植物志》，为水龙骨之别名；②出《本草图经》，即草石蚕。"《中国药用植物志》，裴鑑、周太炎

① 马继兴：《敦煌医药文献辑校》，南京：江苏古籍出版社，1998 年，第 266 页。
② 马继兴：《敦煌医药文献辑校》，南京：江苏古籍出版社，1998 年，第 461 页。
③ 马继兴：《敦煌医药文献辑校》，南京：江苏古籍出版社，1998 年，第 738 页。

著，科学出版社 1953 年出版；《本草图经》，宋代苏颂等编撰。敦煌写本已见，《本草经集注·序录》(龙 530)："小便淋涩：滑石、冬葵子根、白茅根、瞿麦、榆皮、石蚕、胡燕屎、蜥蜴、衣中白鱼、葶苈、石韦、蒲黄、乱发、琥珀。"

45. 蜂房。《中医大辞典》："见《中国药学大辞典》。为露蜂房之简称。"《中国药学大辞典》，人民卫生出版社 1956 年出版。敦煌写本《本草经集注·序录》(龙 530)、《张仲景〈五脏论〉一卷》(S. 5614，P. 2115，P. 2378，P. 2755) 已见。如《张仲景〈五脏论〉一卷》(S. 5614，P. 2115，P. 2378，P. 2755)："压石寄假蜂房，水肿唯须大戟。"

46. 乌鸡。《中医大辞典》："出《普济方》。即乌骨鸡。"《普济方》，明代朱橚等编，刊于 15 世纪初。敦煌写本已见，《本草经集注·序录》(龙 530)："中恶：麝香、雄黄、丹砂、升麻、干姜、巴豆、当归、芍药、吴茱萸、鬼箭、桃枭、桃皮、乌鸡、蜈蚣。"

47. 羊肾。《中医大辞典》："见《四川中药志》。即羊外肾。"《四川中药志》，四川中药志协作编写组编纂，四川人民出版社 1979 年出版。敦煌写本已见，《头、目、产病方书》(P. 3930)："治产后虚羸，喘息不调，或寒或热，名为肾劳方。猪、羊肾（一具，去）☐葱白（一升，切），豆豉（一升），白粳米（一升），芍药、生姜（各一两），当归☐。"

三、以《汉语大词典》已收词语为例

（一）补充词语义项

1. 飞廉。《汉语大词典》有以下义项："①商纣的谀臣；②风神；③古代传说中的动物名；④宫观名。"无中药名飞廉。中药名飞廉是漏芦的别名，属植物类，见于敦煌写本《本草经集注·序录》(龙 530)、《新修本草·序》(羽田亨藏)。如《本草经集注·序录》(龙 530)："治风眩：菊花、飞廉、踯躅、虎掌、茯神、白芷、杜若。"

2. 五味。《汉语大词典》有以下义项："①酸、甜、苦、辣、咸五种味道；②佛教以乳、酪、生酥、熟酥、醍醐五者比喻华严、阿含、方等、般若、法华涅槃五时之教。"无植物名五味。植物名五味见于敦煌写本

《本草经集注·序录》（龙 530）、《辅行诀脏腑用药法要》《治病药名文书第二种》（S. 1467）。如《治病药名文书第二种》（S. 1467）："茯神汤：治风虚滑洪，颈项强，心气不定，不能食方。茯神（四两），人参（二两），羌活（二两），半夏（三两，汤洗），防风（三两），远志（二两），麦门冬（四两，去心），当归（二两），紫石（英）（二两，末），甘草（三两，炙），黄蓍（二两），生姜（五两），五味（二两），酸枣（三两，碎），十四物切。"

3. 五香。《汉语大词典》有以下义项："①木名；②指茴香、花椒、大料、桂皮、丁香等五种调味香料；③指都梁、郁金、丘隆、附子、安息五种香料。"敦煌写本五香另有别指。敦煌写本《杂证方书第九种》（P. 3731）五香之方中五香所指为麝香、囗香、丁香、薰陆、青木香，五香亦可是沉香、乳香、丁香、木香、藿香、白檀香、麝香、鸡舌香、薰陆香等任意五种组合的简称，具体详见"部分药名名实考"中五香条。

4. 犬牙。《汉语大词典》有以下义项："①狗的牙齿；②喻形如犬牙之物；③像犬牙般交错；④齿的一种。"敦煌写本中犬牙为狼牙、狼齿、狼子、牙子的别名，是植物名。《新修本草·草部》（P. 3714）："牙子……一名狼牙，一名狼齿，一名狼子，（一名）犬牙。生淮方川谷及宛朐。八月采根，曝干。"

5. 水酒。《汉语大词典》："薄酒。多用于谦称自家请客所备的酒。"敦煌写本《头、目、产病方书》（P. 3930）："治产后瘀血在脐下不出女方痛方：蒲黄、桂心、牛膝、买子木、苏方木，上各[1]，以上水酒煎，服之甚效。"其中所用水酒应为发酵酒，用黍、稷、麦、稻等为原料加酒曲经糖化、酒化直接发酵而成，汁和滓同时食用，即古人所说的"醪"。

6. 仙灵。《汉语大词典》释义为"神仙"，无植物名义项。敦煌写本《张仲景〈五脏论〉一卷》（P. 2755）："仙灵止脚苦，牛膝相成益。"此处仙灵应为植物仙灵脾简称，为淫羊藿之别名。

7. 恒山。《汉语大词典》中有"恒山"一词，但指山名，无中药名义。中药名恒山见于敦煌写本《〈伍子胥变文〉中的药名诗》（S. 328，

① 后应有脱文，类似"等分"之类。

P. 2794)、《治病药名文书第一种》(S. 1467V)、《张仲景〈五脏论〉一卷》(S. 5614, P. 2115, P. 2378, P. 2755)、《杂证方书第六种》(P. 2882)、《脚气、疟病方书》(P. 3201)、《杂证方书第八种》(P. 3596)、《新修本草·草部》(P. 3714)、《杂证方书第九种》(P. 3731)、《本草经集注·序录》(龙 530)。《新修本草·草部》(P. 3714):"恒山:味苦,辛,寒,微寒,有毒。主伤寒寒热,发温虐,鬼毒,胸中痰结、吐逆,鬼蛊往来,洒洒恶寒,鼠瘘。一名互草。生益州川谷及汉中。八月采根,阴干。"

8. 暖酥。《汉语大词典》:"指女子酥软的肌肤。"敦煌写本医籍中有暖酥,但指可食用又可药用的酥。《头、目、产病方书》(P. 3930):"治耳痛方……又方:暖酥点耳中即差。"

9. 亭长。《汉语大词典》有以下义项:"①战国时,国与国之间为防御敌人,在边境上设亭,置亭长;②唐代尚书省各部在都事、主事之下设亭长,掌省门开闭和通传等事务。"敦煌写本《本草经集注·序录》(龙 530):"蜂子、蜜蜡、白马茎、狗阴、雀卵、鸡子、雄雀、伏翼、鼠妇、樗鸡、萤火、蠮螉、僵蚕、蜈蚣、蜥蜴、斑蝥、芫青、亭长、地胆、虻虫、蜚蠊、蝼蛄、马刀、赭魁、虾蟆、蜗牛、生鼠、生龟,诸鸟兽虫鱼膏、髓、胆、血、屎、溺。右虫兽类。"此处亭长是昆虫名。《证类本草·卷第二十二·虫鱼下品·葛上亭长》:"陶隐居云:葛花时取之,身黑而头赤,喻如人着玄衣赤帻,故名亭长。此一虫五变,为疗皆相似,二月、三月在芫花上,即呼芫青;四月、五月在王不留行上,即呼王不留行虫;六月、七月在葛花上,即呼为葛上亭长;八月在豆花上,即呼斑蝥;九月、十月欲还地蛰,即呼为地胆。"①

(二)补充词语书证

1. 贝子。《汉语大词典》有以下义项:"①软体动物的一种;②旧时云南的货币;③满语 beise 的音译。"②③义项均有例证,①义项无例证。敦煌写本《脚气、疟病方书》(P. 3201):"疗脚气毒发冲心、急闷、呕逆

① (宋)唐慎微:《重修政和经史证类备用本草》(简称《证类本草》),上海:上海古籍出版社,1991 年,第 535 页。

吐沫、遍身痹满、气奔喘者，独活半夏汤方：半夏（六两，汤洗去滑），生姜（六两），犀角（二两半），独活（二两），青木香（一两半），吴茱萸（三两），茯苓（三两），汉防己（三两），夜干（二两），橘皮（一两半），杏仁（六十枚，去皮切），贝子（五枚，烧碎），乌梅（七枚）。”

2. 石榴子。《汉语大词典》石榴子义项之一为“石榴的子粒”，无例证。敦煌写本《头、目、产病方书》（P. 3930）：“治人口疮方……又方：含石榴子即差。”

3. 瓜仁。《汉语大词典》释义为：“瓜子的仁。有的可食。”无例证。敦煌写本《美容方书》（S. 4329）：“洗面□□：白芷、白蚕、萎蕤、白术、杏仁、桃仁、瓜仁，以上各一两，捣，和绵裹，洗面即用之。”

4. 羊毛。《汉语大词典》：“羊身上的毛，通常用作纺织原料。”无例证。敦煌写本《头、目、产病方书》（P. 3930）：“治鼻血不止方：人发灰、龙骨，右二味捣作末，吹鼻中，羊毛裹末塞鼻即止。又方：烧羊、牛毛作灰、涤布裹之，粗细看患人鼻孔大小验，醋渍之，塞孔深二寸即差。”

5. 决明子。《汉语大词典》：“决明的种子。参见‘决明’。”决明条中亦无“决明子”的使用例证。敦煌写本《本草经集注·序录》（龙 530）、《杂证方书第八种》（P. 3596）已见。如《杂证方书第八种》（P. 3596）：“眼中诸疾，赤翳暗，时时觉热气上冲漠漠，兼风泪出，悉主之：车前子、决明子、秦皮、蕤仁、连、黄柏等[①]，栀子（六合），右炒。”

6. 苏子。《汉语大词典》：“紫苏和白苏的种子，可入药、榨油。”无例证。敦煌写本《本草经集注·序录》（龙 530）、《杂证方书第一种》（S. 3347）已见。如《本草经集注·序录》（龙 530）：“上气咳嗽：麻黄、杏仁、白前、橘皮、紫菀、款冬、五味、细辛、蜀椒、半夏、生姜、干姜、桃仁、苏子、射干、芫花根、百部根。”

7. 牡丹。《汉语大词典》：“著名的观赏植物。古无牡丹之名，统称芍药，后以木芍药称牡丹。一般谓牡丹之称在唐以后，但在唐前，已见于记载。……参阅唐韦绚《刘宾客嘉话录》、宋高承《事物纪原·草木花果·牡丹》、宋陆游《天彭牡丹谱·花品序》、明李时珍《本草纲目·草三·牡

① 后脱“分”字。

丹》。”并无唐代前的例证。敦煌写本可为其补充唐代及唐代之前的使用例证。牡丹在敦煌写本医籍中出现20次，见于《本草经集注·序录》（龙530）、《张仲景〈五脏论〉一卷》（S.5614，P.2115，P.2378，P.2755）、《新修本草·草部》（P.3714）。如《本草经集注·序录》（龙530）：“癫痫：龙齿角、牛黄、防葵、牡丹、白敛、莨菪子、雷丸、铅丹、钓藤、僵蚕、蛇床、蛇蜕、蜣螂、蚱蝉、白马目、白狗血、豚卵、牛、猪、犬齿。”

8. 鸡舌香。《汉语大词典》：“即丁香。”无使用例证。敦煌写本《本草经集注·序录》（龙530）：“齿痛：当归、独活、细辛、椒、芎䓖、附子、莽草、矾石、蛇床子、生地黄、莨菪子、鸡舌香、车下李根、马悬蹄、雄雀矢。”

9. 泽兰。《汉语大词典》释义“中药名”义项，无使用例证。泽兰在敦煌写本医籍中出现7次，见于《本草经集注·序录》（龙530）、《治病药名文书第二种》（S.1467）、《蒙学字书》（Дx02822）。如《本草经集注·序录》（龙530）：“莽草、石南草、茵芋、泽兰，剔取叶及嫩茎，去大枝。”

10. 香菜。《汉语大词典》“芫荽的通称”这一义项无使用例证。见于敦煌写本《药方残卷》（S.9987）：“疗霍乱方……又方：蓼、香菜细切二升，以水五升顿煮，取一升顿服，验。”

11. 芥子。《汉语大词典》无使用例证。芥子在敦煌写本医籍中出现5次，见于《辅行诀脏腑用药法要》、《杂证方书第五种》（P.2662V）、《杂证方书第八种》（P.3596）、《佛家香浴方》（S.6107，P.3230）。如《杂证方书第八种》（P.3596）：“疗失音不语方……又方：芥子熬，捣末，酢和柎头一周，衣覆之，一日，衣解，效。”

12. 韮。《汉语大词典》释义“同韭”，无使用例证。韮在敦煌写本医籍中出现5次，见于《杂证方书第一种》（S.3347）、《简便医方方书》（S.3395）、《药方残卷》（S.9987）、《单药方》（P.2666）、《头、目、产病方书》（P.3930）。如《药方残卷》（S.9987）：“疗痢积年出无禁止方：取韮，两手握细，以豉▨。”

13. 枣泥。《汉语大词典》无使用例证。敦煌写本《杂证方书第二种》（S.5435）：“右四味杵罗，以枣泥溲丸如▨大，每日空心酒下三十丸。”

14. 桃枭。《汉语大词典》无使用例证。敦煌写本《本草经集注·序录》（龙 530）："中恶：麝香、雄黄、丹砂、升麻、干姜、巴豆、当归、芍药、吴茱萸、鬼箭、桃枭、桃皮、乌鸡、蜈蚣。"

15. 方解石。《汉语大词典》无使用例证。敦煌写本《本草经集注·序录》（龙 530）："石下：方解石（恶巴豆）。"

16. 大豆。《汉语大词典》无使用例证。大豆在敦煌写本医籍中出现 22 次，多卷亦见。如敦煌写本《本草经集注·序录》（龙 530）："草下：狼毒（大豆为之使，恶麦句姜，畏天名精）。"

17. 穿山甲。《汉语大词典》无使用例证。敦煌写本《蒙学字书》（Дx02822）药物部第十中已见。

18. 杜蘅。《汉语大词典》无使用例证。敦煌写本已见，《新修本草·草部》（P. 3714）："及己：味苦，平，有毒。主诸恶疮：疥痂，瘘蚀及牛马诸疮。今人多用以合疗疥膏，甚验也。谨按：此草一茎，茎头四叶，叶隙着白花，好生山阴虚软地，根似细辛而黑，有毒。入口使人吐，而今以当杜衡，非也。"

19. 连翘。《汉语大词典》无使用例证。敦煌写本《张仲景〈五脏论〉一卷》（P. 2115，P. 2378，P. 2755）、《本草经集注·序录》（龙 530）、《杂证方书第九种》（P. 3731）多卷亦见。如《本草经集注·序录》（龙 530）："瘿瘤：小麦、海藻、昆布、文蛤、海蛤、半夏、贝母、通草、松萝、连翘、白头公。"

20. 破故纸。《汉语大词典》无使用例证。敦煌写本《蒙学字书》（Дx02822）药物部第十中已见。

21. 葶苈。《汉语大词典》无使用例证。葶苈在敦煌写本中出现 11 次，多卷亦见。《本草经集注·序录》（龙 530）："凡丸、散用巴豆、杏仁、桃仁、葶苈、胡麻诸有膏脂药，皆先熬黄黑，别捣令如膏。"

22. 扁豆。《汉语大词典》无使用例证。敦煌写本《本草经集注·序录》（龙 530）、《新修本草·果部、菜部、米部等》（S. 4534）已见。如《新修本草·果部、菜部、米部等》（S. 4534）："《新修本草·米部·卷第十九》：下：腐婢、扁豆、黍米、粳米、稻米、稷米、酢、酱、盐。"

23. 朴硝。《汉语大词典》无使用例证。朴硝在敦煌写本医籍中出现18次，多卷亦见。《本草经集注·序录》（龙530）：“瘀血：蒲黄、琥珀、羚羊角、牛膝、大黄、干地黄、朴硝、紫参、桃仁、茅根、䗪虫、虻虫、水蛭、蜚蠊。”

（三）提前词语书证

1. 马齿菜。《汉语大词典》收有马齿菜，使用例证为明代徐光启《农政全书》卷四十一中使用例。敦煌写本已见，《单药方》（P. 2666）：“人患反花疮，烧马齿菜作灰敷上，立差。”

2. 乌犀。《汉语大词典》例证为五代和凝《小重山》词之二及宋代周密《齐东野语》中之例。敦煌写本《杂证方书第六种》（P. 2882）、《杂证方书第八种》（P. 3596）已见。如《杂证方书第六种》（P. 2882）：“调中理肾汤：槟榔（十颗，并子同碎），桔梗（六分），茯苓（四分），荜拨（五分），枳壳（五分，炙），青木香（五分），诃黎勒皮（五分），大黄（十分，别磨），芍药（五分），乌犀（二分，屑），防风（五分）。”

3. 水蛭。《汉语大词典》例证为明末冯梦龙《警世通言·旌阳宫铁树镇妖》及其后使用例。水蛭在敦煌写本医籍中出现8次，见于《本草经集注·序录》（龙530）、《张仲景〈五脏论〉一卷》（S. 5614，P. 2115，P. 2378，P. 2755）。如《本草经集注·序录》（龙530）：“瘀血：蒲黄、琥珀、羚羊角、牛膝、大黄、干地黄、朴硝、紫参、桃仁、茅根、䗪虫、虻虫、水蛭、蜚蠊。”

4. 石韦。《汉语大词典》：“参阅明李时珍《本草纲目·草九·石韦》。”石韦在敦煌写本医籍中出现6次，见于《本草经集注·序录》（龙530）、《道家养生方》（P. 4038）。如《本草经集注·序录》（龙530）：“石韦、辛夷刮去毛，鬼箭削去羽与皮。”

5. 石菖蒲。《汉语大词典》例证为明代张宁《五洲杂言》中使用例。敦煌写本已见，《佛家神妙补心丸》（S. 5598）：“毗沙门天王奉宣和尚神妙补心丸方：干薯蓣、干地黄、杜仲、百节、防风、人参、丹参、茯苓、茯神、贝母、乳糖、五味子、石菖蒲、麦门冬（去心）、甘草、远志、柏子仁。”《佛家神妙补心丸》（S. 5598）撰年、抄年不详，但时代不晚于宋。

6. 石斛。《汉语大词典》例证为宋代姚宽《西溪丛语》卷下及明代李时珍《本草纲目·草九·石斛》[①] 中使用例。石斛在敦煌写本医籍中出现12次，见于《本草经集注·序录》（龙530）、《求子方书》（S. 4433）、《杂证方书第七种》（P. 3144）、《杂证方书第八种》（P. 3596）、《张仲景〈五脏论〉一卷》（P. 2115，P. 2755）。如《张仲景〈五脏论〉一卷》（P. 2115，P. 2755）：“头风旋闷，须访菊花；脚弱行迟，宜求石斛。”

7. 石莲子。《汉语大词典》例证为明代李时珍《本草纲目·果六·莲藕》：“六七月采嫩者生食，脆美。至秋房枯子黑，其坚如石，谓之石莲子。”敦煌写本《食疗本草》（S. 76）：“仙家有贮石莲子及干藕经千年者，食之不饥，轻身能飞，至妙。”

8. 石榴花。《汉语大词典》义项之一为“石榴树所开的花”，例证为元代张昱《题鹦鹉仕女图》诗：“只有旧时鹦鹉儿，春衫曾似石榴花。”敦煌写本已见，《杂证方书第八种》（P. 3596）：“石榴花，阴干，捣末，和水服。”

9. 龙胆。《汉语大词典》：“参阅明李时珍《本草纲目·草二·龙胆》。”龙胆在敦煌写本医籍中出现7次，见于敦煌写本《本草经集注·序录》（龙530）、《新修本草·草部》（P. 3714）、《杂证方书第四种》（P. 2662）。如《本草经集注·序录》（龙530）：“伤寒：麻黄、葛根、杏仁、前胡、柴胡、大青、龙胆、芍药、薰草、升麻、牡丹、虎掌、术、防己、石膏、牡蛎、贝齿、鳖甲、犀角、羚羊角、葱白、生姜、豉、溺、芒硝。”

10. 生粪。《汉语大词典》例证为元代王桢《农书》卷三：“粪田之法，得其中则可，若骤用生粪，及布粪过多，粪力峻热，即烧杀物，反为害矣。”敦煌写本已见，《杂证方书第八种》（P. 3596）：“多取生粪佳，见日消黑，烧作末。”

---

① 《汉语大词典》原文引用《本草纲目》多从此表述方式，本文转引《汉语大词典》时，仍从《汉语大词典》表述方式。但本文直接引用《本草纲目》中例证时，则从原书表述方式，如《本草纲目·草之九·石斛》。

11. 白及。《汉语大词典》例证为："《本草纲目·草一·白及》：其根白色，连及而生，故名白及。"白及在敦煌写本医籍中出现14次，见于《本草经集注·序录》（龙530）、《张仲景〈五脏论〉一卷》（S.5614，P.2115，P.2378，P.2755）、《新修本草·草部》（P.3714）、《佛家香浴方》（S.6107，P.3230）。如《张仲景〈五脏论〉一卷》（P.2378）："石脂加颜发色，白及卷面除皮。"

12. 白幕。《汉语大词典》中说明白幕为天雄、白薇、白英的别名这些义项时，例证皆为明代李时珍《本草纲目》中使用例。敦煌写本已见，《新修本草·草部》（P.3714）："天雄：味辛、甘，温、大温，有大毒……一名白幕。生少室山谷。二月采根，阴干。"

13. 白胶。《汉语大词典》释义为"鹿角胶"，例证为明代李时珍《本草纲目·兽二·白胶》中使用例。敦煌写本《本草经集注·序录》（龙530）、《杂证方书第八种》（P.3596）、《佛家香浴方》（S.6107、P.3230）已见。如《本草经集注·序录》（龙530）："吐唾血：羊角、白胶、戎盐、柏叶、艾叶、生地黄、大蓟、鸡苏、蛴螬、饴糖、伏龙肝、黄土。"

14. 白薇。《汉语大词典》释义之后为"参阅明李时珍《本草纲目·草二·白薇》"。白薇在敦煌写本医籍中出现9次，见于《本草经集注·序录》（龙530）、《治病药名文书第一种》（S.1467V）、《脚气、疟病方书》（P.3201）。如《本草经集注·序录》（龙530）："温虐：恒山、蜀漆、鳖甲、牡蛎、麻黄、大青、防葵、猪苓、防己、茵芋、白头翁、女青、巴豆、芫花、白薇。"

15. 白鲜。《汉语大词典》释义之后为"参阅明李时珍《本草纲目·草二·白鲜》"。敦煌写本已见，《本草经集注·序录》（龙530）："黄疸：茵陈、栀子、紫草、白鲜。"

16. 地骨皮。《汉语大词典》释义之后为"参阅明李时珍《本草纲目·木三·枸杞地骨皮》"。敦煌写本已见，《脚气、疟病方书》（P.3201）："疗疟诸蜀漆丸方：……地骨皮（五分）、香豉（一合，熬）、白薇（五分），凡十三味，捣筛为散，蜜和为丸，如梧子大，饮服一丸。"

17. 百节。《汉语大词典》义项之一"马陆的别名"，例证为："见明李时珍《本草纲目·虫四·马陆》。"敦煌写本已见，《佛家神妙补心丸》

(S. 5598)：“佛说加句灵验尊胜陁罗尼神妙章句真言曰：毗沙门天王奉宣和尚神妙补心丸方。干薯蓣、干地黄、杜仲、百节、防风、人参、丹参、茯苓、茯神、贝母、乳糖、五味子、石菖蒲、麦门冬（去心）、甘草（炮过）、远志、柏子仁，右件药十七味，细剉，洗去尘，干焙为末，炼白粉蜜为丸，如弹子大，每日空心含一丸，徐徐咽津，去滓，细嚼咽下。”

18. 肉豆蔻。《汉语大词典》释义之后为“参阅明李时珍《本草纲目·草三·肉豆蔻》”。敦煌写本已见，《头、目、产病方书》(P. 3930)：“治口臭方：含肉豆蔻即差。”

19. 肉桂。《汉语大词典》释义之后为“参阅明李时珍《本草纲目·木一·桂》”。敦煌写本《蒙学字书》(Дx02822) 药物部第十已见。

20. 肉苁蓉。《汉语大词典》释义之后为“参阅明李时珍《本草纲目·草一·肉苁蓉》”。肉苁蓉在敦煌写本医籍中出现 7 次，见于《本草经集注·序录》(龙 530)、《杂证方书第三种》(P. 2565)、《杂证方书第六种》(P. 2882)、《杂证方书第七种》(P. 3144)、《杂证方书第八种》(P. 3596)、《道家养生方》(P. 4038)。如《本草经集注·序录》(龙 530)：“阴痿：白石英、阳起石、巴戟天、肉苁蓉、五味、蛇床子、地肤子、铁精、白马茎。”

21. 灯心。《汉语大词典》：“亦特指灯心草。明李时珍《本草纲目·草四·灯心草》：灯心难研，以粳米粉浆染过，晒干研末，入水澄之，是灯心也。”敦煌写本已见，《杂证方书第二种》(S. 5435)：“疗伤中血不止方：右急取灯心一小束▨。”

22. 麦芽。《汉语大词典》例证为：“明李时珍《本草纲目·谷四·蘗米》[发明] 引王好古曰：麦芽、神曲二药，胃气虚人宜服之。”王好古，元代赵州（今河北省赵县）人。敦煌写本已见，《杂证方书第八种》(P. 3596)：“茵芋酒：……初服一合，一日三度，渐加四合，以差为度。忌酱、猪肉、醢、麦芽等。”

23. 麦句姜。《汉语大词典》：“天名精的别名。见明李时珍《本草纲目·草四·天名精》。”敦煌写本已见，《本草经集注·序录》(龙 530)：“（草）上：狼毒（大豆为之使，恶麦句姜，畏天名精）。”

24. 苇子。《汉语大词典》："即芦苇。《儿女英雄传》第三三回：棉花地是一项，苇子地是一项。"《儿女英雄传》为清代文康所著。敦煌写本已见，《杂证方书第二种》（S. 5435）："疗大便不通方：生羊胆一个，苇子☐。"

25. 苍术。《汉语大词典》例证为《本草纲目・草一・术》："苍术，山蓟也，处处山中有之……根如老姜之状，苍黑色，肉白有油膏。"敦煌写本已见，《佛家辟谷方》（P. 2637，P. 2703）："喫草方：黑豆（一升）、苍术（五两），右件二味以水煮，欲后干炒，令黄色。"

26. 杜仲。《汉语大词典》例证为明代李时珍《本草纲目・木二・杜仲》及清代曹寅《〈思仲轩诗〉序》中使用例。杜仲在敦煌写本医籍中出现 14 次，见于《本草经集注・序录》（龙 530）、《张仲景〈五脏论〉一卷》（S. 5614，P. 2115，P. 2755）、《求子方书》（S. 4433）、《佛家神妙补心丸》（S. 5598）、《蒙学字书》（Дx02822）。如《张仲景〈五脏论〉一卷》（S. 5614，P. 2115，P. 2755）："杜仲削去腠皮，桂心取其有味。"

27. 豆蔻。《汉语大词典》例证为唐代杜牧《赠别》诗"娉娉袅袅十三余，豆蔻梢头二月初"及其以后的例证。敦煌写本《本草经集注・序录》（龙 530）、《杂证方书第九种》（P. 3731）、《蒙学字书》（Дx02822）已见。如《杂证方书第九种》（P. 3731）："五香之方：麝香（四分）、☐香（四分）、丁香（四分）、桃仁（五分）、薰六（陆）（四分）、青木香（四分）、犀角（四分）、升麻（四分）、当归（四分）、牛黄（四分，别研）、雄黄（四分）、鬼箭（三分）、巴豆（四分）、槟榔仁（四分）、光明砂（四分）、诃黎勒（四分）、大黄（六分）、豆蔻（四分）、甘草（四分）、桔梗四分，右切，捣筛。"

28. 连。《汉语大词典》："黄连的省称。"例证为明代徐渭《代上馈文》："父食连，子食鲜，名之曰犍，女其食已之肺肝。"敦煌写本已见，《辅行诀脏腑用药法要》："小朱鸟汤：……鸡子黄（二枚），阿胶（三锭），黄连（四两），黄芩、芍药（各二两），右五味，以水六升，先煮连、芩、芍三物，取三升，去滓。"

29. 鸡苏。《汉语大词典》例证为宋代苏轼《石子》诗"锵然敲折青珊瑚，味如蜜藕和鸡苏"及明代李时珍《本草纲目・草三・水苏》"其叶辛香，可以煮鸡，故有龙脑、香苏、鸡苏诸名”。敦煌写本《本草经集注·序录》（龙 530）、《〈新修本草·菜部〉残卷》（P. 3822）已见。如《〈新修本草·菜部〉残卷》（P. 3822）："水苏：味辛，温。无毒。……一名鸡苏。"

30. 青琅玕。《汉语大词典》例证为唐代杜甫《郑驸马宅宴洞中》诗“主家阴洞细烟雾，留客夏簟青琅玕”及宋代例证。敦煌写本已见，《本草经集注·序录》（龙 530）：“石下：青琅玕（得水银良，畏乌鸡骨，杀锡毒）。”

31. 青稞。《汉语大词典》例证为《清史稿·德宗纪一》“赏附居青海番众八族青稞岁八百余石”及其后作品。《清史稿》为近人赵尔巽所主编。敦煌写本《蒙学字书》（Дx02822）斛豆部第四已见。

32. 细辛。《汉语大词典》例证为明代李时珍《本草纲目·草二·细辛》中使用例。细辛在敦煌写本医籍中出现 63 次，多卷亦见。如《本草经集注·序录》（龙 530）：“上气咳嗽：麻黄、杏仁、白前、橘皮、紫菀、款冬、五味、细辛、蜀椒、半夏、生姜、干姜、桃仁、苏子、射干、芫花根、百部根。”

33. 荆芥。《汉语大词典》释义之后为“参阅明李时珍《本草纲目·草三·假苏》”。敦煌写本《蒙学字书》（Дx02822）果子部第五中已见。

34. 草豆蔻。《汉语大词典》例证为南宋郑樵《通志·昆虫草木二》：“豆蔻曰草果，亦曰草豆蔻。”敦煌写本已见，《某僧向大德乞药状》（S. 5901）：“囗囗上闻大德，卑僧有少乞赐，莫违重情，欲拟合和药草，亏阙颇多，幸望尊意乞与。橘皮、桂心、附子、香白芷、茱萸、干姜、芍药、高良姜、草豆蔻、芎䓖、人参……上件药物乞赐少多矣。”

35. 茵陈。《汉语大词典》例证为唐代杜甫《陪郑文广游何将军山林》诗之七“棘树寒云色，茵陈春藕香”及其后时代例。茵陈在敦煌写本医籍中出现 7 次，见于《本草经集注·序录》（龙 530）、《杂证方书第四种》（P. 2662）、《杂证方书第九种》（P. 3731）、《蒙学字书》（Дx02822）。如《本草经集注·序录》（龙 530）：“久风湿痹：菖蒲、茵芋、天雄、附子、乌头、细辛、蜀椒、牛膝、天门冬、术、丹参、石龙芮、松叶、茵陈、松节。”

36. 茵陈蒿。《汉语大词典》例证为《本草纲目·草四·茵陈蒿》[释名]引陈藏器语说明茵陈蒿得名缘由。敦煌写本已见，《本草经集注·序录》(龙530)："草上：六芝（薯蓣为之使，得发良，恶恒山，畏扁青、茵陈蒿)。"

37. 莨草。《汉语大词典》例证为"《本草纲目·草五·莨草》[集解]引苏恭曰：今处处平泽溪涧侧皆有……"敦煌写本已见，《本草经集注·序录》(龙530)："草下：莨草（畏鼠妇)。"

38. 虎眼。《汉语大词典》指"荔枝的一种"这一义项时，例证为明代徐渭《食虎眼》诗："虎眼白琉璃，谁能隸虎皮。"原注："虎眼，荔枝之佳品。"敦煌写本已见，《杂证方书第八种》(P. 3596)："虎眼汤：……虎眼（一具，无新者，干亦得）……右十三味，以酒一斗二升，煮取三升。三服，日一，夜二度。"

39. 败豉皮。《汉语大词典》释义为"中医药名"，例证为唐代韩愈《进学解》，及引明代李时珍《本草纲目·兽一·败豉皮》[集解]宗奭语以作说明。敦煌写本已见，《本草经集注·序录》(龙530)："中蛊：桔梗、鬼臼、马目毒公、犀角、斑蝥、芫青、亭长、射罔、鬼督邮、白蘘荷、败豉皮、蓝子。"

40. 蚤休。《汉语大词典》释义之后为"见明李时珍《本草纲目·草六·蚤休》"。敦煌写本已见，《新修本草·草部》(P. 3714)："真甘遂亦无皮白者，皮白乃蚤休，俗名重台。"

41. 重台。《汉语大词典》"药草名"这一义项下有两个释义："①玄参的别名，例证见《本草纲目·草一·玄参》；②蚤休的别名，例证见《本草纲目·草六·蚤休》。敦煌写本《新修本草·草部》(P. 3714) 已见，例见上。

42. 重楼。《汉语大词典》义项之一："黄精别名。见明李时珍《本草纲目·草一·黄精》。"敦煌写本已见，《绝谷仙方》(S. 2438)："☐黄精，二名重楼，三名仙人余粮☐。"据避讳字考证，《绝谷仙方》(S. 2438) 为唐中叶写本。

43. 鬼督邮。《汉语大词典》有以下义项："①草名；②徐长卿的别名；③天麻的别名。"所举例证皆为明代李时珍《本草纲目》中使用例。

敦煌写本已见，《本草经集注·序录》(龙530)："惊邪：雄黄、丹砂、紫菀、茯苓、茯神、龙齿、龙胆、防葵、马目毒公、升麻、麝香、人参、沙参、桔梗、白薇、远志、柏仁、鬼箭、鬼督邮、小草、卷柏、羚羊角、羖羊角、鳝甲、丹雄鸡。"

44. 鬼箭。《汉语大词典》义项之一："木名。卫矛的别名。"例证为宋代邵博《闻见后录》卷二十六及《本草纲目·木三·卫矛》中使用例。鬼箭在敦煌写本医籍中出现10次，见于《本草经集注·序录》(龙530)、《张仲景〈五脏论〉一卷》(S. 5614，P. 2115，P. 2378，P. 2755)、《杂证方书第九种》(P. 3731)。如《张仲景〈五脏论〉一卷》(S. 5614，P. 2115，P. 2378，P. 2755)："鬼箭破血，仍有射鬼之灵；神屋除温，非带报神之验。"

45. 络石。《汉语大词典》"见《本草纲目·草七·络石》"。敦煌写本已见，《本草经集注·序录》(龙530)："喉痹痛：升麻、射干、杏仁、蒺藜、棘针、络石、堇竹叶、百合、莽草。"

46. 艽。《汉语大词典》例证为《本草纲目·草三·秦艽》中使用例。敦煌写本已见，《张仲景〈五脏论〉一卷》(P. 2115)："艽须汗，矾石须炮。"

47. 莨菪。《汉语大词典》中莨菪得名缘由见《本草纲目·草六·莨菪》，无其他例证。莨菪在敦煌写本医籍中出现7次，见于《〈伍子胥变文〉中的药名诗》(S. 328，P. 2794)、《杂证方书第一种》(S. 3347)、《杂证方书第二种》(S. 5435)、《蒙学字书》(Дх02822)。如《杂证方书第二种》(S. 5435)："疗男子疾方：……生附子五个，劈口置锅中，并莨菪炒……甚效验。"

48. 狼子。《汉语大词典》义项之一："草名。狼牙的别名。见明李时珍《本草纲目·草六·狼牙》。"敦煌写本已见，《新修本草·草部》(P. 3714)："牙子……一名狼牙，一名狼齿，一名狼子，一名犬牙，生淮方川谷及宛朐。八月采根，曝干。"

49. 通草。《汉语大词典》例证为《本草纲目·草七·通草》[集解]引苏颂语。通草见于敦煌写本《本草经集注·序录》(龙530)、《张仲景〈五脏论〉一卷》(S. 5614，P. 2755)、《食疗本草》(S. 76)。如《食疗本草》(S. 76)："燕覆子：……又，取枝叶煮饮服之，治卒气奔绝，亦通十二经脉。其茎为通草，利关节拥塞不通之气。今北人只识通草，而不委子功。"

50. 黄蓍。《汉语大词典》例证为白居易《城盐州》诗"鄜州驿路好马来，长安药肆黄蓍贱"及鲁迅《华盖集续编》中使用例。黄蓍在敦煌写本医籍中出现23次，见于《本草经集注·序录》(龙530)等。如《本草经集注·序录》(龙530)："所以有钟乳酢煮令白，细辛水渍使直，黄蓍蜜蒸为甜，当归酒洒取润，螵蛸胶着桑枝，蜈蚣朱足令赤，诸有此等，皆非事实。"

51. 黄蘗。《汉语大词典》例证为宋代《乐府诗集·清商曲辞一·子夜歌十》中之例"黄蘗郁成林，当奈苦心多"及其后时代使用例。黄蘗在敦煌写本医籍中出现19次，见于《本草经集注·序录》(龙530)、《杂证方书第二种》(S. 5435)、《杂证方书第三种》(P. 2565)、《杂证方书第四种》(P. 2662)、《杂证方书第八种》(P. 3596)、《某僧向大德乞药状》(S. 5901)等。如《本草经集注·序录》(龙530)："口疮：黄连、黄蘗、升麻、大青、苦竹叶、蜜、酪、酥、豉。"

52. 野丈人。《汉语大词典》例证为《本草纲目·草十二·白头翁》中使用例。敦煌写本《蒙学字书》(Дx02822)药物部第十中已见。

53. 麻仁。《汉语大词典》例证为《本草纲目·谷一·大麻》[修治]引寇宗奭语。麻仁在敦煌写本医籍中出现4次，见于《治病药名文书第一种》(S. 1467V)、《杂证方书第二种》(S. 5435)、《杂证方书第十种》(P. 3885)、《蒙学字书》(Дx02822)。如《杂证方书第十种》(P. 3885)："先捣前五种干药为末，下枣膏、麻仁又更捣。"

54. 麻花。《汉语大词典》例证为"见《本草纲目·谷一·大麻》"。敦煌写本已见，《张仲景〈五脏论〉一卷》(S. 5614，P. 2115，P. 2755)："欲令见鬼，久服麻花；拟去白虫，漆和鸡子。"

55. 鹿角。《汉语大词典》例证为《本草纲目·兽二·鹿》中使用例。鹿角在敦煌写本医籍中出现6次，见于《本草经集注·序录》(龙530)、《〈百一物本〉中的医用药品》(S. 4636)、《单药方》(P. 2666)、《杂证方书第六种》(P. 2882)。如《单药方》(P. 2666)："小儿重舌，取鹿角烧作灰，涂舌上，即差。”

56. 鹿角胶。《汉语大词典》例证为《本草纲目·兽二·鹿》中使用例。敦煌写本已见，《杂证方书第八种》（P. 3596）：“鼻血出不止方：……（又）方：葱白（一握），豉（半斤），鹿角胶（半两，炙，捣为末），煮一沸，取汁和葱绞汁，和胶末温服。”

57. 鹿茸。《汉语大词典》例证为《本草纲目·兽二·鹿》[集解]引苏恭语。鹿茸在敦煌写本医籍中出现9次，多卷亦见。如《本草经集注·序录》（龙530）：“戎盐、鹿茸、龙骨、蒲黄、干地黄。”

58. 旋覆花。《汉语大词典》例证为《本草纲目·草四·旋覆花》中使用例。旋覆花在敦煌写本医籍中出现24次，多卷亦见。如《本草经集注·序录》（龙530）：“痰饮：大黄、甘遂、芒硝、茯苓、荛花、柴胡、芫花、前胡、术、细辛、旋覆花、人参、厚朴、枳实、橘皮、半夏、生姜、甘竹叶。”

59. 紫石英。《汉语大词典》例证为唐代刘恂《岭表录异》卷上及《本草纲目》等中的使用例。紫石英在敦煌写本医籍中出现4次，见于《本草经集注·序录》（龙530）、《治病药名文书第二种》（S. 1467）。如《本草经集注·序录》（龙530）：“其中好药贵石，无不窃换。乃言紫石（英）、丹砂吞出洗取，一片经数十过卖。诸有此例，巧伪百端，皆非事实。”

60. 紫菀。《汉语大词典》释义之后为“参阅《本草纲目·草五·紫菀》”。紫菀在敦煌写本医籍中出现14次，多卷亦见。如《本草经集注·序录》（龙530）：“牡丹、巴戟天、远志、野葛等，皆捶破去心；紫菀洗去土，皆毕乃秤之。”

61. 紫苏。《汉语大词典》例证为《本草纲目·草三·紫苏》中使用例。敦煌写本已见，《〈新修本草·菜部〉残卷》（P. 3822）：“紫苏：味辛，温。主下气，除寒中。子尤良。叶下紫色而其气香。其无紫不香似荏者，名野苏，不任用。”

62. 景天。《汉语大词典》例证为“见《本草纲目·草九·景天》”。敦煌写本已见，《本草经集注·序录》（龙530）：“暴风瘙痒：蛇床子、蒴藋、乌喙、蒺藜、茺蔚子、青葙子、景天、枫香、藜芦。”

63. 黑豆。《汉语大词典》例证为《本草纲目·谷三·大豆》［发明］引明代汪颖语。敦煌写本已见，《新修本草·草部》（P. 3714）：“附子：味辛、甘，温，大热，有大毒……地胆为之使，恶蜈蚣，畏防风、黑豆、甘草、黄耆、人参、乌韮。”

64. 蓝菜。《汉语大词典》：“甘蓝的别名。见《本草纲目·草五·甘蓝》。”敦煌写本已见，《不知名氏辨脉法》之一（P. 3287）：“平胃丸方：……得食粳米、粟米饭，羊肉、獐肉、苜蓿、蓝菜、笋菜、豆酱、兔肉酱、椒、姜，自外并禁。”马继兴据避讳字考证其抄写年代约为唐高宗时写本。①

65. 蜀椒。《汉语大词典》例证为明代李时珍《本草纲目·果四·蜀椒》中使用例。蜀椒在敦煌写本医籍中出现 20 次，多卷亦见。如《本草经集注·序录》（龙 530）：“凡方云半夏一升者，洗竟，秤五两为正。蜀椒一升者，三两为正。”

66. 横唐。《汉语大词典》例证为《本草纲目·草十七·莨菪》中使用例。敦煌写本已见，如《新修本草·草部》（P. 3714）：“莨菪子：味苦，甘，寒，有毒。……一名行唐，一名横唐。生海滨川谷及雍州，五月采子。”

67. 虾蟆蓝。《汉语大词典》例证为明代李时珍《本草纲目·草四·天名精》［释名］引苏恭语。敦煌写本已见，《本草经集注·序录》（龙 530）：“鼻衄血：矾石、蒲黄、虾蟆蓝、大蓟、鸡苏、艾、竹茹、烧猥皮、烧发、溺垽、桑耳。”

68. 藜芦。《汉语大词典》例证为《本草纲目·草六·藜芦》中使用例。藜芦在敦煌写本医籍中出现 29 次，多卷亦见。如《本草经集注·序录》（龙 530）：“鼻瘜肉：藜芦、矾石、地胆、通草、白狗胆。”

69. 覆盆子。《汉语大词典》例证为鲁迅《朝花夕拾·从百草园到三味书屋》中使用例。覆盆子在敦煌写本医籍中出现 8 次，多卷亦见。如《本草经集注·序录》（龙 530）：“虚劳：空青、曾青、钟乳、紫石、白石英、磁石、龙骨、黄蓍、干地黄、茯苓、茯神、天门冬、麦门冬、薯蓣、

① 马继兴：《敦煌医药文献辑校》，南京：江苏古籍出版社，1998 年，第 8 页。

石斛、人参、沙参、玄参、五味、苁蓉、续断、泽泻、牡蛎、牡丹、芍药、远志、当归、牡桂、五加、枣刺、覆盆子、巴戟天、牛膝、柏子、桑螵蛸、石龙芮、石南草、桑根白皮、地肤子、菟丝子、干漆、蛇床子、车前子、枸杞子、枸杞根、大枣、麻子、胡麻。”

70. 无灰酒。《汉语大词典》例证为《本草纲目·谷四·酒》[集解]引寇宗奭语。敦煌写本已见，《道家合和金丹法》(P. 3093)：“疗风方：雄黑豆（三升，豆中小者是，拭光），大麻子（三合，去秕），草乌头（三两，细锉），上三味，以无灰酒一斗于瓷瓶中贮，密封瓶。”

71. 赤小豆。《汉语大词典》例证为宋代范成大《立秋》诗序中使用例。赤小豆在敦煌写本医籍中出现9次，多卷亦见。如《本草经集注·序录》(龙530)：“如小豆者，今赤小豆也，粒有大小，以三大麻子准之。”

72. 饴糖。《汉语大词典》例证为宋代司马光《迂书·斥庄》等中的使用例。敦煌写本已见，《本草经集注·序录》(龙530)：“凡汤中用完物……芒硝、饴糖、阿胶皆须绞汤竟，纳汁中，更上火两三沸，烊尽（乃服之）。”

73. 炒米。《汉语大词典》义项之一“指炒熟的米及用炒米制成的食品”，例证为《儒林外史》第三回中使用例。敦煌写本《蒙学字书》(Дx02822) 斛豆部第四已见。

74. 油麻。《汉语大词典》例证为宋代沈括《梦溪笔谈·药议》及明代李时珍《本草纲目·谷一·胡麻》等中的使用例。敦煌写本已见，《佛家辟谷方》(P. 2637，P. 2703)：“涌泉方：此药济急饥虚渴法。油麻（二合，拣净，去皮生用），杏仁（二七颗，去皮尖生用），盐花（一钱），宣腊（二两）。”

75. 豇豆。《汉语大词典》例证为“见《本草纲目·谷三·豇豆》”。敦煌写本《蒙学字书》(Дx02822) 斛豆部第四已见。

76. 蜜酒。《汉语大词典》例证为宋代苏轼《蜜酒歌·序》中使用例等。敦煌写本已见，《杂证方书第二种》(S. 5435)：“□煎蜜酒二合，调药一□。”

77. 豌豆。《汉语大词典》例证为宋代周辉《清波别志》卷上等中的使用例。敦煌写本《蒙学字书》(Дx02822) 斛豆部第四已见。

78. 糯米。《汉语大词典》例证为宋代司马光《涑水记闻》卷十三及清代吴敬梓《儒林外史》第三十一回等中的使用例。敦煌写本《杂证方书第一种》（S. 3347）、《脚气、疟病方书》（P. 3201）、《佛家辟谷方》（P. 2637，P. 2703）、《蒙学字书》（Дx02822）已见。如《脚气、疟病方书》（P. 3201）："疗一切疟方：恒山（三两）、生铁（一片，如梳许大）、糯米（三百粒），凡三味碎之，以水五斗，煮取三斗，去滓。"

79. 汉葱。《汉语大词典》例证为明代李时珍《本草纲目·菜一·葱》［集解］引宋代苏颂语。敦煌写本已见，《〈新修本草·菜部〉残卷》（P. 3822）："其人间食葱又有二种：有冻葱，经冬不死，分茎栽莳而无子也；又有汉葱，冬即葱枯。食用、入药，冻葱最善，气味亦佳。"

80. 芸薹。《汉语大词典》例证为《本草纲目·菜一·芸薹》中使用例。敦煌写本《新修本草·果部、菜部、米部等》（S. 4534）、《蒙学字书》（Дx02822）已见。如《新修本草·果部、菜部、米部等》（S. 4534）："芸薹，味辛，温，无毒。主风游丹肿，乳痈。"

81. 韭白。《汉语大词典》例证为《本草纲目·菜一·韭》中使用例。敦煌写本已见，《头、目、产病方书》（P. 3930）："☐（一枚），羊脾（一片），干姜末（少许），韭白（一握，切），右并☐。"

82. 葫芦。《汉语大词典》例证为宋代欧阳修《归田录》卷一及其后例证。敦煌写本已见，《杂证方书第六种》（P. 2882）："胡散止法：……又取胡荽、藋梨、葫芦、酪浆和酿之。"

83. 李子。《汉语大词典》例证为现代用例。敦煌写本《蒙学字书》（Дx02822）中已见。

84. 柿子。《汉语大词典》"柿子树的果实"义项后例证为茅盾《陀螺》中使用例。敦煌写本《蒙学字书》（Дx02822）中已见。

85. 砂糖。《汉语大词典》例证为关汉卿《救风尘》第二折中使用例。敦煌写本《杂证方书第五种》（P. 2662V）、《头、目、产病方书》（P. 3930）中已见。如《头、目、产病方书》（P. 3930）："治上气咳嗽：砂糖、好甜酥各一两，羖羊乳一升，熟煎相和服之，五升即差。"

86. 莲实。《汉语大词典》例证为宋代徐铉《稽神录·岑氏》等中的使用例。敦煌写本《食疗本草》（S. 76）、《服食养生方书》（S. 6052）已见。如《食疗本草》（S. 76）："鸡头子……与莲实同食，令小儿不长大，故知长服当亦驻年，生食动少气。"

87. 莲子。《汉语大词典》例证为《乐府诗集·清商曲辞一·子夜夏歌之八》："乘月采芙蓉，夜夜得莲子。"敦煌写本已见，《食疗本草》（S. 76）："莲子：寒。右主治五脏不足，伤中气绝，利益十二经脉，二十五络血气。生吃动气，蒸熟为上。"

88. 猪苓。《汉语大词典》例证为清代王韬《补尪起废药痼议》中使用例。敦煌写本《本草经集注·序录》（龙 530）、《药方残卷》（S. 9987）已见。如《本草经集注·序录》（龙 530）："茯苓、猪苓消除去黑皮，牡丹、巴戟天、远志、野葛等，皆捶破去心；紫菀洗去土，皆毕乃秤之。"

89. 甜瓜。《汉语大词典》例证为元代朱凯《黄鹤楼》第二折及其后之例。敦煌写本已见，《食疗本草》（S. 76）："甜瓜：寒。右止渴除烦，多食令人阴下痒湿，生疮。"

90. 榧子。《汉语大词典》义项"香榧树果实"，其例证为宋代苏轼《送郑户曹赋席上果得榧子》诗。敦煌写本已见，《食疗本草》（S. 76）："榧子：平。右主治五种痔，去三虫，杀鬼毒、恶疰。"

91. 橘子。《汉语大词典》例证为《金史·食货志五》及曹禺《雷雨》第二幕中使用例。敦煌写本《蒙学字书》（Дx02822）中已见。

92. 竹茹。《汉语大词典》释义之后为"见明李时珍《本草纲目·木四·竹》"。敦煌写本《本草经集注·序录》（龙 530）、《杂证方书第五种》（P. 2662V）、《道家养生方》（P. 4038）已见。如《本草经集注·序录》（龙 530）："鼻衄血：矾石、蒲黄、虾蟆蓝、大蓟、鸡苏、艾、竹茹、烧蝟皮、烧发、溺垽、桑耳。"

93. 竹黄。《汉语大词典》"中药名"义项例证为宋代沈括《梦溪笔谈·药议》及明代李时珍《本草纲目·木四·竹黄》中使用例。敦煌写本已见，《佛家香浴方》（S. 6107，P. 3230）："如是诸恶，为障难者，患令除灭，诸有智者，应作如是洗浴之法，当取香药三十二味，所谓：……竹黄……"

94. 柏子。《汉语大词典》"即柏子香"，例证为明代徐霖《绣襦记·竹林祈嗣》及清代澹归《风流子·上元风雨》词。敦煌写本《本草经集注・序录》(龙 530)、《治病药名文书第一种》(S. 1467V) 已见。如《本草经集注・序录》(龙 530):"石中:玄石(恶松脂、柏子、菌桂)。"

95. 枸杞子。《汉语大词典》"枸杞的果实"义项例证为明代李时珍《本草纲目・木三・枸杞》中使用例。枸杞子在敦煌写本医籍中出现 10 次,多卷亦见。如《道家养生方》(P. 4038):"韦侍郎变白方:生地黄(一斤)、生牛膝(半斤)、枸杞子(二升)、乌麻(一升,熬)、黄连(五两)、生天门冬(五两),右以酒三斤,浸七日,任服多少。"

96. 竹沥。《汉语大词典》:"用火炙烤淡竹或其他竹类后沥出的液汁。可入药。"例证为宋代江休复《江邻几杂志》及清代《西湖佳话・三台梦迹》中使用例。敦煌写本《本草经集注・序录》(龙 530)、《脚气、疟病方书》(P. 3201) 已见。如《本草经集注・序录》(龙 530):"劳复:鼠屎、豉、竹沥、粪汁。"

97. 皂角。《汉语大词典》例证为宋代孔平仲《晚兴》诗"皂角芽已长,瑞香花欲吐"及元代王实甫《西厢记》第二本第二折中使用例等。敦煌写本已见,《辅行诀脏腑用药法要》:"皂角刮去皮絃,用净肉,火上炙燥,如杏核大一块,细辛根等分,共为极细末,每用苇管吹鼻中少许,得嚏则活也。"

98. 桂皮。《汉语大词典》"肉桂树的皮"义项例证为明代李时珍《本草纲目・木一・箘桂》中使用例。敦煌写本已见,《佛家香浴方》(S. 6107, P. 3230):"桂皮(咄者)。"

99. 桑上寄生。《汉语大词典》"即桑寄生"义项例证为明代李时珍《本草纲目・木四・桑上寄生》中使用例。敦煌写本已见,《本草经集注・序录》(龙 530):"发秃落:桑上寄生、秦椒、荆子、桑根白皮、桐叶、麻子仁、枣根、松叶、鹰肪、马鬐膏、猪脂膏、鸡肪。"

100. 桑螵蛸。《汉语大词典》例证为明代李时珍《本草纲目・虫一・螳螂》中使用例。敦煌写本已见,《本草经集注・序录》(龙 530):"虚劳:空青、曾青、钟乳、紫石、白石英、磁石、龙骨、黄蓍、干地黄、茯苓、茯神、天门冬、麦门冬、薯蓣、石斛、人参、沙参、玄参、五味、苁蓉、续断、泽泻、牡蛎、牡丹、芍药、远志、当归、牡桂、五加、枣刺、覆盆子、巴戟天、牛膝、柏子、桑螵蛸、石龙芮、石南草、桑根白皮、地肤子、菟丝子、干漆、蛇床子、车前子、枸杞子、枸杞根、大枣、麻子、胡麻。”

101. 楮实。《汉语大词典》：“楮树果实。可入药。”例证为明代李时珍《本草纲目·木三·楮》：“楮实亦名谷实、楮桃。”敦煌写本《杂证方书第二种》（S. 5435）、《服食养生方书》（S. 6052）已见。如《杂证方书第二种》（S. 5435）：“疗多冷气常服楮实☒。”

102. 楝实。《汉语大词典》：“楝树的果实。”例证为明代李时珍《本草纲目·木二·楝》中使用例。敦煌写本已见，《本草经集注·序录》（龙530）：“恶疮：雄黄、雌黄、胡粉、硫磺、矾石、石灰、松脂、蛇床子、地榆、水银、蛇衔、白蔹、漏芦、蔄茹、黄蘗、占斯、藋菌、莽草、青葙、白芨、楝实、及己、狼跋、桐叶、虎骨、狸骨、藜芦、猪肚。”

103. 楸叶。《汉语大词典》：“楸树叶。”例证为宋代孟元老《东京梦华录·立秋》及明代李时珍《本草纲目·木二·楸》中使用例。敦煌写本已见，《杂证方书第八种》（P. 3596）：“第二十五，疗上气咳嗽，腹满，体肿欲死方：楸叶（五升）、水（五升），煮一百沸，去滓，煎。”

104. 詹香。《汉语大词典》例证为《本草纲目·木一·必栗香》中使用例。敦煌写本已见，《食疗本草》（S. 76）：“又：仙家压油，和詹香涂黄发，便黑如漆，光润。”

105. 欓子。《汉语大词典》：“食茱萸的别称。”例证为明代李时珍《本草纲目·果四·食茱萸》中使用例。敦煌写本已见，《食疗本草》（S. 76）：“又：闭目者名欓子，不宜食。”

106. 井华水。《汉语大词典》例证为《本草纲目·水二·井泉水》［集解］引明代汪颖语。井华水在敦煌写本中出现8次，多卷亦见。如《脚气、疟病方书》（P. 3201）：“疗人久患心痛……右二味研细，和井华水五合蒸之一沸，顿服之，立已。”

107. 铅丹。《汉语大词典》例证为南唐谭峭《化书·铅丹》及其后宋代等使用例。敦煌写本已见，《本草经集注·序录》（龙530）：“呕吐：厚朴、橘皮、人参、半夏、麦门冬、白芷、生姜、铅丹、鸡子、薤白、甘竹叶。”

108. 芒硝。《汉语大词典》例证为阮章竞《漳河水》第二部中使用例。敦煌写本已见，《本草经集注·序录》（龙 530）："痰饮：大黄、甘遂、芒硝、茯苓、荛花、柴胡、芫花、前胡、术、细辛、旋覆花、人参、厚朴、枳实、橘皮、半夏、生姜、甘竹叶。"

109. 卤咸。《汉语大词典》例证见《本草纲目·金石五·卤咸》。敦煌写本已见，《本草经集注·序录》（龙 530）："药不宜入汤酒者：朱砂、雌黄、云母、阳起石、矾石、硫磺、钟乳、孔公孽、矾石、银屑、铜镜鼻、白垩、胡粉、铅丹、卤咸、石灰、藜灰，上石类。"

110. 蚱蝉。《汉语大词典》："蝉的一种。"例证为明代李时珍《本草纲目·虫三·蚱蝉》中使用例。敦煌写本已见，《本草经集注·序录》（龙 530）："癫痫：龙齿角、牛黄、防葵、牡丹、白敛、莨菪子、雷丸、铅丹、钓藤、僵蚕、蛇床、蛇蜕、蜣螂、蚱蝉、白马目、白狗血、豚卵、牛、猪、犬齿。"

111. 蜚蠊。《汉语大词典》："虫名。俗称蟑螂。"例证为明代李时珍《本草纲目·虫三·蜚蠊》中使用例。敦煌写本已见，《本草经集注·序录》（龙 530）："瘀血：蒲黄、琥珀、羚羊角、牛膝、大黄、干地黄、朴硝、紫参、桃仁、茅根、蟅虫、虻虫、水蛭、蜚蠊。"

112. 神屋。《汉语大词典》义项②："龟甲的别称。见明李时珍《本草纲目·介一·龟甲》。"敦煌写本《张仲景〈五脏论〉一卷》（S. 5614，P. 2115，P. 2378，P. 2755）："鬼箭破血，仍有射鬼之灵；神屋除温，非带报神之验。"

113. 蛀虫。《汉语大词典》："啃啮树木、衣服、书籍、谷物类的小虫。"例证为《说郛》卷二五引宋陈翥《桐谱·器用》"然而采伐不时，则有蛀虫之害焉"及其后时代使用例。敦煌写本已见，《本草经集注·序录》（龙 530）："月闭：鼠妇、蟅虫、蛀虫、水蛭、蛴螬、桃核仁、狸阴茎、牡丹、牛膝、占斯、虎杖、阳起石、桃毛、白垩、铜镜鼻。"

114. 獭肝。《汉语大词典》："獭的肝脏。可供药用。"例证为明代李时珍《本草纲目·兽二·水獭》："肝：苏颂曰：'诸畜肝叶，皆有定数。惟獭肝一月一叶，十二月十二叶'……张仲景治冷劳有獭肝丸。"敦煌写本《本草经集注·序录》（龙 530）、《蒙学字书》（Дx02822）已见。如

《本草经集注·序录》(龙 530):"鬼疰尸疰:雄黄、朱砂、金牙、野葛、马目毒公、鬼臼、女青、徐长卿、虎骨、狸骨、鹳骨、獭肝、芫青、白盐。"

115. 头垢。《汉语大词典》例证为宋代洪迈《夷坚支志癸·申先生》及其后时代使用例。敦煌写本已见,《本草经集注·序录》(龙 530):"噎:羚羊角、通草、青竹茹、头垢、芦根、舂杵糠、牛饴。"

116. 蔄茹。《汉语大词典》例证为《本草纲目·草六·蔄茹》中使用例。敦煌写本已见,《张仲景〈五脏论〉一卷》(S. 5614, P. 2115, P. 2755):"黄芩以腐肠为精,蔄茹以漆头为用。"

117. 萎蕤。《汉语大词典》例证为《本草纲目·草一·萎蕤》中使用例。敦煌写本《本草经集注·序录》(龙 530)、《美容方书》(S. 4329)、《杂证方书第三种》(P. 2565)、《脚气、疟病方书》(P. 3201) 多卷亦见。如《本草经集注·序录》(龙 530):"(草) 中:五味(苁蓉为之使,恶萎蕤,胜乌头)。"

118. 萆薢。《汉语大词典》例证为《本草纲目·草七·萆薢》中使用例。敦煌写本已见,《本草经集注·序录》(龙 530):"(草) 中:萆薢(薏苡为之使,畏葵根、大黄、柴胡、牡蛎、前胡)。"

119. 赭魁。《汉语大词典》例证为沈括《梦溪笔谈·药议》等中的使用例。敦煌写本已见,《本草经集注·序录》(龙 530):"蜂子、蜜蜡、白马茎、狗阴、雀卵、鸡子、雄雀、伏翼、鼠妇、樗鸡、萤火、蠮螉、僵蚕、蜈蚣、蜥蜴、斑蝥、芫青、亭长、地胆、虻虫、蜚蠊、蝼蛄、马刀、赭魁、虾蟆、蜗牛、生鼠、生龟、诸鸟兽虫鱼膏、髓、胆、血、屎溺。右虫兽类。"

120. 熟艾。《汉语大词典》例证为《本草纲目·草四·艾》中使用例。敦煌写本已见,《本草经集注·序录》(龙 530):"若用熟艾,先细擘,合诸药,捣令散,不可筛者,别捣内散中和之。"

121. 麻勃。《汉语大词典》例证为《本草纲目·谷一·大麻》中使用例。敦煌写本已见,《本草经集注·序录》(龙 530):"虫兽上:鹿茸(麻勃为之使)。"

四、补充失收药名（词语）

（一）失收药名（词语）原因

敦煌写本医籍药名共计1729个，词典及其他医籍失收药名的原因有很多，诸如以下：

1. 因同物异名、同名异物导致失收部分、全部异名，义项。同物异名、同名异物的现象在汉语词汇中很常见，这是失收的很重要的原因。因同物异名，其中的部分异名未收入词典；或者因同名异物，词典只收了其中一物之义项，而失收另一物之义项。同物异名造成失收部分异名，同名异物造成失收义项。

命名缘由不同、地域不同、称谓不同，抑或使用雅称隐名等各种因素造成同物异名的现象较多，难免有部分异名失察未收。

因同物异名导致部分异名未收的，如葶苈、丁苈、大适、大室、蕇。丁苈、蕇《中华药海》《中医大辞典》《汉语大词典》均未收录，《中华药海》《中医大辞典》未收葶苈，《中医大辞典》《汉语大词典》未收大适，《中医大辞典》未收大室。再如藜芦、葱苒、葱葵、山葱、莕为同物异名，《中医大辞典》《汉语大词典》未收葱苒、葱葵，《中医大辞典》未收山葱，《中华药海》《中医大辞典》未收莕。

因同物异名导致全部名称未收的，如犬牙、狼牙、狼齿、狼子、牙子为同物异名，《中华药海》《中医大辞典》均未收录。乌头、奚毒、乌喙、即子为同物异名，《中华药海》《中医大辞典》均未收录。玉支、羊踯躅为同物异名，《中华药海》《中医大辞典》《汉语大词典》均未收录。婆律膏、龙脑香也为同物异名，《中华药海》《中医大辞典》均未收录。

同物异名形成的原因很复杂，除了前面提到的原因，道家相关医方也涉及异名，如《道家养生方》（P. 4038）中青龙实中仁为杏仁异名，玄中津为生天门冬子异名。这些异名在其他医籍中极为少见，《中华药海》等也未有收录。

药名中同名异物的情况也不少见。如前第一节中提到的鱼胆、毒根、龙角、鱼、马蹄、犬齿、黄龙汤、水花等皆属此类。各类异名成因复杂，散见于各类典籍，难以全部搜罗，以致漏收。

2. 因词语缩略或简称导致失收。如大小蓟根为大蓟根、小蓟根的缩略语；生干地黄，为生地黄、干地黄的缩略语；大小豆汁，为大豆汁、小豆汁的缩略语，这些缩略语《中华药海》《中医大辞典》多未收录。再如五参，是某类药物统称，《本草纲目·草之一·沙参》："宏景曰：此与人参、玄参、丹参、苦参是为五参，其形不尽相类，而主疗颇同，故皆有参名。"① 门冬，天门冬、麦门冬的简称，晋张华《博物志》卷四："敌休乱门冬；百部似门冬。"②《古今医统大全·卷之五·运气易览·论五天五运之气》："用归、耆、生熟地、天麦二门冬、五味、片芩、桃仁泥酒、红花、升麻，煎服十数贴，其病如脱。"③ 上述缩略语《中华药海》《中医大辞典》亦未收录。

3. 因构词语素不同导致失收。或因药名前加上最佳产地而形成的药名未收，如上蔡防风，萧州艾叶、青州枣、玉门矾石、晋地龙骨等。或加来源，如田中螺等。或在药名前加上取象于形状的修饰语，如八角附子、八角蜀附子等，《中华药海》《中医大辞典》也未收录。或药名前加表性状语素，如生牛膝、生地黄、生芋汁、生苏汁、生附子、生葛根、生藿汁、生天门冬、生地黄汁、生麦门冬、生天门冬子、生天门冬汁、生芦笋根汁等，以上药名除了生地黄被收录在《中医大辞典》中，其余药名《中华药海》《中医大辞典》均未收录。或药名前冠以日期，如三月三日桃花、五月五日苍耳子、五月五日葶苈子、六月六日曲末、腊月鸟子粪、三年米醋等，《中华药海》《中医大辞典》《汉语大词典》均未收录。

4. 因植物全株或部分入药或药物炮制方式不同而显示不同形态从而形成不同药名导致部分失收。或因敦煌写本为植物全名，词典等仅收录植物部分名，如"五味"，《中华药海》《中医大辞典》未收，但收有"五味子"。或词典等收录植物全株名，不收其部分名，如"王不留行"《中华药

---

① （明）李时珍：《本草纲目》，北京：人民卫生出版社，1957 年影印，第 728 页。其中的"宏景"在原书各处写法不尽相同，有的地方用"宏景"，有的地方用"弘景"，引用原文时不作改动，均保留原书字样。

② （晋）张华著，范宁校证：《博物志校证》，北京：中华书局，1980 年，第 47 页。

③ （明）徐春甫编集，崔仲平等主校：《古今医统大全》，北京：人民卫生出版社，1991 年，第 292 页。

海》《中医大辞典》《汉语大词典》收录，“王不留行子”不收录。其他如土瓜收，土瓜蒂未收；冬葵子收，冬葵、冬葵子根未收；牛膝收，牛膝末、牛膝汁未收；巴戟天收，巴戟皮未收；甘草收，甘草末、甘草汁未收；地榆收，地榆根未收；百部收，百部根未收等。

5. 因文字方面的原因导致失收。使用音同音近字形成药名异写。如栝蒌与栝楼，“蒌”繁体写作“蔞”，“楼”繁体写作“樓”，蔞、樓均为来母、侯部。使用形近字形成药名异写。如黄耆与黄蓍，乌韭与乌韮，石韦与石苇，白敛与白蔹，紫宛、紫苑与紫菀，红豆与荭豆等。这些异写字多个形体中词典等可能收有其中的一个，其余漏收。漏收的仍在写本中或者其他医籍中出现。此外，写本中因俗字的使用也可能导致漏收，如《治病药名文书第一种》（S. 1467V）等卷中出现的茵草/菌草，《中医大辞典》未收录。或纯属音译借词，不详具体药名的，如阿摩罗、阿愚繻譂泥等，《中华药海》《中医大辞典》《汉语大词典》均未收录。

6. 部分用于祝由的药名，词典也多未收录。敦煌写本医籍中 1200 余首医方中有 70 余首祝由方，其中涉及的药物，部分可药用，部分仅用于祝由。仅用于祝由的药名，词典等多未收录。写本中用于祝由的如以下药名：白鸡肝、马蹄、羖羊蹄、产血、角弓弦、破履、家长卧席、箕豆、钱、田中土、米、桑根、不开口瓠芦、桃枝、桑皮向东者、家长卧席、麻子、田中瓜下土、虎骨、鹿角、斛树皮、牛角等。其中马蹄、产血、钱、田中土、米等亦可入药，《中华药海》《中医大辞典》虽未收，但见于其他医籍文献。角弓弦虽无入药例，《中华药海》《中医大辞典》及其他医籍未见，但角弓弦烧灰多入药。白鸡肝仅用于祝由，食物禁忌中多见，很少入药。羖羊蹄、破履、家长卧席、箕豆、不开口瓠芦、桑皮向东者、田中瓜下土、斛树皮等少见入药例，多见于祝由，这些药名《中华药海》《中医大辞典》未收录，其他医籍文献也极少见。

7. 时代因素的影响。随着时代的发展，人们认识水平的提高，除上述部分仅用于祝由的药名被排除在药名之外，随着早期中医药食同源理论趋向药食分流的发展，药食同源的部分药名尤其是植物类中的谷部、菜部药名大部分也被排除在药名之外。此类药名在医籍中的应用范围越来越受限，渐渐不受关注，这也是部分药名《中华药海》《中医大辞典》等未收的原因之一。以敦煌写本植物类药名为例，谷部药名 193 个，其中 159 个药名《中华药海》词条未收，占谷部药名的 82%；除去词条未收、但在别名异名中收录的 26 个药名，仍有 133 个药名未收，占谷部药名的 69%。《中医大辞典》未收 162 个，占谷部药名的 84%。菜部药名 102 个，其中 76 个药名《中华药海》词条未收，占菜部药名的 75%；除去词条未收，但在别名异名中收录的 16 个药名，仍有 60 个药名未收，占菜部药名的 59%。《中医大辞典》未收 69 个，占菜部药名的 68%。果部药名 117 个，其中 82 个药名《中华药海》词条未收，占果部药名的 70%；除去词条未收，但在别名异名中收录的 8 个药名，仍有 74 个药名未收，占果部药名的 63%。《中医大辞典》未收 78 个，占果部药名的 67%。未收药名比例均高于植物类非药食同源类的草部、木部，草部药名计 524 个，其中 342 个药名《中华药海》词条未收，占草部药名的 65%；除去词条未收，但在别名异名中收录的 91 个药名，有 251 个药名未收，占草部药名的 48%。《中医大辞典》未收 293 个，占草部药名的 56%。木部 204 个药名中，133 个药名《中华药海》词条未收，占木部药名的 66%；除去词条未收，但在别名异名中收录的 27 个药名，仍有 106 个药名未收，占木部药名的 52%。《中医大辞典》未收 121 个，占木部药名的 59%。草部药名其他医籍也未见 45 个，仅占草部药名的 1%；而谷部药名其他医籍未见 29 个，占谷部药名的 15%。

（二）《中华药海》《中医大辞典》《汉语大词典》均未收录的部分药名考释

1. 女青。

温虐：恒山、蜀漆、鳖甲、牡蛎、麻黄、大青、防葵、猪苓、防己、茵芋、白头翁、女青、巴豆、芫花、白薇。《本草经集注・序录》（龙 530）

女青为植物，有两种，一种藤生，一种草生。一名雀瓢。《本草纲目・草之五・女青》："时珍曰：女青有二：一是藤生，乃苏恭所说似萝摩者；一种草生，则蛇衔根也。”①

2. 孔公孽。

（1）孔公孽消食肥泽，密陀僧去疥癞人。《张仲景〈五脏论〉一卷》（S.5614，P.2115，P.2378，P.2755）

（2）中风脚弱：石斛、钟乳、殷孽、孔公孽、硫磺、附子、丹参、甘竹沥、大豆卷、豉、天雄、侧子、五加。《本草经集注·序录》（龙530）

孔公孽是指石室上汁溜积久盘结者，形成的钟乳床。《证类本草·卷第三·石钟乳》：“陶隐居云：凡钟乳之类。有三种，同一体。从石室上汁溜积久盘结者，为钟乳床，即此孔公孽也。”②

3. 石长生。

虎眼汤：……虎眼（一具，无新者，干亦得）、茯苓（三两）、露蜂房（一具，炙）、独活（二两）、石长生（口两）。《杂证方书第八种》（P.3596）

石长生，一名丹草、丹沙草。生咸阳山谷，苗高尺许，花紫色。多生于石岩下，叶似蕨。③

4. 马芹。

敦煌写本《蒙学字书》（Дx02822）药物部第十有马芹。马芹为植物，多生于水泽旁。苗似鬼针，花若芹花，花青白色，子黑黄色。嫩时可作食菜。籽实可调味，香味类橘皮，但无橘皮的苦味；亦可入药，《证类本草》引《日华子本草》：“子治卒心痛，炒食令人得睡。”④

5. 占斯。

（1）恶疮：雄黄、雌黄、胡粉、硫磺、矾石、石灰、松脂、蛇床子、地榆、水银、蛇衔、白蔹、漏芦、蔄茹、黄蘗、占斯、雚菌、莽草、青葙、白芨、楝实、及己、狼跋、桐叶、虎骨、狸骨、藜芦、猪肚。《本草经集

① （明）李时珍：《本草纲目》，北京：人民卫生出版社，1957年影印，第922页。

② （宋）唐慎微：《重修政和经史证类备用本草》（简称《证类本草》），上海：上海古籍出版社，1991年，第73页。

③ （明）李时珍：《本草纲目·草之九·石长生》，北京：人民卫生出版社，1957年影印，第1078页。

④ （宋）唐慎微：《重修政和经史证类备用本草》（简称《证类本草》），上海：上海古籍出版社，1991年，第632页。

注·序录》(龙530)

(2) 月闭：鼠妇、蟅虫、蛀虫、水蛭、蛴螬、桃核仁、狸阴茎、牡丹、牛膝、占斯、虎杖、阳起石、桃毛、白垩、铜镜鼻。《本草经集注·序录》(龙530)

占斯为樟树上寄生，一名炭皮，一名良无极，一名木占斯。《本草纲目·木之四·占斯》："时珍曰：占斯，《范汪方》谓之良无极，《刘涓子鬼遗方》谓之木占斯，盛称其功，而《别录》一名炭皮，[集解]《别录》曰：占斯生太山山谷。采无时。"①

6. 大青。

(1) 温虐：恒山、蜀漆、鳖甲、牡蛎、麻黄、大青、防葵、猪苓、防己、茵芋、白头翁、女青、巴豆、芫花、白薇。《本草经集注·序录》(龙530)

(2) 疗服石人患不得卧后床及患热痢等，并四肢烦，五脏闷，气急等，此药除之甚验。寒水石（六分)、石膏（六分)、苦参（十分)、大青(四分)、葳蕤（六分)。《疗服石方》。(罗振玉旧藏)

大青在敦煌写本中出现6次，其他医籍亦多见。《本草纲目》对其有较好的解释，《本草纲目·草之四·大青》："[释名] 时珍曰：其茎叶深青，故名。[集解] 别录云：大青，三四月采茎，阴干。宏景曰：今出东境及边道，紫茎长尺许，茎叶皆用。"②

7. 牛饴。

噎：羚羊角、通草、青竹茹、头垢、芦根、舂杵糠、牛饴。《本草经集注·序录》(龙530)

牛饴，疑为牛齝之误，《政和本草》引《集注》文为牛齝。牛齝指牛反刍出来的草。明代李时珍《本草纲目·兽之一·牛》："齝草（音痴)，一名牛哰草，即牛食而复出者。"又"牛齝，治反胃噎膈，虽取象回嚥之义，而沾濡口涎为多，故主疗与涎之功同。"③

① （明）李时珍：《本草纲目》，北京：人民卫生出版社，1957年影印，第1476页。
② （明）李时珍：《本草纲目》，北京：人民卫生出版社，1957年影印，第871页。
③ （明）李时珍：《本草纲目》，北京：人民卫生出版社，1957年影印，第1741-1742页。

8. 狼齿。

牙子……一名狼牙，一名狼齿，一名狼子，（一名）犬牙。生淮方川谷及宛朐。八月采根，曝干。《新修本草·草部》（P. 3714）

由上文知，狼齿为牙子别名。此外，还有别称。《本草纲目·草之六·狼牙》："［释名］牙子（《本经》）、狼齿（《别录》）、狼子（《别录》）、犬牙（《吴普》）、抱牙（《吴普》）、支兰（李当之）。"①《本草崇原·本经下品·狼牙根》："狼牙，《本经》名牙子，《别录》名狼齿，《吴普本草》名犬牙，又名抱牙。始出淮南川谷及冤句，今江东州郡所在有之，其根黑色，若兽之齿牙，故有诸名。"② 狼齿，味苦、酸，性寒，有毒。去热治疡等。

9. 含映。

胡麻之法，口如一名三光之荣贵，一名口昌，一名含映，一名青蘘，是其叶，食口好成熟者捣，持土秽随意多少，汤口干后蒸之，使微气出，极溜通止，更曝口曝，每至蒸时，要须快日，天阴不得蒸口，复温而复蒸，都曝讫，而后捣之，和以白蜜，口至服时，一服一枚，以日三时服之，可长生不死，年期口。《绝谷仙方》（S. 2438）

胡麻味甘，性平，无毒。因其补五脏、增气力、长肌肉、益智力等，列为道家服食养生的上品。上文为道家服饵胡麻法，胡麻丸的制作和服食方法。文字残缺，但大意仍在，其中涉及胡麻叶，一名含映，一名青蘘。即含映为胡麻叶的别名。

10. 细豆蔻。

彼人所有恶星灾变与初生时星属相违，疫病之苦闻诤战阵。恶梦、鬼神、蛊毒、厌魅，咒术起尸，如是诸恶为障难者，悉令除灭。诸有智者，应作如是洗浴之法，当取香药三十二味。所谓菖蒲（跋者）、牛黄（瞿卢折娜）、苜蓿香（塞毕力迦）、麝香（莫诃婆伽）、雄黄（末奈眵罗）、合昏树（尸利洒）、白及（因达啰喝悉哆）、芎藭（闍莫迦）、狗杞根（苫弭）、松脂（室利薛瑟得迦）、桂皮（咄者）、香附子（目窣哆）、沈香（恶揭噜）、栴檀（栴檀娜）、零凌香（多揭罗）、丁子（索瞿者）、郁金

① （明）李时珍：《本草纲目》，北京：人民卫生出版社，1957 年影印，第 947-948 页。
② （明）张志聪：《本草崇原》，北京：中国中医药出版社，1992 年，第 124 页。

(荼矩么)、婆律膏(揭罗娑)、萎香(捺剌柁)、竹黄(鹨路战娜)、细豆蔻(苏泣迷罗)、甘松(苦弭哆)、藿香(钵怛罗)、茅根香(嗢尸罗)、叱脂(萨洛计)、艾纳(世黎也)、安息香(窭具罗)①、芥子(萨利教跛)、马芹(叶婆你)、龙花(须)(那伽鸡萨罗)、白胶(萨折罗娑)、青木(矩瑟侘)皆等分,以布洒星日,一处捣筛,取其香末。当以此咒咒一百八遍,咒曰……《佛家香浴方》(P. 3230、S. 6107)

佛事活动与香联系甚多,熏香、涂香,香汤洗浴等。上为佛家洗浴药方,其中用到32味香药,包括细豆蔻。名为豆蔻的有白豆蔻、草豆蔻、红豆蔻和肉豆蔻等,均含挥发油,具芳香之气,功效相近。如《本草通玄》:"白豆蔻,其功全在芳香之气,一经火炒,便减功力;即入汤液,但当研细,乘沸点服尤妙。"细豆蔻具体所指,一是疑不是豆蔻种类之一,而是豆蔻研为细末,在洗浴方中使用;二是细豆蔻或为小豆蔻异名,为姜科小豆蔻属,主产于印度等,同样含挥发油,有芳香气味。

11. 龙花须。

龙花须(那加鸡萨罗)……《佛家香浴方》(P. 3230、S. 6107)

龙花须疑为龙花(须),即龙花或者龙须,所指为一物,即同物异名。考之文献,载龙花之名的,如《本草纲目》卷三十七"附录诸木一十九种":"那耆悉:藏器曰:味苦,寒,无毒。主结热热黄,大小便涩赤,丹毒诸热,明目。取汁洗目,主赤烂热障。生西南诸国。一名龙花。"② 载龙须之名的,如《证类本草》第七卷"石龙刍"条下:"石龙刍:味苦,性微寒、微温,无毒。主心腹邪气,小便不利,淋闭,风湿,鬼疰恶毒,补内虚不足,痞满,身无润泽,出汗,除茎中热痛,杀鬼疰恶毒气。久服补虚羸,轻身,耳目聪明,延年。一名龙须,一名草续断,一名龙珠,一名龙华,一名悬莞,一名草毒。九节多味者良,生梁州山谷湿地。五月、七月采茎,曝干。"③《本草纲目》中"那耆悉"之名,正与"那加鸡萨罗"读音相类,只是音译对应用字稍别而已。

---

① 窭具罗,P. 3230缺,S. 6107有。

② (明)李时珍:《本草纲目》,北京:人民卫生出版社,1957年影印,第1482页。

③ (宋)唐慎微:《重修政和经史证类备用本草》(简称《证类本草》),上海:上海古籍出版社,1991年,第208页。

12. 狼唐、莨菪。

狼唐今方家多作莨蔷也。《新修本草·草部》(P. 3714)

狼唐、莨蔷亦名莨菪、行唐、横唐。味苦，性寒，有毒。《本草纲目》："横唐（本经），行唐。"有毒，"其子服之，令人狂狼放宕，故名"。"《别录》曰：莨菪子生海滨川谷及雍州，五月采子。"[①] 据《本草纲目》，入药可治卒发癫狂、久嗽不止有脓血（孟诜《必效方》）、不思饮食羸困者（《圣济录》）、冷疳痢下（《普济方》）、肠风下血、脱肛不收（《圣惠方》）、风牙虫牙（《瑞竹堂方》）、牙齿宣落风痛（《必效方》）、风毒咽肿（《外台秘要》）等。

13. 黏鼠子。

蛊水遍身洪肿方……又方：黏鼠子两抄，分再服，勿使嚼破，验。《杂证方书第一种》(S. 3347)

黏鼠子之名，文献中鲜有记载，疑为鼠黏子，《本草纲目·草之四·恶实》［释名］引颂曰："实壳多刺，鼠过之则缀惹不可脱，故谓之鼠黏子，亦如羊负来之比。"[②] 亦作鼠粘子，如《头、目、产病方书》(P. 3930)："治风头痛方……蒺藜子一升，鼠粘子半升，莨菪子半升，黑豆一升，以水三升，煎取二斗，去滓淋头即差，三五度，汁冷又温之。"又名恶实、牛蒡子、大力子。味辛、苦，性寒。辛散苦泄、寒能清热，故有疏散风热、解毒、利咽和消肿等作用。上文的用途也正是消肿。

14. 青米。

东方白石十四斤，白米一升；西方口；北方黄石六十斤，青米一升。《五石药方残片》(S. 9936, S. 11363)

青米之名，别处见者，如《云笈七签》："生白粳米一斛五斗，更舂治，折取一斛二斗，得稻名有青者，如豫章西山青米、吴越青龙稻米是也。青米理虚而受药气，故当用之，盛治，勿令鸡犬秽物临见之。"[③] 由此看来，青米是指名字中有青者的稻米。青米，也有认为是青粱米的。青粱米，味甘、性微寒、无毒。主胃痹，热中，消渴，止泄痢，利小便，轻身

① （明）李时珍：《本草纲目》，北京：人民卫生出版社，1957年影印，第953页。

② （明）李时珍：《本草纲目》，北京：人民卫生出版社，1957年影印，第875页。

③ （宋）张君房纂集，蒋力生校注：《云笈七签》，北京：华夏出版社，1996年，第456页。

长年。道家常用来做辟谷养生之用。汉末道书《灵宝五符序·神仙服食青粱米方》："取青粱米一斗，淘沃之，渍以醇酒，三日蒸之，无令漏也。百蒸百露，无令见日。善密藏之韦囊中，即欲入山远行，一餐之，足支十日不食。十日复一餐，足可四十九日不食。四十九日复一餐，可四百九十岁为一节。一方宜玄粱米，一方云三斗。"① 也有认为青米是粳米和南烛叶捣汁浸渍而成。不管何种方式的青米，在道家文献中都是具有非凡的服食养生作用的。

15. 清醯。

口生发膏方：蔓荆子三两，附子三两，松脂三两，松叶半升，茵草一两，石南草二两，细辛二两，零陵香二两，续断二两，皂荚二两，泽兰二两，防风二两，杏仁二两，马（马耆）膏二两，藿香一两，熊脂二升，猪脂二升，白芷二两，并父咀，细细切，清醯三升，渍药二宿。《治病药名文书第二种》（S. 1467）

醯指的是酒还是醋，这个问题有争议。《仪礼·聘礼》"醯醯百甕"贾公彦疏："醯是酿谷为之，酒之类。"《论语·公冶长》"或乞醯焉"皇侃疏："醯，酢酒也。"邢昺疏："醯，醋也。"清醯在此处是指清酒还是清醋？《千金要方》卷十三有和此处相同的方子，只是"清醯"为"清醋"。这样看来，此处"清醯"更可能为"清醋"。

16. 粳米潘汁。

服药过剂闷乱者：吞鸡子黄，又蓝汁，又水和胡粉，又土浆，又蘘荷汁，又粳米潘汁，又豉汁，又干姜、黄连屑，又饴糖，又水和葛粉饮之皆良。《本草经集注·序录》（龙 530）

《说文·水部》："潘，淅米汁也。"②《左传·哀公十四年》："陈氏方睦，使疾，而遗之潘沐，备酒肉焉。"杜预注："潘，米汁也，可以沐头。"杨伯峻注："潘，即今淘米汁。"③ 淘米汁去垢，古人常用来洗头洗面。粳米潘汁，就是粳米的淘米汁。医方典籍中米汁也常用来渍药和送服药。

---

① 《正统道藏》第十册，台北：新文丰公司，1977 年，第七五一页上。

② （东汉）许慎著，（清）段玉裁注：《说文解字注》，杭州：浙江古籍出版社，1998 年，第 561 页。

③ 杨伯峻：《春秋左传注》，北京：中华书局，1981 年，第 1683 页。

17. 大石瓜。

大石瓜……《蒙学字书·果子部第五》(Дх02822)

大石瓜是指来自大石的一种瓜类，按照钱伯泉《大石、黑衣大石、喀喇汗王朝考实》①，大石是公元10世纪后期，在西域疏勒国附近出现的一个新的国家，宋朝史籍多称之为“大石”，偶尔称“大食”。非此前被称为大食的西亚阿拉伯伊斯兰教帝国。大食瓜多认为是西瓜，大石瓜是否也指的是西瓜，有待考证。

18. 赤皮苓。

大腹水肿：大戟、甘遂、泽漆、葶苈、荛花、芫花、巴豆、猪苓、防己、桑根白皮、商陆、泽兰、郁核、海藻、昆布、苦瓠、瓜蒂、小豆、鳢鱼、术、赤皮苓、大豆。《本草经集注·序录》(龙530)

茯苓分白茯苓与赤茯苓，此处赤皮苓应指赤茯苓的皮。茯苓味甘，性平，无毒。据《本草纲目》，赤茯苓主治破结气（甄权），泻心、小肠、膀胱湿热，利窍行水。茯苓皮主治水肿肤胀，开水道，开腠理（时珍）。② 由上文赤皮苓用于大腹水肿及茯苓皮主治水肿来看，赤皮苓应为赤茯苓的皮，即赤苓皮。

19. 斛树皮。

疗带方……又方：斛树皮一束，悬在患人床下，当心，并疗痔病。《杂证方书第九种》(P. 3596)

斛树皮为槲树的皮。槲树又名柞栎、栎。《本草纲目》果部“橡实”条下有记载：“栎，似樗之木也。梂，盛实之房也。其实名橡，有梂自裹之。《诗·唐风》云：集于苞栩。《秦风》云：山有苞栎。陆机注云：即柞栎也。秦人谓之栎，徐人谓之杼，或谓之栩。其子谓之皂，亦曰皂斗。其壳煮汁可染皂也。今京洛河内亦谓之杼，盖五方通语，皆一物也。”③ 橡实为栎木的籽。据《本草纲目》，橡实味苦，性微温，无毒。主下痢，厚肠胃，肥健人等。不过上例用作祝由。

① 钱伯泉：《大石、黑衣大石、喀喇汗王朝考实》，载《民族研究》，1995年第1期，第86-89页。

② （明）李时珍：《本草纲目》，北京：人民卫生出版社，1957年影印，第1469页。

③ （明）李时珍：《本草纲目》，北京：人民卫生出版社，1957年影印，第1295页。

20. 螈蚕蛾。

秘泄津液方，延年养性，神秘不传。螈蚕蛾未连者四十枚（去头足口，以苦酒浸，浸周之时出，阴干之），大蜻蜓十四枚（六足四目者，青色者良），蜂子，临飞、赤黄者六十枚（蒸之，三升米下，令足羽自落，去头，阴干之）。右合捣筛，以鸡子白和为丸，丸如梧子，酒服三丸，日三服，九九止，尽日交而液不出也。欲下者食猪脂一斤。《杂证方书第三种》（P. 2565）

《名医别录》中品有“原蚕蛾”，《医心方》卷二十六有“螈蚕”，战时避兵刃之用，“以彩衣之，系在臂，入军不畏流矢也”。《本草纲目》卷三十九虫部有“原蚕”，还有“晚蚕蛾、晚蚕、魏蚕、夏蚕、热蚕”等，和螈蚕蛾均指同一物。味咸，性温，有小毒。具有补肝益肾、壮阳益精等功用。

21. 糩米。

糩米……《蒙学字书·果子部第五》（Дх02822）

“糩”同“糵”，《字汇·米部》：“糩，同糵。”糩米即糵米。《集韵·麦韵》：“米饭半腥半熟曰糵。”《玉篇·米部》：“饭半生也。”《说文·米部》朱骏声通训定声：“糵，苏俗所云隔生饭也。”如此看来，糩米为半生熟的饭。

22. 青耳。

天门冬：垣衣、地黄为之使，畏曾青、青耳。《本草经集注·序录》（龙 530）

麦门冬：口黄为之使，恶款冬花、苦瓠，畏苦参、青蘘、青耳。《本草经集注·序录》（龙 530）

青耳具体所指，文献鲜有记载。《证类本草》卷第二“麦门冬”条下引《药性论》：“恶苦芙，畏木耳。”①《古今医统大全》卷之九十六《救荒本草·草部·麦门冬》：“味甘性平微寒无毒。地黄、车前为之使，恶款冬、苦瓠、苦芙（乌老切），畏木耳、苦参、青蘘。”②《得配本草》卷三

① （宋）唐慎微：《重修政和经史证类备用本草》（简称《证类本草》），上海：上海古籍出版社，1991 年，第 163-164 页。

② （明）徐春甫编集：《古今医统大全》，北京：人民卫生出版社，1991 年，第 1251 页。

《草部（隰草类七十一种）·麦门冬》："地黄、车前为之使，畏苦参、青葙、木耳，恶款冬、苦芙、苦瓠，忌鲫鱼，伏石钟乳。"① 由此看来，青耳应是木耳，木耳有黑木耳、白木耳之分，青意即黑，青耳应是黑木耳。

23. 乌龙肝。

出蛊毒方：豆豉七粒，黄龙脑一分，乌龙肝一分。右件药细研为末，都为一服，空腹下。若是先喫著药，服药时，诵咒即吐出，咒曰：父蜣蜋虫，母是耶阇鬼，眷属百千万，吾今悉识你。真言：奄迦吒，同吒萨娑诃。佛说咒蛊毒真言：唵支婆卓，毗尼娑卓，呜苏摩卓，菩提萨诃贺《佛家辟谷方》。（P. 2637，P. 2703）

《备急千金要方》卷第二十五："治鬼魇不悟方：伏龙肝末吹鼻中。""治中恶并蛊毒方：冷水和伏龙肝如鸡子大，服之必吐。"② 由此看来，伏龙肝有辟魇出蛊毒的作用。上例中的乌龙肝极有可能就是伏龙肝。

24. 阿愚谎谭泥。

染髭及发方法：针沙、破铁汁并得（并醋浸，合铁加入醋腐熟，即醋色赤黑。冬月并近火，春即日裹，时时搅之）。玉门矾石（一钱，对火烧，合乳沸，即收着盏中，以醋半合，须着石上，其石即自消散，便和为汁）。阿愚谎谭泥一两，没石子一分（以上两味和于铛中干熬，热即软黑，恰似煮菜二种，待干后捣作末，生绢细罗取）。

右泔裹净洗头发及髭须，勿令腻其髭，又更别着澡豆重洗，令涩。待干后，然取铛子净洗，勿令腻，即以一升铁汁纳铛中，着一两合白面和调和煮，面糊三五沸即熟，热涂髭须上。即取故油斤，火上暖令软，便裹髭须及发，经一宿。早起口口暖水洗一回，至夜间欲卧时，即取黄矾汁轻刷髭发上，其余残汁还于小铛裹着，又更涂一升醋，即取阿愚谎谭泥、没石子末内裹许，又着白面一两合和搅之，还似煮面糊，熟即依前涂暖油一斤裹一宿。早起即用暖水净洗手，其髭发黑色如染。经二十日，发根底微白，依前更染一回，再染得一载。发经一染，三载得黑，大效。《杂证方书第六种》（P. 2882）

阿愚谎谭泥疑为婆罗勒，《本草纲目》卷三十五"婆罗得"条下：

---

① （清）严洁、施雯、洪炜：《得配本草》，北京：中国中医药出版社，1997年，第96页。
② （唐）孙思邈：《备急千金要方》，北京：中医古籍出版社，1999年，第351页。

“［释名］婆罗勒。时珍曰：婆罗得，梵言重生果也。［集解］珣曰：婆罗得生西海波斯国，树似中华柳树，子如蓖麻子，方家少用之。时珍曰：按：王焘《外台秘要》：婆罗勒似蓖麻子，但以指甲爪之，即有汁出。即此物也。”①《外台秘要》“换白发及髭方”，《太平圣惠方》“染髭鬓令黑、永不白方”，《本草纲目》“拔白生黑方”中，婆罗勒均为主要药物。上文中阿愚濡谭泥的主要用途也正是此。阿愚濡谭泥与婆罗勒可能也只是音译不同的区别。

25. 小蘗。

疗消渴方……又方：秘验。黄连五两，小蘗二两，栝蒌二两口，捣筛为丸散，煮大麦仁饮，和服一匕，日再验。《杂证方书第一种》（S. 3347）

治面热卒赤肿方：鸡子白涂，寒水石涂，白蔹、石膏水磨涂，榛子（原文奏子）捣口口涂，狗粪下土和水涂，即差。又方：黄蘗及小蘗皮作末，涂之即差。《头、目、产病方书》（P. 3930）

小蘗，又名子蘗、山石榴。金樱子亦名山石榴，小蘗与金樱子非同一物。《本草纲目》卷三十六“金樱子”条下：“时珍曰：小蘗并名山石榴，非一物也。”② 味苦，大寒，无毒。主去心腹中热气，杀诸虫，治血崩。上例两方中均用于清热去火。

26. 青龙实中仁、玄中津。

青龙实中仁三两（杏仁也，新白者，汤退皮，去尖，多仁蒸熟捣为糊），玄中津二升（生天门冬子也，去皮、心），生捣绞取汁，微火煎令如稀饧，以白蜜一合已下锅中搅和。右以前诸药末等，一时入锅中，调搅干湿得所，将出，入铁臼中，捣一万余杵，并手捻为颗，颗如梧子大。每日空腹酒下三十丸，日再服。服经一百日，肌骨肥润，血脉通流。至二百日，眼明耳聪，宿疾、气劳、暗风、头风悉除，手脉自知有力，面目已有光泽。固得须发不白，永无衰老。登高履深，筋力不乏，奔马心神不动。虽不上升，永为地仙。下鬼冥目，莫如近也。《道家养生方》（P. 4038）

由上文看，青龙实中仁为杏仁的别称，具有道教色彩。杏仁，性温，味甘苦，有小毒。具有解肌、散风、降气、润燥、消积、美容等功效，道

① （明）李时珍：《本草纲目》，北京：人民卫生出版社，1957 年影印，第 1411 页。
② （明）李时珍：《本草纲目》，北京：人民卫生出版社，1957 年影印，第 1444 页。

家服食、养生、辟谷多用之。

玄中津为生天门冬子的别称，具有道教色彩。天门冬性寒，味甘微苦。因其清热养阴，滋肾润肺，强骨髓，养肌肤，益气力等，被认为是轻身益气、延年耐老、百病不侵之物。因而天门冬为道家服食养生辟谷常用之物。在道家典籍中关于天门冬有不少记载。据《证类本草》卷第六引《修真秘旨》神仙“服天门冬三十斤”，“二百日后怡泰、拘急者缓，羸劣者强；三百日身轻；三年，走及奔马”。再引“《抱朴子》：杜紫微服天门冬，御八十外家，有子一百四十人，日行三百里。《列仙子》：赤顶子食天门冬，齿落更生，细发复出。《神仙传》：甘始者，太原人。服天门冬，在人间三百年。”①

27. 梼梨。

樝子：平。右多食损齿及损筋，唯治霍乱转筋，煮汁饮之。与木瓜功相似，而小者不如也。昔孔安国不识，而谓之不藏。今验其形小，况相似。江南将为果子顿食之，其酸涩也，亦无所益。俗呼为梼梨也。《食疗本草》（S. 76）

由上段文字知，梼梨为樝子俗称。樝子亦称木桃和圆子，似梨而小，与木瓜同而小于木瓜，味略有不同。《本草纲目》：“木瓜酸香而性脆，木桃酢涩而多渣，故谓之樝。《雷公炮炙论》和圆子即此也。”“樝子乃木瓜之酢涩者，小于木瓜，色微黄，蒂核皆粗，核中之子小圆也。按王祯《农书》云，樝似小梨，西川唐邓间多种之，味劣于梨，与木瓜同，入蜜煮汤，则香美过之。《庄子》云，植梨橘柚，皆可于口，《淮南子》云，树樝梨橘，食之则美，嗅之则香，皆指此也。”② 梼梨，味酸涩，性平，无毒。断痢，去恶心咽酸，主治霍乱转筋等。

28. 柳脉。

治女人产后得热疾方：取柳脉者捣作末，兼大黄涂脐下已，更与布手巾一二，与冷水渍之包之，即差。柳脉者，是柳根也。即急于瓷碗中烧作灰，令尽，研灰和清水，面向东服之，即差。令人腹不痛便即平安，此咒

① （宋）唐慎微：《重修政和经史证类备用本草》（简称《证类本草》），上海：上海古籍出版社，1991 年，第 152 页。

② （明）李时珍：《本草纲目》，北京：人民卫生出版社，1957 年影印，第 1273 页。

唯须虔诚，不得轻之。《头、目、产病方书》（P. 3930）

由上文知，柳脉，即柳根。柳根味苦，性寒，无毒。清热泻火解毒。《本草纲目》中有治耳痛有脓的："柳根，细切，熟捣封之，燥即易之（《斗门方》）。"也用于治乳痈妬乳："初起坚紫，众疗不瘥：柳根皮熟捣火温，帛裹熨之。冷更易，一宿消（《肘后方》）。"[1] 故用之治热疾。敦煌写本用例将柳根的药性与符咒之法结合。

29. 法豆。

吃草方：黑豆（一升），苍术（五两），右件二味，以水煮欲后，干炒，令黄色。将行路中，有一切草木树叶，将以食之满口，用法豆五七粒，同吃一切草木，并作豆味，兼能香滑，请各记之。《佛家辟谷方》（P. 2703）

关于法豆，文献记载很少，上段文字交代了法豆为何物，法豆是黑豆按一定比例加入苍术，水煮之后干炒，炒至黄色而成。《神农本草经》不分苍术和白术，统称为术，列为上品。苍术味辛、微苦，性温，无毒。具有健脾燥湿，散寒解表的功效。《本草纲目》卷十二"苍术"："异术言术者，山之精也，服之令人长生、辟谷、致神仙。" "作煎饵，久服轻身延年、不饥。"[2] 黑豆味甘，性平，无毒。《本草纲目》卷二十四"大豆"："服食大豆，令人长肌肤、益颜色、填骨髓、加气力、补虚能食。"[3] 上文吃草方中用法豆，正是兼取苍术、黑豆二者之功效，同时也有调味的作用，让一切草木与之同吃时能香滑而充满豆香味。

医药典籍中法豆不多见，但见于宋代小说，《梦粱录》卷十三"夜市"："庙巷口卖杨梅糖、杏仁膏、薄荷膏、十般膏子糖。内前杈子里卖五色法豆，使五色纸袋儿盛之。"[4]《梦粱录》卷十三"诸色杂卖"："又沿街叫卖小儿诸般食件：麻糖、鎚子糖、鼓儿饧、铁麻糖、芝麻糖、小麻糖、破麻酥、沙团、箕豆、法豆、山黄、褐青豆、盐豆儿、豆儿黄糖、杨梅

① 两处引文均见于（明）李时珍《本草纲目》，北京：人民卫生出版社，1957 年影印，第 1413 页。

② （明）李时珍：《本草纲目》，北京：人民卫生出版社，1957 年影印，第 743 页。

③ （明）李时珍：《本草纲目》，北京：人民卫生出版社，1957 年影印，第 1135 页。

④ （宋）吴自牧：《梦粱录》（王云五主编，丛书集成初编），上海：商务印书馆，1939 年，第 116 页。

糖、荆芥糖、榧子、蒸梨儿、枣儿、米食羊儿、狗儿、蹄儿、茧儿、栗粽、豆团、糍糕、麻团、汤团、水团、汤丸、馉饳儿、炊饼槌、栗炒槌、山里枣、山里果子、莲肉、数珠、苦槌、荻蔗、甘蔗、茅洋、跳山婆、栗茅、蜜屈律等物，并于小街后巷叫卖。”①

从这段小说中的文字记载来看，大豆正有黑、白、黄、褐、青斑五色，法豆因之亦有五色。五色法豆均可作零食，但入药黑豆更佳。因而《佛家辟谷方》（P. 2703）选用的是黑豆。

30. 白截浆。

小补心汤……栝蒌（一枚，捣），薤白（八两），半夏（半斤，洗去滑），右三味，以白截浆一斗，煮取四升，温服一升，日再服。（《辅行诀脏腑用药法要》）

大补心汤……栝蒌（一枚，捣），薤白（八两），半夏（半斤，洗去滑），枳实（熬，二两），厚朴（炙，二两），桂枝（一两），右六味，以白截浆一斗，煮取四升，每服二升，日再。（《辅行诀脏腑用药法要》）

白截浆具体所指，一是醋。《广韵·代韵》：“截，醋也。”白截浆即白醋。二是酒类。《周礼·天官·酒正》：“辨四饮之物，一曰清，二曰医，三曰浆，四曰酏。”郑玄注“浆，今之截浆也。”贾公彦疏：“云‘浆，今之截浆也’者，此浆亦是酒类，故其字从载从酉省。截之言载，米汁相载，汉时名为截浆，故云今之截浆也。”②《周礼·天官冢宰下·酒正》郑玄注“浆，今之截浆也。”孙诒让正义：“浆、截同物，累言之则曰截浆，盖亦釀糟为之，但味微酢耳。”③《金匮要略》《医宗金鉴》等其中的“栝蒌薤白半夏汤”与上文“小补心汤”其余用料同，主胸痹、心痛，只是“白截浆”换用为白酒。

综上看来，“米汁相载”“釀糟为之”等表明，白截浆应是酿的味微酸的米酒。

① （宋）吴自牧：《梦粱录》（王云五主编，丛书集成初编），上海：商务印书馆，1939年，第118页。

② （汉）郑玄注，（唐）贾公彦疏：《周礼注疏》（李学勤主编《十三经注疏》标点本），北京：北京大学出版社，1999年，第121-122页。

③ （清）孙诒让：《周礼正义》，上海：上海古籍出版社，2002年，第217页。

31. 阿摩罗。

又疗落发：以诃梨勒二两，去子。毗梨勒二两，去子。阿摩罗二两。三物以醋浆各二升，煎去滓洗头，一日洗五度。空煎阿摩罗二两，洗之亦差。《杂疗病药方》（P. 3378）

阿摩罗，一种印度植物的果实，音译为阿摩洛迦或庵摩洛迦，又作阿末罗、庵摩罗、阿米剌等。《大唐西域记》卷第八："阿摩落伽者，印度药果之名也。"① 又名余甘子，《本草纲目》："［释名］余甘子（《唐本》）、菴摩落迦果。藏器曰：梵书名菴摩勒，又名摩勒落迦果。其味初食苦涩，良久更甘，故曰余甘。"② 味甘，性寒，无毒，用以涂头，"令发生如漆黑也"③。上例方中即用以洗头疗落发。

32. 缦绯、缦青。

牙疼方：无灰清酒一升，缦绯一片，缦青一片，即口。右以酒煎取半升即含，每冷煎口。《杂证方书第四种》（P. 2662）

缦是没有彩色花纹的丝织品，绯为红色，缦绯就是没有花纹的红色丝织品。缦青为没有花纹的青色丝织品。绢帛之类丝织品烧研入药的文献记载不少。如《本草纲目》服器部卷三十八有绢、帛，如"绯绢：烧灰，入疟药（时珍）"。"绯帛烧研，敷初生儿脐未落时肿痛，又疗恶疮疔肿，诸疮有根者，入膏用为上。"④《证类本草》中绯帛和其他药物相配，也有大主毒肿之效等。⑤ 此处用于治牙疼。

33. 萁豆。

耳聋鬼名：胡楼兜、睺睺睺睺胡楼兜、阿呵呵那胡楼兜、阿若若若若胡楼兜、阿吒吒胡楼兜、莎呵，须三升小⑥，接取清，七七遍咒于晨朝时，慈萁豆安绵，捣取七遍，一一称鬼名。《佛家医方》（P. 2665）

---

① （唐）玄奘、（唐）辩机著，季羡林等注释：《大唐西域记校注》，北京：中华书局，1985年，第641页。

② （明）李时珍：《本草纲目》，北京：人民卫生出版社，1957年影印，第1302页。

③ （明）李时珍：《本草纲目》，北京：人民卫生出版社，1957年影印，第1303页。

④ 两处引文均见于（明）李时珍：《本草纲目》，北京：人民卫生出版社，1957年影印，第1485页。

⑤ （宋）唐慎微：《重修政和经史证类备用本草》（简称《证类本草》），上海：上海古籍出版社，1991年，第547页。

⑥ 后应有缺文。

关于萁豆的文献记载不多，就《梦梁录》和《武林旧事》的记载来看，是一种零食。《梦粱录》卷六："是日，内司意思局进呈精巧消夜果子合，合内簇诸般细果、时果、蜜煎、糖煎及市食，如十般糖、澄沙团、韵果、蜜姜豉、皂儿糕、蜜酥、小鲍螺酥、市糕、五色萁豆、炒槌栗、银杏等品，及排小巧玩具头儿、牌儿、帖儿。"①《武林旧事》卷三："禁中以腊月二十四日为小节夜，三十日为大节夜，呈女童驱傩，装六丁、六甲、六神之类，大率如《梦华》所载。后苑修内司各进消夜果儿，以大合簇饤凡百余种，如蜜煎珍果，下至花饧、萁豆，以至玉杯宝器、珠翠花朵、犀象博戏之具，销金斗叶、诸色戏弄之物，无不备具，皆极小巧。"②

34. 白珂。

面散方：白珂（倍多），珊瑚（少许），白附子（少与），鹰粪（少与）。右件四味各一两，细研为屑，乳和，夜上（涂）之。《美容方书》（S. 4329）

白珂之名文献中不多见，《中阿含经》中列珍宝之名曾提及："复次，世尊！我大海中多有珍宝，无量贵异，种种珍琦，充满其中。珍宝名者，谓金、银、水精、琉璃、摩尼、真珠、碧玉、白珂、螺璧、珊瑚、琥珀、玛瑙、玳瑁、赤石、琁珠。"③白柯大多被称为"珂"，据《本草纲目》："［集解］《别录》曰：珂生南海，采无时，白如蚌。""恭曰：珂，贝类也。大如鳆，皮黄黑而骨白，堪以为饰。"④由此看来，白珂为某一贝类的白壳，亦称珂。味咸，性平，无毒。主目中翳，断血，生肌等。

35. 狼跋。

恶疮：雄黄、雌黄、胡粉、硫磺、矾石、石灰、松脂、蛇床子、地榆、水银、蛇衔、白蔹、漏芦、蔄茹、黄蘗、占斯、雚菌、莽草、青葙、白芨、楝实、及已、狼跋、桐叶、虎骨、狸骨、藜芦、猪肚。《本草经集

① （宋）吴自牧：《梦粱录》（王云五主编，丛书集成初编），上海：商务印书馆，1939年，第49页。

② （宋）周密：《武林旧事》，知不足斋丛书本重印。

③ 中国佛教文化研究所点校：《中阿含经·卷第八》，北京：宗教文化出版社，1999年，第148-149页。

④ （明）李时珍：《本草纲目》，北京：人民卫生出版社，1957年影印，第1649页。

注·序录》（龙530）

狼跋，黄环别名。《本草纲目·黄环》："时珍曰：此物叶黄而圆，故名黄环，如萝藦呼白环之义。亦是葛类，故名就葛。跋乃野狼足名，其荚似之，故曰野狼跋子。"① 味苦，性平。主蛊毒、鬼疰、鬼魅，脏中邪气，除咳逆寒热。

36. 雀萑草。

疗带方：取雀萑草，一名雀林，多生谷田，捣汁一升服之。《杂证方书第八种》（P. 3596）

雀萑草之名，文献中鲜有记载。雀林，因音近，疑是菥蓂之误。荠菜有雀萑菜之别名。菥蓂、荠菜同属荠类，但有区别。《尔雅》云："菥蓂，大荠。"郭璞注："似荠，细叶，俗呼之曰老荠。"② 马继兴："菥蓂，味辛，微温，无毒。主明目，目痛泪出，除痹，补五脏，益精光，疗心腹腰痛。久服轻身不老。一名菥，一名大蕺，一名马辛，一名大荠。生川泽及道旁。四月、五月采，曝干。（得荆实、细辛良，恶干姜、苦参。）"③ 菥蓂现亦多用作肾炎、子宫内膜炎等的治疗，和此处"疗带方"中的使用正相同。雀萑草可能正是菥蓂的别称。

第二节　部分药物名实考

一、胡豆

（1）①皂荚末如胡豆许，吹内鼻，嚏，即活；②又方：苦瓠瓤一枚，取水一石，煮一烦须（饭顷），去滓煎。可丸，丸如胡豆大，一服二丸，小便下。《杂证方书第八种》（P. 3596）

（2）如胡豆者，即今青斑豆也，以二大麻子准之。如小豆者，今赤小豆也，粒有大小，以三大麻准之。如大豆者，二小豆准之。如梧子者，以

① （明）李时珍：《本草纲目》，北京：人民卫生出版社，1957年影印，第1024页。

② （晋）郭璞注，（宋）邢昺疏：《尔雅注疏》（李学勤主编《十三经注疏》标点本），北京：北京大学出版社，1999年，第233页。

③ 马继兴：《神农本草经辑注》，北京：人民卫生出版社，1995年，第82页。

二大豆准之。……如弹丸及鸡子黄者，以十梧子准之。《本草经集注·序录》（龙 530）

胡豆在明代之前名实的对应关系颇有争议，争论的重点在于胡豆之名对应的是大豆、豌豆还是蚕豆。考之文献杂说，证之以方言，参之以大豆、豌豆、蚕豆的作物栽培史，对胡豆名实的起源、同名异实、异名同实的情况试作探讨，发现胡豆名实的对应关系因时地而异，试图将胡豆之名与大豆、豌豆、蚕豆中的任何一种绑定的做法都是错误的。

据古文献记载，我国很早就有豆类作物的栽培历史，先秦文献中多称尗、叔或者菽，常将菽粟、菽麦并称，曾是主要粮食作物之一。汉人始称“豆”。“胡豆”之名最早有据可查是晋代郭璞注《尔雅》。虽有孔颖达疏《诗经·大雅·生民》“艺之荏菽”时提道：“樊光、舍人、李巡、郭璞皆云：‘今以为胡豆。’”[①] 但樊光、舍人、李巡注文已佚，究不可考。胡豆之名产生至今，对应之实是大豆、豌豆还是蚕豆一直颇多争议。

（一）关于胡豆名实的最早来源

关于胡豆名实相关的最早争论，是围绕“戎菽”一词展开的。戎菽（或写作“戎叔”“茙菽”），是先秦文献中出现频率较高的豆类之称。具体指称哪种豆类，在为之作注时产生了分歧。《诗·大雅·生民》：“艺之荏菽，荏菽旆旆。”毛亨传：“荏菽，戎菽也。”郑玄笺：“戎菽，大豆也。”[②]《列子·力命》：“进其茙菽，有稻粮之味。”杨伯峻集释引郑玄曰：“即大豆也。”[③]《尔雅·释草》：“戎叔，谓之荏菽。”孙炎、邢昺等皆认为是大豆，郭璞注：“即胡豆也。”[④]《毛诗正义》批驳郭注胡豆语：“后稷种谷，不应舍中国之种，而种戎国之豆，即如郭言齐桓之伐山戎，始布其豆种，则后稷之所种者，何时绝其种乎？而齐桓复布之礼有戎车，不可谓之

---

① （汉）毛亨传，（汉）郑玄笺，（唐）孔颖达疏：《毛诗正义》（李学勤主编《十三经注疏》标点本），北京：北京大学出版社，1999 年，第 1068 页。

② （汉）毛亨传，（汉）郑玄笺，（唐）孔颖达疏：《毛诗正义》（李学勤主编《十三经注疏》标点本），北京：北京大学出版社，1999 年，第 1067-1068 页。

③ 杨伯峻：《列子集释》，北京：中华书局，1979 年，第 196 页。

④ （晋）郭璞注，（宋）邢昺疏：《尔雅注疏》（李学勤主编《十三经注疏本》标点本），北京：北京大学出版社，1999 年，第 234 页。

胡车，明戎菽正大豆是也。”[①]

释“戎菽”为“大豆”普遍所持的理由是据《尔雅·释诂》，其中“戎、壬”皆训为“大”义，认为“荏”即“壬”，因此“戎、荏”皆“大”义；还因为“戎、荏”双声，都属来母，因而认为“戎叔、荏菽”可通称。并由“胡”也可释为“大”义，义同“戎、荏”，认为郭注《尔雅》“即胡豆”中的胡豆也是大豆。另一理由就是《毛诗正义》中的观点，后稷不可能舍弃“中国之种”而种“戎国之豆”。

释“戎菽”为“胡豆”的理由则是“胡豆”即是“来自胡地的豆”。“胡”指古代北方和西方以及西域以外更远的其他民族。《管子·戒》中有：“北伐山戎，出冬葱与戎叔，布之天下。”[②] 这里的山戎与胡所指应同，这大概是郭璞释“戎菽”为“胡豆”的最主要的理由。邢昺疏《尔雅》时也有语：“郭氏等以戎、胡俱是夷名，故以戎菽为胡豆也。”[③] 今人也有附同此观点的，如谭宏姣《古汉语植物名“胡×”式词义类型初探》[④] 一文中关于胡豆来源的说明。

《诗·大雅·生民》中的“荏菽”，《列子·力命》中的“戎菽”均释为大豆是没有问题的。无论是广义的大豆，还是狭义的大豆在这里都是说得过去的，广义是豆类泛称，狭义则专指黄豆。考古成果和文献记载都表明大豆（狭义）原产于我国，栽培历史相当悠久。《尔雅》中的“戎叔”和上述三例中的有所不同，用豆类泛称“荏菽”来释《管子》中所述出自“山戎”的“戎叔”，释词格式可以理解为：戎叔，豆科植物。豆类品种有很多，《管子·地员》中即有大菽、细菽之分，“五殖之次，曰五觳。五觳之状娄娄然，不忍水旱。其种大菽、细菽，多白实”[⑤]。出自山戎的豆和常种的豆肯定是有区别的，否则《管子》就没必要多此一举作此记载了。如

---

① （汉）毛亨传，（汉）郑玄笺，（唐）孔颖达疏：《毛诗正义》（李学勤主编《十三经注疏》标点本），北京：北京大学出版社，1999 年，第 1067-1068 页。

② 黎翔凤著，梁运华整理：《管子校注》，北京：中华书局，2004 年，第 514 页。

③ （晋）郭璞注，（宋）邢昺疏：《尔雅注疏》（李学勤主编《十三经注疏本》标点本），北京：北京大学出版社，1999 年，第 234 页。

④ 谭宏姣：《古汉语植物名“胡×”式词义类型初探》，载《西域研究》，2003 年第 3 期，第 103-107 页。

⑤ 黎翔凤著，梁运华整理：《管子校注》，北京：中华书局，2004 年，第 1139 页。

此看来，就有据可查而言，郭璞注是胡豆之名的最早来源，《管子》中的戎叔是胡豆之实的最早来源。

（二）关于胡豆的同名异实

如前所述《管子》中的“戎叔”和《诗经》等所指非同，是指胡豆，那具体对应的是哪一种豆类呢？

清代尹桐阳《尔雅义证》：“戎菽谓之荏菽。豆而形大，今豌豆也。苗甚荏柔，叶端变作卷须而卷于物，故又名荏。”① 看来郭璞所释出自山戎的胡豆被理解成豌豆了。山戎传入的不是大豆，布之天下的是豌豆并非没有可能，尹氏的看法并非没有根据。

《齐民要术校释》引《本草经》云：“张骞使外国，得胡豆。”② 没有具体文献记载，实不可靠，已为公认。据夏纬瑛《植物名释札记》，“豌豆原产欧洲及亚洲西部”③，经由西北或北方民族传到中原是可能的。

豌豆在中国的栽培历史相当悠久，不少文献提到“豌豆”。豌豆之名早见于魏人张辑《广雅·释草》，其中有“豍豆，豌豆、蹓豆也”④。北魏贾思勰《齐民要术》中也提到“豌豆”之名，俄藏敦煌文献编号为Дx02822（据考为西夏时期的蒙学字书）的卷子中列举的豆类也有“豌豆”；法藏敦煌文献编号为 P. 2882 的不知名医方残卷（据考为唐人写本）中有“豌豆疮方”⑤ 这一方名。唐代孙思邈的《备急千金要方》中也有“右二味蜜丸如豌豆”；宋代周煇《清波别志》卷上：“苏文忠公，自定武赴岭表，过汤阴市，亦得豌豆大麦粥。”⑥

由文献记载看，很长一段历史时期胡豆之名用来指称豌豆。

上述敦煌写本例（1），由方便吞服的药丸大小来斟酌，这里的胡豆也不可能是蚕豆。那是不是豌豆呢？再看上述敦煌写本例（2），由其中大小

① 参见（清）尹桐阳《尔雅义证》，衡阳湖南第五联合县立中学校，民国三年（1914）石印本。

② （北魏）贾思勰著，缪启愉校释：《齐民要术校释》，北京：农业出版社，1998 年，第 80 页。

③ 夏纬瑛：《植物名释札记》，北京：农业出版社，1990 年，第 299 页。

④ （魏）张揖著，（清）王念孙疏证：《广雅疏证》，北京：中华书局，1984 年，第 334 页。

⑤ 豌豆疮方，《中医大辞典》中例证出自明代，此处可为之补充更早的例证。

⑥ 参见（宋）周煇《清波别志》，扬州：江苏广陵古籍刻印社，1984 年影印。

比类来看，这里的胡豆绝不可能是蚕豆，从青斑豆的别名来看，是豌豆无疑。

明代李时珍《本草纲目·谷之三·豌豆》对胡豆即是豌豆做了阶段性的总结："[释名]胡豆（拾遗），戎菽（尔雅），回鹘豆（辽志），毕豆（唐史），青小豆（千金），青斑豆（别录），麻累（时珍曰）。胡豆，豌豆也。其苗柔弱宛宛，故得豌名。种出胡戎，嫩时青色，老则斑麻，故有胡、戎、青斑、麻累诸名。……别录序例云：丸药如胡豆大者，即青斑豆也。孙思邈《千金方》云：青小豆，一名胡豆，一名麻累。……豌豆种出西胡，今北土甚多。"①

也有胡豆指称其他豆类的记载，《广雅》："大豆，尗也。小豆，荅也。䝆豆，豌豆、䝉豆也。胡豆，䝙䝢也。"② 由这段话看来，胡豆和豌豆是有区别的，或者说，胡豆还曾指称非豌豆的豆类。

事实也的确如此，胡豆曾指称蚕豆。清俞正燮《癸巳存稿·豆》："惟宋祁《益部方物略记》'佛豆'别一类，秋种春敛。此即胡豆，张骞使西域所得，与麦同种同收。亦名蚕豆，以蚕时熟也。"③ 另有清吴其濬《植物名实图考·谷类·蚕豆》："（蚕豆）明时以种自云南来者绝大而佳，滇为佛国，名曰佛豆，其以此与？虽然滇无蚕，以佛纪，若江南蚕乡，以为蚕候，则曰蚕宜。"④ 夏纬瑛《植物名释札记》认为蚕豆原产于里海沿岸，佛豆之"佛"为其土名"Faba"音省，认为四川呼之为"胡豆"，是"佛豆"之音转，与其他之名胡豆者，义不相同。⑤ 佛豆之得名从四川方言音分析似更合理，四川话中 h、f 作声母时是混淆不分的，云南大多地域也说四川话，因此在这两地"胡豆"方言音讹为"佛豆"也是完全可能的，宋祁记录的"佛豆"应是"胡豆"方言音之混淆。

李时珍认为胡豆也曾指称蚕豆，《本草纲目·谷之三·豌豆》："……然豌豆、蚕豆皆有胡豆之名。""此豆种亦自西胡来，虽与豌豆同名，同时

---

① （明）李时珍：《本草纲目》，北京：人民卫生出版社，1957 年影印，第 1516 页。

② （魏）张揖著，（清）王念孙疏证：《广雅疏证》，北京：中华书局，1984 年，第 333-334 页。

③ （清）俞正燮：《癸巳存稿》，沈阳：辽宁教育出版社，2003 年，第 289 页。

④ （清）吴其濬：《植物名实图考》，北京：商务印书馆，1933 年，第 20-21 页。

⑤ 夏纬瑛：《植物名释札记》，北京：农业出版社，1990 年，第 260 页。

种，而形性迥别。《太平御览》云：张骞使外国，得胡豆种归。指此也。今蜀人呼此为胡豆，而豌豆不复名胡豆也。”“蚕豆南土种之，蜀中尤多。”①

从《广雅》中的记载来看，似不是蜀人呼蚕豆为胡豆，豌豆才不复名胡豆的，胡豆在指称豌豆的同时也指称蚕豆，只不过这种同名异实的情况在不同地域存在罢了。

清人马瑞辰在《毛诗传笺通释》中有一段论述：“或谓戎菽为大豆，不得名胡豆，失矣。戎菽为大豆，今唯黄豆最大，盖即今之黄豆。崔应榴谓石勒时始改称黄豆，盖避戎、胡之名耳。”② 看来，马氏认为，黄豆也可称胡豆。

综上，胡豆之名对应之实有豌豆、蚕豆、大豆（今之黄豆）。

（三）关于胡豆的异名同实

尽管谭宏姣认为“（蚕豆）大约在13世纪，由阿拉伯人将其传到我国云南、四川”③。但蚕豆不太可能直到宋代才自里海沿岸传到我国，将中原、西域与阿拉伯、波斯湾紧密联系在一起横贯欧亚大陆的贸易交通线——丝绸之路都没有将胡豆传到中国？从传入地来看，也首先是传到中国云南、四川而没有在丝绸之路的重要通道西域、敦煌等地留下痕迹？

最合理的解释就是早在唐宋之前蚕豆就传入中国，传入之后曾用别的名称指代它。法藏敦煌文献编号为P.2703的辟谷诸方残卷中法豆具体指哪种豆类让人费解，“法豆”是否就是蚕豆土名Faba的音省？或者蚕豆曾用大豆之名？马瑞辰有语：“戎菽为大豆，今唯黄豆最大，盖即今之黄豆。”马氏认为黄豆因形体大被称为大豆。蚕豆相比黄豆自然大多了，那蚕豆就有可能曾也被称为大豆。杨琳赞同此看法，认为四川的胡豆因为形体大而移用了固有的大豆之名，现代西北方言中的大豆就与四川方言中的胡豆所指为同物。④ 不过，认为四川方言胡豆的“胡”应解作“大”义，

---

① （明）李时珍：《本草纲目》，北京：人民卫生出版社，1957年影印，第1519页。

② （清）马瑞辰：《毛诗传笺通释》，北京：中华书局，1989年，第878页。

③ 谭宏姣：《古汉语植物名“胡×”式词义类型初探》，载《西域研究》，2003年第3期，第103-107页。

④ 杨琳：《“解手”与“胡豆”释名》，载《辞书研究》，2001年第1期，第131-134页。

并非表示来自胡地，这种看法就未必正确了。传到云南、四川也因为是由西域传入而称之为胡豆，这种解释也未必不可。

四川方言胡豆指称蚕豆的同时，西北方言大豆也指称蚕豆，这种异名同实的情况也的确存在。看来，在考虑胡豆名实关系时不能试图将之与某种豆类名实结实地绑在一起，应考虑时地因素。从明《救荒本草》蚕豆之名始，名称各地多异，与本文重点不涉，不一一列举了。

二、五香

（1）风肿毒肿：用五香及紫檀。《本草经集注·序录》（龙530）

（2）五香之方：麝香（四分）、口香（四分）、丁香（四分）、桃仁（五分）、薰六（陆）（四分）、青木香（四分）、犀角（四分）、升麻（四分）、当归（四分）、牛黄（四分，别研）、雄黄（四分）、鬼箭（三分）、巴豆（四分）、槟榔仁（四分）、光明砂（四分）、诃黎勒（四分）、大黄（六分）、豆蔻（四分）、甘草（四分）、桔梗（四分）。《杂证方书第九种》（P. 3731）

五香可以专指一种药名，也可以是五种药名的缩略语。

一说五香指木香（又名青木香、广木香），如《医学真传·辨药大略》："木香，《本经》名五香。"① 《本草崇原·卷上·本经上品·木香》："木香始出永昌山谷，今皆从外国舶上来，昔人谓之青木香，后人呼马兜铃根为青木香，改呼此为广木香以别之。"② 得名缘由，《本草崇原》引《三洞珠囊》："五香者，木香也。一株五根，一茎五枝，一枝五叶，叶间五节，故名五香。根条左旋，采得二十九日方硬，形如枯骨，烧之能上彻九天，以味苦粘牙者为真，一种番白芷伪充木香，皮带黑而臭腥，不可不辨。"③ 此处对木香又名五香的来源做了详尽解说。

李时珍认为五香为沉、栈、青桂、马蹄、鸡骨五种的合称，从《本草纲目·木之一·沉香》中引李珣《海药本草》、梁元帝《金楼子》的说法看，李珣、梁元帝认为五香出自一种植物，只是一种植物的不同部分，但

① （清）高世栻：《医学真传》，南京：江苏科学技术出版社，1983年，第66页。
② （明）张志聪：《本草崇原》，北京：中国中医药出版社，1992年，第30页。
③ （明）张志聪：《本草崇原》，北京：中国中医药出版社，1992年，第30页。

也为五种合称，只不过名称不同。《本草纲目·草之三·藿香》："其根是旃檀，节是沈香，花是鸡舌，叶是藿香，胶是熏陆。故本草以五香共条，义亦出此。"① 《本草纲目·木之一·沉香》："［正误］时珍曰：按李珣《海药本草》，谓沉者为沉香，浮者为檀香。梁元帝《金楼子》谓一木五香：根为檀，节为沉，花为鸡舌，胶为熏陆，叶为藿香，并误也。五香各是一种。所谓五香一本者，即前苏恭所言，沉、栈、青桂、马蹄、鸡骨者是矣。"②

另有五香为五种其他药名缩略语。如《证治准绳·疡医·卷之六·损伤门·接骨》："接骨用好无名异三两为末，丁、乳、檀、沉、木五香，各半钱重为末。先烧铁铫红，以五香三之一弹入铫内。"③ 此处五香为丁香、乳香、檀香、沉香、木香五种药物的缩略语。亦有别指，《普济方·卷二百八十五·痈疽门·痈疽托里法》"五香散"中五香指沉香、乳香、丁香、木香、藿香。④《普济方·卷二百八十七·痈疽门·诸疽》"五香连翘汤"中五香指木香、麝香、乳香、沉香、藿香。⑤《普济方·卷二百九十二·瘰疬门·瘰疬结核》"五香汤"中五香指沉香、木香、鸡舌香、薰陆香、麝香。⑥《太平圣惠方·卷第六十三·治一切痈疽发背止疼痛膏药诸方》"五香膏方"中五香指丁香、木香、白檀香、薰陆香、麝香。⑦《太平圣惠方·卷第六十四·治一切毒肿诸方》"五香散方"中五香指沉香、木香、丁香、薰陆香、麝香。⑧《医心方》中五香也各指不同：《医心方·卷第十六·治疔疮方第一》"五香汤方"中五香指青木香、薰陆香、沉香、丁子香、藿香；⑨《医心方·卷第十六·治毒肿方第三》中引《经心方》"治毒肿五香

---

① （明）李时珍：《本草纲目》，北京：人民卫生出版社，1957 年影印，第 829 页。
② （明）李时：《本草纲目》，北京：人民卫生出版社，1957 年影印，第 1362 页。
③ （明）王肯堂辑：《证治准绳》，北京：人民卫生出版社，2001 年第 2 版，第 1559 页。
④ （明）朱橚：《普济方》第七册，北京：人民卫生出版社，1959 年，第 367 页。
⑤ （明）朱橚：《普济方》第七册，北京：人民卫生出版社，1959 年，第 430 页。
⑥ （明）朱橚：《普济方》第七册，北京：人民卫生出版社，1959 年，第 556 页。
⑦ （宋）王怀隐等：《太平圣惠方》，北京：人民卫生出版社，1958 年，第 1969 页。
⑧ （宋）王怀隐等：《太平圣惠方》，北京：人民卫生出版社，1958 年，第 1980 页。
⑨ （日）丹波康赖著，赵明山等注释：《医心方》，沈阳：辽宁科学技术出版社，1996 年，第 650 页。

汤”方中五香指沉香、青木香、薰陆香、丁香、麝香。[1]

综上，沉香、乳香、丁香、木香、藿香、白檀香、麝香、鸡舌香、薰陆香等任意五种组合也简称五香。

三、鼠姑

草上：茜根（畏鼠姑）。《本草经集注·序录》（龙530）

一说鼠姑指鼠妇，鼠妇出自《神农本草经》，又名地虱、西瓜虫、潮湿虫。《本草纲目·虫之三·鼠妇》："时珍曰：按陆佃《埤雅》云：鼠负，食之令人善淫，故有妇名。又名鼠姑，犹鼠妇也。"[2]

一说鼠姑指牡丹。《神农本草经·中药（中品）·草·牡丹》："牡丹，一名鹿韭，一名鼠姑。"[3]

鼠姑具体所指，陶弘景亦困惑，《本草纲目·草之三·牡丹》："宏景曰：今人不识，而牡丹一名鼠姑，鼠妇亦名鼠姑，未知孰是？"[4] 有认为二者同名异物乃是字误所致，如《证类本草·卷第九·牡丹》："按：鼠妇亦名鼠姑，而此又同，殆非其类，恐字误。"[5] 多认为虫类"鼠妇"当写作"鼠负"，如《本草经集注·虫兽三品·鼠妇》："一名鼠负，言鼠多在坎中，背则负之，今作妇字，如似乖理。又一名鼠姑。（《大观》卷二十二，《政和》四五五页）"[6]

四、小草

（1）凡汤中用麻黄，皆先别煮两三沸……麻黄皆折去节，令理通，寸斩之。又小草、瞿麦五分斩之。细辛、白前三分斩之。丸、散、膏中则细

① （日）丹波康赖著，赵明山等注释：《医心方》，沈阳：辽宁科学技术出版社，1996年，第652页

② （明）李时珍：《本草纲目》，北京：人民卫生出版社，1957年影印，第1551页。

③ 马继兴：《神农本草经辑注》，北京：人民卫生出版社，1995年，第238页。

④ （明）李时珍：《本草纲目》，北京：人民卫生出版社，1957年影印，第805页。

⑤ （宋）唐慎微：《重修政和经史证类备用本草》（简称《证类本草》），上海：上海古籍出版社，1991年，第257页。

⑥ （南朝梁）陶弘景著，尚志钧等辑校：《本草经集注》，北京：人民卫生出版社，1994年，第444页。

剉也。《本草经集注·序录》（龙 530）

（2）惊邪：雄黄、丹砂、紫菀、茯苓、茯神、龙齿、龙胆、防葵、马目毒公、升麻、麝香、人参、沙参、桔梗、白薇、远志、柏仁、鬼箭、鬼督邮、小草、卷柏、羚羊角、羖羊角、鳝甲、丹雄鸡。同上

一说小草为远志叶或远志苗。《神农本草经·上药（上品）·草·远志》："远志，叶名小草，一名棘菀，一名棘绕，一名细草。生川谷。"①《古今医统大全·卷之九十四·本草集要（上）·药品异名便考》："小草（即远志苗）。"②

一说小草为百蕊草。《中医大辞典》："小草，见《全国中草药新医疗法展览会技术资料选编·内科》，为百蕊草之别名。"

五、马间

茯苓、茯神（马间为之使，恶白敛，畏牡蒙、地榆、雄黄、秦艽、龟）。《本草经集注·序录》（龙 530）

中药名马间具体所指，颇有争议。《本草经集注·草木上品·茯苓》："按：药名无马间，或者马茎，声相近故也。"③ 陶弘景认为没有"马间"这个药名，"马间"应为声相近的"马茎"。《新修本草》中有不同看法，《新修本草·木部上品·茯苓》："马刀为茯苓使，无名马间者，间字草书，似刀字，写人不识，讹为间耳。陶不悟，云是马茎，谬矣。"④ 作者不赞成陶说，认为"马间"为"马刀"之误。

六、白幕

天雄：味辛、甘，温、大温，有大毒……一名白幕。生少室山谷。二月采根，阴干。《新修本草·草部》（P. 3714）

① 马继兴：《神农本草经辑注》，北京：人民卫生出版社，1995 年，第 72 页。

② （明）徐春甫编集，崔仲平等主校：《古今医统大全》，北京：人民卫生出版社，1991 年，第 1140 页。

③ （南朝梁）陶弘景著，尚志钧等辑校：《本草经集注》，北京：人民卫生出版社，1994 年，第 189 页。

④ （唐）苏敬著，尚志钧辑校：《新修本草》，合肥：安徽科学技术出版社，2004 年，第 299 页。

白幕为天雄别名，如上例。《神农本草经》白幕亦为天雄别名，“天雄，一名白幕，味辛，温，有大毒”①。

白幕为白薇别名。《名医别录·中品·卷第二》：“白薇，味咸，大寒，无毒。主治伤中淋露，下水气，利阴气，益精。一名白幕，一名微草，一名春草，一名骨美。”②

白幕为白英别名。《本草纲目·草之七·白英》：“［释名］谷菜《别录》；白草，同上；白幕《拾遗》；排风，同上。”③

七、水苏

水苏：味辛，温。无毒。……一名鸡苏。《〈新修本草·菜部〉残卷》（P. 3822）

水苏为鸡苏别名，例见上。

水苏亦为水萍别名，《名医别录·中品·水萍》：“一名水白，一名水苏。”《本草经集注·草木中品·水萍》：“一名水花，一名水白，一名水苏。生雷泽池泽。三月采，曝干。”④

八、马目毒公与鬼臼

（1）中蛊：桔梗、鬼臼、马目毒公、犀角、斑蝥、芫青、亭长、射罔、鬼督邮、白蘘荷、败豉皮、蓝子。《本草经集注·序录》（龙 530）

（2）鬼疰尸疰：雄黄、朱砂、金牙、野葛、马目毒公、鬼臼、女青、徐长卿、虎骨、狸骨、鹳骨、獭肝、芫青、白盐。同上

马目毒公与鬼臼或认为是一物，或认为是二物。

认为马目毒公即鬼臼的，如《神农本草经·下药（下品）草·鬼臼》：“鬼臼，一名爵犀，一名马目毒公，一名九臼。味辛，温，有毒。主杀蛊

---

① 马继兴：《神农本草经辑注》，北京：人民卫生出版社，1995 年，第 333 页。

② （南朝梁）陶弘景著，尚志钧辑：《名医别录》，北京：人民卫生出版社，1986 年，第 141 页。

③ （明）李时珍：《本草纲目》，北京：人民卫生出版社，1957 年影印，第 1046 页。

④ （南朝梁）陶弘景著，尚志钧辑：《本草经集注》，北京：人民卫生出版社，1994 年，第 318 页。

毒，鬼疰，精物，辟恶气不祥，逐邪，解百毒。生山谷。”① 《外台秘要·卷第十三·疰病相染易方三首》：“马目毒公（鬼臼也）。”②

认为马目毒公是一物二种的，如《本草纲目·草之六·鬼臼》：“陶弘景以马目毒公与鬼臼为二物，殊不知正是一物而有二种也。”③

认为马目毒公与鬼臼为二物的，如《证类本草·卷第二·序例下》：“鬼臼（温，微温。）（臣禹锡等谨按：《神农本草》：‘鬼臼，一名马目毒公。’今此疗鬼疰、尸双出二名，据本草说为重，当删去一条。然详陶隐居注：鬼臼条下，以鬼臼与马目毒公为二物，及古方多有两用处，今且并存之。）”④ 据《神农本草经》，鬼臼与马目毒公为一物，然陶弘景注为二物。《新修本草》明确二者有别，《新修本草·草部下品·鬼臼》：“今马目毒公如黄精，根臼处似马眼而柔润；鬼臼似射干、术辈，有两种：出钱塘、近道者，味甘，上有丛毛，最胜；出会稽、吴兴者，乃大，味苦，无丛毛，不如，略乃相似而乖异毒公。今方家多用鬼臼，少用毒公。”⑤ 鬼臼有两种，其中一种与毒公相似。敦煌写本《本草经集注·序录》（龙 530）中马目毒公与鬼臼同时并列，也被视为二物例。

九、女萎与萎蕤（葳蕤）

（1）草上：女萎（畏卤咸）。《本草经集注·序录》（龙 530）

（2）疗服石人患不得卧后床及患热痢等，并四肢烦，五脏闷，气急等，此药除之甚验。寒水石（六分）、石膏（六分）、苦参（十分）、大青（四分）、葳蕤（六分）。《疗服石方》（罗振玉旧藏）

（3）葛根汤方：主寒热。生葛根（三两，去皮），黄芩（二两，生布拭去土），白芍药（二两），桂心（一两），麻黄（二两，去节，绵裹），生姜（五两，去皮，且），甘草（一两半），萎蕤（一两半，生布拭去

① 马继兴：《神农本草经辑注》，北京：人民卫生出版社，1995 年，第 367 页。

② （唐）王焘：《外台秘要》，北京：人民卫生出版社，1955 年影印清刻本，第 364 页。

③ （明）李时珍：《本草纲目》，北京：人民卫生出版社，1957 年影印，第 986 页。

④ （宋）唐慎微：《重修政和经史证类备用本草》（简称《证类本草》），上海：上海古籍出版社，1991 年，第 986 页。

⑤ （唐）苏敬著，尚志钧辑校：《新修本草》，合肥：安徽科学技术出版社，2004 年，第 291 页。

土）。《不知名氏辨脉法》之二（P. 3287）

女萎与萎蕤（葳蕤）为同物异名还是别为二物，多有争议。

陶弘景、陈藏器认为二者为同物异名，《本草纲目·草之一·萎蕤》："［正误］宏景曰：《本经》有女萎无萎蕤，《别录》无女萎有萎蕤，而功用正同，疑女萎即萎蕤，惟名异尔。""藏器曰：《本草》女萎、萎蕤同传。陶云是一物，苏云二物不同，于中品别出女萎一条。然其主霍乱泄痢肠鸣，正与上品女萎相合，则是更非二物矣。"①

持二物观点的有陈嘉谟，其理由见于《本草蒙筌·卷之二·草部中·萎蕤女萎》："（谟）按：萎蕤《本经》与女萎同条。考其诸注，有指一物二名，有谓自是二物。又后女萎与前女萎同名，亦云功用并同。信非二物，疑乃剩出一条也。但考陈氏所注，谓古方用者，又似差殊。……故陈藏器亦谓更非二物。是不然，况此女萎性平、味甘，后条女萎性温、味辛。性味既殊，功用又别，安得为一物乎？又续命鳖甲汤治伤寒七八日不解，鳖甲汤治脚弱并用萎蕤。又萎蕤饮，主风热项急痛，四肢骨肉烦热。萎蕤丸，主风虚热发即头痛，乃似前与女萎同条萎蕤，缘其主虚热湿毒故也。三者主治既殊，则非一物明矣。又云：萎蕤一名地节，极似偏精，疑即青粘，昔华佗所服漆叶青粘散是此也。然世无复能辨者，未敢为言，姑著之，以俟明达折衷尔。"② 李时珍亦认为二者为二物，《本草纲目·草之一·萎蕤》："时珍曰：《本经》女萎，乃《尔雅》委萎二字，即《别录》葳蕤也，上古抄写讹为女萎尔。古方治伤寒风虚用女萎者，即萎蕤也，皆承本草之讹而称之。诸家不察，因中品有女萎名字相同，遂致费辩如此。今正其误，只依《别录》书萎蕤为纲，以便寻检。其治泄痢女萎，乃蔓草也，见本条。""萎蕤甘平，女萎辛温，安得为一物？"③

十、沙参与知母（蝭母）

（1）大热：寒水石、石膏、黄芩、蝭母、白鲜、滑石、玄参、沙参、苦参、茵陈、鼠李皮、甘竹沥、栀子、蛇莓、白颈（蚯）蚓、粪汁、大

---

① （明）李时珍：《本草纲目》，北京：人民卫生出版社，1957 年影印，第 734 页。

② （明）陈嘉谟著，王淑民校注：《本草蒙筌》，北京：人民卫生出版社，1988 年，第 111 页。

③ （明）李时珍：《本草纲目》，北京：人民卫生出版社，1957 年影印，第 734 页。

黄、芒硝。《本草经集注·序录》（龙 530）

（2）知母通利开胸，空青消症止泪。《张仲景〈五脏论〉一卷》（S. 5614）

一说同物异名，即知母为沙参别名。《神农本草经·中药（中品）·草·沙参》："一名知母。味苦，微寒，无毒。治血积惊气，除寒热，补中，益肺气。久服利人。生川谷。"① 对于此说法，李时珍亦有不同看法，《本草纲目·草之一·沙参》："时珍曰：沙参白色，宜于沙地，故名。其根多白汁，俚人呼为羊婆奶。《别录》有名未用，羊乳即此也。此物无心味淡，而《别录》一名苦心，又与知母同名，不知所谓也。"② 上述例（1）中蝭母与沙参并举，蝭母即知母，《神农本草经·中药（中品）·草·知母》："知母，……一名蝭母。"③ 例（1）中知母与沙参被当作二物。

---

① 马继兴：《神农本草经辑注》，北京：人民卫生出版社，1995 年，第 250 页。
② （明）李时珍：《本草纲目》，北京：人民卫生出版社，1957 年影印，第 728 页。
③ 马继兴：《神农本草经辑注》，北京：人民卫生出版社，1995 年，第 210 页。

第五章 敦煌写本医籍中的语法

——量词的使用

敦煌写本医籍的撰著年代上至先秦两汉，下至宋代，绝大部分是南北朝以后隋唐时代所著。敦煌写本医籍尤其医方类卷子涉及的量词颇多，且部分卷子不见于传世古籍，作为研究量词的极为宝贵的第一手资料，具有极高的语料价值。无论是历时还是共时研究量词，都离不开语料的佐证。与传世文献相比，出土文献长期埋于地下，未经传世窜改，其中的量词用例更能保存该时代的原貌，为宋以前的量词研究修正旧说、确立新说也提供了可能。敦煌写本医籍中不乏未见于同时代文献中的量词或已见于同时代文献但用法不同的量词。因而研究敦煌写本医籍中的量词，无论是对于单个量词史的研究还是对于整个汉语量词发展史的研究，都具有极其重要的意义。通过研究这些写本，宋代以前量词的使用情况可见一斑。

量词的产生时间，可以上溯到殷商时代，经过先秦两汉，直到魏晋南北朝才臻于成熟。"不仅仅因为它在数量上得到了空前未有的发展，还因为它在质量上对以前的量词进行了系统的规范。"① 因此魏晋南北朝是量词发展史上一个十分重要的时期，隋唐五代及其后世在此基础上进一步发展，才形成现代汉语量词系统。敦煌写本正是展示隋唐这一承上启下过渡时期量词使用及发展的原始材料。

每类文献资料均有各自的特点，医籍也不例外，其中可能涉及别的文献未有或者未穷尽的量词用例。对诗文小说等文学作品中的量词考察者甚

① 刘世儒：《魏晋南北朝量词研究》，北京：中华书局，1965年，第60页。

众，对医籍中的量词考察者相对寥寥。考察的语料越全面，越能准确地反映出该时代量词用法的全貌。因而考察敦煌写本医籍中的量词对于全面研究宋代以前的量词用法而言是确有必要的。量词有名量词和动量词之分，名量词又有专用和借用之分。量词在敦煌写本医籍中的使用情况归纳如下。

第一节　敦煌写本医籍中的专用名量词

一、度量衡

计量是社会经济活动中必不可少的，故计量单位词既是最早产生的量词，又是持续稳定发展的量词，只是随着生产和各时代度量衡制度的发展时有更新。敦煌写本医籍中的度量衡单位词如下：

（一）表长度：里、丈、尺、寸、分

1. 里。

虚盛之治，相背千里。《伤寒论·伤寒例》（P. 3287）

2. 丈、尺、寸、分。

（1）①长一百二十丈，计一千二百尺；②肝俞在人背第九椎两旁，各相去一寸半是也。《明堂五脏论》（P. 3655）

（2）急以桑枝三枚，各长尺许。《辅行诀脏腑用药法要》

（3）①灸屈骨旁，两边相去五寸；②在脐下三寸。《灸法图》（S. 6168）

（4）寸口位八分，关上位三分，尺中位八分，为共成一寸九分。《〈玄感脉经〉一卷》（P. 3477）

（5）寸、关、尺，如终一寸九分是也。《不知名氏辨脉法》之一（P. 3287）

（6）长者乃至三四寸许。《新修本草·草部》（P. 3714）

（7）每用涂故帛上，厚一分许，以帖疮上。《杂证方书第九种》（P. 3731）

（8）①麻黄皆折去节，令理通，寸斩之；②有小草，瞿麦五分斩之；

③细辛、白前三分斩之；③甘草一尺者，重二两为正。《本草经集注·序录》（龙 530）

（9）①三部辄相去一寸，共成三寸也；②寸口位八分，关上位三分，尺中位八分，为共成一寸九分也。《〈平脉略例〉一卷》（S. 5614）

（二）表重量：斤、两、钱、分、铢、黍

（1）肝重四斤四两，左三叶，右四叶，凡七叶，主脏魂。《明堂五脏论》（P. 3655）

（2）荜拨一大两……《杂证方书第六种》（P. 2882）

（3）取甘草三小两，以水大火煎取三合，重服。《杂证方书第十种》（P. 3885）

（4）凡煮汤，欲微火令小沸，其水数依方多少，大略二十两药，用水一升（斗），煮取四升，依此为率。《本草经集注·序录》（龙 530）

（5）治产难及胎衣不出方：取皂荚末一钱，对和水服之，即差。《头、目、产病方书》（P. 3930）

（6）心中悸者，加茯苓一分。渴欲饮者，加术至四两半。腹中满者，去术，加附子一枚，炮。腹中痛者，加人参一分。寒者，加干姜一分。《辅行诀脏腑用药法要》

（7）蜀大黄（十分，去皮）……《不知名氏辨脉法》之一（P. 3287）

（8）槟榔（六分）……《简便医方方书》（S. 3395）

（9）牛黄（一铢，别研）……《杂证方书第三种》（P. 2565）

（10）用胡椒、安石榴子、细辛、人参、姜末、小豆、麻子各一铢。《佛家医方》（P. 2665）

（11）十黍为一铢，六铢为一分，四分成一两，十六两为一斤。《本草经集注·序录》（龙 530）

“分”既可表长度，又可表重量。

（三）表容量：石、斗、升、合

（1）午生人，属破军星，日食豆三石八斗，受命九十五。《新集备急灸经》（P. 2675）

(2) 胃者，为也，长二尺四寸，受水谷三斗五升，当留二十四升为满，以应二十四气。《明堂五脏论》(P. 3655)

(3) 如中风贼风，口偏不能语者，取茱萸一升，美清酒四升，和煮四五沸，冷服之半升，日二服，得小汗为差。《食疗本草》(S. 76)

(4) ①右三味，以酢三升，煮取一升，顿服；②以长流水一斗；③粳米（六合）。《辅行诀脏腑用药法要》

(5) 食茱萸（五合，去内黑子）……《不知名氏辨脉法》之二(P. 3287)

(6) ①煎蜜酒二合；②以一二合酒下。《杂证方书第二种》(S. 5435)

(7) 取胡粉一合。《杂疗病药方》(P. 3378)

(8) 猪脂（七合），熊白（三合）……《杂证方书第三种》(P. 2565)

(9) 又以上煎取一升，即内（纳）盐花一小合，干姜末一小合……《杂证方书第六种》(P. 2882)

（四）货币单位：文

正月一日，取桃枝着户上，百鬼不入家。埋钱三十九文床脚下，利市。《杂证方书第六种》(P. 2882)

二、个体单位

（一）时间类：代、年、载、岁、月、日、夜、宿

1. 代。

(1) 须明经脉，善会方书，又会阴阳，是名三代医也。《明堂五脏论》(P. 3655)

(2) 自晋以来，张苗、官泰、刘德、史脱、靳邵、赵泉、李子豫等一代良医。《本草经集注·序录》(龙 530)

“代”用于称量处在一定时空的事物，搭配固定，敦煌写本医籍中用例较少。

2. 年、载。

(1) ①又：其花、叶阴干，捣为末，和铁丹服之，一年白发尽黑，益

面红色，仙家重此，不尽书其方；②又或于岩石下息粪中者，不逢阴雨，数年不坏。又诸飞鸟及猿猴藏之于石室之内，其猿鸟死后，经数百年者，取得之，服，永世不老也；③仙家有贮石莲子及干藕经千年者，食之不饥，轻身能飞，至妙。《食疗本草》（S. 76）

（2）经二十日，发根底微白，依前更染一回，再染得一载。发经一染，三载得黑，大效。《杂证方书第六种》（P. 2882）

3. 岁。

（1）三品合三百六十五种，法三百六十五度，度应一日，以成一岁。《本草经集注·序录》（龙 530）

（2）小儿四五岁脉实自駃，其呼吸之间及八至也。《玄感脉经》（P. 3477）

（3）孩子两三岁至五六岁，患赤白脓血热痢。《杂证方书第三种》（P. 2565）

（4）须知浮世片时间，莫作久长千岁调。《抛暗号》（P. 2305）

例（1）、例（4）中"岁"与"年"义近，作为计时量词的用法在同时代文献中较多见。例（2）、例（3）中用于表示年龄单位的用法在同时代文献中不多见，表示年龄时多用"年"而不用"岁"。关于《〈玄感脉经〉一卷》（P. 3477）成书年代的考证，如果罗福颐《西陲古方技书残卷汇编》中考证作者为苏游正确的话，苏游是唐代或唐代以前的医家，那么成书年代也当在唐代或唐代以前。《杂证方书第三种》（P. 2565）虽成书时间不详，但抄写年代据考是武则天时期，成书时间应在同时期或之前。如此看来，"岁"用于表示年龄单位这一现代汉语用法在唐代或之前就已有。

4. 月、日、夜。

（1）半月内须眉却生□。《杂证方书第二种》（S. 5435）

（2）春三月，一日一夜流转一百二十遭。《明堂五脏论》（P. 3655）

（3）药后尽满十五日外，任人渐杂食，少近房。《不知名氏辨脉法》之二（P. 3287）

（4）每日空□下三十丸，十五日后方校（效）。《杂证方书第二种》（S. 5435）

（5）右初觉身热头痛即取好牛乳，每日空腹服三四升，不过三二日即

差，纵痢无妨。《杂证方书第七种》（P. 3144）

5. 宿。

（1）与清苦酒浸之一宿，曝干为末，服之方寸匕，日二服。《食疗本草》（S. 76）

（2）亦有止一宿者。《本草经集注·序录》（龙 530）

（3）右切，诸药绵裹，以清酒七合、水七合和渍一宿。《杂证方书第三种》（P. 2565）

（4）即取青麦踖煮稀粥调补，并切白葱，内（纳），经一宿。《杂证方书第六种》（P. 2882）

（二）书籍单位类：卷、部、本

1. 卷。

（1）黄帝而造针灸经，历有一千余卷。《张仲景〈五脏论〉一卷》（P. 2115）

（2）今撰此三卷，并《效验方》五卷，又补缺葛氏《肘后》三卷。《本草经集注·序录》（龙 530）

（3）病生之变，不可一概言之，所以医方千卷，犹未理尽。同上

“卷”用于称量书、经等。陈颖《苏轼作品量词研究》认为：量词“卷”从南北朝时起就用于称量“书”。[①] 如《五脏论》确系张仲景所撰，那么“卷”的此种用法可上推到汉代。

2. 部。

（1）至汉淳于意及华佗等方，今之所存者亦皆备药性，张仲景一部，最为众方之祖宗。《本草经集注·序录》（龙 530）

（2）余祖世以来，务熟方药，本有《范汪方》一部，斟酌详用，多获其效。同上

“部”在南北朝及后世用于称量部伍、乐队、书籍等。

3. 本。

若人读之一本，永世不害茶癫酒疯。《茶酒论》（P. 2718）

---

① 陈颖：《苏轼作品量词研究》，成都：巴蜀书社，2003 年，第 76 页。

据原文推知，“一本”当称量《茶酒论》一书。

（三）颗粒类：颗、粒

1. 颗。

（1）①（胡桃）初服日一颗，后随日加一颗，至二十颗，定得骨细肉润；②又：患寸白虫，日食七颗（榧子），经七日满，其虫尽消作水，即差；③取冬瓜一颗，和桐叶与猪食之一冬。《食疗本草》（S. 76）

（2）烧一颗石，令极热。《杂证方书第一种》（S. 3347）

（3）蒜一颗……《杂证方书第五种》（P. 2662V）

（4）大槟榔（十四颗，子碎，皮切）……《脚气、疟病方书》（P. 3201）

（5）杏仁二七颗……《佛家辟谷方》（P. 2703）

“颗”在敦煌写本医籍中的用法：一是称量胡桃、蒜、槟榔、杏仁、冬瓜等植物果实类；二是称量石子。

2. 粒。

（1）①吴茱萸……可取二七粒，嚼之良久，咽下津液；②小豆七粒为末……《食疗本草》（S. 76）

（2）巴豆仁（五百粒，熬令发热，去心中膜）……《杂证方书第六种》（P. 2882）

（3）糯米（三百粒）……《脚气、疟病方书》（P. 3201）

（4）①用法豆五七粒；②出蛊毒方：豆豉七粒，黄龙脑一分，乌龙肝一分……《佛家辟谷方》（P. 2637）

“粒”在敦煌写本医籍中的用法：一是用于称量小豆、巴豆仁、法豆、豆豉等相关豆类；二是用于称量米及吴茱萸等其他物类。同时代的文献还有称量饭、石榴、药、丹砂等的用例。

（四）表种类：种、端、般

1. 种。

（1）又二十八种血脉，故称二十八宿。《明堂五脏论》（P. 3655）

（2）今者约列二十五种，以明五行互含之迹，以明五味变化之用，如

左。《辅行诀脏腑用药法要》

(3) 答曰：知卒病者，名曰亦来，即下十九种脉是也。《不知名氏辨脉法》之二（P. 3287）

(4) 方家皆云：是夜干苗，无鸢尾之名，主疗亦异，此当别一种物。《新修本草·草部》（P. 3714）

(5) 其人间食葱，又有二种……《〈新修本草·菜部〉残卷》（P. 3822）

(6) ①右主治五种痔，去三虫；②秋天食之宜人，常吃治五种痔病。《食疗本草》（S. 76）

(7) ①本说如此，按：盖谓单行一两种毒物，如巴豆、甘遂辈，不可便令至剂耳；②假令中风，中风乃数十种。《本草经集注·序录》（龙530）

(8)（第）三，疗十二种风，七种冷，五劳七伤，心痛，疰，忤，四种癖，咳嗽，短气方。《杂证方书第八种》（P. 3596）

(9)《新修本草·米部·卷第十九》：上胡麻、青蘘……中大豆、赤小豆……下腐婢、扁豆……上米部等二十八种，六种《神农本草经》，二十二种《名医别录》。《新修本草·果部、菜部、米部等》（S. 4534）

例（2）“今者约列二十五种”，二十五种称量的是药物。“种”在敦煌写本医籍中的用法：一是用于称量具体的脉、药物、病、毒物、米谷类等；二是用于称量抽象事物，如方法。

2. 端。

(1) 耆婆童子，药性妙述千端。《张仲景〈五脏论〉一卷》（P. 2755）

(2) 大都神鬼害人多端，疾病盖其一种之轻者耳。《本草经集注·序录》（龙530）

“端”作量词在南北朝时期主要用来称量事，但在敦煌写本医籍中“端”是一个类似于“种”的称量单位。

3. 般。

十般道理与君宣，侧耳摩心净莫喧。《抛暗号》（P. 2305）

“般”作量词可称量具体事物，亦可称量抽象事物。此处用例是抽象事物。

（五）药物单位类：味、品、剂、壮、首

1. 味。

（1）只如八味肾气，补六极而差五劳。《张仲景〈五脏论〉一卷》（P. 2115）

（2）上中下三品之药，凡三百六十五味。《辅行诀脏腑用药法要》

（3）宜服前胡十一味汤、平胃丸。《不知名氏辨脉法》之二（P. 3287）

（4）右取松笋，曝干，遇雨即火焙干，后取桑椹、地黄、旱莲子、南烛叶四味，计各三斤以上，次第浸松笋，以叶汁尽为度，然后曝干，捣筛，蜜水为丸。《道家养生方》（P. 4038）

（5）右以前件药共二十九味，并须好药，捣，绢罗。《杂证方书第六种》（P. 2882）

"味"在敦煌写本医籍中的用法：一是用于称量"肾气"；二是称量药。称量药是最主要的用法，在敦煌写本医籍中使用频率极高。

2. 品。

（1）踰附医王，神方万品。《张仲景〈五脏论〉一卷》（P. 2755）

（2）上中下三品之药，凡三百六十五味。《辅行诀脏腑用药法要》

"品"在敦煌写本医籍中的用法：一是用于称量药方，类似于"种"这一称量单位；二是用于称量药的等级。

3. 剂。

前件方去年已服，微觉得力，为近来肠胃不调，又钟乳方讫，今更请依此方服一剂。《杂证方书第三种》（P. 2565）

"剂"作量词，用于称量药物。

4. 壮。

（1）凡十一处，各灸一千壮。《灸法图》（S. 6168）

（2）患大风病，两眉中名光明穴，灸随年，又两脚及手心，共灸之一百壮。《新集备急灸经》（P. 2675）

（3）如斯之病，灸七壮，无不差者。《杂证方书第五种》（P. 2662V）

"壮"在敦煌写本医籍中用于称量针灸，用例较多，因属同一用法，略举几例。

5. 首。

又有泻方五首，以救诸病误治，致生变乱者也；商有圣相伊尹，撰《汤液经》三卷，为方，亦三百六十首。《辅行诀脏腑用药法要》

“首”在敦煌写本医籍中主要用于称量医方，且使用频率较高，搭配比较固定。

（六）个体单位类：枚、个、具、头、名、条、锭、挺、件、分、片、节、累

1. 枚。

（1）肾为列女，左右各一枚。《明堂五脏论》（P. 3655）

（2）①戎盐（如杏子大三枚，烧赤）；②腹中满者，去术，加附子一枚，炮；③急以桑枝三枚，各长尺许。《辅行诀脏腑用药法要》

（3）巴豆（三十枚，去皮心，生用）……《不知名氏辨脉法》之二（P. 3287）

（4）瓜蒂七枚，丁香七枚……《食疗本草》（S. 76）

（5）附子、乌头如（若）干枚者，去皮竟，以半两准一枚。《本草经集注·序录》（龙 530）

（6）螵蚕蛾（未连者四十枚，去头足口，以苦酒浸，浸周之时出，阴干之），大蜻蜓（十四枚，六足四目者，青色者良）……《杂证方书第三种》（P. 2565）

（7）瓜蒂（三七枚），赤小豆（二七枚），黍米（二七枚）……《杂证方书第四种》（P. 2662）

（8）亦有木瓜一枚……《杂证方书第六种》（P. 2882）

（9）①加槟榔（二十枚）；②乌梅（七枚）……《脚气、疟病方书》（P. 3201）

（10）①吞小麦十枚；②猪胆一枚，一灌即差。《杂疗病药方》（P. 3378）

（11）皂荚子七枚……《头、目、产病方书》（P. 3930）

（12）①鸣蝉十枚；②蛇蜕皮一枚；③附子（六枚，炮）。《治病药名

文书第二种》（S. 1467）

（13）①鼠头骨（二枚）；②雌鸡肝（三枚，阴干百日）；③子日含赤小豆二枚；④雄鸡左翅毛二七枚。《求子方书》（S. 4433）

（14）栀子（十四枚）……《疗服石医方》（无编号）

（15）螃蟹八枚……《绝谷仙方》（S. 2438）

（16）牡蛎一枚……《道家合和金丹法》（P. 3093）

（17）①寅时得病者，须死人骨一枚，大豆三升，生铁十斤，取亥上土四升作渥置申上，去舍七十步，亦七步，即差；②巳日病者，须作土人七枚，每长七寸，书人腹作鬼字，以酒脯祭之；③未日（病）者，须鹿角一枚，雄鸡尾一枚，埋大门限下，即差。《〈阴阳书〉中有关病症与药名摘录》（S. 1468）

刘世儒归纳“枚”可以称量的事物有八类，可见该量词在南北朝时用途之广。“枚”在敦煌写本医籍中是出现频率最高的量词之一，称量的范围广泛，具体用法归纳如下：一是用于称量人肾、猪胆、羊脾、鸡肝等内脏类；二是用于称量盐；三是用于称量附子、巴豆、赤小豆、黍米、小麦、槟榔、栀子、桑枝、瓜蒂、丁香、木瓜、乌梅、皂荚子等相关植物类；四是用于称量蚕蛾、蜻蜓、鸣蝉、蛇蜕皮、鸡毛、螃蟹、牡蛎、鹿角、鸡尾等相关动物类；五是用于称量鼠头骨、死人骨等骨头类；六是用于称量土人。

2. 个。

（1）又：久患赤白痢，肠肚绞痛，以酸石榴一个，捣令碎，布绞取汁，空腹顿服之，立止。《食疗本草》（S. 76）

（2）①生羊胆（一个）；②生附子五个，劈口置锅中，并莨菪炒；③右取鸡子三个，打破去黄；④上取蕤仁五十个，生杏仁口口，碎研，入腻粉半钱。《杂证方书第二种》（S. 5435）

（3）①右取兔皮一两个，取水十升，煎取四升，温洗，以差为限；②臣亲内药，经三日下出长虫五寸二十余个；③内药，下黑血，恶物八九升，出小虫三十余个，其病即差。《杂证方书第六种》（P. 2882）

（4）暂问茶之与酒，两个谁有功勋？《茶酒论》（P. 2875）

“个”在敦煌写本医籍中的用法：一是用于称量酸石榴、生附子、蕤仁、大枣等相关植物类；二是称量羊胆、鸡子、兔皮、长虫、小虫等相关动物类；三是称量茶酒等其他事物。“个”的称量对象往往还有别的称量方式，就敦煌写本医籍中出现的情况看，搭配还不是很固定，活跃但不够稳定。现代汉语中“个”是极为活跃的量词。

3. 具。

(1) 若欲作大汤者，补肝汤内加羊肝，补心加鸡心，补脾加牛肉，补肺加犬肺，补肾加猪肾，各一具，即成也。《辅行诀脏腑用药法要》

(2) 猪肾（一具，切）……《杂证方书第一种》(S. 3347)

“具”在敦煌写本医籍中主要用于称量猪肾等动物内脏。“具”作量词在汉代就已很通行，南北朝时期并存表集体和表个体的用法，别处用例多表集体，敦煌写本医籍中表个体。

4. 头。

取大结鱼一头……《杂证方书第一种》(S. 3347)

“头”在同时代文献中的用例很广泛，禽兽鱼鼠多有所称量，在敦煌写本医籍中用例不多。

5. 名。

三品合三百六十五种，法三百六十五度，度应一日，以成一岁，倍其数，合七百三十名。《本草经集注·序录》(龙 530)

“名”作量词萌始于汉代，但南北朝时用例仍不多见。

6. 条。

(1) ①今仙方甘草丸，有防己、细辛；世方五石散，有栝蒌、干姜。略举大者如此，其余复有数十余条；②伤寒证候，亦廿余条。《本草经集注·序录》(龙 530)

(2) 上此五条，出《药对》中，义旨渊深，非世所究，虽莫可遵用，而是主统领之本，故亦可载之也。同上

“条”在南北朝时就有用于称量绳、路等条状物的用例，隋唐五代的用例较多，既可用于称量藤、杖、腰带等具体事物，亦可用于称量事、恶等抽象事物。此处是用于药性论述，属抽象事物用例。

7. 锭。

阿胶（三锭）……《辅行诀脏腑用药法要》

"锭"的量词用例在刘世儒、王绍新、陈颖等的相关时代的量词著作中未见。

8. 挺。

(1) 阿胶（二挺）……《道家养生方》(P. 4038)

(2) 丑日得病者，须火炭三十五挺，每长五寸……《〈阴阳书〉中有关病症与药名摘录》(S. 1468)

"挺"作量词在南北朝时用得很广泛，用于称量甘蔗、蜡烛、金银等。敦煌写本医籍中用于称量阿胶、火炭等。

9. 件。

治病所须，其例有三：初谓医术……二谓诸方……三谓对病……已前三件，资身正要，非常恒有，是病即身。《治病所须》(P. 2215)

"件"作量词在南北朝时可以用于称量书、金宝、衣、事等，唐代用法类同。此处"件"计量前所述治病所须的"医术""方书""对病"，亦即称量前文所述之事。

10. 分。

(1) 服时先取精羊肉一鸡子大，熟黄讫，分作两分。先取一分热嚼咽汁，取所嚼肉滓裹六丸药丸……《治病药名文书第一种》(S. 1467V)

(2) 右以水七升，煮服二升半，分三分服。《治病药名文书第一种》(S. 1467V)

(3) 以上三味，切，以水四升，煮取一升半，分为三分。《治病药名文书第一种》(S. 1467V)

上述例中"分"表"等份"义。

11. 片。

(1) 又：脐下绞痛，可以木瓜一片，桑叶七枚，炙。《食疗本草》(S. 76)

(2) 唯姜附于汤及膏酒中生用，亦削去皮乃秤，直理破作七八片。《本草经集注・序录》(龙 530)

(3) 羹咸，即投一片新瓦便淡。《杂证方书第六种》(P. 2882)

(4) 生铁（一片，如梳许大）……《脚气、疟病方书》(P. 3201)

(5) 羊脾一片……《头、目、产病方书》(P. 3930)

(6) 取青布一片，如梳许大……《妇科单药方书》(S. 6172)

(7) ①用金箔十片铺合内底上，置药了，又用金箔十片盖药合却；②云母一片。《道家合和金丹法》(P. 3093)

同时代文献中“片”是活跃的量词，适用对象很广泛，但由于医籍的特殊性，涉及的范围有一定限制，量词运用更少有虚化用法，因而量词“片”用处有限。“片”在敦煌写本医籍中的用法：一是用于称量木瓜、姜、羊脾、云母等切割成的薄片；二是用于称量瓦、铁等片状的东西；三是用于称量布片、金箔等平而薄的东西。

12. 节。

(1) 立秋之日，白芷、防风先生，为细辛、蜀椒使，主胸背二十四节。《本草经集注·序录》(龙 530)

(2) ……主头痛四十五节。同上

(3) ……主腹中七节。同上

(4) ……主四肢三十二节。同上

“节”本义是竹节，据赵中方研究，作为量词，很早就出现了一般化的用法。唐代时有“付石首干一节”的用例。此外，“节”还可用于称量“文”。当然，此后还有用于称量分解生长的植物以及虚化称量事理的用例。

13. 累。

云干姜一累者，以重一两为正。《本草经集注·序录》(龙 530)

“累”除了用于称量姜，极少用于称量别的事物。

三、集体单位

(一) 对

三四对者，皆一茎直上，叶既相乱，惟以根有心、无心别耳。《新修本草·草部》(P. 3714)

(二) 双

鲤鱼一双……《搜神记》(罗氏 017)

综上，敦煌写本医籍中未见于同时代文献中的量词或已有量词的新用例如下："岁"用于表示年龄单位这一现代汉语用法在唐代之前就有，但在同时代别的文献中未见，具体详见前"岁"条。"宿"的量词用法最迟在六朝即有，因有此用例的《本草经集注·序录》(龙530)为六朝所著。据考，《辅行诀脏腑用药法要》成书时间在陶弘景之后至隋唐间，其中所见的"锭"的量词用例也在此期间已经出现，但在同时代别的文献中未见此量词。再如"卷"用例，或可修正时贤旧说，具体参前"卷"条。余不赘述，详见前文。

就量词搭配的稳定性来看，阿胶既可用"锭"，又可用"挺"，搭配未固定。猪肾、猪胆、羊脾、鸡肝等动物内脏既可用"具"，又可用"枚"，还可用"个"。豆类既可用"粒"，又可用"枚"。附子等植物果实类既可用"个"，又可用"枚"。槟榔、杏仁等既可用"颗"，又可用"枚"。大枣等植物果实类既可用"个"，又可用"枚"。搭配不够固定，说明这些量词虽比前代成熟，但还不够精细和稳定。从用例上看，"枚"是极为活跃的量词，绝非现代汉语量词"枚"所能相提并论的。也有部分量词如"代、味、品、剂、壮、首"等有搭配固定，用法成熟。或可从中部分窥出古今量词的此消彼长、继承与发展等传承关系。

第二节　敦煌写本医籍中的借用名量词

一、借自名词

（一）人及人体器官：人、指、口

1. 人。

(1) 肝者，干也，从官三千六百人。《明堂五脏论》(P. 3655)

(2) 咸通二年，岁次辛巳，十二月二十五，衙前通引并通舍人范子盈、阴阳汜景询二人写记。《新集备急灸经》(P. 2675)

(3) 凡所救活数百千人，自余投缨宅岭，犹不忘此。《本草经集注·序录》(龙530)

“人”作量词产生较早，甲骨文中即有用例，如“俘人十有五人”①。但即便是现代汉语，“人”的量词性始终不强。上述用例同样也不典型。

2. 指。

(1) 右于脐下横一指地。《杂证方书第二种》(S. 5435)

(2) 关史一穴，在手掌横纹量四指。《杂证方书第五种》(P. 2662V)

刘世儒《魏晋南北朝量词研究》所举“指”例，认为是上古语法的残存，有名词嫌疑，是“词汇称量法”②。此处用例为计量宽度的量词用法确定无疑。《杂证方书第二种》(S. 5435)成书于五代，亦即五代有“指”为量词的确切用例。

3. 口。

(1) 若泻多力弱，随吃三口冷饭，即安稳。《杂证方书第三种》(P. 2565)

(2) 候患人疟未发前，一两口饭顷，男当点处逼脊骨左畔，灸七壮。《脚气、疟病方书》(P. 3201)

(3) 口觉心闷，即吃三五口冷饭。《治病药名文书第一种》(S. 1467V)

(4) 第一日服七口，第二日六口，三日五口，四日四口，五日三口，六日两口，七日一口，八日不吐不纳。《服气休粮及妙香丸子方》(P. 3043)

“口”用于称量人在南北朝即有用例，唐代诗文小说中有用于称量人、羊、狼或器物的用例。但此处与现代汉语称量方式无异的称量饭的用例，在南北朝和唐代诗文小说中未见。

(二) 植物类：叶、茎、根

1. 叶。

肝重四斤四两，左三叶，右四叶。《明堂五脏论》(P. 3655)

“叶”南北朝时已出现量词用法，唐代诗文小说中用于称量植物的叶和舟船，此处用于称量肝，肝类似叶状，亦即“叶”在此处的用法是称量

① 郭沫若：《卜辞通纂》，北京：科学出版社，1983 年，第 513 页。
② 刘世儒：《魏晋南北朝量词研究》，北京：中华书局，1965 年，第 181 页。

类似叶状的东西。

2. 茎。

(1) 葱叶（十四茎）；切葱白十五茎纳汤内。《辅行诀脏腑用药法要》

(2) 葱（两茎，一茎口）……《杂证方书第二种》（S. 5435）

“茎”作量词在唐代诗文小说中用例不少，在此处用于称量葱及葱叶。

3. 根。

葱（一根）……《杂证方书第八种》（P. 3596）

“根”作量词称量植物的用法在南北朝已很常见。

（三）器皿类：器、盆、碗、盏、杯、勺、匙、匕、杵

1. 器。

服汤已，如人行三四里时，令病人啜白截浆一器，以助药力。《辅行诀脏腑用药法要》

2. 盆。

令病者侧卧，下以一盆着汤事耳下，熏之，少时，小便通，立愈。《辅行诀脏腑用药法要》

3. 碗。

(1) 热白粥一碗。《不知名氏辨脉法》之一（P. 3655）

(2) 小便两茶碗，煎取半口口。《杂证方书第二种》（S. 5435）

(3) 淋讫可食一大碗热葱豉粥。《治病药名文书第一种》（S. 1467V）

(4) 传茶贱三文五碗。《茶酒论》（P. 2718）

4. 盏。

(1) 令人或腹胀者，以姜酒一盏，饮即消。《食疗本草》（S. 76）

(2) 右取刺芥汁半盏。《杂证方书第二种》（S. 5435）

(3) 人蛊水遍身洪肿，取马、牛尿服一盏，即差。《单药方》（P. 2666）

(4) 每服用童子小便一小盏，入生姜汁一茶匙。《脚气、疟病方书》（P. 3201）

5. 杯。

一日打却十杯。《茶酒论》（P. 2718）

6. 勺。

☐水一升，煮取半升，米一勺，煮取口口口空腹服之。《简便医方方书》（S. 3395）

7. 匙。

（1）右取白盐末一匙子；矾末一两淋洗遍身讫……取末一匙半。《杂证方书第二种》（S. 5435）

（2）人患痢，取姜一匙，面一匙，酢、饭一合，合捣，烧作灰，免。《单药方》（P. 2666）

8. 匕。

（1）硝石（五钱匕）；雄黄（一钱匕）；着散一匕于舌下；纳散一匕，顿服。《辅行诀脏腑用药法要》

（2）食前暖美清酒和方寸匕，一匕服，日二服。少少加，至二匕。《不知名氏辨脉法》之二（P. 3287）

（3）取车前子捣如末，以饮汁每旦服一匕，以差为度。《杂证方书第十种》（P. 3885）

9. 杵。

（1）右三味捣筛，和巴豆捣，令相入。少少加蜜，捣一千杵，即好。《杂证方书第三种》（P. 2565）

（2）右三味，以少蜜和之，捣二千杵，捣以熟为度。《杂证方书第四种》（P. 2662）

（3）入铁臼中捣一万余杵，并手捻为颗。《道家养生方》（P. 4038）

（4）右件药熟捣一万杵。《药方》（羽田亨藏，原李盛铎旧藏）

（四）其他：家、房、鸡子、丸

1. 家。

满日，取三家井水酱，令人大富贵。《杂证方书第六种》（P. 2882）

2. 房。

取露蜂窠一房，以药满蜂窠孔中。《换须发方》（羽田亨藏）

3. 鸡子。

月下伏龙肝一鸡子。《脚气、疟病方书》（P. 3201）

4. 丸。

(1) 又：冬瓜仁三升，退去皮壳，捣为丸，空服及食后各服二十丸，令人面滑静如玉。《食疗本草》(S. 76)

(2) 先食饮服二十五丸，渐加至三十六丸。《杂证方书第一种》(S. 3347)

"丸"主要用于称量圆球状的东西，敦煌写本医籍中用于称量药。

二、借自动词

(一) 把、握、抄

1. 把。

(1) ①韭叶（切，一把）；②竹叶（三把）。《辅行诀脏腑用药法要》

(2) ①葱（一把）；②右艾茎叶一把。《杂证方书第一种》(S. 3347)

"把"用作量词表示一手所握的数量，是计量单位，计量大致数量。敦煌写本医籍中主要用于称量韭叶、竹叶、葱、艾等植物类。

2. 握。

(1) 竹叶（三大握）……《辅行诀脏腑用药法要》

(2) ①桑叶（一握）；②母葱（一握，细切）；③葱白（一握）。《杂证方书第一种》(S. 3347)

(3) ①东南桃枝一握；②东南柳枝一握。《杂疗病药方》(P. 3378)

"握"和"把"一样，指一手可握之量，敦煌写本医籍中的用例"握"除了可用于称量竹叶、桑叶、葱等植物茎叶类外，还可用于称量桃枝、柳枝等枝条。敦煌写本医籍中枝条还可用称量"枚"称量，如《辅行诀脏腑用药法要》："急以桑枝三枚，各长尺许。"

3. 抄。

(1) 治人腹胀心痛，取葱白一握去心，取豆豉一抄，用酒一升，空腹服，即差。《单药方》(P. 2666)

(2) 鼠粘子两抄，分再服，勿使嚼破。《杂证方书第八种》(P. 3596)

(3) 牙疼方：取椒一抄，面裹作馄饨三枚，取一烧之，令熟。《杂证方书第八种》(P. 3596)

(4) 粳米一抄，冷水一升，于木盆中以石磨粳米。《头、目、产病方书》(P. 3930)

“抄”和“把”“握”一样，同样是指手可握之量，在敦煌写本医籍中用于称量豆豉、粳米等粒状类。“抄”的计量亦有其他说法，如“十撮为一抄，十抄为一勺”①。

(二) 撮

(1) 右取豉一撮，点少许汤入口口。《杂证方书第二种》(S. 5435)

(2) ①牛耳中毛一撮，烧之末，和水服；②又方：熬盐三撮，和酒服。《杂证方书第八种》(P. 3596)

(3) 又方：牛毛一撮，烧作灰，和酒服之，即差。《头、目、产病方书》(P. 3930)

“撮”是手指捏起之微量，较“把”“握”“抄”量少。敦煌写本医籍中用于豆豉、牛毛等。

(三) 掬

又诸善男子、善女人，若至父母兄弟亲眷到临命终之时，慆惶之次，速取西方一掬净土，书此陁罗尼，烧作灰。《佛家疗病催产方》(P. 3916)

“掬”为两手捧起之量，类似于现代汉语的“捧”，用于称量土。先是用于称量具体事物，后也用于称量抽象事物。有学者认为，“掬”不见于南北朝和唐代，② 不确。《佛家疗病催产方》(P. 3916) 约于唐太宗末唐高宗初译，意即唐代亦有此量词。

(四) 束

凡方云某草一束者，以重三两为正。《本草经集注・序录》(龙 530)

“束”在敦煌写本医籍中用于称量捆在一起的东西，如草。这是“束”最为固定的用法。

---

① (唐) 李淳风等注:《孙子算经》，台北: 台湾商务印书馆，1986 年影印文渊阁《四库全书》本，797 册，第 141 页。

② 陈颖:《苏轼作品量词研究》，成都: 巴蜀书社，2003 年，第 74 页。

（五）掘

（1）又方，取葱白两握掘，豉半升……《头、目、产病方书》（P. 3930）

（2）葱一掘…… 同上

“掘”的量词用法考证见后文。

以上考察了敦煌写本医籍中的借用名量词26个，可以看出借用名量词大多相对稳定，只是因时代或者考察的文献资料的性质不同而出现称量范围扩大或缩小，或出现别的时代、别的文献未见的量词。通过上述量词的考察，发现敦煌写本医籍中有“指”为量词的确切用例；有“口”在南北朝和唐代诗文小说中未见的而与现代汉语称量方式无异的用法；“掬”的用例约从佛经翻译而来，但唐代已有此量词用例，修正了唐代无此量词的旧说，具体详见“掬”字条。

第三节　敦煌写本医籍中的动量词

一、专用动量词

（一）遭

春三月，一日一夜流转一百二十遭。《明堂五脏论》（P. 3655）

刘世儒：“南北朝时期还没有‘遭’……‘遭’作量词大约是到了唐宋时代才开始产生的。”[①] 王绍新赞同这种看法，并认为确凿无疑的动量词“遭”在《全唐诗》中只出现了5次，并且用于称量的动词只有含“环绕”义的“转”和“绕”[②]。“遭”在此处作称量动词，表“流转”义，义同“周、转”。《明堂五脏论》（P. 3655）成书年代为三国至唐初，具体朝代不确，抄写年代为唐初。

---

① 刘世儒：《魏晋南北朝量词研究》，北京：中华书局，1965年，第265页。

② 王绍新：《课余丛稿》，北京：北京语言文化大学出版社，2000年，第123页。

（二）遍

（1）榆皮三两，熟，捣，和三年米醋，滓封茎上，日六七遍易。《食疗本草》（S.76）

（2）涂癣上三两遍，立差。《杂证方书第二种》（S.5435）

（3）两手捋绳千遍。《杂证方书第八种》（P.3596）

"遍"作为动量词是由"周遍"义引申而来，"遍"作动量词始于魏晋南北朝时期，当时主要用来称量"诵读"义类动词。隋唐五代"遍"作动量词发展很快。《食疗本草》（S.76）成书于唐，《杂证方书第二种》（S.5435）成书于五代，《杂证方书第八种》（P.3596）成书于唐高宗后唐睿宗前。此处例（1）中的称量动词是"易"，"易"在此处为"更换"义；例（2）中的称量动词是"涂"，"涂"在此处为"涂抹"义；例（3）中的称量动词是"捋"。

（三）顿

取叶煮食，时服一顿，亦好。《食疗本草》（S.76）

"顿"作为动量词主要是由其名量词用法发展而来的。名量词"顿"产生于魏晋南北朝，当时主要用于称量饮食，如《世说新语·任诞篇》："主人迎神出见，问以非时何得在此，答曰：闻卿祠，欲乞一顿食耳。"[①]唐代产生"顿"的动量词用法。

（四）回

早起口口暖水洗一回。《杂证方书第六种》（P.2882）

"回"在南北朝时期作为动量词的用法还不多见，还处于初始阶段，专用来表示一般动作的"往返"次数，"往返"一次就叫"一回"[②]。

（五）下

（1）右切，以醋溲渍一宿，以猪脂微火煎三下，绞去滓，有疾以摩敷

① （南朝宋）刘义庆著，徐震堮校笺：《世说新语校笺》，北京：中华书局，1984年，第404页。
② 刘世儒：《魏晋南北朝量词研究》，北京：中华书局，1965年，第258-259页。

之。《杂证方书第九种》（P. 3731）

（2）又方：病人面向地卧，长暴脚手，于病人脚心中，壮人脚尽力踏三下，即差。《头、目、产病方书》（P. 3930）

“下”作动量词是由称量“击打”义类的动词开始的，所以常常含有“短时距”的意味。动量词用法始于南北朝，但还受到动词性质的限制，当时主要称量“击打”义类动词，也有少数称量“叩首”“叩齿”等动作的用例。隋唐五代称量范围有所扩大。

《杂证方书第九种》（P. 3731）成书时间不详，但抄写时间为唐武则天时期；《头、目、产病方书》（P. 3930）抄写于唐代，成书年代不会晚于抄写年代。由此可知，“下”称量一般动词的用例最迟在唐代亦有。

（六）周

（1）平人一日一夜三千五百息，脉并有行五十周于身。漏下百刻，荣卫之气行阳二十五度，行阴亦二十五度。《〈平脉略例〉一卷》（S. 5614）

（2）人一呼脉行三寸，一吸亦行三寸。呼吸定息，脉行六寸……行为一周。《〈玄感脉经〉一卷》（P. 3477）

（3）又方：芥子熬，捣末，酢和梱头一周，衣覆之，一日，衣解，效。《杂证方书第八种》（P. 3596）

“周”作动量词产生年代学者说法不一，傅铭第《关于动量词“匝”和“周”》认为《礼记》中即有动量用例[①]。王绍新认为充当动量更确凿的用例可能产生于西晋时代，用例如“遍”[②]。刘世儒认为“周”在魏晋南北朝时期已不活跃，“看来它在这个时代就已经是一个不受欢迎的量词了”[③]。隋唐时代“周”仍不活跃，且不再用如“遍”，只与“旋绕”类动词相配合[④]。

《〈平脉略例〉一卷》（S. 5614）成书年代为南北朝或隋，抄写年代为唐太宗时；《〈玄感脉经〉一卷》（P. 3477）在古医籍、目录书及史书艺文

---

① 傅铭第：《关于动量词“匝”和“周”》，《中国语文》，1965 年第 1 期。
② 王绍新：《课余丛稿》，北京：北京语言文化大学出版社，2000 年，第 174 页。
③ 刘世儒：《魏晋南北朝量词研究》，北京：中华书局，1965 年，第 263 页。
④ 王绍新：《课余丛稿》，北京：北京语言文化大学出版社，2000 年，第 175 页。

志等中均无载录，成书年代不详，抄写年代为唐太宗时，亦即此两卷最晚为唐初成书。此处用例证明最迟在唐初“周”即有动量词用例。

（七）度

（1）漏下百刻，荣卫之气行阳二十五度，行阴亦二十五度。《〈平脉略例〉一卷》（S. 5614）

（2）又：冬瓜子七升，绢袋盛，投三沸汤中须臾，曝干，纳汤中，如此三度乃止。《食疗本草》（S. 76）

（3）以醋一茶碗……使一料十数度方效。《杂证方书第二种》（S. 5435）

（4）①烧头发灰，冷水鼻中官（灌）之，一两度即差；②三物以醋、浆各二升，煎，去滓洗头，一日洗五度。《杂疗病药方》（P. 3378）

“度”在魏晋南北朝时期已有作为动量词的用例，唐代发展成熟，和“回”一起成为唐代使用度极高的量词。“度”称量的动词义类与“回”大同小异。

（八）重

当关翻胃几千重。《七表八里三部脉》（P. 3655）

“重”作为量词在南北朝已经发展得完全成熟了，只要能分出“重”来的对象都可以用“重”来称量。“重”成为用途最广、出现频率最高的名量词之一。“重”作为动量词，是唐五代才出现的语法现象，用例不多，分为两类，一是与“重叠”或“层次”义相关者，一是相当于“回”“次”，成为通用量词。

《七表八里三部脉》（P. 3655）成书最迟为唐初，此处用例亦即为唐初或唐初之前的用例。

（九）步

（1）每服竟，急行六十步。《不知名氏辨脉法》之二（P. 3287）

（2）子日得病者，须赤小豆一升，水花五升，卯上土五升，合渥储置午地上，去舍九步，不然九尺，其病即差。《〈阴阳书〉中有关病症与药名

摘录》（S. 1468）

行走类动作的结果可以用“步”来称量。“步”在隋唐五代有作名量词之例，据王绍新对隋唐五代时期文献资料的考察，没有动量词“步”的用例。宋代以后用例较多。

《不知名氏辨脉法》之一（P. 3287）成书年代不详，抄写年代在唐高宗或唐中宗时期。成书年代不会晚于抄写年代，因此据抄写年代可以断定《不知名氏辨脉法》之一（P. 3287）成书年代也应在唐高宗或唐中宗时期，或者在唐高宗或唐中宗之前。《〈阴阳书〉中有关病症与药名摘录》（S. 1468）不详。因此唐代或唐代之前已有动量词“步”的用例。

（十）倍

取冬瓜一颗，和桐叶与猪食之一冬，更不食诸物，其猪肥长三四倍矣。《食疗本草》（S. 76）

“倍”作量词始于先秦，《易经・说卦》《诗经》中均有。但无论是名量词还是动量词在刘世儒《魏晋南北朝量词研究》和王绍新关于隋唐量词的文章中均未提及，陈颖《苏轼作品量词研究》、金桂桃《宋元明清动量词研究》中也未见。《食疗本草》（S. 76）成书于唐代是确定无疑的，亦即“倍”作动量词的用例在唐代仍有，但极不活跃。

二、借用动量词

敦煌写本医籍中的借用动量词主要指借自动词。

（一）过

（1）凡筛丸散药毕，皆更合于旧（臼）中，以杵研之，治数百过，视色理和同为佳。《本草经集注・序录》（龙 530）

（2）旧方二十许过，今六七过便是，亦可宜煮之，沸易水，如此三过。《本草经集注・序录》（龙 530）

（3）用之皆汤洗十许过。《新修本草・草部》（P. 3714）

“过”作为动量词，由“度过”“经过”义发展而来，早在南北朝时期就能够称量形形色色的动词性词语，用来泛表一般动作的次数，如同现代汉语的“次”，刘世儒称之为当时的“无色量词”①。《本草经集注·序录》（龙 530）成书于六朝，《新修本草·序》（羽田亨藏）成书于唐。此处“过”为六朝及唐代的用例。

（二）沸

（1）又煮两三沸，便绞出，则力势猛，易得快利。《本草经集注·序录》（龙 530）

（2）取茱萸一升，美清酒四升，和煮四五沸。《食疗本草》（S. 76）

（3）煮药十数沸。《杂证方书第二种》（S. 5435）

《本草经集注·序录》（龙 530）成书于六朝，《食疗本草》（S. 76）成书于唐代，《杂证方书第二种》（S. 5435）在古医籍、目录书及史书艺文志等中均无载录，成书于五代。六朝、唐、五代均有关于“沸”的用例。但“沸”作量词在别的考察这个时段的量词著作中未见。

（三）行

如人行十里久，当觉腹中鸣转，以少热粥饮之，即泻三数行。《杂证方书第三种》（P. 2565）

“行”的量词用例在南北朝和唐五代均不少见。

（四）服

欲发时服一服，正发时服一服。《脚气、疟病方书》（P. 3201）

“服”作量词的用例在刘世儒、王绍新的著作以及陈颖《苏轼作品量词研究》、金桂桃《宋元明清动量词研究》等中均未提及。

（五）炊

以苦口根，取水一石，煮一炊，小便小下。《杂证方书第一种》（S. 3347）

“炊”为“烧火做饭”之义，动词。此处用为量词，义同“煎煮一

① 刘世儒：《魏晋南北朝量词研究》，北京：中华书局，1965 年，第 250 页。

次”。“炊”作量词的用例在刘世儒、王绍新的著作以及陈颖《苏轼作品量词研究》、金桂桃《宋元明清动量词研究》等中均未提及。

（六）本时期量词性不强的，录此备考

1. 息。

（1）平人一日一夜三千五百息，脉并有行五十周于身。《〈平脉略例〉一卷》（S. 5614）

（2）四十五动为一息。《青乌子脉诀》（P. 3655）

2. 处。

（1）寸口、关上、尺中三处……《伤寒论·辨脉法》（S. 202）

（2）凡此三建，俗中乃是同根，而《本经》分生三处，当各有所宜故也。《新修本草·草部》（P. 3714）

（3）有一人以车载奕置于一处。《〈佚类书·医卜〉医家董奉郭玉传》（S. 2072）

“处”在南北朝时的用法多称量建筑及景物，隋唐用法也基本如此。“处”在敦煌写本医籍中称量穴位以及独用。

以上考察了敦煌医籍中的动量词15个，另有量词性不强的2个。可以看出动量词大多相对稳定，只是因时代或者考察的文献资料的性质不同而出现称量范围扩大或缩小，或出现别的时代、别的文献未见的量词。通过敦煌医籍中的“遭”和“回”的量词用例可以推知该敦煌医卷的成书年代。“下”的用例说明称量一般动词的用例最迟在唐代亦有，修正了唐五代无称量一般动词用例的旧说。敦煌医籍中的“步”的用例说明了唐代或唐代之前已有动量词的用法。“倍”的用例说明量词用法虽始于先秦，但唐代仍不活跃。不过唐代的用例已和现代汉语用法一致。敦煌医籍中“沸”“服”“炊”量词用例在文中提及的考察该时期的量词著作中未见。

第四节 量词“息、撮、掘”考源溯流

一、“息”也可用为量词

“息”由“呼吸时进出的气”之义层层引申出不同的量词用法。唐宋之前，称量对象单一，多限于完成一呼一吸的动作及完成一呼一吸的动作所需时间。明清以降，随着章回小说的兴盛，量词“息”称量范围扩大，用法也更为灵活。近现代量词用法渐趋成熟。“息”的量词用法在字典辞书中未见提及，但考其使用情况，“息”用为量词不乏其例。

（一）量词“息”的来源及发展

“息”在文献中的较早用例多为“呼吸时进出的气”之意。《说文解字·心部》：“息，喘也。”段玉裁注：“《口部》曰：‘喘，疾息也。’喘为息之疾者，析言之。此云息者喘也，浑言之，人之气急曰喘，舒曰息。”① 《汉书·苏武传》：“武气绝，半日复息。”颜师古注：“息，谓出气也。”② “息”的量词用法多由此义引申。

1. 完成一呼一吸的动作为“一息”。《〈玄感脉经〉一卷》（P. 3477）：“凡脉法，一呼一吸为一息。”

（1）张诘旦候芳，芳遽引视登。遥见登顶曰：“有此顶骨，何忧也。”因按脉五息，复曰：“不错，寿且逾八十。”（唐）段成式《酉阳杂俎》③

（2）凡发扬一声，出入九息。古之至音者一叠十二节，一节十二敲，今之名乐也。（唐）袁郊《甘泽谣·许云封》④

（3）平人一日一夜三千五百息，脉并有行五十周于身。《〈平脉略例〉一卷》（S. 5614）

---

① （东汉）许慎著，（清）段玉裁注：《说文解字注》，杭州：浙江古籍出版社，1998 年，第 502 页。

② （东汉）班固著，（唐）颜师古注：《汉书》，北京：中华书局，1962 年，第 2461 页。

③ （唐）段成式著，方南生点校：《酉阳杂俎》，北京：中华书局，1981 年，第 74 页。

④ （唐）袁郊：《甘泽谣》，上海：商务印书馆，民国二十八年（1939）《丛书集成初编》本，第 13 页。

（4）……三百息，渐渐方可，不令意乱，良久便纳。学习多时，或得七息，为之初地之人。初一两息即教，九十五息放旦，至十五息不通，百十、二十息大通矣。若能集之一千息或三千息，仙矣。《服气休粮及妙香丸子方》（P. 3043）

（5）人过百息，水逾十沸，或以话阻，或以事废，始取用之，汤已失性矣。（宋）陶谷《清异录》①

（6）又云：彭祖云：和神导气之道，当得密室闭房，安床暖席，枕高二寸五分，正身偃卧眠，目闭以鸿毛着鼻口上而鸿毛不动，经三百息，耳无所闻，目无所见，心无所思……不能猥闭之，稍稍学之，起于三息五息七息九息而一舒气。（日）丹波康赖《医心方》卷二十七②

（7）乃漱满口中津液，咽之满三。徐徐以鼻内气。气入五六息则吐之。一呼一吸为一息。至十吐气可少频申。（宋）张君房编《云笈七签》卷十二③

（8）羽衣玄黄，龙舆玉景，飞行太空；长享眉寿，天地同功。毕，闭气五息。（宋）张君房编《云笈七签》卷二十④

（9）修飞步之道，当先于阴精星上，左手指本命，右手抚心，闭气五息，叩齿五通，咽液五过，闭目思北上晨君讳字形像，留立阴精星上，便微咒曰……（宋）张君房编《云笈七签》卷二十⑤

（10）凡胎息服气，从夜半后服内气七咽，每一咽既，调气六七息，即更咽之。（宋）张君房编《云笈七签》卷五十八⑥

（11）法性平等，生死不二，经半食顷，闭目，举舌奉腭，徐徐长吐气一息二息，傍人闻气出入声，初粗渐细，十余息后，乃得自闻声。（宋）张君房编《云笈七签》卷五十九⑦

---

①（宋）陶谷著，（清）李锡龄辑：《清异录》，光绪二十二年（1902）长沙重刊《惜阴轩丛书》本，第229页。

②（日）丹波康赖著，赵明山等注释：《医心方》，沈阳：辽宁科学技术出版社，1996年，第1113-1114页。

③（宋）张君房纂集，蒋力生校注：《云笈七签》，北京：华夏出版社，1996年，第58页。

④（宋）张君房纂集，蒋力生校注：《云笈七签》，北京：华夏出版社，1996年，第112页。

⑤（宋）张君房纂集，蒋力生校注：《云笈七签》，北京：华夏出版社，1996年，第115页。

⑥（宋）张君房纂集，蒋力生校注：《云笈七签》，北京：华夏出版社，1996年，第344页。

⑦（宋）张君房纂集，蒋力生校注：《云笈七签》，北京：华夏出版社，1996年，第354页。

（12）可正施手足，平枕仰卧，待出息尽，欻然闭之，更勿令出，当得攻面，流下四肢，浑身稍热，处处自得，绝喘绝息，乃遣至下，筹记泄息数（凡一出一入口鼻之气，名一息。以傍人出入，数其息也）。（宋）张君房编《云笈七签》卷六十①

2. 完成一呼一吸动作所需时间为"一息"。《资治通鉴·汉纪四十四》"且以喘息须臾间耳"，胡三省注："人以气一出入之顷为一息。"② 唐代释道世《法苑珠林》卷第一："一刹那者，翻为一念。百二十刹那为一怛刹那，翻为一瞬。六十怛刹那为一息，一息为一罗婆。三十罗婆为一摩睺罗，翻为一须臾。三十摩睺罗为一日夜。一日夜计有六百三十八万刹那。"③ 只是这种计量较完成一呼一吸动作所需时间略长。朱德熙《语法讲义》中有"'一会儿、半天、两年'是数量词"④，那么"息"作为计量时间的量词也是毫无疑问的。

（13）留针百廿息乃出针。《武威汉代医简》（编号 23）⑤

（14）游某山深洞，入值物蛰如中疾，四支不能动，昏昏若半醉。见一物自明入穴中，却返，良久，又至，直附身引颈临口鼻，细视之，乃巨龟也。十息顷方去。（唐）段成式《酉阳杂俎》⑥

（15）凡人之心，不存则亡，而无不存不亡之时；故一息之顷不加提省之力，则沦于亡而不自觉。（宋）黎靖德《朱子语类》卷一百一十七⑦

3. 计量完成一呼一吸动作所需时间的量词用法虚化为计量不定、少量时间。

（16）精专恳切，无一时一息不在里许。（宋）黎靖德《朱子语类》卷一百二十一⑧

---

① （宋）张君房纂集，蒋力生校注：《云笈七签》，北京：华夏出版社，1996 年，第 361 页。

② （宋）司马光著，（元）胡三省音注：《资治通鉴》第四册卷五十二，北京：中华书局，1956 年，第 14 页。

③ （唐）释道世，周叔迦等校注：《法苑珠林校注》，北京：中华书局，2003 年，第 15 页。

④ 朱德熙：《语法讲义》，北京：商务印书馆，1982 年，第 43 页。

⑤ 甘肃省博物馆、武威县文化馆：《武威汉代医简》，北京：文物出版社，1975 年，第 4 页。

⑥ （唐）段成式著，方南生点校：《酉阳杂俎》，北京：中华书局，1981 年，第 279 页。

⑦ （宋）黎靖德编，王星贤点校：《朱子语类》第七册，北京：中华书局，1986 年，第 2810 页。

⑧ （宋）黎靖德编，王星贤点校：《朱子语类》第七册，北京：中华书局，1986 年，第 2919 页。

（17）停了一息时光，伙计都拿了进来。（清）郭小亭《济公全传》第五十八回①

（18）子平会意，也就不往下问了。其时远远听有笑语声。一息工夫，只听回廊上格登格登，有许多脚步儿响，顷刻已经到了面前。（清）刘鹗《老残游记》第十回②

（19）初平三年春季，霪雨至六十余日，尚未晴霁，司徒王允与士孙瑞杨瓒等，登台祈晴，觑着一息空隙，再提前谋。（民国）蔡东藩《后汉演义》第六十九回③

4. 计量完成一呼一吸动作所需时间的量词用法泛化到别的事物，计量时间和计量别的事物具有的相似点大多是数量少。称量对象扩大，可以是具体之物，也可是抽象之物。用法更为灵活，可重叠为“一息息”，如例（21）；或重叠为“一息一息”，如例（27）。

（20）只因此女藏在中舱，船底遮盖，暖气未泄，所以留得这一息生气。（明）冯梦龙《醒世恒言》第三十二卷④

（21）将来被人家晓得，我还可以落一个夜拒奔女的美名，何苦贪恋这一息息的欢娱呢？（清）诞叟《梼杌萃编》第二回⑤

（22）尔大小臣工，尤当精白乃心，涤除旧染，息息以民瘼为念。为民生留一分元气，即为国家留一息命脉，庶几危亡可救，感召天庥。（民国）蔡东藩《民国演义》第八十四回⑥

（23）裕谦经家人救出，舁奔宁波，闻到这个信息，又由宁波奔余姚，裕谦一息余生，至此方才瞑目。（民国）蔡东藩《清史演义》第五十四回⑦

（24）诸臣唯唯听命。一息残喘，延到日中，竟尔宾天去了。（民国）蔡东藩：《清史演义》第五十七回⑧

---

① （清）郭小亭：《济公全传》，合肥：安徽文艺出版社，2003年，第291页。
② （清）刘鹗：《老残游记》，济南：齐鲁书社，2002年，第66页。
③ 蔡东藩：《后汉演义》，北京：华夏出版社，2007年，第485页。
④ （明）冯梦龙：《醒世恒言》，海口：海南出版社，1993年，第570页。
⑤ （清）诞叟：《梼杌萃编》，天津：百花文艺出版社，1989年，第14页。
⑥ 蔡东藩：《民国演义》，北京：中国社会科学出版社，2007年，第436页。
⑦ 蔡东藩：《清史演义》，北京：华夏出版社，2007年，第377页。
⑧ 蔡东藩：《清史演义》，北京：华夏出版社，2007年，第398页。

近现代以来，称量对象更为广泛。表数量的功能进一步减弱，仅取其数量不多之意，修辞功能进一步增强，更具修饰性和形象性。

（25）阳光正好暖和，决不过暖；风息是温驯的，而且往往因为他是从繁花的山林里吹度过来，他带来一股幽远的澹香，连着一息滋润的水气，摩挲你的颜面，轻绕着你的肩腰…… 徐志摩《翡冷翠山居闲话》①

（26）他娶我究竟为什么动机我始终不明白，许贪我年轻贪我貌美带回家去广告他自己的手段，因为真的我不曾感着他一息的真情。徐志摩《巴黎的鳞爪·九小时的萍水缘》②

（27）阴阳晴雨的异态在某一瞬间弥漫地动，在某一点上断续地变；因此湖上所具诸形相的光辉黯淡，明画朦胧，也是一息一息在全心目中跳荡无休。俞平伯《湖楼小撷》③

（28）除了门外一个黑人，薙草，刮刮地响声渐远，再没有一息声音——和平布满了大自然。闻一多《晴朝》④

（29）一息微风吹了过来，带来了凉爽，也带来了黑夜。丽尼《江之歌》⑤

（30）一息清鲜的晨风吧残余的白雾吹散，我是如同从一个悠长而不可解脱的恶梦之中醒来了。丽尼《江之歌》⑥

（31）您正是在身后留下“布衣精神”的一息微叹，召唤着一种党风，召唤着一种党的干部之风啊！梁晓声《京华闻见录》⑦

（32）我那伙计，把号角放到嘴上，用平生之力吹了起来，可是他这一切努力，好像全都等于白费。他吹不出一息声响，这实在使我们费解！

① 徐志摩著，韩石山编：《徐志摩全集》第二卷·散文（2），天津：天津人民出版社，2005年，112页。

② 徐志摩著，韩石山编：《徐志摩全集》第二卷·散文（2），天津：天津人民出版社，2005年，第288页。

③ 俞平伯：《俞平伯全集》第二卷，石家庄：花山文艺出版社，1997年，第134页。

④ 闻一多：《闻一多全集·诗》，武汉：湖北人民出版社，1993年，第90页。

⑤ 丽尼著，徐如麒编：《丽尼散文选集》，天津：百花文艺出版社，2004年第2版，第220页。

⑥ 丽尼著，徐如麒编：《丽尼散文选集》，天津：百花文艺出版社，2004年第2版，第229-330页。

⑦ 梁晓声：《梁晓声作品自选集》，桂林：漓江出版社，1996年，第202页。

(德国) 毕尔格著，王克澄译《吹牛男爵历险记》①

(33) 晴空中太阳吻过了的一息雾气，水波上反映出的月光，清醒的智力所回忆起的美梦——这就是名誉在青春时期的情形；这在往后是决不会如此的。(美) 西奥多·德莱塞著，李萧、王明川译《天才》②

(二) 小结

由上述之例来看，“息”是有量词用法的。量词“息”由最初的实指而虚化，作时间量词由较为具体、精确虚化为计量不定数量。称量对象泛化之后也多由实而虚，由具体而抽象。数量性减弱，修辞性、形象性增强。

量词“息”唐宋之前，称量对象单一，多限于完成一呼一吸的动作及完成一呼一吸的动作所需时间。明清以降，随着章回小说的兴盛，称量范围扩大，用法也更为灵活。近现代用法更趋成熟。

二、量词“撮”源流考

“撮”有“手指取物”的动词义，由此发展为量词，计量撮取或抓取之物。字典辞书多释为“三指取物”，但文献用例显示，两指所取之物同样可用“撮”称量。由手指所取物之微量，引申出非手指所取物之较少分量的量词义，称量对象更为广泛，至迟清代发展到用于人的集体单位量词。量词“撮”在先秦两汉时产生，魏晋南北朝较少使用，却在唐代至清代的医籍中相当活跃，另外在唐宋元、明清时期的文学作品中也各具特色。

(一) 量词“撮”来源及其计量方式

“撮”有“手指取物”义。《说文解字·手部》：“撮，四圭也。从手

① (德) 毕尔格著，王克澄译：《吹牛男爵历险记》，上海：上海译文出版社，1982年，第18页。

② (美) 西奥多·德莱塞著，李萧、王明川译：《天才》，北京：九州出版社，2000年，第315页。

最声。亦曰二指撮也。"[①] 《玉篇·手部》："撮，子活士活二切，三指取也。"[②] 玄应《一切经音义》："撮，手小取也。"[③] 由此发展为量词，计量撮取或抓取的东西。量词义"撮"字亦作"最"或"捽"[④]。

一般认为"撮"为三指取物，如对《说文解字》"二指撮"，段玉裁注："小徐本作二指，二疑三之误。"[⑤] 桂馥《说文解字义证》："撮，……一曰两指撮也，两指当为三指。两指为拈，三指为撮。"[⑥] 字典辞书也多释为"三指取物"。但如桂馥"两指为拈"之说成立，两指拈物之分量用"撮"称量也不乏其例，如下例：

(1) 好大圣，弯倒腰丢了碗盏，拈一撮土，往上洒去，念声咒语，使个隐身法，轻轻的上前揭了榜。(明) 吴承恩《西游记》第六十八回[⑦]

(2) 拈了一撮黄土，端正了人面，便画一个寅会至酉会八万六千四百年的人形，从儿女里作出这番事业来，所以世人才号她作神媒。(清) 文康《侠女奇缘》缘起首回[⑧]

(3) 安老爷恭恭敬敬的拈了三撮香，然后褪下那张弹弓，双手捧着，含了两胞眼泪，对灵祝告道…… (清) 文康《侠女奇缘》第十七回[⑨]

文献中"二指撮"的使用也不少见，如下例：

(4) 又方：取石硫黄末，二指撮，纳一升汤水中，以洗阴，急小，如十二三女。(日) 丹波康赖《医心方》卷二十一[⑩]

---

① (东汉) 许慎著，(清) 段玉裁注：《说文解字注》，杭州：浙江古籍出版社，1998 年，第 599-600 页。

② (南朝梁) 顾野王：《宋本玉篇》，北京：中国书店，1983 年，第 119 页。

③ (唐) 释玄应著：《一切经音义》，载清·阮元编《宛委别藏》，南京：江苏古籍出版社，1988 年，第 186 页。

④ 例可参见马王堆汉墓帛书：《五十二病方》，其中"撮"为量词凡 11 例，原文多写作"最"，如本文例 (10)、例 (11)、例 (12)、例 (14)。有一例原文写作"捽"，本文例 (13)；也见于《释名·释姿容》："撮，捽也。"

⑤ (东汉) 许慎著，(清) 段玉裁注：《说文解字注》，杭州：浙江古籍出版社，1998 年，第 600 页。

⑥ (清) 桂馥：《说文解字义证》，上海：上海古籍出版社，1987 年，第 1048 页。

⑦ (明) 吴承恩：《西游记》，北京：人民文学出版社，1980 年第 2 版，第 822 页。

⑧ (清) 文康：《侠女奇缘》，南宁：广西人民出版社，1980 年，第 5 页。

⑨ (清) 文康：《侠女奇缘》，南宁：广西人民出版社，1980 年，第 266 页。

⑩ (日) 丹波康赖著，赵明山等注释：《医心方》，沈阳：辽宁科学技术出版社，1996 年，第 852 页。

（5）治之以泽泻、术各十分，麋衔五分，合以二指撮，为后饭。（宋）唐慎微《证类本草》卷第六[①]

（6）陈藏器云：编荐索，主霍乱转筋。烧作黑灰。服二指撮，酒服佳。（宋）唐慎微《证类本草》卷第十一[②]

（7）小便不通：梁上尘二指撮，水服之（《外台秘要》）。李时珍《本草纲目》卷七[③]

（8）编荐索：烧研，酒服二指撮，治霍乱转筋入腹（藏器）。（明）李时珍《本草纲目》卷三十八[④]

由此看来，两指所取之量可用“撮”来称量是毋庸置疑的。“撮”既可称量三指取物之量，也可称量两指取物之量[⑤]。这种称量方式是约量。

量词“撮”也可作度量衡单位，则是定量。一说四圭为一撮，如《说文解字·手部》：“撮，四圭也。”[⑥]《汉书·律历志》：“度长短者不失毫厘，量多少者不失圭撮，权轻重者不失黍累。”颜师古注引应劭曰：“四圭曰撮。”[⑦]《本草经集注·序录》（龙530）：“凡散药，有云刀圭者，十分方寸匕之一，准如梧子大也……一撮者，四刀圭也。十撮为一勺，十勺为一合。”[⑧] 一说十圭、十秒为一撮，如《孙子算经》卷上：“六粟为一圭，十

① （宋）唐慎微：《重修政和经史证类备用本草》（简称《证类本草》），上海：上海古籍出版社，1991年，第171页。

② （宋）唐慎微：《重修政和经史证类备用本草》（简称《证类本草》），上海：上海古籍出版社，1991年，第323页。

③ （明）李时珍：《本草纲目·土部·梁上尘》，北京：人民卫生出版社，1957年影印，第588页。

④ （明）李时珍：《本草纲目·服器部·蒲席》，北京：人民卫生出版社，1957年影印，第1495页。

⑤ 还有“一指撮”“五指撮”的称量方式；如《普济方》卷三百五十有“灶中黄土、干姜……以温酒调一指撮服”；《普济方》卷三百三十四有“用锯截桑根，取屑五指撮”，卷三百四十六有“以锯截桑木，取屑五指撮”；《本草纲目》卷三十六有“锯截桑根，取屑五指撮”。不过文献例证较少，未敢妄下断语。

⑥ （东汉）许慎著，（清）段玉裁注：《说文解字注》，杭州：浙江古籍出版社，1998年，第599页。

⑦ （汉）班固著，（唐）颜师古注：《汉书》，北京：中华书局，1962年，第956-957页。

⑧ 本例也见于《证类本草》卷一。“十勺为一合”，龙530原卷为“一勺为一合”，据《证类本草》及文意改。

圭为一撮，十撮为一抄，十抄为一勺，十勺为一合。”[①]《隋书·律历志上》引作：“六粟为圭，十圭为秒，十秒为撮，十撮为勺，十勺为合。”[②]《楼兰尼雅出土文书》账簿文书中有“百一十三斛七斗六升六合三撮三秒床”[③]，这是“撮”定量称量方式在4—5世纪使用的实例。

（二）量词“撮”使用的历时演变

1. 先秦两汉

这一时期量词“撮”的使用范围较窄。除《说文解字》和《汉书》之例（见前）外，多以约量为主，《礼记》中检得1例，马王堆汉墓帛书《五十二病方》11例（下面仅举几例，类似用例未全部列举），《武威汉代医简》1例，《史记》2例。从检得的用例看，除《礼记·中庸》外，称量的对象多是药物。“数+撮+名”“名+数+撮”都有使用。

（9）今夫地，一撮土之多，及其广厚，载华岳而不重，振河海而不洩。《礼记·中庸》[④]

（10）即治，入三指最（撮）半音（杯）温酒□□□□□□□□□□□□□□□者百冶。《马王堆汉墓帛书·五十二病方》[⑤]

（11）凡二物并和，取三指最（撮）到节一，醇酒盈一衷棓（杯），入药中，挠饮，不者，洒半棓（杯）。《马王堆汉墓帛书·五十二病方》[⑥]

（12）取灶末灰三指最（撮）□□水中，以饮病者。《马王堆汉墓帛书·五十二病方》[⑦]

---

① （唐）李淳风等注：《孙子算经》，台北：台湾商务印书馆，1986年影印文渊阁《四库全书》本，797册，第141页。

② （唐）魏征、令狐德棻：《隋书》卷十六（志第十一），北京：中华书局，1973年，第409页。

③ 林梅村编：《楼兰尼雅出土文书》，北京：文物出版社，1985年，第73页。

④ （汉）郑玄笺，（唐）孔颖达疏：《礼记正义》（李学勤主编《十三经注疏》），北京：北京大学出版社，2000年，第1696页。

⑤ 马王堆帛书整理小组：《马王堆汉墓帛书·五十二病方》，北京：文物出版社，1979年，第28页。

⑥ 马王堆帛书整理小组：《马王堆汉墓帛书·五十二病方》，北京：文物出版社，1979年，第34-35页。

⑦ 马王堆帛书整理小组：《马王堆汉墓帛书·五十二病方》，北京：文物出版社，1979年，第44页。

(13) 屑芍药，以口半桮（杯），以三指大捽（撮）饮之。《马王堆汉墓帛书·五十二病方》①

(14) 凡（二）物口口，取三指最（撮）到节一，醯寒温适，如中口饮。《马王堆汉墓帛书·五十二病方》②

(15) 治金（疮）肠出方：冶龙骨三指撮，和以豉汁饮之。《武威汉代医简》③

(16) 臣意往，饮以莨菪药一撮，以酒饮之，旋乳。《史记·扁鹊仓公列传》④

(17) 臣意饮以芫华（花）一撮，即出蛲可数升，病已，三十日如故。《史记·扁鹊仓公列传》⑤

2. 魏晋南北朝隋唐五代

魏晋南北朝时期（包括隋），除了定量一撮由四圭变为十圭、十秒，基本上是毫无发展地继承了汉代的用法。刘世儒《魏晋南北朝量词研究》仅在谈到量词“指”时举过北齐《道兴造像记》中一例“又黄连捣末发前三指撮和酒服立验”，关于量词“撮”，则说“因少见，可类推，不举例了”⑥。可见，这一时期量词“撮”极为不活跃。

(18) 是以圭撮涉于贫友，吝情动于颜色。（南朝梁）范缜《神灭论》⑦

(19) 壬寅漏成，进御，以考辰正晷、测表候阴，不谬圭撮，无乖黍累。（南朝梁）陆倕《新漏刻铭》⑧

(20) 又方：朱砂三指撮，油脂二合，清酒六合，暖，灌，即差。（北

---

① 马王堆帛书整理小组编：《马王堆汉墓帛书·五十二病方》，北京：文物出版社，1979年，第47页。

② 马王堆帛书整理小组编：《马王堆汉墓帛书·五十二病方》，北京：文物出版社，1979年，第67页。

③ 甘肃省博物馆、武威县文化馆：《武威汉代医简》，北京：文物出版社，1975年，第8页。

④ （汉）司马迁著，（南朝宋）裴骃集解，（唐）司马贞索隐，（唐）张守节正义：《史记》第九册，北京：中华书局，1959年，第2806页。

⑤ 司马迁著，裴骃集解，司马贞索隐，张守节正义：《史记》第九册，北京：中华书局，1959年，第2809页。

⑥ 刘世儒：《魏晋南北朝量词研究》，北京：中华书局，1965年，第181、234页。

⑦ （唐）姚思廉：《梁书》第三册，北京：中华书局，1973年，第670页。

⑧ （南朝梁）萧统编，（唐）李善注：《文选》，上海：上海古籍出版社，1986年，第2425页。

魏）贾思勰《齐民要术》卷六[①]

（21）大率豆黄三斗，曲末一斗，黄蒸末一斗，白盐五升，蒿子三指一撮。（北魏）贾思勰《齐民要术》卷八[②]

唐代量词“撮”在医籍中的使用例较多，如仅在唐孙思邈《备急千金要方》中就有30余例，其中除“三指撮”的用例外，“一撮”“二撮”“五撮”也多见，称量对象除各类锉末细碎药物外，乳汁、盐、竹叶、头发均可用其称量。位置也较灵活，多数为“名+撮+量”，少数为“数+撮+名”。如卷六有“一撮许莨菪子”“一撮盐”等用例。不过在敦煌出土医籍中却只检得有限的几例。医籍以外量词“撮”使用仍不活跃，但已见新的使用方式，称量对象有所变化，由具体扩大到抽象，如例（24）、例（25）。

（22）《汉书·李陵传》“两人皆胡服椎结”，颜师古注：“结读曰髻，一撮之髻，其形如椎。”[③]

（23）广州录事参军柳庆独居一室，器用食物并致卧内。奴有私取盐一撮者，庆鞭之见血。（唐）张鷟《朝野佥载》[④]

（24）一撮秋烟堤上白，半轮残日岭头红。（唐）姚揆《秋日江东晚行》[⑤]

（25）今来跃马怀骄惰，十万如无一撮时。（唐）周昙《春秋战国门·鲁仲连》[⑥]

（26）取石硫磺末两指撮，内（纳）酒中，以洗玉门，便小。《求子方书》（S. 4433）

（27）右取豉一撮，点少许汤入口口。《杂证方书第二种》（S. 5435）

（28）又方：熬盐三撮，和酒服。《杂证方书第八种》（P. 3596）

---

① （北魏）贾思勰著，缪启愉校释：《齐民要术校释》，北京：农业出版社，1998年，第290页。

② （北魏）贾思勰著，缪启愉校释：《齐民要术校释》，北京：农业出版社，1998年，第419页。

③ （汉）班固著，（唐）颜师古注：《汉书》，北京：中华书局，1962年，第2458页。

④ （唐）张鷟：《朝野佥载》，北京：中华书局，1979年，第14页。

⑤ 中华书局编辑部点校：《全唐诗》，北京：中华书局，1999年，第10092页。

⑥ 中华书局编辑部点校：《全唐诗》，北京：中华书局，1999年，第8429页。

（29）牛耳中毛一撮，烧之末，和水服。《杂证方书第八种》（P. 3596）

（30）尿血方：取体髅骨烧作灰，服一撮。《杂证方书第八种》（P. 3596）

（31）又方：牛毛一撮，烧作灰，和酒服之，即差。《头、目、产病方书》（P. 3930）

3. 宋元明清

先看宋代，这一时期量词“撮”在医籍中使用甚广，仅在唐慎微《证类本草》中的使用就有二三十例，在《太平圣惠方》等各类医方书中使用更广。量虽多，但这种使用无甚创新，多和前代使用方式相同。但“撮”的量词用法在这一时期较多地迁延到文学作品中，其用例也气象一新，非前代所能比拟。称量的对象则进一步由具体走向抽象，表数量的功能进一步减弱，仅取其数量不多之意，修辞功能进一步增强，向表意的形象化迈进。还有一个很明显的转变，除了少量置于名词之后，大多都置于名词前，“数+撮+名”的格式开始定型化。

（32）一撮盐，一碟生萝卜，一碗饭，乃三白也。（宋）朱弁《曲洧旧闻》①

（33）至于曾皙，诚狂者也，只争一撮地，便流为庄周之徒。（宋）黎靖德《朱子语类》卷六十一②

（34）漏短日长人乍困，裙腰减尽柔肌损，一撮眉尖千叠恨。慵整顿，黄梅雨细多闲闷。（宋）欧阳修《渔家傲》③

（35）谁家巧妇残针线，一撮生红熨不开。（宋）王禹偁《咏石榴花》④

（36）一撮檀心，春来还对东君吐。（宋）王之道《点绛唇》⑤

（37）平泉草木须臾梦，金谷莺花一撮尘。（宋）洪咨夔《谨和老人初

① （宋）朱弁：《曲洧旧闻》，上海：商务印书馆，1935 年《丛书集成初编》本，第 47 页。

② （宋）黎靖德编，王星贤点校：《朱子语类》第四册，北京：中华书局，1986 年，第 1477 页。

③ 唐圭璋编：《全宋词》第一册，北京：中华书局，1965 年，第 138 页。

④ 北京大学古文献研究所编：《全宋诗》第二册，北京：北京大学出版社，1995 年第 2 版，第 804 页。

⑤ 唐圭璋编：《全宋词》第二册，北京：中华书局，1965 年，第 1160 页。

冬寓笔十绝》①

(38) 一撮精神娇欲滴，说不似，画难真。(宋) 刘过《江城子》②

(39) 万紫千红鬓上粉，聚成一撮精神。(宋) 洪咨夔《临江仙》③

(40) 一撮精神，百般体态，兰心蕙性谁能赛。(宋) 郭应祥《踏莎行·寄远》④

(41) 石榴美艳，一撮红绡比。(宋) 杜安世《鹤冲天》⑤

(42) 纳红销翠春风里，精神一撮金莲底。(宋) 李好古《菩萨蛮》⑥

再看元代，这一时期对于量词"撮"的使用继续秉承宋代的路子，除了对医籍中使用方式的继承，人们在文学作品中也时有创新。极抽象极难表述的芳菲、妖娆、风流等均可用其量之，"一撮"也演变成"一撮儿"，修辞性、形象性进一步增强。

(43) 右件，将术用白米泔浸一宿，取出，切成片子，用（前）香油炒令熟，用瓶盛取。每日空心服一撮，用冷水汤咽下，大能壮气、驻颜色，又能行履。(元) 王祯《农书》卷十⑦

(44) 热泻，车前子一撮、麦门冬二十粒去心。(元) 危亦林《世医得效方》卷二⑧

(45) 每服五钱，生姜三片盐炒、茱萸五粒、茴香一撮、葱白五寸煎，空心热服。(元) 危亦林《世医得效方》卷三⑨

(46) 干粮儿一个两个，米面儿一撮半撮。(元) 杨显之《酷寒亭》第三折⑩

---

① 北京大学古文献研究所编：《全宋诗》第五十五册，北京：北京大学出版社，1998 年，第 34808 页。

② 唐圭璋编：《全宋词》第三册，北京：中华书局，1965 年，第 2152 页。

③ 唐圭璋编：《全宋词》第四册，北京：中华书局，1965 年，第 2468 页。

④ 唐圭璋编：《全宋词》第四册，北京：中华书局，1965 年，第 2231 页。

⑤ 唐圭璋编：《全宋词》第一册，北京：中华书局，1965 年，第 172 页。

⑥ 唐圭璋编：《全宋词》第四册，北京：中华书局，1965 年，第 2702 页。

⑦ (元) 王祯著，王毓瑚校：《王祯农书》，北京：农业出版社，1981 年，第 171 页。

⑧ (元) 危亦林：《世医得效方》，载《中华医书集成·第九册·方书类 2》，北京：中医古籍出版社，1999 年，第 30 页。

⑨ (元) 危亦林《世医得效方》，载《中华医书集成·第九册·方书类 2》，北京：中医古籍出版社，1999 年，第 51 页。

⑩ (明) 臧晋叔编：《元曲选》，北京：中华书局，1958 年，第 1009 页。

（47）讨得一撮糠粞，又恐人瞧见。正是命薄多磨只靠天。（明）佚名《杀狗记》①

（48）赚得东君不忍归，一撮儿芳菲。（元）薛昂夫《南吕·一枝花·赠小园春》②

（49）一撮儿妖娆，常记得阳台梦曾奚落，武陵溪犹撞着。（元）汤式《南吕·一枝花·赠教坊殊丽》③

（50）一撮儿妖娆，恰蓓蕾丁香萼，又葳蕤豆蔻梢。（元）汤式《南吕·一枝花·赠明时秀》④

（51）一撮儿风流，带绾金双扣，鞋弯玉一钩。（元）汤式《南吕·一枝花·同前意》⑤

（52）初出兰堂立樽前，似月里嫦娥现，一撮精神胜飞燕。（元）无名氏散曲《小桃红》⑥

最后明清，这一时期量词“撮”使用和前代一样，在医籍中使用较广，大型方剂书《普济方》中的使用就不下百例，依然是前代医籍类量词“撮”用例的继承。在文学作品中也大量使用，不过少有创新，是医籍中量词“撮”的泛用。唐诗宋词元曲中的修辞性用例也很少见了。“数+撮+名”的形式已成使用的主流。值得一提的是，这一时期“撮”可以用来称量人了，如例（80）、例（81）中“一撮人”，不过这时的“一撮人”是指人数不多的一小群人，不带贬义色彩，是集体单位量词。

（53）接了酒，方待要饮，只见太宗低头，将御指拾一撮尘土，弹入酒中。（明）吴承恩《西游记》第十二回⑦

（54）马游击说道：“我出门之时，也撞遇着四个人：一个手里一撮米皮，一个手里一座东岳，一个手里一盏灯笼，一个手里一骑秃马。”（明）

① （明）徐仲由著，中山大学中文系五五级明清传奇校勘小组整理：《杀狗记》，北京：中华书局，1960年，第29页。

② 隋树森编：《全元散曲》，北京：中华书局，1964年，第723页。

③ 隋树森编：《全元散曲》，北京：中华书局，1964年，第1504页。

④ 隋树森编：《全元散曲》，北京：中华书局，1964年，第1507页。

⑤ 隋树森编：《全元散曲》，北京：中华书局，1964年，第1516页。

⑥ 隋树森编：《全元散曲》，北京：中华书局，1964年，第1840页。

⑦ （明）吴承恩：《西游记》，北京：人民文学出版社，1980年第2版，第151页。

罗懋登《三宝太监下西洋记》第九十四回[1]

(55) 摩伽罗即时就在桌子上，用几撮黄沙铺开来，做成田亩之状，取一篇纸画一条牛，另画一个农者，喝声道：牛起来耕田！那画牛应声而起。(明) 罗懋登《三宝太监下西洋记》第九十六回[2]

(56) 又将一瓮水，用米一撮，放在水中，纸封了口，藏于松间，两三日开封取吸，多变做扑鼻香醪。(明) 凌濛初《初刻拍案惊奇》卷二十四[3]

(57) 出了紫阳洞，捏了一撮土，望空中一撒，借土遁往潼关来，迅速如风。(明) 许仲琳《封神演义》第三十一回[4]

(58) 红砂一撮道无穷，八卦炉中玄妙功。(明) 许仲琳《封神演义》第四十四回[5]

(59) 先取白定碗一只，投阳羡茶一撮于内，候汤如蟹眼，急取起倾入，其茶色半晌方见。(明) 冯梦龙《警世通言》第三卷[6]

(60) 伯爵问他要香茶。西门庆道："怪花子，你害了痞，如何只鬼混人！"每人掐了一撮与他。(明) 兰陵笑笑生《金瓶梅》第五十二回[7]

(61) 生求茶叶一撮，并藏指环而去。(清) 蒲松龄《聊斋志异·水莽草》[8]

(62) 乃剪下图中人，又针三枚、艾一撮，并以素纸包固，外绘数画如蚓状，使母赚妇出，窃取其枕，开其缝而投之；已而仍合之，返归故处。(清) 蒲松龄《聊斋志异·孙生》[9]

(63) 忽见双人拿去一撮西瓜子儿，放在铺上。(清) 夏敬渠《野叟曝

---

① (明) 罗懋登:《三宝太监下西洋记》，西安：三秦出版社，1996 年，第 1057 页。
② (明) 罗懋登:《三宝太监下西洋记》，西安：三秦出版社，1996 年，第 1077 页。
③ (明) 凌濛初:《拍案惊奇》，海口：海南出版社，1993 年，第 321 页。
④ (明) 许仲琳:《封神演义》，北京：华夏出版社，1994 年，第 270-271 页。
⑤ (明) 许仲琳:《封神演义》，北京：华夏出版社，1994 年，第 383 页。
⑥ (明) 冯梦龙:《警世通言》，海口：海南出版社，1993 年，第 27 页。
⑦ (明) 兰陵笑笑生:《金瓶梅词话》，北京：人民文学出版社，1992 年，第 469 页。
⑧ (清) 蒲松龄:《聊斋志异》(铸雪斋抄本)，上海：上海古籍出版社，1979 年，第 76 页。
⑨ (清) 蒲松龄:《聊斋志异》(铸雪斋抄本)，上海：上海古籍出版社，1979 年，第 366-367 页。

言》第十回[①]

（64）小奴一时饥饿，到床头要觅茶点，拿着袋里补天丸，嚼了一撮。（清）夏敬渠《野叟曝言》第十七回

（65）只见这大汉剥去身上布衫布裤，露出黑漆也似的一身黑肉，两乳上一撮黄毛。（清）夏敬渠《野叟曝言》第二十二回

（66）素臣远远看去，见那夏相公头戴泥金皂隶帽，插着翠羽，簪花披红，蟒袍玉带，一撮短须，露出一张阔嘴，亮晶晶的，果然油滑无比。（清）夏敬渠《野叟曝言》第六十六回

（67）昔云房初渡吕纯阳时，授以点石成金之术，止用炉中烧炼黄土一撮，便可点石为金，千百万两皆能立致。（清）李百川《绿野仙踪》第十四回[②]

（68）额扁而阔，也长着白发一撮，鼻宽而塌，时流着清涕两行。（清）李百川《绿野仙踪》第六十二回[③]

（69）他本是地土星临凡，耳朵眼内一边一撮红毛，一晃脑袋好像平地生风的一样。（清）佚名《小八义》第十九回[④]

（70）晃起两撮通天发。（清）佚名《小八义》第三十一回[⑤]

（71）腮下胡须垂一撮。（清）佚名《小八义》第五十五回[⑥]

（72）先洗眼，用桑叶数张，灯心三十寸，红枣七枚，明矾一撮，泡汤洗净。（清）赵翼《檐曝杂记》卷六[⑦]

（73）多九公忙从箱中取了一撮药末道："你将此药拿去，再取大蒜数瓣，也照此药轻重，不多不少，一齐捣烂，用井水一碗和匀，澄清去渣，灌入腹中，自然见效。"（清）李汝珍《镜花缘》第二十六回[⑧]

（74）恰好那邓九公正从东边屏门进来，只见他头戴一顶自来旧窄沿

---

① 例（63）、例（64）、例（65）、例（66）均参（清）夏敬渠《野叟曝言》（《明清善本小说丛刊初编》），台北：天一出版社，1985年。

② （清）李百川：《绿野仙踪》，北京：中国戏剧出版社，2001年，第118页。

③ （清）李百川：《绿野仙踪》，北京：中国戏剧出版社，2001年，第569页。

④ （清）佚名：《小八义》，北京：北京燕山出版社，2007年，第88页。

⑤ （清）佚名：《小八义》，北京：北京燕山出版社，2007年，第148页。

⑥ （清）佚名：《小八义》，北京：北京燕山出版社，2007年，第266页。

⑦ （清）赵翼：《檐曝杂记》，北京：中华书局，1982年，第121页。

⑧ （清）李汝珍：《镜花缘》，北京：人民文学出版社，1984年，第121页。

毡帽，上面钉着个加高放大的藏紫菊花顶儿，撒着不长的一撮凤尾线红穗子。（清）文康《侠女奇缘》第十五回①

（75）举头看看，那一块云，是她的天；低头看看，那一撮土，是她的地；这才叫作“一身伴影，四海无家”！（清）文康《侠女奇缘》第十九回②

（76）祭完，只见安太太恭恭敬敬把中间供的那攒盘撤下来，又向碗里拨了一撮饭，浇了一匙汤，要了双筷子，便自己端到玉凤姑娘跟前，蹲身下去，让他吃些。（清）文康《侠女奇缘》第二十一回③

（77）原来凡是师老爷吃烟，不大懂得从烟袋荷包里望外装，都是从那个口袋里捏出一撮子来，塞在烟袋锅儿里。（清）文康《侠女奇缘》第三十七回④

（78）因他腿上有两撮毫毛，一日能行三百余里，这人跟着九公，各路走了十几年，算他名长行轿夫。（清）文康：《侠女奇缘》第四十回⑤

（79）回头一看，却正是他夫人坐在那桌子旁边一把矮椅上，桌上却摆着十几个康熙五采的鸡缸杯，几把紫砂的龚春名壶，壶中满贮着无锡惠山的第一名泉，泉中沉着几撮武夷山的香茗。（清）曾朴《孽海花》第十回⑥

（80）行不多远，只见一撮人拥着一个女子而来。（清）佚名《乾隆南巡记》第四十九回⑦

（81）正望之间，只见北首栅栏面前拥着一撮人，在那里站立。（清）佚名《乾隆南巡记》第五十七回⑧

4. 现当代

现当代时期，量词“撮”与前代的基本用法一致，表约量，但用法更为灵活。量词“撮”可以重叠，如“一撮撮”，也可重叠为“一撮一撮”，

① （清）文康：《侠女奇缘》，南宁：广西人民出版社，1980 年，第 215 页。
② （清）文康：《侠女奇缘》，南宁：广西人民出版社，1980 年，第 294 页。
③ （清）文康：《侠女奇缘》，南宁：广西人民出版社，1980 年，第 329 页。
④ （清）文康：《侠女奇缘》，南宁：广西人民出版社，1980 年，第 685 页。
⑤ （清）文康：《侠女奇缘》，南宁：广西人民出版社，1980 年，第 815 页。
⑥ （清）曾朴：《孽海花》，北京：中华书局，2001 年，第 72 页。
⑦ （清）佚名：《圣朝鼎盛万年青》，北京：北京师范大学出版社，1993 年，第 420 页。
⑧ （清）佚名：《圣朝鼎盛万年青》，北京：北京师范大学出版社，1993 年，第 461 页。

还可用作“一撮儿”。此外，“一小撮”除了指“用手指能撮取的一点点，表示量少”外，用于人的用例相当活跃，多用指坏人，表为数极少。

(82) 客人进了烟铺，把烟壶儿递出去，店伙必先把一小撮鼻烟倒在柜台上，以便客人一边闻着，一边等着往壶里装烟。老舍《正红旗下》①

(83) 时常我挨一天的饿，时常我没有煤上火，时常我找不到一撮儿烟叶，可是我决不说什么。老舍《我这一辈子》②

(84) 它们衔来一根根草，一撮撮泥，衔得满嘴血，累得双翅折，艰难得就像人们筑长城。高晓声《茫茫飞》③

(85) 我不知道脚下走过的是什么样的树丛、山包，我走过一大片农田，田里一撮一撮干得发脆的稻桩，我跳过一条小河，笔直地，大踏步地走去。汪曾祺《迷路》④

(86) 现代中国人，除了一小撮反动分子以外，都是孙钟山先生革命事业的继承者。毛泽东《纪念孙中山先生》⑤

（三）小结

“撮”因“手指取物”动词义而引申出手指所取物之分量的量词义，由手指所取物之微量引申出数目较少的非手指所取物之分量的量词义，再由此过滤出“少量”的理性义，称量物的对象就相当广泛了。再加上“贬义”的色彩义，演变成现代使用频率很高的“一小撮”称量人的量词用例。

量词“撮”产生之初为约量和定量并行使用。日常使用多用约量，籍账文书等则多使用作为度量衡单位的定量。但文献中约量的使用远比定量广泛。先秦两汉产生之时起直到现代，作为约量的量词“撮”基本用法是相当稳定的，作为度量衡单位的“撮”在清以来就基本不用了。

---

① 老舍著，舒济、舒乙编：《老舍小说全集》第8卷，武汉：长江文艺出版社，2004年修订版，第398-399页。

② 老舍著，曾广灿编：《老舍代表作》，郑州：黄河文艺出版社，1986年，第175页。

③ 高晓声：《茫茫飞》，载《小学阅读指南》（3-6年级），2003年第Z1期，第80-81页。

④ 汪曾祺著，邓九平编：《汪曾祺全集·二·小说卷》，北京：北京师范大学出版社，1998年，第59-60页。

⑤ 中共中央文献研究室编：《毛泽东文集》第7卷，北京：人民出版社，1999年，第156页。

量词“撮”产生于先秦两汉，魏晋南北朝（包括隋）一度沉寂，使用极少。唐代以来随着医籍的大量涌现，量词“撮”的使用相当活跃，在医籍中的这种活跃状态一直持续到清代。唐代文学作品中虽仍较少使用，但随着唐诗宋词元曲的兴盛，量词“撮”的使用则表现出新的活力，修辞性、形象性增强。明清章回小说兴盛，因其语言表述方式的转变，量词“撮”在其中较多使用，主要承继约量的基本用法，是医籍中量词“撮”的泛化。

三、量词“掘”

敦煌写本医方《头、目、产病方书》（P. 3930）中有两处“掘”的用例，原文如下：“又方取葱白两握掘豉半升”（P. 3930，55 行）；“葱一掘”（P. 3930，126 行）。范崇峰《谈敦煌卷子中的量词“掘”》①（以下简称《谈》）认为上例中的“掘”为量词，并引证文献用例说明汉语中存在量词“掘”。引证的文献大多可以作为“掘”量词用例的确凿证据。

史文磊《汉语中真的存在量词“掘”吗》②（以下简称《汉》）一文认为：“所谓量词‘掘’，实为量词‘握’之形讹，二者形近，是书手写错了字。”并通过对范崇峰《谈》文所举例证一一反驳，得出结论：“汉语中并不存在指‘把、握’的量词‘掘’，P. 3930 二例‘掘’实为‘握’字之讹无疑。”对此，我们有不同的看法。汉语中确实存在量词“掘”，只是因为是方言用法，使用范围未广，所以在文献中亦不多见。

四川的部分地县如武胜县，现在仍然用“掘”作量词，且称量范围广，使用频率高。该地方言中“掘”作量词主要有下面两种用法：一是指用手指所抓取的分量。这种称量方式称量的对象较广，凡轻薄细碎、方便用手指抓取的粉粒状、小片状、小条状等物均可用“掘”来称量，如“一掘海椒面、一掘盐、一掘白糖③、一掘芝麻、一掘米、一掘瓜子、一掘茶叶”等。细剉、切片或小条状的中药也多用其称量。二是指数量极少。如“一小掘、好少一掘”。也可重叠“掘”表示数量少，如“一掘掘”，意即

① 《中国语文》，2007 年第 2 期，第 187-188 页。

② 《中国语文》，2008 年第 3 期，第 281-284 页。

③ 四川方言中的“白糖”即“白砂糖”。

“一点儿”。

武胜方言中量词“掘”读音为［tɕio］，这个读音普通话无，但中古有此音。王力为《广韵》鱼部拟音为［io］[①]。罗常培《唐五代西北方音》（以下简称《唐》）为《开蒙要训》注音拟《切韵》音值时用到韵母［io］[②]。如“处”字，《切韵》为“吕与切”，《唐》注音为［tɕʻio］；再如“书”字，《切韵》为“伤鱼切”，《唐》注音为［ɕio］[③]。由此看来，中古舌面音声母能与韵母［io］相拼。武胜方言中现在仍有［tɕʻio］的用例，如“［tɕʻio］[④] 一眼”，意为“瞅一眼”。也有［ɕio］的用例，如“好［ɕio］人”，意为“好羞人”。武胜方言中的［tɕʻio］［ɕio］［tɕio］至少是中古音的遗留无疑。武胜方言中发［tɕio］音的除“掘”外，还有“脚、觉（感觉义或醒悟义）”等字，而这些字在西北方言中均发为［tɕyə］。据刘伶《敦煌方言志》，敦煌方言中“掘”对应《广韵》中的中古音，属“月”部，[⑤] 就这个字而言，古今语音变化不大。方言用语中有些能找到对应的字，有些很难找到现成的字来对应，因而多用音近字来记录。考“掘”量词用例的来源，从“掘”的古代和现代常用义，似乎都很难引申到量词“掘”。用读音相同或相近的“掘”来记录［tɕio］的量词用例，这应该就是“掘”量词用例来源的原因。或者“掘”在中古本有这个量词用法，由于是方言用法，使用的范围未广，文献记录较少，因而这种用法鲜为人知。

再看敦煌医方残卷《头、目、产病方书》（P. 3930）中的两例，后一例是量词用例无疑，前一例“两握掘”放在一起，范崇峰认为可能是书手将用来注“握”的“掘”羼入正文，这种可能是有的。书手抄写时有可能用自已熟知的方言量词“掘”来注“握”，或者药方作者觉得“掘”或“握”的用量均可，所以补了一“掘”字。

---

① 王力：《汉语史稿》，北京：中华书局，1980 年，第 51 页。

② 罗常培：《唐五代西北方音》，南京：国立中央研究院历史语言研究所民国二十二年（1933 年）印刷，第 67 页。

③ 罗常培：《唐五代西北方音》，南京：国立中央研究院历史语言研究所民国二十二年（1933 年）印刷，第 87 页。

④ 因找不到与拼音相应现成的字，直接标注方言中这个字的读音，后文［ɕio］同此。

⑤ 刘伶：《敦煌方言志》，兰州：兰州大学出版社，1988 年，第 67 页。

“握”为一手所握之量，“掘”为手指抓取之量，可以是三指，也可是五指，较“握”之量为少。《汉》文据不同版本“握”和“掘”异文及“握”字使用更为广泛就断然判定“掘”全是“握”之讹误则不正确，认为汉语中根本不存在“掘”的量词用例的结论也是错误的。

第六章　敦煌写本医籍语言与文化

语言与文化之间的密切联系已是学术界的共识，对于语言与文化的关系问题，不少学者曾有过精彩的论述。语言学家帕尔默在他的《语言学概论》中提道："语言忠实反映了一个民族的全部历史、文化，忠实反映了它的各种游戏和娱乐，各种信仰和偏见，这一点现在是十分清楚了。"① 罗常培在论文集《中国人与中国文》里也有这样一段话："语言文字是一个民族文化的结晶，这个民族过去的文化靠着它来流传，未来的文化也仗着它来推进。"② 他的《语言与文化》一书，对语言与文化的关系进行了细致的探索。蒋绍愚也有一段关于此的论述，"语言与文化有密切的关系，这种关系主要表现在词汇方面。从文化来研究词汇，以及从词汇来研究文化，都是大有可为的"③。张永言也认为："专门术语及其历史研究可以显示语言史跟社会史和文化史之间的联系，因为专门词汇的发展清楚地反映了科学、技术和文化的历史。"④ 由以上的论述来看，词汇中蕴含着丰富的文化信息，将直接或间接反映在词汇中的文化挖掘出来，是可行的。

历史悠久的中医药是中华民族优秀文化的瑰宝，植根于民族文化的土壤，与儒佛道多种文化一脉相承、休戚相关，是我国各民族人民共同创造和共同拥有的精神财富。在千百年来的发展历程中，中医药烙上了鲜明的中华民族传统文化印记，形成了具有独特内涵的中医药文化体系并传承至

---

① （英）帕尔默著，李荣等译：《语言学概论》，北京：商务印书馆，1983 年，第 139 页。

② 罗常培：《中国人与中国文》，上海：开明书店，民国三十四年（1945 年）初版，民国三十六年（1947 年）再版，第 1 页。

③ 蒋绍愚：《汉语词汇语法史论文集》，北京：商务印书馆，2001 年，第 354 页。

④ 张永言：《词汇学简论》，武汉：华中工学院出版社，1982 年，第 102 页。

今。中医药在医疗养生保健等方面发挥着独特的作用，为中华民族的繁衍昌盛做出了巨大的贡献。其中繁多的药名多有来历和意义，文人涉笔成趣，引入诗、对联甚至戏剧散文等诸多文学样式之中。这些药名之中蕴藏着丰富的文化内涵，是历史文化的沉淀，也是古人智慧的结晶。博大精深的传统文化在药名中的体现是丰富多彩的，以敦煌写本医籍中的药名为例，从巫祝文化、民俗文化、隐语文化、药食同源文化、月令风俗等传统文化方面略举管见。

第一节 巫祝文化

巫祝文化历史悠久，流播范围广，影响深远，其中融合了多种文化和民俗因素。巫祝文化产生于远古时期，是人类文化的一个组成部分，涉及祈祷、卜筮、星占、祭祀、医药等。除巫祝之称外，随着时代变迁、社会发展或者自身内容的变化，还有祝禁、咒禁、祝由等不同的称谓。对巫祝文化的研究多着力于先秦两汉，中古巫祝文化相对涉及较少。敦煌写本医籍多为六朝、隋唐五代时期的写本，尤以唐代写本为最。部分卷子不见于传世古籍，与传世文献相比，更能保存时代原貌。敦煌写本100余医卷中，医方1200余首，其中巫祝方粗略统计70余首，以这些巫祝方管窥中古巫祝文化的特点及流播，是可行的也是有意义的。

一、关于巫祝文化

巫、祝、医三者有着密切联系。巫、祝义同，《说文解字·示部》："祝，祭主赞词者。"① 《说文解字·巫部》："巫，巫祝也。女能事无形，以舞降神者也。"② 故上古以来巫、祝多同用。巫亦释为"除疾"义，《春秋公羊传·隐公四年》："于钟巫之祭焉。"何休注："巫者，事鬼神祷解以

① （东汉）许慎著，（清）段玉裁注：《说文解字注》，杭州：浙江古籍出版社，1998年，第6页。

② （东汉）许慎著，（清）段玉裁注：《说文解字注》，杭州：浙江古籍出版社，1998年，第201页。

治病请福者也。”[①] 故巫、医古通称。清代俞樾《群经平议·孟子一》：“是巫、医古得通称，盖医之先亦巫也。”“巫、医对文则别，散文则通。”[②]《广雅·释诂四》：“医，巫也。”王念孙疏证：“巫与医皆所以除疾，故医字或从巫作毉。”[③] 事实上，原始巫术随着医药内容渗入，更具存在的现实性。

上古巫、医的社会角色并没有明显的区分，其中病占、禁忌、禳除等夹杂在一起，是巫祝文化早期发展的一个特点。刘向《说苑·辨物》：“……上古之为医者曰苗父，苗父之为医也，以菅为席，以刍为狗，北面而祝，发十言耳。诸扶而来者，舆而来者，皆平复如故。”[④] 隋唐时期涉医巫祝文化有了长足发展，《诸病源候论·养生导引法》有专篇论述，孙思邈《千金翼方·卷二十九·禁经上》：“医方千卷，未尽其性，故有汤药焉，有针灸焉，有禁咒焉，有符印焉，有导引焉。”[⑤] 其中的禁咒，就是巫祝。正是在隋唐，巫祝位列医事制度规定的专科，开始被正式纳入官方医学范畴。隋唐时期，巫祝在官方机构设置均属太医署。据《隋书》卷二十八记载，祝禁博士二人，男觋十六人、女巫八人并属太医署。[⑥] 隋代是一个转折点，此后在官方机构职位中巫觋消失。据新旧《唐书》记载，唐代太医署设置咒禁科，咒禁与医、针、按摩并列为四大科，咒禁科设有咒禁博士一名、咒禁师两名、咒禁工八名、咒禁生十名。《宋会要辑稿》载，宋代太医局下仍设咒禁博士一人，师二人，工八人。[⑦] 元代正式命名为祝由科，明代依元旧制。元明太医院设立十三科，祝由科是第十三科。直到清代，太医院才废除祝由科一职，但满族信仰萨满教，仍有跳神治病等巫祝习俗。

---

① （汉）公羊寿传，（汉）何休解诂，（唐）徐彦疏：《春秋公羊传注疏》（李学勤主编《十三经注疏》标点本），北京：北京大学出版社，1999年，第43页。

② （清）余樾：《群经平议》，上海：上海古籍出版社，1995年《续修四库全书》本，第524页。

③ （魏）张揖著，（清）王念孙疏证：《广雅疏证》，北京：中华书局，1983年，第126页。

④ （汉）刘向著，向宗鲁校证：《说苑校证》，北京：中华书局，1987年，第471页。

⑤ （唐）孙思邈：《千金翼方》，北京：人民卫生出版社，1955年影印元大德梅溪书院本，第341页。

⑥ 参见（唐）魏征、令狐德棻《隋书》，北京：中华书局，1973年，第776页。

⑦ （清）徐松辑：《宋会要辑稿》，北京：中华书局，1957年，第2877页。

后世习惯用祝由来指称涉医巫祝文化，祝由之说，见于《黄帝内经素问·移精变气论篇第十三》："黄帝问曰：余闻古之治病，惟其移精变气，可祝由而已。今世治病，毒药治其内，针石治其外，或愈或不愈，何也？岐伯对曰：……故毒药不能治其内，针石不能治其外，故可移精祝由而已。"① 并且进一步阐明了祝由的机理，《灵枢经·贼风第五十八》："先巫者，因知百病之胜，先知百病之所从生者，可祝而已也。"② 祝由之法，以符咒禁禳来治疗疾病，包括禁法、咒法、祝法、符法。《灵枢经·官能》："疾毒言语轻人者，可使唾痈咒病。"③ 中古祝由除了传统巫祝方式，还融入道家符禁、佛家咒禁等。称谓的变化表明人们对巫祝文化中合理成分的认同，也代表了巫祝文化随着时代变迁在不断摒弃迷信因素，向着更为科学更为健康的道路迈进。

二、敦煌写本医籍中的巫祝文化

敦煌写本医卷中虽有针灸、本草以及辨脉类医理著作，但以医方最多，这是应百姓之需、与当时的医疗条件相关的。正如《辅行诀脏腑用药法要》所记："山林僻居，仓卒难防外感之疾，日数传变，生死往往在三五日间，岂可疏忽。""（医方）凡共三百六十首也，实万代医家之规范，苍生护命之大宝也。今检录常情需用者六十首，备山中预防灾疾之用耳。"医方之外，针灸之法也多实用，《新集备急灸经》（P. 2675）："《灸经》云：四大成身，一脉不调，百病皆起，或居偏远，州县路遥；或隔山河，村坊草野。小小灾疾，药饵难求，性命之忧，如何所治。今略诸家灸法，用济不愈，兼及年月日等人神并诸家杂忌，用之，请详审，神验无比。"山野村居，求医问药不易，又因科学不发达、生产力水平不高、医疗水平有限，医药有所不逮，巫祝则给人以心理慰藉以减轻病痛，因而巫祝文化在医方中多有所体现。

---

① （唐）王冰注，（宋）林亿等校正：《黄帝内经素问》，北京：人民卫生出版社，1963年，第82-83页。

② （宋）史崧辑：《灵枢经》，北京：人民卫生出版社，1963年影印，第157页。

③ （宋）史崧辑：《灵枢经》，北京：人民卫生出版社，1963年影印，第195页。

（一）治病

如前所述，巫、医有着不可分割的联系，治病是巫祝重要的目的和手段。敦煌写本医籍中使用巫祝治病的方式有以实物或符咒为巫祝的依托，也有以某种行为或时日与行为的结合为巫祝依托来达到治病的目的。

1. 以实物为巫祝的依托

（1）疗妇人无子、失子、生男、难产、死胎、节育

无子，如《单药方》（P. 2666）："①治妇人无子，多年不产，取白狗乳，内着产门中，以行房，立得。②治妇人无子，取桑树孔中草烧灰，取井华水服之，验。"《求子方书》（S. 4433）："①疗无子儿方，以右手把赤小豆二七枚，讫事过与妇人右手，因使吞之。②又方：妇人欲得子法，取夫头发并指甲，著妇人席下，卧，勿令知之，即生男。"

失子，如《单药方》（P. 2666）："妇人多失子，取产血作泥人，埋着产处，更不失子。"

生男，如《求子方书》（S. 4433）："①欲得男法：妊娠时，以角弓弦作中衣带，满百日吉。②妊娠欲得男法：妊娠未满月，以弓弦至产。"《单药方》（P. 2666）："凡人纯生女，怀胎六十日，取弓弦烧作灰，取清酒服之，迴女为男。"

难产，如《单药方》（P. 2666）："治妇人难产，取众人尿泥丸，吞七枚，令其早产。"《杂疗病药方》（P. 3378）："又：疗妇人难产，吞小麦七枚，即出。"

胎死，如《单药方》（P. 2666）："疗妇人胎在腹中死，急取热狗血一盏，与妇人饮尽，即生。"

节育，如《单药方》（P. 2666）："妇人不用男女，产衣中安一钱，埋却，更不生，有验。"

（2）疗痔病。如《杂证方书第九种》（P. 3596）："疗带方……又方：斛树皮一束，悬在患人床下，当心，并疗痔病。"

（3）治盗汗。如《单药方》（P. 2666）："治人盗汗，取死人衣带，烧作灰，以水煮作汤洗，即差。"

（4）小儿夜啼。如《单药方》（P. 2666）："治小儿夜啼，取井口边

草，着母背上，卧即不啼。”

2. 以符咒为巫祝依托

除了一般疾病通用的方法，如《杂证方书第五种》（P. 2662V）：“仙人治病法：取好朱砂、麝香水研之，书头上作九天字……白车，腹上作白马字，两手作丸金，两脚作丸土字……此法，体上书此字，病除之。”还有如下分类治病的符咒。

（1）疗失子、难产。失子，如《单药方》（P. 2666）：“治妇人数失男女，取桑根铲作小儿名字，着墓中，即不失。”难产，如《头、目、产病方书》（P. 3930）：“治妇人难产方……又方：有咒法：南无干施婆，天使我广说此咒偈，邪唎邪唎邪婆悝，他邪婆怛他莎诃，右此咒于革皮上抄之，净嗽口，含净水，烧香佛前，一气抄之，但觉欲产时。”

（2）疗鬼疰。如《杂证方书第七种》（P. 3144）：“疗鬼疰方：右先以墨笔围所痛处，于围内书作：蜡离口蚀鬼疰，人不知，急急如律令。若未全差，洗却更书，永差。”

（3）疗热毒肿。如《杂证方书第九种》（P. 3596）：“妇人乳中热毒肿……又方：朱砂书乳上作鱼字，良。”

（4）治小儿惊啼。如《单药方》（P. 2666）：“畜小儿惊啼，书脐下作贵字，大吉。”

3. 以某种行为或时日与行为的结合为巫祝依托

以某种行为或时日与行为的结合为巫视依托的，如《单药方》（P. 2666）：“人患咽，妇人吹左耳，男子咽，妇人吹右耳。”又如《求子方书》（S. 4433）：“又方：常以壬子日午时，向西合阴阳，有子。”

（二）趋吉避凶

1. 以实物为巫祝依托

以实物为巫祝依托的，如《杂证方书第六种》（P. 2882）：“①白面一升，七月七日以暖水和着曲，堂里当心地，以二十合着，经一百日即出，酒、酢、酱、苦末少许着即好。二月八日洗头大吉。②正月一日，取桃枝着户上，百鬼不入家。埋钱三十九文床脚下，利市。③三月上卯日，取桑皮东向者，煮取汁着户上，避百鬼。④正月一日平旦，取家长卧席于道上烧，去时气。⑤正月一日平旦，面向东，吞麻子二七枚，令人无患半日病。⑥一月上卯日，取鬼骨，东向煮取汁饮之，令人全。⑦正月十五日，悬猪脑、目、耳于屋梁，令人大富贵。以破履埋庭中，仕官大吉。⑧正月十日，悬羖羊蹄着户上，辟贱不入门。⑨满日，取三家井水酱，令人大富贵。⑩马蹄埋宅西，用令人富贵。以鹿角着厕中，令人得财富贵。⑪欲得求愿，日所愿，从心，己丑己巳日是，欲得仕官不嗔，取白鸡肝带行，吉。”《单药方》（P. 2666）：“①五月五日埋米一升，在于大门里入地三尺，不被虫食，五谷万倍，大吉。②五月五日于中庭烧牛角，全家富贵。③二月社日，取酒二升，着屋梁上，家宜田蚕，财钱横至，大吉。”

2. 以某种行为或时日与行为结合为巫祝依托

以某种行为或时日与行为结合为巫祝依托的，如《杂证方书第六种》（P. 2882）：“①八月一日去脐中土泥，令人无患。②正月一日，着新衣，向东礼七拜。③三月庚辛日，塞鼠穴，鼠不得入宅。④寅日，泥宅舍仓库，鼠不食五谷。⑤申日，著新衣，富贵，宜子孙。⑥一月二日，不得歌唱、共人饮酒、祀祠，大凶。⑦正月上朔日，买入卖，十得万倍利。”《单药方》（P. 2666）：“①妇人妊娠经三日觉，即向南礼三拜，令子端正，具足裳，吉。②立春日，取富儿家田中土作泥，泥灶，大富贵，吉。③二月社日，取酒和饭，堂上坐食之，合家无口舌，孝顺宜大。④凡人远行法，不得辞鬼，多病忌之。”《王宗无忌单方》（P. 2635）：“……无病，取八月一日其脐中痂，长命饶子大吉。”《求子方书》（S. 4433）：“星辰下行交，令儿无目耳聋。”

（三）除蛊毒

蛊毒害人是中国古老的神秘巫术，上古很盛行，文献记载也颇多，中古仍有，但已不及上古，敦煌写本医籍1200余方中，仅检得涉及蛊毒的几例。解蛊毒大多用药物，如《杂证方书第三种》（P. 2565）用牛黄丸，“牛黄丸：主一切恶气，蛊毒疰忤”。《单药方》（P. 2666）用胡荽，“人口蛊毒，取胡荽并根叶，捣汁半升，顿服，即毒出，差”。但也用巫祝，如《佛家辟谷方》（P. 2637，P. 2703）：“出蛊毒方：豆豉七粒，黄龙脑一分，乌龙肝一分。右件药细研为末，都为一服，空腹下。若是先喫著药，服药时，诵咒即吐出，咒曰：父是蜣螂虫，母是耶阇鬼，眷属百千万，吾今悉识你。真言：奄迦吒，同吒萨娑诃。佛说咒蛊毒真言：唵支婆卓，毗尼娑卓，呜苏摩卓，菩提萨诃贺。”此方药物与巫祝双管齐下。

药物与巫祝历来就是去蛊毒的方法。《周礼·秋官·庶氏》：“庶氏掌除毒蛊，以攻说禬之，嘉草攻之。”① 庶氏即采用巫祝（攻说）与药物（嘉草）去除蛊毒。《史记·秦本纪》中有国君亲自主持“御蛊”的记载：“（秦德公）二年，初伏，以狗御蛊。”② 这是以狗祝祷的方式去除蛊毒。与上古除蛊毒方式有别的是，中古佛教已渗入各个文化领域，也改变了巫祝的咒术方式。如上例用佛来压制蛊毒，咒语也多为佛家用语。

（四）令人益智

如《王宗无忌单方》（P. 2635）：“①治小儿，聪明多智，取七月七日瓜下土着脐中，吉。②治小儿，以初生月入学，聪明益智惠，令人显贵，大吉。”《杂证方书第六种》（P. 2882）：“七月七日，取田中瓜下土，着小儿脐中，令儿多知聪明。”《单药方》（P. 2666）：“八月一日旦起，去脐中垢，令人多智，至者无病。”

（五）令夫妇恩爱

如《单药方》（P. 2666）：“①夫憎妇，取鼠尾烧作灰，和酒与夫服之，即怜妇。②男子欲得妇人爱，取男子鞋底土，和酒与妇人服，即相爱。”

（六）知妇外遇

如《单药方》（P. 2666）：“①知妇人造事，有外夫者，取牛足下土，着饮食中与妇人吃时，令夜卧唤外夫名字，又道期会处，勿使人传之。②妇人别意，取白马蹄中土，安妇人炕下，勿使人知，睡中自道姓名。”

---

① （汉）郑玄注，（唐）贾公彦疏：《周礼注疏》（李学勤主编《十三经注疏》标点本），北京：北京大学出版社，1999年，第982页。

② （汉）司马迁著，（南朝宋）裴骃集解，（唐）司马贞索隐，（唐）张守节正义：《史记》，北京：中华书局，1959年，第184页。

（七）战争时御箭

中古西北边境战争频繁，士兵渴望在战争中避免伤害，以巫祝方式达到御箭目的。如《吐蕃医疗术》（P·T1057）："士兵御箭法：与敌人战斗时，乘敌不备，取对手一滴血和血饮下，对打时可避箭矛。""将爱妻的衣服置于铠甲之下，亦可箭矛不入。或将象征吉祥的箭翎上，朝下反垫雕翎和猫头鹰羽毛，亦可刀箭不入。"避兵道并非吐蕃文献才有，东汉应劭《风俗通义》记载："五月五日，以五彩丝系臂，名长命缕，一名续命缕，一命辟兵缯，一名五色缕，一名朱索，辟兵及鬼，命人不病瘟。"① 葛洪《抱朴子》也有"或以五月五日作赤灵符，著心前"② 以避兵道。这是人们强烈要求庇佑心理的体现。

俄藏敦煌文献中，《妇科秘方》（Дх00924）有亦见于P. 2666的残缺祝由方16首，另有"六月六日取未嫁女衣择吉方"1首，残缺"五月五日用'东南桃枝'使世人敬爱方"1首。《服药咒》（ф281）有佛家服药咒，Дх00263有道家服药符箓，《驱祟方》（Дх00506V）有驱祟方，《医卜书一》（Дх02800）、《医卜书二》（Дх03183）有占卜疾病法，《天穿鬼镜图并推得病日法》（Дх01258）、《推得病日法残片》（Дх04253）有推得病日法等。

无论是采取哪种巫祝形式，都会借助和涉及实物，这些实物绝大多数是药名，或者说很大程度上是心理疗法的药物，被传统文化等各种因素赋予了神秘治疗功能的药物。

三、中古巫祝文化特点

敦煌写本100余医卷中，医方1200余首，其中祝由方粗略统计不计重复70余首。与《五十二病方》283首医方中有39首巫祝方③相比，比率下降。巫祝受社会经济、政治、文化、思想等多方面的影响与制约，有历史继承因素，也有社会现实因素。巫祝的存在是历史的延续，也是社会现实

---

① （东汉）应劭著，王利器校注：《风俗通义校注》，北京：中华书局，1981年，第605页。
② （晋）葛洪著，王明校释：《抱朴子内篇校释》，北京：中华书局，1980年，第246页。
③ 孔慧红：《〈五十二病方〉与巫术文化》，陕西师范大学学位论文，2006年。

的反映和要求。经过南北朝民族大融合时期，促进了民族文化交流以及中外文化交流，药物品种明显增加，医药也得以更快发展。同时历经两汉南北朝，儒家文化逐渐居于主导地位。随着道教的产生发展，道符也进入巫祝符咒。佛教传入以及迅速传播也对各个文化领域产生深远而广泛的影响。诸多因素致使原始巫祝文化领地逐渐缩小。

就这些巫祝方的使用来看，与上古巫祝方相比，使用范围明显缩小。其中关于治病和趋吉避凶的为最多。在治病方中尤以当时医疗手段难以解决的为多，诸如无子、失子、生男、难产、死胎、节育等。医药不能解决或难以解决的难题用巫祝手段来辅助解决，而不是愚昧到所有疾病都信巫不信医。趋吉避凶等方则更多体现的是一种美好的愿望和向往，增强人们战胜自然、战胜疾病的信念和力量以及对美好生活的信心。由此看来，中古时期医药居于主导地位，巫祝方只是极少的一部分，是一种补充或者辅助手段。

以实物、符咒或某种行为作为巫祝的凭借，其中融合了多种文化和民俗因素，如月令、时日禁忌等。这些都有着长期的坚实的民间信仰基础，因势利导地用好其中的合理因素，如解惑安神的精神疗法等，对后世的心理疗法有着重要的借鉴作用。

承上启下的中古时期是一个转折点，巫祝文化糅合了儒释道多种文化因素，原始巫术成分越来越少，越来越淡化，逐渐摒弃，其中合理的成分也越来越强化，越来越被正确认识。中古巫祝已见分化，仍保留原始巫术较多的一类在民间流散，而合理成分得到强化的一类在隋唐乃至宋元明时期在官方机构中占得一席之地。后世的心理疗法则是在吸收巫祝文化中的合理成分，结合西方心理疗法成果的基础上，不断赋予新的含义而产生的。

第二节 民俗文化

敦煌写本医籍 1200 余首医方中，有祝由方 70 余首。山野村居，求医问药不易，即便能求医问药，也因科学不发达、生产力水平不高、医疗水平有限，医药有所不逮的情况也时有发生，祝由则给人以心理慰藉以减轻病痛，不仅如此，趋吉避凶的美好愿望以及生活中所不能解决的难题也希冀通过祝由方式加以解决。这些祝由方与医药关涉少，民俗文化成分多，多数是有着诸多民俗因素的择吉方。

祝由或崇尚或禁忌，借助实物或某种行为作为依托，部分还与重大的岁时节令相结合。民俗是政治、经济、宗教等历史积淀与现实因素综合而成，往往有着深厚的民间信仰基础，民俗渗入到这些祝由方中也就不足为奇。反之，祝由方采用与民俗相关的方式也更为大众所接受。下面对敦煌写本医籍祝由方中的民俗因素试作解析，以此展现隋唐前后敦煌民俗文化。敦煌民俗文化是中古民俗文化的一个缩影，虽有地域特色，但也有时代共性，因而也可借此管窥中古民俗文化。

一、祝由方中的岁时节令民俗

一月，如《杂证方书第六种》（P. 2882）："①正月一日，取桃枝着户上，百鬼不入家。埋钱三十九文床脚下，利市。②正月一日平旦，取家长卧席于道上烧，去时气。③正月一日平旦，面向东，吞麻子二七枚，令人无患半日病。④正月一日，着新衣，向东礼七拜。⑤正月上朔日，买入卖，十得万倍利。⑥一月二日，不得歌唱、共人饮酒、祀祠，大凶。⑦一月上卯日，取虎骨，东向煮取汁饮之，令人全。⑧正月十日，悬羖羊蹄着户上，辟贼不入门。⑨正月十五日，悬猪脑、目、耳于屋梁，令人大富贵。以破履埋庭中，仕官大吉。⑩（正月）满日，取三家井水酱，令人大富贵。⑪（正月满日）马蹄埋宅西，用令人富贵。以鹿角着厕中，令人得财富贵。"又如《单药方》（P. 2666）："立春日，取富儿家田中土作泥泥灶，大富贵，吉。"

二月，如《单药方》（P. 2666）："①二月社日，取酒二升，着屋梁上，家宜田蚕，财钱横至，大吉。②二月社日，取酒和饭，堂上坐食之，合家无口舌，孝顺宜大。"又如《杂证方书第六种》（P. 2882）："白面一升，七月七日以暖水和着曲，堂里当心地，以二十合着，经一百日即出，酒、酢、酱、苦末少许着即好。二月八日洗头大吉。"

三月，如《杂证方书第六种》（P. 2882）："①三月上卯日，取桑皮向东者，煮取汁着户上，避百鬼。②三月庚辛日，塞鼠穴，鼠不得入宅。③（三月）寅日，泥宅舍仓库，鼠不食五谷。④（三月）申日，着新衣，富贵，宜子孙。欲得求愿，日所愿，从心，己丑己巳日是，欲得仕官不嗔，取白鸡肝带行，吉。"

五月，如《单药方》（P. 2666）："①五月五日埋米一升，在于大门里入地三尺，不被虫食，五谷万倍，大吉。②五月五日于中庭烧牛角，全家富贵。"另《妇科秘方》（Дх00924）有"五月五日用'东引桃枝'使世人敬爱方"，该方有所残缺。

六月，如《妇科秘方》（Дх00924）有"六月六日取未嫁女衣择吉方"。

七月，如《杂证方书第六种》（P. 2882）："①白面一升，七月七日以暖水和着曲，堂里当心地，以二十合着，经一百日即出，酒、酢、酱、苦末少许着即好。二月八日洗头大吉。②七月七日，取田中瓜下土，着小儿脐中，令儿多知聪明。"又如《王宗无忌单方》（P. 2635）："治小儿，聪明多智，取七月七日瓜下土着脐中，吉。"

八月，如《杂证方书第六种》（P. 2882）："八月一日去脐中土泥，令人无患。"又如《王宗无忌单方》（P. 2635）："……无病，取八月一日其脐中痂，长命饶子大吉。"再如《单药方》（P. 2666）："八月一日旦起，去脐中垢，令人多智，至者无病。"

其他，如《王宗无忌单方》（P. 2635）："治小儿，以初生月入学，聪明益智惠，令人显贵，大吉。"《求子方书》（S. 4433）："又方：常以壬子日午时，向西合阴阳，有子。"

除了上述医方，敦煌写本医籍疗病的药名中也涉及时日。如《杂证方书第三种》（P. 2565）有"六月六日曲末"疗瘦病；《单药方》（P. 2666）有"三月三日半闭桃花"治秃；《杂证方书第八种》（P. 3596）有"三月三日桃花未开者"治白秃，"三月三日桃花""五月五日葶苈子""五月五日苍耳子"疗白带不常等。

上述涉及的岁时节令中，正月一日、正月十五元宵节、二月社日、三月三日上巳节、五月五日端午节、七月七日七夕节，这些都是重要的传统民俗节日。一月二日祭符家神、二月八日佛教节日等其他时日也各具来源和含义，并且也多见于文献。据南朝梁·宗懔的《荆楚岁时记》载，当时流传于荆楚地区择吉活动等涉及岁时有元日、人日、立春、正月十五、正月未日、正月晦日、二月八日、春分日、社日、寒食、三月三日、四月八日、四月十五日、五月五日、夏至、伏日、七月七日、七月十五日、八月一日、八月十四日、秋分、九月九日、十月朔日、冬至日、十二月八日等。① 敦煌写本医籍中的岁时多与其相同，但祝由方中也有在别的文献中少见的岁时，如正月满日、三月上卯日、三月庚辛日、三月申日等。

正月是一年中岁时活动最多的一个月，上述例也以正月为最多。《隋书》记载了规模盛大的官府庆祝行为，“明帝武成二年，正月朔旦，会群臣于紫极殿，始用百戏”②。“每岁正月，万国来朝，留至十五日，于端门外，建国门内，绵亘八里，列为戏场。百官起棚夹路，从昏达旦，以纵观之。至晦而罢。”③ 除了正月，凡逢重大节日多有欢庆活动，据《文昌杂录》载：“唐岁时节物，元日则有屠苏酒、五辛盘、咬牙饧，人日则有煎饼，上元则有丝笼，二月二日则有迎富贵果子，三月三日则有镂人，寒食则有假花鸡毬、镂鸡子、子推蒸饼、饧粥，四月八日则有糕糜，五月五日则有百索粽子，夏至则有结杏子，七月七日则有金针织女台、乞巧果子，八月一日则有点炙杖子，九月九日则有茱萸、菊花酒糕，腊日则有口脂、面药、澡豆，立春则有彩胜鸡燕、生菜。”④ 但尽情欢娱之余，人们仍然谨小慎微、生怕动辄得咎冲撞神灵而惹祸上身，主动采取一些民俗行为来趋吉避凶。据《唐诗纪事》载，景龙四年（710）正月朔日，唐中宗赐群臣柏树。⑤ 民间趋吉避凶民俗更是五花八门。

王充《论衡·讥日篇》：“世俗既信岁时，而又信日。举事若病、死、灾、患，大则谓之犯触岁、月，小则谓之不避日禁。岁、月之传既用，日禁之书亦行。世俗之人，委心信之；辩论之士，亦不能定。是以世人举事，不考于心而合于日，不参于义而致于时。时日之书，众多非一，略举较著，明其是非，使信天时之人，将一疑而倍之。夫祸福随盛衰而至，代

① 参见（南朝梁）宗懔著，宋金龙校注《荆楚岁时记》，太原：山西人民出版社，1987年。
② （唐）魏征、令狐德棻：《隋书·音乐中》，北京：中华书局，1973年，第343页。
③ （唐）魏征、令狐德棻：《隋书·音乐下》，北京：中华书局，1973年，第381页。
④ （宋）庞元英：《文昌杂录》卷三，北京：中华书局，1958年，第26页。
⑤ （宋）计有功：《唐诗纪事》卷九，上海：上海古籍出版社，1987年新1版，第115页。

谢而然。举事曰凶，人畏凶有效；曰吉，人冀吉有验。祸福自至，则述前之吉凶以相戒惧。此日禁所以累世不疑，惑者所以连年不悟也。”[①] 这段话是对重要节令时日仍有诸多趋吉避凶行为的最好诠释。敦煌写本医籍祝由方中的择吉行为选择在重要的岁时节令也就不足为奇了。

二、祝由方中的信仰民俗

敦煌写本医籍祝由方中不仅仅体现择时日趋吉的民俗，还涉及方位信仰民俗及动植物信仰，动物信仰主要是家畜和家禽，植物信仰主要是农作物、果木花卉等。

（一）方位信仰民俗

前揭岁时民俗例中有面向东服麻子二七枚无患病，东向服虎骨汁以及向东礼七拜以求吉。另《头、目、产病方书》（P. 3930）治女人产后得热疾方中服药也得面向东，“柳脉者，是柳根也。即急于瓷碗中烧作灰，令尽，研灰和清水，面向东服之即差”。向南求吉的也有，《单药方》（P. 2666）：“妇人妊娠经三日觉，即向南礼三拜，令子端正，具足裳，吉。”此外，敦煌写本医籍还有涉及方位的药名，如《杂疗病药方》（P. 3378）、《杂证方书第八种》（P. 3596）“东南桃枝”，《妇科秘方》（Дx00924）“东引桃枝”，《杂疗病药方》（P. 3378）“东南柳枝”，《杂证方书第六种》（P. 2882）“桑皮向东者”，《〈阴阳书〉中有关病症与药名摘录》（S. 1468）“东家陌头土”，《本草经集注 · 序录》（龙 530）“东壁土”，《单药方》（P. 2666）“东行母猪粪”等，这些药名涉及东、南方位，涉及其他方位的也有，如《〈阴阳书〉中有关病症与药名摘录》（S. 1468）“西方土作土人”等，但以东为最多。甚至有非东向不可用者，如《陵阳禁方残卷》（S. 6030）：“桑木东向根肥皮入土是也，东行桑木乃可用，余者不可用耳。”除了崇尚东、南，也有禁忌的，如《求子方书》（S. 4433）：“妊娠三月，不得面向南浇沐，令胎不安，向东亦然。”崇尚和禁忌都是表达敬意的方式，禁忌是避免冲撞。

---

① （东汉）王充著，黄晖校释：《论衡校释》，北京：中华书局，1990 年，第 989 页。

这种现象的产生是与传统文化中的方位信仰民俗相关的。方位是以太阳为参照来确定的，因而方位与太阳密切相关。东方是太阳初生之地，万物始作，先民对之怀有深深的敬意，甚至视之为日神，属阳，有文献为证。《楚辞·九歌·东君》“东君”，蒋骥注：“右东君，日神也。”① 《太玄·唐》“利用东征”，司马光集注：“东者，日所出也。”②《汉书·郊祀志上》“晋巫祠五帝、东君、云中君、巫社、巫祠、族人炊之属”，颜师古注：“东君，日也。”③《黄帝内经素问·五运行大论》“东方生风”，王冰注：“东者，日之初。”④ 向日为阳，《周礼·冬官考工记·轮人》：“凡斩毂之道，必矩其阴阳，阳也者，稹理而坚；阴也者，疏理而柔。”贾公彦疏：“向日为阳。”⑤

东又与春相关，《玉篇·东部》：“东，春方也。”⑥ 古时有春祭的传统，《吕氏春秋·孟春纪》：“立春之日，天子亲率三公九卿诸侯大夫迎春于东郊。”⑦ 东方主春，春至则农事开始，因而东又是主生的。《说文解字·东部》：“东，动也。”⑧《尚书大传》卷一：“东方者，何也？动方也，物之动也。”⑨

由此看来，在传统文化观念里，太阳东升，则万物苏醒，充满生机，故东方主生，属阳，有光明、生机甚至安详、欢乐等特殊含义。东方主生，因而农田称为东皋，东田。因为这些文化观念的原因，东自然成为倍加崇尚的方位。

---

① （清）蒋骥注：《山带阁注楚辞》，上海：上海古籍出版社，1984年，第62页。

② （汉）扬雄著，（宋）司马光集注，刘韶军点校：《太玄集注》，北京：中华书局，1998年，第104页。

③ （汉）班固著，（唐）颜师古注：《汉书》，北京：中华书局，1962年，第1211页。

④ （唐）王冰注，（宋）林亿等校正：《黄帝内经素问》，北京：人民卫生出版社，1963年，第374页。

⑤ （汉）郑玄注，（唐）贾公彦疏：《周礼注疏》（李学勤主编《十三经注疏》标点本），北京：北京大学出版社，1999年，第1070-1071页。

⑥ （南朝梁）顾野王：《宋本玉篇》，北京：中国书店，1983年，第246页。

⑦ （战国）吕不韦等编著，（汉）高诱注：《吕氏春秋》，上海：上海书店，1985年，第2页。

⑧ （东汉）许慎著，（清）段玉裁注：《说文解字注》，杭州：浙江古籍出版社，1998年，第271页。

⑨ （汉）伏胜著，（清）皮锡瑞疏证：《尚书大传疏证》，上海：上海古籍出版社，1995年，第2页。

再看南方，《汉书·律历志》："南，任也。阳气任养物，于时为夏。"[①] 由此看来，南方主养。因而农田前也多冠以南字，《小雅·甫田》："今适南亩，或耘或耔，黍稷薿薿。"[②] 杜牧《阿房宫赋》："使负栋之柱，多于南亩之农夫。"[③] 南方属阳，《周礼·秋官·柞氏》："夏日至，令刊阳木而火之。" 贾公彦疏引《尔雅》："山南为阳。"[④] 因与东诸多相类，故有东南并用。

崇尚东或南，有传统方位文化因素的影响，如《单药方》（P. 2666）、《杂证方书第八种》（P. 3596）"东行母猪粪"以及用于祝由的《杂证方书第六种》（P. 2882）"桑皮向东者"完全与传统文化观念相关；《本草经集注·序录》（龙 530）"东壁土"为古旧房屋东边墙上的土，《〈阴阳书〉中有关病症与药名摘录》（S. 1468）"东家陌头土"指东边路边的土，这类也与传统观念相关。其他如"东南桃枝、东引桃枝、东南柳枝、东行桑木"之类，除了传统方位民俗文化的影响，也有部分科学理据，向阳之处，日照时间长，枝繁叶茂，品质更佳，但向东向南求吉的行为则是与方位民俗文化因素相关了。

西方是太阳落下的地方，日落西则阴暗生，西风吹则阳气藏，因而西方主杀，属阴。北方阴寒，山北为阴，《论衡·说日》："北方阴也。"[⑤]《礼记·礼运》："故死者北首，生者南乡，皆从其初。"[⑥] 北方主死，古有恶神为北君，北君就是北方之神，死亡之神，所以人皆畏忌西方、北方。既皆不详，又是阴冷之所，药名中极少涉及，仅在部分带有巫医色彩的医方中偶见，如《〈阴阳书〉中有关病症与药名摘录》（S. 1468）有用"舍西方土"做土人以达到治病的目的，但不是用作药材，而是祈祝之用。《求子方书》（S. 4433）"常以壬子日午时，向西合阴阳，有子"，则是为

① （汉）班固著，（唐）颜师古注：《汉书》，北京：中华书局，1962 年，第 971 页。

② （汉）毛亨传，（汉）郑玄笺，（唐）孔颖达疏：《毛诗正义》（李学勤主编《十三经注疏》标点本），北京：北京大学出版社，1999 年，第 832 页。

③ （唐）杜牧：《樊川文集》，上海：上海古籍出版社，1978 年，第 2 页。

④ （汉）郑玄注，（唐）贾公彦疏：《周礼注疏》（李学勤主编《十三经注疏》标点本），北京：北京大学出版社，1999 年，第 983-984 页。

⑤ （东汉）王充著，黄晖校释：《论衡校释》，北京：中华书局，1990 年，第 490 页。

⑥ （汉）郑玄笺，（唐）孔颖达疏：《礼记正义》（李学勤主编《十三经注疏》），北京：北京大学出版社，2000 年，第 666 页。

了避免冲撞主生养的东、南方而选择向西。

东南与生养相伴，西北与死亡相随这样的传统文化心理和信仰，对古人的政治、经济、文学艺术以及日常生活等都有很大影响。民俗文化信仰中四方所司不同，民俗行为中对四方的态度也各异，这在敦煌写本医籍中也反映出来。

（二）实物信仰民俗

万物有灵的思想是形成实物信仰的重要原因，祝由多借助“有灵”实物作为依托，前揭敦煌写本医籍例中有桃枝，钱，家长卧席，麻子，虎骨，羖羊蹄，猪脑、目、耳，破履，井水，马蹄，鹿角，酒，白面，桑皮东向者，白鸡肝，米，牛角，东引桃枝，未嫁女衣，瓜下土，田中土等。

敦煌写本医籍另有祝由方也涉及实物。如《单药方》（P. 2666）：“①妇人多失子，取产血作泥人，埋着产处，更不失子。②妇人不用男女，产衣中安一钱，埋却，更不生，有验。③知妇人造事，有外夫者，取牛足下土，着饮食中与妇人吃时，令夜卧唤外夫名字，又道期会处，勿使人传之。④治妇人无子，多年不产，取白狗乳，内着产门中，以行房，立得。⑤凡人纯生女，怀胎六十日，取弓弦烧作灰，取清酒服之，廻女为男。⑥治妇人数失男女，取桑根铲作小儿名字，着墓中，即不失。⑦疗妇人胎在腹中死，急取热狗血一盏，与妇人饮尽，即生。⑧治人盗汗，取死人衣带，烧作灰，以水煮作汤洗，即差。⑨治妇人难产，取众人尿泥丸，吞七枚，令其早产。⑩治小儿夜啼，取井口边草，着母背上，卧即不啼。⑪治妇人无子，取桑树孔中草烧灰，取井华水服之，验。⑫妇人别意，取白马蹄中土，安妇人炕下，勿使人知，睡中自道姓名。⑬夫憎妇，取鼠尾烧作灰，和酒与夫服之，即怜妇。⑭男子欲得妇人爱，取男子鞋底土，和酒与妇人服，即相爱。”《求子方书》（S. 4433）：“①疗无子儿方，以右手把赤小豆二七枚，讫事过与妇人右手，因使吞之。②又方：妇人欲得子法，取夫头发并指甲，著妇人席下，卧，勿令知之，即生男。③欲得男法：妊娠时，以角弓弦作中衣带，满百日吉。④妊娠欲得男法：妊娠未满月，以弓弦至产。”《杂证方书第八种》（P. 3596）：“疗带方……又方：斛树皮一束，悬在患人床下，当心，并疗痔病。”《杂疗病药方》（P. 3378）：“又：疗妇人难产，吞小麦七枚，即出。"《吐蕃医疗术》（P·T1057）："与敌人战斗时，乘敌不备，取对手一滴血和血饮下，对打时可避箭矛。……将爱妻的衣服置于铠甲之下，亦可箭矛不入。或将象征吉祥的箭翎上，朝下反垫雕翎和猫头鹰羽毛，亦可刀箭不入。"

上述方中涉及斛树皮、产血、牛足下土、白狗乳、弓弦、桑根、热狗血、死人衣带、众人尿泥丸、井口边草、桑树孔中草、白马蹄中土、鼠尾、男子鞋底土、小麦、赤小豆、夫头发并指甲、角弓弦、弓弦、对手一滴血、爱妻的衣服、雕翎和猫头鹰羽毛。另有《治病药名文书第二种》（S. 1467）"不开口瓠芦"，《〈阴阳书〉中有关病症与药名摘录》（S. 1468）"生铁、东家陌头土、雄鸡尾"等为祝由之物。

上述祝由之物中，不乏历史积淀深厚甚至传承至今的民俗信仰实物。如植物中的桃，桃一向被看作辟邪灵物，其驱鬼辟邪的文献记载颇多，如《左传·襄公二十九年》"乃使巫以桃茢先祓殡"①，桃茢为桃枝编的扫帚；《左传·昭公四年》"桃弧棘矢，以除其灾也"②，桃弧为桃木制的弓。《艺文类聚》转引庄子语："插桃枝于户，连灰其下，童子入不畏，而鬼畏之，是鬼智不如童子也。"③《淮南万毕术·埋石四隅家无鬼》："取苍石四枚，及桃枝七枚，以桃弧射之……故无鬼殃。"④《风俗通·祀典·桃梗》："于是县官常以腊除夕饰桃人，垂苇茭，画虎于门，皆追效于前事，冀以卫凶也。"⑤《后汉书·礼仪中》："仲夏之月，万物方盛，日夏至阴气萌作，恐物不楙。其礼：以朱索连荤菜，弥牟朴蛊钟。以桃印长六寸，方三寸，五色书文如法，以施门户。"⑥《神农本草经》："枭桃在树不落，杀百鬼。"⑦

---

① 杨伯峻：《春秋左传注》，北京：中华书局，1981年，第1154页。

② 杨伯峻：《春秋左传注》，北京：中华书局，1981年，第1249页。

③ （唐）欧阳询著，汪绍楹校：《艺文类聚》"卷八十六·果部上·桃"转引《庄子》，上海：上海古籍出版社，1982年新1版，第1468页。

④ （西汉）刘安著，孙冯翼辑：《淮南万毕术·诸书论述》，北京：商务印书馆，1939年，第2页。

⑤ （东汉）应劭著，王利器校注：《风俗通义校注》，北京：中华书局，1981年，第367页。

⑥ （南朝宋）范晔著，（唐）李贤等注：《后汉书》第十一册，北京：中华书局，1965年，第3122页。

⑦ （唐）欧阳询著，汪绍楹校：《艺文类聚》"卷八十六·果部上·桃"转引《神农本草经》，上海：上海古籍出版社，1982年新1版，第1467页。

挂在树上不落的桃实可以杀除百鬼。《荆楚岁时记》载，正月一日“造桃板著户”，还用桃符、桃人辟邪，“饮桃汤”等，认为“桃者，五行之精，厌伏邪气，制百鬼也”①。这些文献记载表明桃的辟邪灵性已深入民俗信仰，有着深厚的历史积淀。敦煌写本医卷正月一日挂桃枝于门上以辟邪是民俗信仰的延续，除了此处，在 P. 2661 中有端午节“取东南桃枝，悬户上，鬼不敢入舍”的记载，现代辽宁、山东等地还有端午节门上插桃枝的习俗。此外，在上古文献记载中动物类的狗、鸡都是灵物，用于祝由的记载也较多。《史记·秦本纪》中有以狗祝祷御蛊的记载，② 用鸡祝祷的记载就更多了，直到现代四川等地鸡还是祝祷、辟邪的常用之物。

但也有文献鲜有记载者。如桑皮、桑根入药，古已有之，中古医籍亦多见，但《杂证方书第六种》（P. 2882）“取桑皮向东者，煮取汁着户上，避百鬼”及《单药方》（P. 2666）“取桑根铲作小儿名字，着墓中”使妇人不失男女，文献不常见。《杂证方书第八种》（P. 3596）斛树皮悬在患人床下既疗白带不常，又疗痔病，文献记载也极少。瓜下土、田中土、牛足下土、白马蹄中土、男子鞋底土、东家陌头土等土类中，除了田中土在《医心方》卷二十六、《本草纲目》卷七中有类似求吉用法，其余在文献中鲜见。羖羊蹄，未嫁女衣、死人衣带等在文献记载中也同样少见。

祝由之物，除了动植物，米、麻子、小麦、赤小豆等五谷类，井水、酒、白面，未嫁女衣，死人衣带，破履，弓弦，家长卧席，钱，生铁，众人尿泥丸等无不可用。这些物质与人们的生活息息相关，任何民族思想文化的产生，都紧紧依赖于其生活的物质根源，这也正深刻体现了这一点。从这些物质中还可以看到瓜下土、田中土都是精耕细作过的土，牛足下土、白马蹄中土、男子鞋底土等则是行千里路的土，在人们观念中，这正是可能赋予这些实物以灵性的方式，正如现代许多地方还有用百家米给小孩求吉的做法。家长卧席、爱妻衣服之类用于祝由更多的是赋予精神上的支持。祝由依托之实物的选取并不是毫无道理，多考之有据，或与各类民

---

① （南朝梁）宗懔著，宋金龙校注：《荆楚岁时记》，太原：山西人民出版社，1987 年，第 4-7 页。

② （汉）司马迁著，（南朝宋）裴骃集解，（唐）司马贞索隐，（唐）张守节正义：《史记》，北京：中华书局，1959 年，第 184 页。

俗相关联，或有物质归因，或有精神归因。

综上，敦煌写本医籍祝由方中，民俗文化因素对祝由时日的选择、祝由依托实物的选择、祝由行为的选择都有着不可低估的重要影响作用。反之，也可借此管窥中古民俗文化。事实上，这些祝由方不但佐证了传世文献记载，也提供了传世文献罕见的一些民俗行为，有助于更为全面地了解和研究中古民俗文化。

第三节 隐语文化

汉语语词的特点之一是能够见词知义，隐语则不然。隐语是利用双关、借代、析字、藏字等手法，隐晦曲折地表达意义，寓意于言外，以期达到秘密传递信息的目的。正如《文心雕龙》所说“遁词以隐意，谲譬以指事”。

有关隐语的记载很多，《国语·晋语》“秦客廋辞”、《史记·楚世家》“大鸟止阜”均是使用隐语之例。《汉书·东方朔传》记载东方朔善解隐语。《酉阳杂俎》中“谜语”是隐语，“市语”也可是隐语，宋人王君玉《杂纂续》中说“经纪人市语”“难理会”。宋苏轼《杂纂二续》有“诸行市语”“会不得”。明人田汝成《西湖游览志余·委巷丛谈》说：“乃今三百六十行，各有市语，不相通行，仓猝聆之，竟不知为何等语也。”① 源远流长的隐语文化同样会渗透在中医文化中。

中药药名别名甚多，部分别名就是中药隐名。中药隐名形成的原因很多，如保密及神秘化的需要。由于中医传承多为师传徒受，甚至秘不外传，因而虽门派众多、各怀绝技，却互不交流。在理论上也许无实质性的过人之处，但疗效明确以及一代代流传积累的影响使之颇显神秘，不密不贵，病人的求治欲望也更甚。使用隐名既更彰显这种已有的神秘感，同时又防止药方外传。再有就是隐去来源的需要。部分药物来源于人畜鸟虫的尿液粪便等，使用隐名避免患者难以下口。如《本草纲目》中人尿隐语为

① （明）田汝成：《西湖游览志余》，上海：上海古籍出版社，1980年新1版，第453页。

“轮回酒、还元汤”，蝙蝠、野兔的粪粒隐名分别为“夜明砂”“望月砂”等。命名时药物的生长形态、药性、民间传说、地域等都可能成为形成有趣的药名的因素，就可能“看山不是山，看水不是水”，即动物类、植物类、矿物类名实不副。

一、名似动物实植物

这类药名敦煌写本医籍及《中医大辞典》均收的如下：鼠尾，为荜拨之别名；鹤虱，为菊科类植物天名精的果实；鱼胆，为马鞭草科植物老鸦糊之别名；虎掌，为天南星科植物天南星等的根茎；狗脊，为蕨科植物金毛狗脊的根茎；羊蹄，又名鬼目、土大黄、牛舌大黄、野菠菜，为蓼科植物羊蹄等的根；狼毒，又名红狼毒、绵大戟，为瑞香科植物狼毒的根等。敦煌写本医籍有、《中医大辞典》未收的这类药名如以下例：

狼牙、狼齿、狼子、犬牙。《新修本草·草部》（P. 3714）：“牙子，一名狼牙，一名狼齿，一名狼子，一名犬牙。”诸名来源在本草类著作中多有说明，《本草纲目·草之六·狼牙》：“［释名］牙子（《本经》）、狼齿（《别录》）、狼子（《别录》）、犬牙（《吴普》）、抱牙（《吴普》）、支兰（李当之）。”[①]《本草崇原·本经下品·狼牙根》：“狼牙，《本经》名牙子，《别录》名狼齿，《吴普本草》名犬牙，又名抱牙。始出淮南川谷及冤句，今江东州郡所在有之，其根黑色，若兽之齿牙，故有诸名。”[②] 敦煌写本别名稍有出入。

鼠姑。《本草经集注·序录》（龙 530）：“草上：茜根（畏鼠姑）。”《本草纲目·虫之三·鼠妇》：“时珍曰：按：陆佃《埤雅》云：鼠负，食之令人善淫，故有妇名。又名鼠姑，犹鼠妇也。”[③]《证类本草·卷第九·牡丹》：“一名鹿韭，一名鼠姑。”[④] 《本草经集注·虫兽三品·鼠妇》：

① （明）李时珍：《本草纲目》，北京：人民卫生出版社，1957 年影印，第 947-948 页。

② （明）张志聪：《本草崇原》，北京：中国中医药出版社，1992 年，第 124 页。

③ （明）李时珍：《本草纲目》，北京：人民卫生出版社，1957 年影印，第 1551 页。

④ （宋）唐慎微：《重修政和经史证类备用本草》（简称《证类本草》），上海：上海古籍出版社，1991 年，第 257 页。

“一名鼠负，言鼠多在坎中，背则负之，今作妇字，如似乖理。又一名鼠姑。”[①]《本草经集注·草木下品·鼠姑》：“今人不识此鼠姑，乃牡丹又名鼠姑，罔知孰是。”[②]《新修本草·卷第九·牡丹》：“按鼠妇亦名鼠姑，而此又同，殆非其类，恐字误。”[③] 这种疑问是存在的，鼠姑是牡丹别名，鼠妇亦名鼠姑，代换一下，鼠妇也可指牡丹？但鼠妇却指湿生虫，《本草衍义·卷十七·鼠妇》：“鼠妇，此湿生虫也，多足，其色如蚓，背有横纹蹙起，大者长三四分。在处有之，砖瓷及下湿处多，用处绝少。”[④]

龙脑。《佛家辟谷方》（P. 2637，P. 2703）：“休粮方……又方：石灰末、太阴玄精、白云母、银星石、龙脑（一分），细捣为末，使腊，依前例使用。”《本草纲目·木之一·龙脑香》：“时珍曰：龙脑者，因其状加贵重之称也。”“龙脑是树根中干脂。”[⑤]

除了上述药名，还有毒鱼为芫花之别名等。

二、名似人名实植物

白头公。《本草经集注·序录》（龙 530）：“瘿瘤：小麦、海藻、昆布、文蛤、海蛤、半夏、贝母、通草、松萝、连翘、白头公。”又名野丈人、白头翁、毛姑朵花、老白毛、猫爪子花，为毛茛科植物。《本草纲目·草之一·白头翁》引陶弘景语：“处处有之。近根处有白茸，状似白头老翁，故以为名。”[⑥] 以形状而得名。

徐长卿。《本草经集注·序录》（龙 530）：“鬼疰尸疰：雄黄、朱砂、金牙、野葛、马目毒公、鬼臼、女青、徐长卿、虎骨、狸骨、鹳骨、獭肝、芫青、白盐。”又名鬼督邮、寮刁竹、逍遥竹、对叶莲、一枝香，为

① （南朝梁）陶弘景著，尚志钧等辑校：《本草经集注》，北京：人民卫生出版社，1994 年，第 444 页。

② （南朝梁）陶弘景著，尚志钧等辑校：《本草经集注》，北京：人民卫生出版社，1994 年，第 386 页。

③ （唐）苏敬著，尚志钧辑校：《新修本草》，合肥：安徽科学技术出版社，2004 年，第 228 页。

④ （宋）寇宗奭：《本草衍义》，北京：人民卫生出版社，1990 年，第 126 页。

⑤ （明）李时珍：《本草纲目》，北京：人民卫生出版社，1957 年影印，第 1376-1377 页。

⑥ （明）李时珍：《本草纲目》，北京：人民卫生出版社，1957 年影印，第 757 页。

萝藦科植物。《本草纲目·草之二·徐长卿》："时珍曰：徐长卿，人名也，常以此药治邪病，人遂以名之。"① 因依医家名而得名。

刘寄奴。《〈伍子胥变文〉中的药名诗》(S.328)："刘寄奴是余贱朋，徐长卿为贵友。"《中医大辞典》："①出《新修本草》，又名六月霜、化食丹、南刘寄奴。为菊科植物奇蒿的全草。②见《广西药用植物名录》，为鸭脚艾之别名。"《本草纲目·草之四·刘寄奴草》："时珍曰：按李延寿《南史》云：宋高祖刘裕，小字寄奴。微时伐荻新洲，遇一大蛇，射之。明日往，闻杵臼声。寻之，见童子数人皆青衣，于榛林中捣药。问其故。答曰：我主为刘寄奴所射，今合药敷之。裕曰：神何不杀之？曰：寄奴王者，不可杀也。裕叱之，童子皆散，乃收药而反。每遇金疮敷之即愈。人因称此草为刘寄奴草。郑樵《通志》云：江南人因汉时谓刘为卯金刀，乃呼刘为金。是以又有金寄奴之名。江东人谓之乌藤菜云。"② 因传说依人名而得名。

三、名似动物实矿物

伏龙肝。《本草经集注·序录》(龙530)："吐唾血：羊角、白胶、戎盐、柏叶、艾叶、生地黄、大蓟、鸡苏、蛴螬、饴糖、伏龙肝、黄土。"《本草纲目·土一·伏龙肝》："宏景曰：此灶中对釜月下黄土也。以灶有神，故号为伏龙肝，并以迂隐其名尔。今人又用广州盐城屑，以疗漏血瘀血，亦是近月之土，盖得火烧之义也。"③ 依信仰得名。

四、其他名实不符类

（一）动物类

神屋。《张仲景〈五脏论〉一卷》(S.5614，P.2115，P.2378，P.2755)："鬼箭破血，仍有射鬼之灵；神屋除温，非带报神之验。"神屋为龟甲别名。《本草纲目·介之一·水龟》："龟甲，[释名] 神屋（《本

① （明）李时珍：《本草纲目》，北京：人民卫生出版社，1957年影印，第789页。
② （明）李时珍：《本草纲目》，北京：人民卫生出版社，1957年影印，第861页。
③ （明）李时珍：《本草纲目》，北京：人民卫生出版社，1957年影印，第583页。

经》)、败龟版(《日华》)、败将(《日华》)、漏天机(《图经》),时珍曰:并隐名也。"[①]

伏翼。《本草经集注·序录》(龙530):"蜂子、蜜蜡、白马茎、狗阴、雀卵、鸡子、雄雀、伏翼、鼠妇、樗鸡、萤火、蠮螉、僵蚕、蜈蚣、蜥蜴、斑蝥、芫青、亭长、地胆、虻虫、蜚蠊、蝼蛄、马刀、赭魁、虾蟆、蜗牛、生鼠、生龟,诸鸟兽虫鱼膏、髓、胆、血、屎、溺。右虫兽类。"伏翼为蝙蝠别名。《雷公炮制药性解·卷六·禽兽部》:"伏翼原名蝙蝠,以其昼伏夜飞,因称伏翼。"[②]《新修本草·卷第十六·虫鱼中》:"伏翼,以其昼伏有翼尔。"[③]《本草纲目·禽之二·伏翼》:"伏翼者,以其昼伏有翼也。"[④] 扬雄《方言》:"蝙蝠,自关而东,谓之服翼,或谓之飞鼠,或谓之老鼠,或谓之仙鼠。自关而西,秦陇之间,谓之蝙蝠,北燕谓之蟙。"[⑤] 看来,伏翼、蝙蝠因地域不同而名称不同。

樗鸡。《本草经集注·序录》(龙530):"蜂子、蜜蜡、白马茎、狗阴、雀卵、鸡子、雄雀、伏翼、鼠妇、樗鸡、萤火、蠮螉、僵蚕、蜈蚣、蜥蜴、斑蝥、芫青、亭长、地胆、虻虫、蜚蠊、蝼蛄、马刀、赭魁、虾蟆、蜗牛、生鼠、生龟,诸鸟兽虫鱼膏、髓、胆、血、屎、溺。右虫兽类。"樗鸡,又名红娘子,为虫名。《本草衍义·卷十七·樗鸡》:"樗鸡,东、西京界尤多。形类蚕蛾,但头、足微黑,翅两重,外一重灰色,下一重深红,五色皆具。腹大,此即樗鸡也。"[⑥]

(二)植物类

马目毒公。《本草经集注·序录》(龙530):"中蛊:桔梗、鬼臼、马目毒公、犀角、斑蝥、芫青、亭长、射罔、鬼督邮、白蘘荷、败豉皮、蓝

① (明)李时珍:《本草纲目》,北京:人民卫生出版社,1957年影印,第1625页。

② (明)李中梓编,(明)钱允治订正:《镌补雷公炮制药性解》,北京:中国中医药出版社,1999年,第627页。

③ (唐)苏敬著,尚志钧辑校:《新修本草》,合肥:安徽科学技术出版社,2004年,第411页。

④ (明)李时珍:《本草纲目》,北京:人民卫生出版社,1957年影印,第1687页。

⑤ (西汉)扬雄著,华学诚汇证:《扬雄方言校释汇证》,北京:中华书局,2006年,第559页。

⑥ (宋)寇宗奭:《本草衍义》,北京:人民卫生出版社,1990年,第119页。

子。”马目毒公，一说为鬼臼，《本草纲目·草之六·鬼臼》：“时珍曰：此物有毒，而臼如马眼，故名马目毒公。”① 因形状而得名。另说如《证类本草·卷第二·序例下》：“鬼臼（温，微温。）（臣禹锡等谨按《神农本草》：鬼臼，一名马目毒公。今此疗鬼疰、尸双出二名，据本草说为重，当删去一条。然详陶隐居注：鬼臼条下，以鬼臼与马目毒公为二物，及古方多有两用处，今且并存之。）”②

鬼箭。《张仲景〈五脏论〉一卷》（S. 5614，P. 2115，P. 2378，P. 2755）：“鬼箭破血，仍有射鬼之灵；神屋除温，非带报神之验。”鬼箭，木名，卫矛的别名。《本草纲目·木之三·卫矛》：“［释名］鬼箭（《别录》）、神箭。时珍曰：鬼箭生山石间，小株成丛。春长嫩条，条上四面有羽如箭羽，视之若三羽尔。”又因“除邪杀鬼毒蛊疰（《本经》）”③ 而得名。

毒公。《本草经集注·序录》（龙 530）：“野葛、狼毒、毒公、鬼臼……蓄根、羊桃、苦瓠、瓜蒂、陟厘、跋子、云实、槐子、蛇床子、青箱子、菥蓂子、王不留行、菟丝子入酒，上草木类。”毒公，乌头的别名。《吴普本草·草木类·乌头》：“乌头，一名茛，一名千秋，一名毒公，一名果负，一名耿子。神农、雷公、桐君、黄帝：甘，有毒。正月始生，叶厚，茎方中空，叶四面相当，与蒿相似。”④

仙人余粮。《绝谷仙方》（S. 2438）：“☐黄精，二名重楼，三名仙人余粮☐。”仙人余粮，黄精的别名。《本草纲目·草之一·黄精》：“时珍曰：黄精为服食要药，故《别录》列于草部之首，仙家以为芝草之类，以其得坤土之精粹，故谓之黄精。《五符经》云：精获天地之淳精，故名为戊己芝，是此义也。余粮、救穷，以功名也……九蒸九曝，可以代粮，又名米。”⑤ 因多种因素得名。

狼跋。《本草经集注·序录》（龙 530）：“恶疮：雄黄、雌黄、胡粉、

---

① （明）李时珍：《本草纲目》，北京：人民卫生出版社，1957 年影印，第 985 页。

② （宋）唐慎微：《重修政和经史证类备用本草》（简称《证类本草》），上海：上海古籍出版社，1991 年，第 41 页。

③ （明）李时珍：《本草纲目》，北京：人民卫生出版社，1957 年影印，第 1448-1449 页。

④ （魏）吴普著，尚志钧等辑校：《吴普本草》，北京：人民卫生出版社，1987 年，第 46 页。

⑤ （明）李时珍：《本草纲目》，北京：人民卫生出版社，1957 年影印，第 732 页。

硫磺、矾石、石灰、松脂、蛇床子、地榆、水银、蛇衔、白蔹、漏芦、蔄茹、黄蘗、占斯、藋菌、莽草、青葙、白芨、楝实、及己、狼跋、桐叶、虎骨、狸骨、藜芦、猪肚。”狼跋，黄环的别名。《本草纲目·草之七·黄环》：“时珍曰：此物叶黄而圆，故名黄环，如萝藦呼白环之义。亦是葛类，故名就葛。跋乃野狼足名，其荚似之，故曰野狼跋子。”[①] 以形状得名。

去水。《新修本草·草部》（P. 3714）：“芫花：味辛，苦，温……一名去水，一名毒鱼，一名牡芫。”去水，芫花的别名。

这类药名还有不少，如固活为钩吻的别名，狗虱、鸿藏为胡麻的别名，地文、水玉、守田、示姑为半夏的别名等。

博大精深的传统文化在药名中的体现是丰富多彩的，以上管见不及一二，但也可以此管中窥豹，可见一斑。

第四节　药食同源文化

药食同源思想是人类在寻找食物过程中的经验产物，药物与食物之间并无绝对的界线，历来如此。《黄帝内经素问·五常政大论》有关于食疗的理论，如“大毒治病，十去其六；常毒治病，十去其七；小毒治病，十去其八；无毒治病，十去其九；谷肉果菜，食养尽之，无使过之，伤其正也”[②]。药食同源行为也早已有之，《淮南子·修务训》：“（神农）尝百草之滋味，水泉之甘苦，令民知所避就。当此之时，一日而遇七十毒。”[③] 可见神农时代药与食不分，无毒者可就，有毒者当避。《黄帝内经太素·调食》有药食同源的明确阐述：“五谷、五畜、五果、五菜，用之充饥则谓之食，以其疗病则谓之药。是以脾病宜食粳米，即其药也；用充饥虚，即为食也。故但是入口资身之物，例皆若是。此谷、畜、果、菜等二十物，

---

① （明）李时珍：《本草纲目》，北京：人民卫生出版社，1957年影印，第1024页。

② （唐）王冰注，（宋）林亿等校正：《黄帝内经素问》，北京：人民卫生出版社，1963年，第455页。

③ （汉）刘安编著，（汉）高诱注：《淮南子》，上海：上海古籍出版社，1989年，第208页。

乃是五行五性之味，脏腑血气之本也，充虚接气，莫大于兹，奉性养生，不可斯须离也。”①

《神农本草经》《本草经集注》《食疗本草》《本草纲目》等本草类医籍，也很难将食物及药物严格区分。以《本草纲目》为例，全书载药1892种，属常用食物或作食用者就达518种之多，书中有相当大的篇幅论述了亦食亦药的品种和药膳方。药食同源思想深入人心，从而演化出药食同源文化。

但药、食仍有区别，药疗与食疗逐渐区分就是说明。《黄帝内经素问·藏气法时论篇》：“毒药攻邪，五谷为养，五果为助，五畜为益，五菜为充，气味合而服之，以补精益气。”② 凡是药物，其性味之偏较大，多有毒，作用猛烈，所以一般用来攻邪。而食物性味之偏较小，平和无毒，一般用来补精益气，强身健体。但这种区分就某些方面来说也是有限的，中医的食疗养生之道诸如药膳，从未退出历史舞台，中医常用药物中仍不乏常用食物。据统计，敦煌写本医籍中药食同用的药名达460个之多。按植物类、动物类、矿物类分类如下。

植物类中的主食类：《中医大辞典》未收的有米、白米、粳米、白粳米、糯米、稻米、黍、黍米、粟米、青粱米、黄粱米、白粱米、丹米、米蘗、陈廪米、稷、稷米、青米、麦、大麦、大麦仁、大麦奴、麦奴、穬麦、麦麸、麦麯末、黄色小麦麯、青麦蹭，薏苡等；相关的有饭、冷饭、热粥饭、热粥、粟米饭、干粟米饭、黄蒸、黄蒸麸子、热麨、米泔汁、舂杵糠、麸浆、热面、面、白面、黑饴饼子、馎饦，共计46个。《中医大辞典》仅有秫米、小米、小麦、麦芽、荞麦、薏苡仁6个。

豆类：《中医大辞典》未收的有小豆、小豆子、大豆、黑豆、生乌豆、菉豆、茳豆、法豆、豉、豉汁、豉心、草豉子、败豉皮、好豉、大豆汁、乌豆汁、绿豆粥、豉粥、大豆卷、生大豆黄末、扁豆叶21个。收有乌豆、赤小豆、扁豆、淡豉、豆豉、香豉、大豆黄卷7个。

① （唐）杨上善著，王洪图、李云点校：《黄帝内经太素》，北京：科学技术文献出版社，2001年，第17页。

② （唐）王冰注，（宋）林亿等校正：《黄帝内经素问》，北京：人民卫生出版社，1963年，第149页。

麻类：《中医大辞典》未收的有黑胡麻、油麻、乌麻、狗虱、方茎、鸿藏、黄麻、大麻、生胡麻、麻仁、巨胜仁、火麻子、大麻子、胡麻油、生胡麻油、生油、腊月生油、生油麻油、油麻油、油、故油、暖油、乌麻油、麻子油、大麻子汁、胡麻灰26个。收有胡麻、巨胜、麻花、麻子、麻子仁、大麻仁、麻油7个。

果类相关：《中医大辞典》未收的有胡桃、樱桃、朱樱桃、越桃、龙眼、枣、西州枣、青州枣、干枣、软枣、蜜枣、杏子、白桃去塞、生梅子、酸石榴、赤桑葚、榛子、藿梨、酸枣中仁、枣肉、枣泥、枣膏、生杏仁、杏仁塞、杏核、桃仁脂、桃核、石榴子、安石榴子、酸石榴皮、乌梅肉31个。收有葡萄、蒲桃、羊桃、藤梨、荔枝、大枣、酸枣、栗子、木瓜、乌梅、梅实、杨梅、桑椹、杏仁、桃花、桃叶、桃枭、桃仁、桃核仁、石榴花、石榴皮、桑叶22个。

蔬菜类：《中医大辞典》未收的有韮、韮子、乌韮、韭叶、韭汁、韭白、生韭、生韭汁、葱、白葱、生葱白、熟葱、细葱、葱黄、母葱、葱汁、冻葱、汉葱、胡葱、胡葱根、姜、干姜末、姜汁、生姜汁、蒜、独头蒜、独颗蒜、葫、山蒜、椒、蓝菜、笋菜、白菊花、黄菊、紫宛、沙参、紫参、决明、薯蓣、五味、五味核、苁蓉、花苁蓉、枸杞、马齿草、马炽菜、薄荷菜、苦瓠瓤、苦瓠、瓜仁、瓜子、冬瓜仁、冬瓜汁、越瓜、胡瓜、蓼香菜、藕皮、干藕、菱实、堇、堇草、胡苣根62个。收有乌韭、葱叶、葱白、葱根、葱涕、葱实、薤白、生姜、干姜、小蒜、大蒜、蜀椒、胡椒、苜蓿、菊花、甘菊、紫菀、人参、决明子、草决明、五味子、肉苁蓉、枸杞子、胡荽、马齿菜、薄荷、茴香草、瓠子、芸薹菜、芸薹、莲实、莲子、土瓜、冬瓜、冬瓜子、藕、百合、甘蔗、夏枯草、芡实、山药、天麻42个。

酿造加工类：《中医大辞典》未收的有豆酱、酱、酱清、酸酱、饴、黄饴、乳糖、沙糖、砂糖、六月六日麴末、好麴末、麴、酢、大酢、清酢、白蕺浆、醋浆、醋浆水、酢浆水、淳醋、酽米醋、酽醋、大醋、浓醋、米醋、糟醋、醋淀、清酝、清苦酒、无灰清酒、无灰好酒、清酒、清美酒、美清酒、妙清酒、秫米酒、姜酒、酒、白酒、暖酒、水酒41个。收有饴糖、醋、苦酒、浆水4个。

动物类：《中医大辞典》未收的有鸡、丹雄鸡、鸡子、生鸡子白、新生乌鸡子、白鸡肝、雌鸡肝、鸡肠、鸡肪、乌雄鸡血、乌雄鸡肝、乌鸡骨、鸡骨、鸭血、雄雀、生雀头血、雀脑、蜜、白沙蜜、赤蜜、青羊肝、白羊肾、妙白羊肾、羊肾脂、白羊羊乳、白羊乳、羖羊乳、羊肚、羊靥、羊子肝、羊精肉、精羊肉、熟羊肉、生羊胆、青羊胆、羊心、羖羊蹄、羊脾、牛尾、牛心、牛脂、驴乳、驴脂、驴蹄、山驴角末、奶汁、马鬃脂、马阴筋、马蹄甲、乌牛鼻上津、牛角、猪脂、腊月猪脂、生猪脂、猪肪、生猪脑、猪脑、猪目、猪耳、猪肉、白狗乳、白狗血、热狗血、死白狗脚、白狗胆、狗胆、狗头骨、犬心、狗阴、狗脚乳、干脯肉、野狐肉、麋脂、獐肉、獐骨、兔皮、兔肉酱、马酪、沙牛酪、酪浆、黄牛酥、牛酥、牦牛酥、酥、暖酥、好甜酥、好酥、好牛酥、蜀酥、猪膏、鱼、鲤鱼脑、大结鱼、鲫鱼、蟹黄、蟹爪、鳖头、海蛤、文蛤、田中螺、生龟、龟、鼍鱼甲、人乳、乳汁 105 个。收有鸡子黄、鸡子白、乌鸡、鸡肶胵、雀卵、蟹、鳖甲、白蜜、羊肝、羊肾、羊乳、羊肺、羊肉、羊胆、羊髓、牛乳、牛胆、牛髓、马乳、马蹄、猪胆、猪心、猪肾、猪肚、鹿茸、鹿角、鹿角胶、白胶、鲤鱼胆、乌贼鱼骨、獭肝、龟甲 32 个。

矿物类：《中医大辞典》未收的有盐、白盐、石盐、盐花、大盐 5 个。收有戎盐、珍珠、真珠 3 个。

以上 460 个药名，撇除同物异名的情况，也有 400 多个。其中 337 个为《中医大辞典》所未收，占 73%。还有个别药名是各类本草类文献所未见的，如藋梨等。

上述所列药名见于敦煌写本中的本草残卷及大量医方，能够入口的常见食物，无所不入药。由此看来，亦食亦药在民间的使用更为广泛。除了在药方中使用，还有常见食物（食材）如米、小麦等用于祝由方。民以食为天，这种特殊用途正是原始崇拜文化中对食物崇拜的遗留。任何民族思想文化的产生，都紧紧依赖于其生活的物质根源，药食同源文化正深刻体现了这一点。

第五节 月令风俗

中华民族传统的数字观念是尊一崇三尚五，二五为十是阴阳运行规律。这样就不难理解中国传统思维模式中历来就有的数字重叠概念以及月日重叠以及初一、十五在月令时令中的高频使用。旧时月令时令的风俗纪事涉及药事的相当多，这些传统文化观念在药名中也多有所体现。在敦煌写本医籍中部分药名前冠具某月某日的现象不少，这种现象具有科学性，在某个月令或时令采集的药物品质可能最佳，体现的是对药物品质的要求，正如敦煌写本医籍中的“好豉、好曲、好酥、好酒、美清酒”等一样，当然其中也不乏风俗或者迷信因素。下面以部分药名为例试作解析。

《杂证方书第三种》（P. 2565）药名中有“六月六日曲末”。农历六月六是一年中最热的时候，阳光炽烈，有助于晾晒，因而六月六为传统的晒书节、晒龙节。明沈德符《万历野获编・卷二十四・风俗》：“六月六日本非令节，内府皇史宬晒曝列圣实录、列圣御制文集诸大函，则每岁故事也。”① 民俗谚语也有“六月六，晒丝绸”。当然这种高温有助于更快制出品质高的好曲。就此来看是具有科学性的。正如作为节日总是附会一些神话传说或历史故事一样，六月六日曲也有一些别的解释，如《古今医统大全・卷之九十七・造神曲法》：“六月六日为诸神集会之晨，故名神曲。如过此日造者，非神曲也。”②

《单药方》（P. 2666）药名中有“三月三日半闭桃花”，《杂证方书第八种》（P. 3596）有“三月三日桃花未开者”“三月三日桃花”。农历三月三为汉族及多个少数民族的传统节日，为汉族传统节日“上巳日”。古时以三月第一个巳日为“上巳”，汉代定为节日，《后汉书・礼仪上》：“是月上巳，官民皆絜于东流水上，曰洗濯祓除去宿垢疢为大絜。”③ 后又增加

---

① （明）沈德符：《万历野获编》，北京：中华书局，1959 年，第 619 页。

② （明）徐春甫编集，崔仲平等主校：《古今医统大全》，北京：人民卫生出版社，1991 年，第 1299 页。

③ （南朝宋）范晔著，（唐）李贤等注：《后汉书》第十一册，北京：中华书局，1965 年，第 3110 页。

了临水宴宾、踏青的内容。魏晋以后，上巳节改为三月三，后代沿袭，遂成汉族水边饮宴、郊外游春的节日。民俗谚语还有云："三月三，祭祖先。"由此看来，三月三桃花与传统节日相关，以增加符合大众心理的神秘色彩。另也具有科学性，农历三月三是桃花最盛之时，就品质而言最宜采集。

《杂证方书第八种》（P. 3596）药名中有"五月五日苍耳子、五月五日葶苈子"。中国传统历来认为农历五月五日是恶月恶日，《易经》有"天数五，地数五，五位相得而各有合。天数二十有五，地数三十，凡天地之数，五十有五，此所以成变化而行鬼神也。"阴恶从五而生，五月五日正是阳气运行到端点的端阳之时，恶疠病疫多泛滥。因此，人们便采用各种方式来驱邪辟邪，如插艾叶、挂菖蒲、喝雄黄酒、配香囊等。应劭《风俗通义》记载："五月五日，以五彩丝系臂，名长命缕，一名续命缕，一命辟兵缯，一名五色缕，一名朱索，辟兵及鬼，命人不病瘟。"[①] 葛洪《抱朴子》也有"以五月五日作赤灵符，著心前"以避兵道[②]。采集这一天的苍耳子、葶苈子与这些民俗观念是相关的，苍耳子收获时节本该是秋季，但因果实成熟期不一致，所以随熟随采，五月五日采则是与民俗相关。农历五月是葶苈子成熟的时节，则是民俗与科学性因素二者兼有。

也有不考虑民俗因素的，如《头、目、产病方书》（P. 3930）"三四月益母草花盛时收取"；也有没有科学依据、仅与民俗或数字观念相关的，如《王宗无忌单方》（P. 2635）中的"七月七日瓜下土""八月一日土"等。

① （东汉）应劭著，王利器校注：《风俗通义校注》，北京：中华书局，1981年，第605页。
② （晋）葛洪著，王明校释：《抱朴子内篇校释》，北京：中华书局，1980年，第246页。

征引文献[①]

（一）著作类

A

［1］（美）爱德华·萨丕尔，陆卓元译：《语言论》，北京：商务印书馆，1985年。

B

［2］（东汉）班固著，（唐）颜师古注：《汉书》，北京：中华书局，1962年。

C

［3］丛春雨：《敦煌中医药全书》，北京：中医古籍出版社，1994年。

［4］蔡东藩：《后汉演义》，北京：华夏出版社，2007年。

［5］蔡东藩：《民国演义》，北京：中国社会科学出版社，2007年。

［6］蔡东藩：《清史演义》，北京：华夏出版社，2007年。

［7］（北魏）崔鸿著，（清）汤球辑补：《十六国春秋辑补》，济南：齐鲁书社，2000年。

［8］陈邦贤：《中国医学史》，北京：商务印书馆，1960年。

［9］（明）陈嘉谟：《本草蒙筌》，北京：人民卫生出版社，1988年。

① 按编撰者首字母音序排列，参考文献亦按此排列。

［10］（清）陈梦雷、蒋廷锡：《古今图书集成·医部全录》（点校本），北京：人民卫生出版社，1988—1991年。

［11］（清）陈梦雷、蒋廷锡：《古今图书集成·草木典》，北京、成都：中华书局、巴蜀书社影印本，1985年。

［12］（清）陈梦雷、蒋廷锡：《古今图书集成·禽虫典》，北京、成都：中华书局、巴蜀书社影印本，1985年。

［13］（清）陈梦雷、蒋廷锡：《古今图书集成·食货典》，北京、成都：中华书局、巴蜀书社影印本，1985年。

［14］（宋）陈彭年等：《宋本玉篇》，北京：中国书店，1983年。

［15］（唐）陈藏器著，尚志钧辑释：《〈本草拾遗〉辑释》，合肥：安徽科学技术出版社，2002年。

D

［16］（日）丹波康赖著，赵明山等注释：《医心方》，沈阳：辽宁科学技术出版社，1996年。

［17］邓铁涛、李经纬：《中医大辞典》，北京：人民卫生出版社，2002年。

［18］（宋）丁度等编：《集韵》，上海：上海古籍出版社，1985年。

［19］（唐）段成式著，方南生点校：《酉阳杂俎》，北京：中华书局，1981年。

E

［20］俄罗斯科学院东方研究所圣彼得堡分所、俄罗斯科学出版社东方文学部、上海古籍出版社：《俄藏敦煌文献》（全17册），上海：上海古籍出版社，1992—2001年。

F

［21］范行准：《中国医学史略》，北京：中医古籍出版社，1986年。

［22］（清）范寅著，侯友兰点校：《越谚》，北京：人民出版社，2006年。

［23］（唐）房玄龄等：《晋书》，北京：中华书局，1974年。

［24］（明）冯梦龙：《警世通言》，海口：海南出版社，1993年。

［25］（明）冯梦龙：《醒世恒言》，海口：海南出版社，1993年。

G

［26］甘肃省博物馆、武威县文化馆：《武威汉代医简》，北京：文物出版社，1975年。

［27］甘肃省文物考古研究所：《敦煌汉简》，北京：中华书局，1994年。

［28］（清）高世栻：《医学真传》，南京：江苏科学技术出版社，1983年。

［29］（晋）葛洪著，王明校释：《抱朴子内篇校释》，北京：中华书局，1980年。

［30］（晋）葛洪：《肘后备急方》，北京：人民卫生出版社，1955年影印明万历本。

［31］（汉）公羊寿传，（汉）何休解诂，（唐）徐彦疏：《春秋公羊传注疏》（李学勤主编《十三经注疏》标点本），北京：北京大学出版社，1999年。

［32］（南朝梁）顾野王：《大广益会玉篇》，北京：中华书局，1987年。

［33］（南朝梁）顾野王：《原本玉篇残卷》，上海：上海古籍出版社，2002年《续修四库全书》本。

［34］（清）郭小亭：《济公全传》，合肥：安徽文艺出版社，2003年。

H

［35］（金）韩孝彦、韩道昭著：《成化丁亥重刊改并五音类聚四声篇海》，上海：上海古籍出版社，1995年影印《续修四库全书》本。

［36］汉语大词典编辑委员会：《汉语大词典》（十二卷本），上海：上海辞书出版社、汉语大词典出版社，1986—1993年。

［37］汉语大字典编辑委员会：《汉语大字典》（八卷本），湖北辞书

出版社、四川辞书出版社，1990 年。

［38］汉语大字典编辑委员会：《汉语大字典》（九卷本），武汉、成都：崇文书局、四川辞书出版社，2010 年第 2 版。

［39］（宋）洪适：《隶释 隶续》，北京：中华书局，1985 年影印晦木斋刻本。

［40］（明）胡文焕：《养生导引秘籍》，太原：山西科学技术出版社，2010 年。

［41］黄永武主编：《敦煌宝藏》（1-140），台北：新文丰出版公司，1981—1986 年。

［42］黄征：《敦煌俗字典》，上海：上海教育出版社，2005 年。

J

［43］（宋）计有功：《唐诗纪事》，上海：上海古籍出版社，1987 年新 1 版。

［44］（北魏）贾思勰著，缪启愉校释：《齐民要术校释》，北京：农业出版社，1998 年。

［45］姜亮夫：《敦煌学概论》，北京：中华书局，1985 年。

［46］蒋绍愚：《汉语词汇语法史论文集》，北京：商务印书馆，2001 年。

K

［47］（汉）孔安国传，（唐）孔颖达疏：《尚书正义》（李学勤主编《十三经注疏》标点本），北京：北京大学出版社，1999 年。

［48］孔凡礼点校：《苏轼文集》，北京：中华书局，1986 年。

［49］（宋）寇宗奭：《本草衍义》，北京：人民卫生出版社，1990 年。

L

［50］（明）兰陵笑笑生：《金瓶梅词话》，北京：人民文学出版社，1992 年。

［51］（南朝宋）雷敩著，尚志钧辑校：《雷公炮炙论》，合肥：安徽

科技出版社，1991年。

[52] 冷玉龙：《中华字海》，北京：中国友谊出版公司，1994年。

[53]（宋）黎靖德编，王星贤点校：《朱子语类》，北京：中华书局，1986年。

[54]（清）李百川：《绿野仙踪》，北京：中国戏剧出版社，2001年。

[55]（唐）李淳风等注：《孙子算经》，台北：台湾商务印书馆，1986年影印文渊阁《四库全书》本。

[56]（宋）李昉等：《太平广记》，北京：中华书局，1961年。

[57]（宋）李昉等：《太平御览》，北京：中华书局，1960年。

[58] 李乐毅：《简化字源》，北京：华语教学出版社，1996年。

[59]（明）李时珍：《本草纲目》，北京：人民卫生出版社，1957年影印。

[60]（唐）李延寿：《北史》，北京：中华书局，1974年。

[61]（唐）李延寿：《南史》，北京：中华书局，1975年。

[62] 丽尼著，徐如麒编：《丽尼散文选集》，天津：百花文艺出版社，2004年第2版。

[63] 林梅村编：《楼兰尼雅出土文书》，北京：文物出版社，1985年。

[64]（明）凌濛初：《拍案惊奇》，海口：海南出版社，1993年。

[65]（西汉）刘安等编著，（东汉）高诱注：《淮南子》，上海：上海古籍出版社，1989年。

[66]（西汉）刘安著，孙冯翼辑：《淮南万毕术》，上海：商务印书馆，1939年。

[67]（清）刘鹗：《老残游记》，济南：齐鲁书社，2002年。

[68] 刘复、李家瑞：《宋元以来俗字谱》，南京：中央研究院历史语言研究所，1930年；北京：文字改革出版社，1957年重印本。

[69]（清）刘奎：《松峰说疫》，北京：人民卫生出版社，1987年。

[70] 刘伶：《敦煌方言志》，兰州：兰州大学出版社，1988年。

[71] 刘世儒：《魏晋南北朝量词研究》，北京：中华书局，1965年。

[72]（后晋）刘昫：《旧唐书》，北京：中华书局，1975年。

[73]（南朝宋）刘义庆著，徐震堮校笺：《世说新语校笺》，北京：中华书局，1984年。

[74]（战国）吕不韦等编著，（汉）高诱注：《吕氏春秋》，上海：上海书店，1985年。

[75]罗常培：《唐五代西北方音》，南京：国立中央研究院历史语言研究所，民国二十二年（1933年）印刷。

[76]罗常培：《语言与文化》，北京：语文出版社，1989年。

[77]（明）罗懋登：《三宝太监下西洋记》，西安：三秦出版社，1996年。

M

[78]马继兴：《敦煌医药文献辑校》，南京：江苏古籍出版社，1998年。

[79]马继兴：《神农本草经辑注》，北京：人民卫生出版社，1995年。

[80]（清）马瑞辰：《毛诗传笺通释》，北京：中华书局，1989年。

[81]马王堆汉墓帛书整理小组编：《马王堆汉墓帛书·老子》，北京：文物出版社，1976年。

[82]马王堆帛书整理小组编：《马王堆汉墓帛书·五十二病方》，北京：文物出版社，1979年。

[83]（汉）毛亨传，（汉）郑玄笺，（唐）孔颖达疏《毛诗正义》（李学勤主编《十三经注疏》标点本），北京：北京大学出版社，1999年。

O

[84]（宋）欧阳修、宋祁：《新唐书》，北京：中华书局，1975年。

[85]（宋）欧阳修：《新五代史》，北京：中华书局，1974年。

[86]（唐）欧阳询著，汪绍楹校：《艺文类聚》，上海：上海古籍出版社，1982年新1版。

P

[87]（宋）庞元英：《文昌杂录》，北京：中华书局，1958年。

［88］（清）蒲松龄：《聊斋志异》（铸雪斋抄本），上海：上海古籍出版社，1979 年。

Q

［89］秦公辑：《碑别字新编》，北京：文物出版社，1985 年。

［90］裘锡圭：《文字学概要》，北京：商务印书馆，2003 年。

R

［91］荣新江：《敦煌学十八讲》，北京：北京大学出版社，2001 年。

S

［92］（南朝宋）范晔著，（唐）李贤等注：《后汉书》第十一册，北京：中华书局，1965 年。

［93］（汉）司马迁著，（南朝宋）裴骃集解，（唐）司马贞索隐，（唐）张守节正义：《史记》，北京：中华书局，1959 年。

［94］（明）宋濂：《元史》，北京：中华书局，1976 年。

［95］（唐）苏敬著，尚志钧辑校：《新修本草》，合肥：安徽科学技术出版社，2004 年。

［96］（宋）苏轼：《苏东坡全集》，北京：中国书店，1986 年。

［97］隋树森编：《全元散曲》，北京：中华书局，1964 年。

［98］（唐）孙思邈：《备急千金要方》，北京：人民卫生出版社，1982 年影印宋本。

［99］（唐）孙思邈：《千金翼方》，北京：人民卫生出版社，1955 年影印元大德梅溪书院本。

［100］（清）孙星衍、孙冯翼辑：《神农本草经》，北京：人民卫生出版社，1963 年。

［101］上海古籍出版社、法国国家图书馆编：《法藏敦煌西域文献》（1–27 册），上海：上海古籍出版社，1995—2002 年。

［102］（宋）史崧辑：《灵枢经》，北京：人民卫生出版社，1963 年影印。

[103]（唐）释道世著，周叔迦等校注：《法苑珠林校注》，北京：中华书局，2003年。

[104]（辽）释行均：《龙龛手镜》，北京：中华书局，1985年。

[105]（唐）释玄应著：《一切经音义》（清·阮元编《宛委别藏》），南京：江苏古籍出版，1988年。

T

[106]（南朝梁）陶弘景著，尚志钧等辑校：《本草经集注》，北京：人民卫生出版社，1994年。

[107]（南朝梁）陶弘景著，尚志钧辑：《名医别录》，北京：人民卫生出版社，1986年。

[108]唐圭璋编：《全宋词》，北京：中华书局，1965年。

[109]（宋）唐慎微：《重修政和经史证类备用本草》（简称《证类本草》），上海：上海古籍出版社，1991年。

[110]（清）唐芸洲：《七剑十三侠》，济南：齐鲁书社，1993年。

[111]（明）田汝成：《西湖游览志余》，上海：上海古籍出版社，1980年新1版。

[112]（元）脱脱等：《金史》，北京：中华书局，1975年。

[113]（元）脱脱等：《辽史》，北京：中华书局，1974年。

[114]（元）脱脱等：《宋史》，北京：中华书局，1985年。

W

[115]（唐）王冰注，（宋）林亿等校正：《黄帝内经素问》，北京：人民卫生出版社，1963年。

[116]（东汉）王充著，黄晖校释：《论衡校释》，北京：中华书局，1990年。

[117]（明）王大纶：《婴童类萃》，北京：人民卫生出版社，1983年。

[118]（宋）王怀隐等：《太平圣惠方》，北京：人民卫生出版社，1958年。

[119]（明）王肯堂辑：《证治准绳》，北京：人民卫生出版社，2005年。

[120] 王力：《汉语史稿》，北京：中华书局，1980年。

[121] 王绍新：《课余丛稿》，北京：北京语言文化大学出版社，2000年。

[122]（唐）王焘：《外台秘要》，北京：人民卫生出版社，1955年影印清刻本。

[123]（元）王祯著，王毓瑚校：《王祯农书》，北京：农业出版社，1981年。

[124]（元）危亦林：《世医得效方》，载《中华医书集成·第九册·方书类2》，北京：中医古籍出版社，1999年。

[125] 魏启鹏、胡翔：《马王堆汉墓医书校释》（一），成都：成都出版社，1992年。

[126]（唐）魏征、令狐德棻：《隋书》，北京：中华书局，1973年。

[127]（清）文康：《侠女奇缘》，南宁：广西人民出版社，1980年。

[128] 闻一多：《闻一多全集》，武汉：湖北人民出版社，1993年。

[129]（清）吴其濬：《植物名实图考》，北京：商务印书馆，1933年。

X

[130] 夏纬瑛：《植物名释札记》，北京：农业出版社，1990年。

[131]（南朝梁）萧统编，（唐）李善注：《文选》，上海：上海古籍出版社，1986年。

[132]（明）徐春甫编集，崔仲平等主校：《古今医统大全》，北京：人民卫生出版社，1991年。

[133]（清）徐松辑：《宋会要辑稿》，北京：中华书局，1957年。

[134] 徐志摩著，韩石山编：《徐志摩全集》，天津：天津人民出版社，2005年。

[135]（东汉）许慎著，（清）段玉裁注：《说文解字注》，杭州：浙江古籍出版社，1998年。

[136]（明）许仲琳：《封神演义》，北京：华夏出版社，1994 年。

[137]（宋）薛居正等：《旧五代史》，北京：中华书局，1972 年。

Y

[138]（唐）颜元孙：《干禄字书》，北京：中华书局，1985 年《丛书集成初编》本。

[139] 杨伯峻：《春秋左传注》，北京：中华书局，1981 年。

[140]（西汉）扬雄著，华学诚汇证：《扬雄方言校释汇证》，北京：中华书局，2006 年。

[141]（唐）姚思廉：《梁书》，北京：中华书局，1973 年。

[142]（清）佚名：《圣朝鼎盛万年青》，北京：北京师范大学出版社，1993 年。

[143]（东汉）应劭著，王利器校注：《风俗通义校注》，北京：中华书局，1981 年。

[144] 余迺永：《新校互注宋本广韵》，上海；上海辞书出版社，2000 年。

[145] 俞平伯：《俞平伯全集》，石家庄：花山文艺出版社，1997 年。

[146]（清）俞正燮：《癸巳存稿》，沈阳：辽宁教育出版社，2003 年。

Z

[147]（明）臧晋叔编：《元曲选》，北京：中华书局，1958 年。

[148] 宗邦福等：《故训汇纂》，北京：商务印书馆，2003 年。

[149]（南朝梁）宗懔著，宋金龙校注：《荆楚岁时记》，太原：山西人民出版社，1987 年。

[150]（晋）张华著，范宁校证：《博物志校证》，北京：中华书局，1980 年。

[151]（宋）张君房纂集，蒋力生校注：《云笈七签》，北京：华夏出版社，1996 年。

[152] 张书岩：《简化字溯源》，北京：语文出版社，1997 年。

[153]（清）张廷玉等：《清史》，北京：中华书局，1974年。

[154]（魏）张揖著，（清）王念孙疏证：《广雅疏证》，北京：中华书局，1984年。

[155] 张涌泉：《敦煌俗字研究》，上海：上海教育出版社，1996年。

[156] 张永言：《词汇学简论》，武汉：华中工学院出版社，1982年。

[157]（明）张自烈著，董琨整理：《正字通》，北京：中国工人出版社，1996年。

[158]（明）张志聪：《本草崇原》，北京：中国中医药出版社，1992年。

[159]（唐）张鷟：《朝野佥载》，北京：中华书局，1979年。

[160]（宋）赵佶：《圣济总录》，北京：人民卫生出版社，1996年。

[161]（汉）郑玄注，（唐）贾公彦疏：《周礼注疏》（李学勤主编《十三经注疏》标点本），北京：北京大学出版社，1999年。

[162] 中华书局编辑部点校：《全唐诗》，北京：中华书局，1999年。

[163]（宋）周煇：《清波别志》，扬州：江苏广陵古籍刻印社，1984年影印。

[164]（宋）朱弁：《曲洧旧闻》，上海：商务印书馆，1935年《丛书集成初编》本。

[165] 朱德熙：《语法讲义》，北京：商务印书馆，1982年。

[166] 朱骏声：《说文通训定声》，北京：中华书局，1984年。

[167]（明）朱橚：《普济方》，北京：人民卫生出版社，1959年。

（二）论文类

[168] 孔慧红：《〈五十二病方〉与巫术文化》，陕西师范大学硕士学位论文，2006年。

[169] 谭宏姣：《古汉语植物名“胡×”式词义类型初探》，载《西域研究》2003年第3期。

[170] 王力：《字典问题杂谈》，载《辞书研究》1983年第2期。

[171] 郑炳林：《从敦煌文书看唐五代敦煌地区的医事状况》，载《西北民族学院学报》（哲学社会科学版），1997年第1期。

主要参考文献

（一）著作类

C

［1］常敬宇：《汉语词汇与文化》，北京：北京大学出版社，1995年。

［2］陈建民：《中国语言与中国社会》，广州：广东教育出版社，1999年。

［3］（晋）陈寿：《三国志》，北京：中华书局，1956年。

［4］陈原：《社会语言学》，上海：学林出版社，1983年。

［5］陈增岳：《隋唐医用古籍语言研究》，广州：广东科技出版社，2006年。

［6］程湘清：《隋唐五代汉语研究》，济南：山东教育出版社，1992年。

［7］（日）池田温编，孙晓林等译：《唐研究论文选集》，北京：中国社会科学出版社，1999年。

［8］（日）池田温编：《中国古代写本识语集录》，东京：日本大藏出版株式会社，1990年。

D

［9］达美君：《简明中医语词辞典》，上海：上海科学技术出版社，2004年。

［10］（唐）杜佑：《通典》，北京：中华书局，1984年。

[11] 敦煌研究院：《敦煌遗书总目索引新编》，北京：中华书局，2000年。

F

[12] 方一新：《东汉魏晋南北朝史书词语笺释》，合肥：黄山书社，1997年。

[13] 符淮青：《汉语词汇学史》，合肥：安徽教育出版社，1996年。

G

[14]（宋）高承：《事物纪原》，北京：中华书局，1989年。

[15]（日）高田时雄：《唐代宗教文化与制度》，京都：京都大学人文科学研究所，2007年。

H

[16] 郝春文：《英藏敦社会历史文献释录》第一卷，北京：科学出版社，2001年。

[17] 郝春文：《英藏敦社会历史文献释录》第二、第三卷，北京：社会科学文献出版社，2003年。

[18] 洪艺芳：《敦煌吐鲁番文书中之量词研究》，台北：文津出版社，2000年。

[19] 洪艺芳：《敦煌社会经济文书中之量词研究》，台北：文津出版社，2004年。

[20] 黄征：《敦煌语言文字学研究》，兰州：甘肃教育出版社，2002年。

J

[21] 季羡林主编：《敦煌学大辞典》，上海：上海辞书出版社，1998年。

[22] 姜伯勤：《敦煌吐鲁番文书与丝绸之路》，北京：文物出版社，1994年。

［23］江蓝生，曹广顺：《唐五代语言词典》，上海：上海教育出版社，1997 年。

［24］蒋冀骋：《近代汉语词汇研究》，长沙：湖南教育出版社，1991 年。

［25］蒋礼鸿：《敦煌文献语言词典》，杭州：杭州大学出版社，1994 年。

［26］蒋绍愚：《古汉语词汇纲要》，北京：北京大学出版社，1989 年。

L

［27］李斌城，李锦秀：《隋唐五代社会生活史》，北京：中国社会科学出版社，1998 年。

［28］（唐）李林甫等：《唐六典》，北京：中华书局，1992 年。

［29］（唐）李肇：《唐国史补》，北京：中华书局，1979 年。

［30］林海村、李均明编：《疏勒河流域出土汉简》，北京：文物出版社，1984 年。

［31］刘叔新：《汉语描写词汇学》，北京：商务印书馆，1990 年。

［32］（宋）罗愿：《尔雅翼》，合肥：黄山书社，1991 年。

M

［33］马伯英：《中国医学文化史》，上海：上海人民出版社，1994 年。

［34］马凤良：《实用中草药大全》，哈尔滨：哈尔滨出版社，2000 年。

O

［35］欧昌俊等：《六朝唐五代石刻俗字研究》，成都：巴蜀书社，2004 年。

P

［36］潘富俊：《楚辞植物图鉴》，上海：上海书店出版社，2003 年。

[37] 潘富俊：《诗经植物图鉴》，上海：上海书店出版社，2003 年。

R

[38] 任学良：《汉语造词法》，北京：中国社会科学出版社，1981 年。

Q

[39] 钱大昕：《十驾斋养新录》，南京：江苏古籍出版社，2000 年。

R

[40]（清）阮元：《十三经注疏》，北京：中华书局，1980 年。

S

[41] 苏新春：《汉语词义》，广州：广东教育出版社，1992 年。

[42]（日）山田宪太郎：《南海香药谱》，东京：法政大学出版局，1982 年。

[43] 沈澍农：《中医古籍用字研究》，北京：学苑出版社，2007 年。

[44]（南朝梁）沈约：《宋书》，北京：中华书局，1974 年。

[45] 史定国：《简化字研究》，北京：商务印书馆，2004 年。

[46] 史有为：《汉语外来词》，北京：商务印书馆，2000 年。

T

[47]（日）太田辰夫：《唐宋俗字谱》，东京：汲古书院，1986 年。

[48]（日）太田辰夫著，江蓝生、白维国译：《汉语史通考》，重庆：重庆出版社，1991 年。

[49] 唐长孺：《吐鲁番出土文书》，北京：文物出版社，1992—1996 年。

W

[50]（宋）王溥：《唐会要》，北京：中华书局，1955 年。

[51] 王启涛：《吐鲁番出土文书词语考释》，成都：巴蜀书社，2004年。

[52] 王锳：《唐宋笔记语辞汇释》，北京：中华书局，1990年。

[53] 王云路，方一新：《中古汉语语词例释》，长春：吉林教育出版社，1992年。

[54] 王云路，方一新：《中古汉语研究》，北京：商务印书馆，2000年。

[55]（北齐）魏收：《魏书》，北京：中华书局，1974年。

[56]（美）威斯勒著，钱岗南、傅志强译：《人与文化》，北京：商务印书馆，2006年。

[57] 魏子贤，聂利芳：《中医中药史》，台北：文津出版社，1972年。

[58] 吴国华：《文化词汇学》，哈尔滨：黑龙江人民出版社，1996年。

X

[59]（南朝梁）萧子显：《南齐书》，北京：中华书局，1972年。

[60] 谢观：《中国医学大辞典》，北京：中国书店，1990年。

[61]（法）谢和耐等著，耿昇译：《法国学者敦煌学论文选粹》，北京：中华书局，1993年。

[62] 邢福义：《文化语言学》，武汉：湖北教育出版社，1990年。

[63] 许威汉：《汉语词汇学引论》，北京：商务印书馆，1992年。

[64] 薛愚：《中国药学史料》，北京：人民卫生出版社，1984年。

Y

[65]（清）严可均：《全上古三代秦汉三国六朝文》，北京：中华书局，1958年。

[66]（北齐）颜之推著，王利器集解：《颜氏家训集解》，上海：上海古籍出版社，1982年。

[67] 杨琳：《汉语词汇与华夏文化》，北京：语文出版社，1996年。

[68]（唐）姚思廉：《陈书》，北京：中华书局，1972年。

[69] 佚名：《小儿卫生总微论方》，上海，上海卫生出版社，1958年。

[70] 余太山：《两汉魏晋南北朝正史西域传研究》，北京：中华书局，2003年。

[71]（日）羽田亨著，耿世民译：《西域文化史》，乌鲁木齐：新疆人民出版社，1981年。

[72] 于省吾：《甲骨文字释林》，北京：中华书局，1979年。

[73] 袁宾等编著：《二十世纪的近代汉语研究》，太原：书海出版社，2001年。

Z

[74]（捷克）兹古斯塔著，林书武等译：《词典学概论》，上海：商务印书馆，1983年。

[75]（日）佐伯富：《事物异名录索引》，东京：株式会社朋友书店，1995年。

[76] 张弓：《敦煌典籍与唐五代文化》，北京：中国社会科学出版社，2006年。

[77] 张联荣：《古汉语词义论》，北京：北京大学出版社，2000年。

[78] 张显成：《简帛药名研究》，重庆：西南师范大学出版社，1997年。

[79] 张显成：《先秦两汉医学用语研究》，成都：巴蜀书社，2000年。

[80] 张显成：《先秦两汉医学用语汇释》，成都：巴蜀书社，2002年。

[81] 赵超：《汉魏南北朝墓志汇编》，天津：天津古籍出版社，1992年。

[82] 赵克勤：《古代汉语词汇学》，北京：商务印书馆，1994年。

[83] 赵璞珊：《中国古代医学》，北京：中华书局，1983年。

[84] 郑炳林：《敦煌地理文书汇辑校注》，兰州：甘肃教育出版社，